走出思想的边界

U0449591

knowledge-power
读行者

IRAN
une histoire de 4000 ans

伊朗四千年

[伊朗]
霍昌·纳哈万迪
(Houchang Nahavandi)

[法]
伊夫·博马提 —— 著
(Yves Bomati)

安宁 —— 译

IRAN
UNE HISTOIRE DE 4000 ANS

目 录

序　言 001

第一卷　一个全新的政治、文化区域的形成 001
第一章　自古兵家必争之地 002
第二章　雅利安移民 009

第二卷　一个横跨十二个世纪的帝国 033
第三章　"历史上第一份人权宣言" 034
第四章　"古代最大的帝国" 047
第五章　从"大帝"到"恶魔" 057
第六章　封建帝国 070
第七章　返本还源 082

第三卷　文明的冲突 107
第八章　阿拉伯入侵 108
第九章　存活 118

第十章　伊朗的政治复兴　123

第十一章　伊朗的"文艺复兴"　140

第十二章　政治恐怖主义的发明：哈桑·萨巴赫和"阿萨辛"　152

第十三章　蒙古"灾祸"　166

第四卷　萨非黄金时代　179

第十四章　一个新王朝的崛起：从宗教到政治　181

第十五章　第一个什叶派国家的建立：权力间的艰难平衡　188

第十六章　一种全新治国方略的问世：沙王阿拔斯一世的君主专制　203

第十七章　萨非王朝的传承、没落和覆灭　220

第十八章　"剑之子"和"好国王"　231

第五卷　面对现代化挑战的伊朗　247

第十九章　在鲜血中重建的帝国：卡扎尔王朝的阿迦·穆罕默德汗　249

第二十章　卡扎尔王朝的兴衰　261

第二十一章　卡扎尔王朝的覆灭　297

第二十二章　动荡的时代　304

注　释　323

参考书目　370

序　言

　　书写一部新的伊朗史是件很冒险的事，因为涵盖的层面实在太广了。

　　在至少四十个世纪间形成的这个国家，曾见证来自北方的雅利安人与其远古文明的融合。这些人从米底和波斯这个卑微的核心逐渐发展出与其邻国不同的文化和文明，而他们与这些邻国之间围绕领土、权力和思想的纷争也持续不断。琐罗亚斯德教、以宽容的法律管理一个世界帝国的梦想、君主与议会之间分享权力等创新的想法，与伟大的哲学和艺术思潮在同时期诞生。与此同时，国内王权与宗教势力之间的斗争也在岁月的长河中时隐时现，一直延续到不久前。此外，还要加上从7世纪开始，在强势的伊斯兰逊尼派和多种融合了独立渴望的前伊斯兰信仰之间的碰撞，随之衍生出的摇撼整个中东地区、被这一从奴役地位中复兴的民族所信仰的伊斯兰什叶派。而且，伊朗强大的文化在几个世纪后仍是这个国家的构成要素之一，定义了抗拒时间侵蚀的所谓"伊朗性"。正是所有这些相互依存、相互矛盾的成分造就了今天的伊朗，并预示着明天的伊朗。

　　阐释这一发展过程在我们看来十分必要，因为读者将能够借此更好地看清中东地区的利害关系，并推而广之，看清与此相关的世界地缘政治的利害关系。

　　为了迎接撰写本书的挑战，我们将法国与伊朗的视角交叉——正如前三部作品，因为我们的语言不同，各自的资源也千差万别，却又体现出互补性。这使我们得以描述，甚至发现，这一泱泱大国绵延不断的历史中所隐藏的秘密和动机——使它虽经历各种革命、暴动、冲击震荡却依然屹立不倒，以及它在文明与文化上的抉择。

历史是不是打开今天这扇门的钥匙？以史为鉴，能否让我们更清楚地领会当前的现实，避免落入管中窥豹的时事陷阱？我们认为答案是肯定的。

世界上很少有国家如伊朗这般经历了如此众多的领土、政治和宗教动荡。曾经多少次人们以为伊朗将在侵略的铁蹄下、在屠杀和政权颠覆中灭亡，然而，尽管偶尔消沉，它却总能幸存，并重新出现在纷乱的国际舞台上。因为伊朗人拥有一种力量：他们的历史。他们满腔热情地沉浸其中并对那年代久远的往事如数家珍。

在同伊朗和伊朗人的关系中，西方人，包括美国人，常常为在其中看到他们认为仅存在于自己国家的文明程度而颇感震惊。然而，如果他们一直对他们错误地称之为波斯（仅是伊朗历史和空间的组成部分）的这个地方充满幻想，他们就犯下了很多错误……并且可能还在继续犯错。难道不应该从我们对这个国家及其居民的某些历史动机的深层无知中寻找这些错误的根源吗？事实是，这个数千年古国的传统风俗仅在17世纪后才被西方少数人获知，此前的伊斯兰宗教选择尚待探究，相对于逊尼派，其什叶派下的十二伊玛目派的特征对很多人来说还很陌生，其王权与教权的游移不定的关系令人匪夷所思，在此情况下遑论了解。

本书作者希望通过伊朗的历史、编年表、重大朝代、它的辉煌与悲剧来回答这些疑问，并借此为读者打开新的思考空间，甚或激发读者获知更多的渴望。

本书作者特此向以下方面表示感谢：

哈迪·黑达亚提教授，在本书的编著全程给予了很多的建议；

费雷东·亚兹丹帕纳赫先生，为卡扎尔王朝一章提供了宝贵的资料；

菲鲁兹·巴格赫尔扎德先生，作为伊斯兰革命之前十年间的伊朗文化部考古所所长，和随后多年联合国教科文组织顾问，为本书的方向提供了指导，特别是对伊朗历史中前伊斯兰时期的章节给予了宝贵建议；

奥利维耶·马尔泰勒先生，法国高等民政干事，国防高等研究院学员，为这部书提供了不可或缺的审阅；

此外，尤其感谢声名显赫的历史学家哈桑·克胡博－纳扎尔教授，作为继亚瑟·E.波普教授之后的亚洲研究所原所长，他深入肯綮的观点对我们帮助很大。

本书的伊朗作者特别要对迈赫达德·帕赫勒博德（2018年辞世）致以敬意，不仅因为他给予的宝贵建议，也因为他总是说非常希望能在离世前看到这部作品出版，并阅读它。

最后，两名作者要感谢佩兰出版社社长博努瓦·伊韦尔先生和艾洛蒂·勒瓦谢女士，后者作为编辑，以其善意和才干完成了本书的编辑和出版工作。

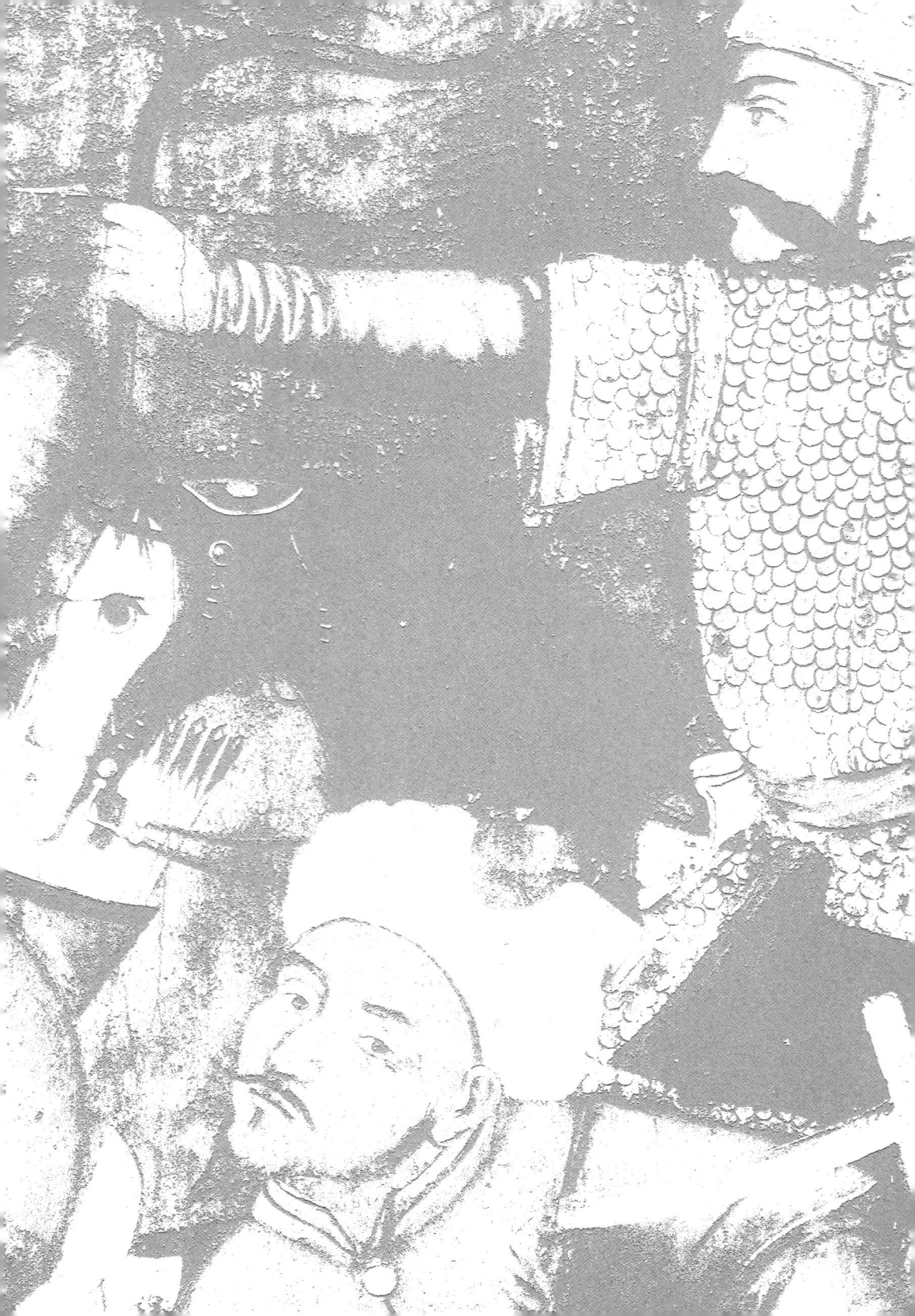

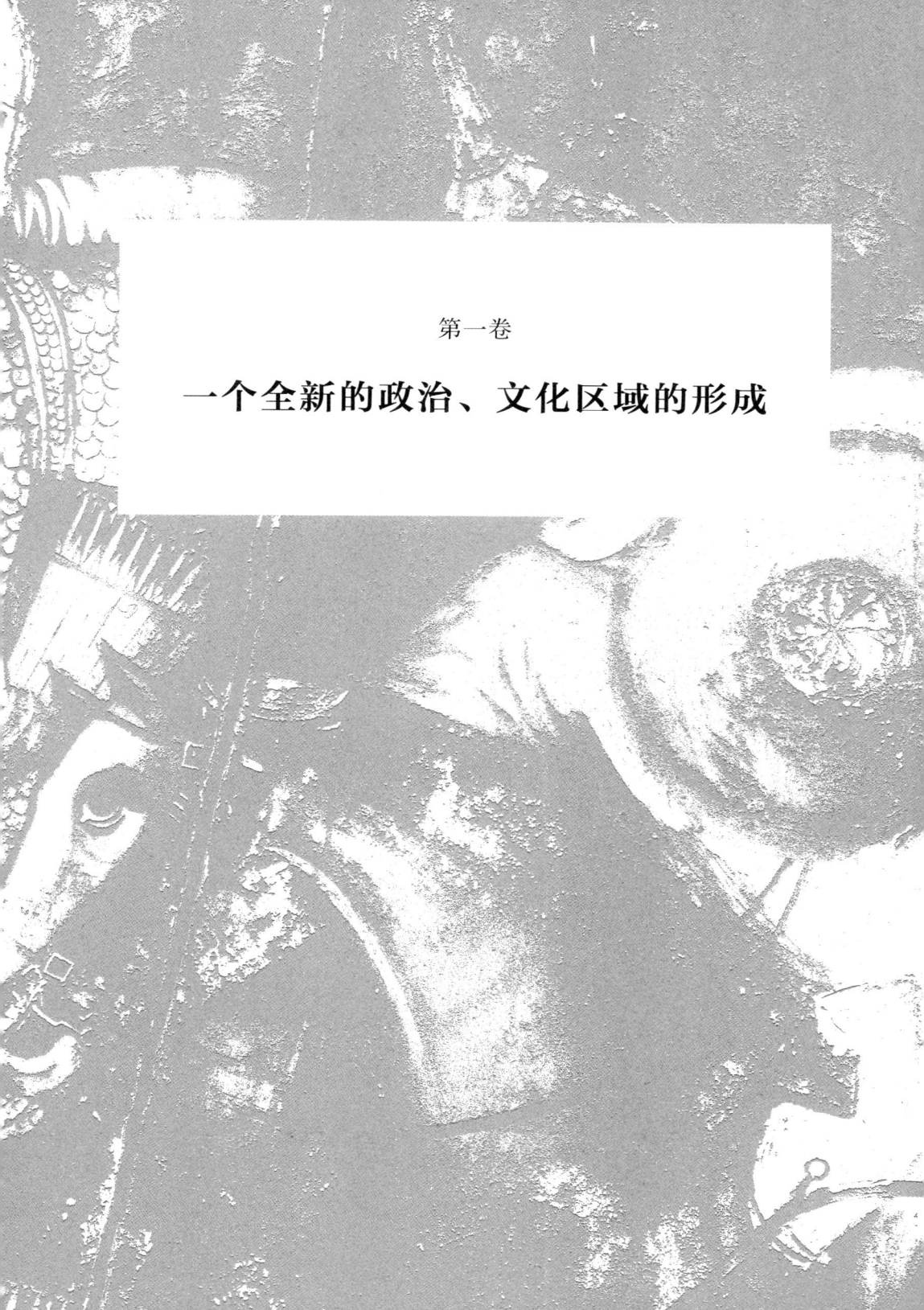

第一卷
一个全新的政治、文化区域的形成

第一章

自古兵家必争之地

中东要地

"雅利安人之国"、伊朗或西方人眼中的古国波斯占据着我们称之为中东的战略枢纽。一些人认为它是在巍峨山脉庇护下的堡垒，另一些人则将它视为夹在南面波斯湾和北面里海两大洼地之间的三角地带；今天的它坐落于土耳其、阿拉伯诸国、印度、俄罗斯区域之间的交叉口，这充分解释了为什么在数个世纪的时间长河中这片土地被这般竞相争夺，以及为什么其文化影响力得以超出中东这狭小的范围，而远播至欧洲和中国。

今天的伊朗位于一片部分地区干旱贫瘠的辽阔高原上，国土面积约 164 万平方公里，"其一侧是美索不达米亚平原的自然延伸，另一侧是中亚的西部边陲"[1]。伊朗群山环绕，使得这个国家大部分领土最低海拔在 460 米，而其六分之一领土的海拔超过 2000 米。

如此，在伊朗以北，里海沿岸多个亚热带气候的地区组成了一条长 650 公里、宽介于 112 与 160 公里之间的狭长地带。位于厄尔布尔士山脚下，这些地区的高度从海拔 3000 米直降到海平面下 27 米，最终在这一位置上与一片长满芦苇和高草的宽阔沼泽汇合。守卫着这些地区并蔓延至呼罗珊的厄尔布尔士山确实拥有多座山峰——剧烈火山活动的遗产，其中最有名的要数德马峰，以其 5671 米的高度成为中东最高峰，山顶经年积雪。该地区的这一侧凭借其浓密的森林的确易守难攻。厄尔布尔士山在阿富汗边界以弧线终结，其山脚浸没在一片干燥贫瘠的荒漠中。从没有入侵者能穿越这一屏障，无论是亚历山大带领的希腊人，还是阿拉伯人和蒙古人；从没有军队能侵犯居于这里的在古代传说中被称为"白鬼"的居民。这里是伊朗遭受外敌入侵时反抗者避难的"圣地"。

伊朗不仅在北面得到如此严密的防护，其西北直到东南也由扎格罗斯山脉守卫着。扎格罗斯山脉从亚美尼亚的领土起始，最终抵达波斯湾，绵延1000多公里，宽度有时超过200公里，由几条平行山脊组成，拥有多座高峰，包括位于美索不达米亚平原与伊朗中央高地之间4548米的扎尔德峰。在西侧，数条河流将扎格罗斯山脉切分成多个窄长峡谷和长50至100公里、宽10至20公里的肥沃山谷。这里植被丰富，郁郁葱葱地生长着橡树、榆树、枫树、朴树、榛树、开心果树和梨树，山沟里还长有柳树、杨树和悬铃木。在山脉与高原之间，零星的刺柏、巴旦杏树、有刺灌木和野果灌木在挣扎存活。当高山在南部海岸让位于波斯湾和阿曼湾，旅行者将从近2000米的海拔高度下降至一片海拔600米的阶梯高原，随后几乎无过渡与海岸汇合。如此构成的这一部分国土，其核心地区与北部同样难以进入，陆续生活在这里的人群，不论是游牧民族还是定居民族都十分善于利用这个天然壁垒。

在很长一段时间里，不同族群先后首选山脊位置定居，这并非毫无缘由。事实上，平均海拔约900米，最高峰却超过3000米的伊朗高原由两个条件极其恶劣的沙漠区域组成。南方的一片，卢特沙漠，布满了石块和随风移动的沙丘，并在山坡位置上逐渐让位于更加肥沃的土地。从远古时代起，几处稀有的水源曾令这里出现长满葡萄、怪柳、杨树、椰枣树、爱神木、欧洲夹竹桃、刺槐、柳树、榆树、李树和桑树的绿洲。多个种族的人群曾在这里定居，靠着这一沙漠商队必经之路获益。

北边则是一片盐的海洋，卡维尔盐漠占据着伊朗高原长320公里、宽

150 公里的范围。断断续续的溪流偶尔打破它的单调。有人说，传说中的罗得之城就在这个地方，《古兰经》中对这个城市有所提及，《圣经》中将其称作所多玛。上帝亲手将其毁灭，并以盐撒满四处，使这片区域成为不毛之地。

在伊朗，人群定居点的选择取决于是否靠近水源，不论那水来自扎格罗斯山还是厄尔布尔士山。在所有的河流之中，只有卡伦河可通航，因为其他河流都落差太大。尽管如此，卡伦河随着季节的变化，流量也在每秒 200 立方米至 2125 立方米之间摇摆，春季带来洪涝，夏季呈现干旱。人类凭借工程技术，在几个世纪中通过运河、水井和技术灌溉[2] 得以驯服它的起伏涨落。对于这个缺水的文明，花园仍是一种奢侈。

这是一片表面上保存完好的地域，"骆驼、瞪羚与狮子的国度，但也同样适合养殖牛、马"[3]，反差强烈的堡垒高原，东方与西方之间的桥梁，丝绸之路上的必经通道，伊朗这个沸腾着文明与文化的熔炉，直至今日还不断激发着各方的欲望与野心。

本地已知最早的文明

对于伊朗高原上人类居住和社会生活的最早遗迹，围绕其时间定位的争论很多。在很长一段时间里，人们一直推测这些遗迹指向的年代约在七千甚至一万年前，而 19 世纪 60 至 70 年代由德黑兰大学考古系主导的研究通过撒格扎巴德（伊朗核心地区，萨韦附近）一座小城遗址的发现（七千年前，即公元前五千年）给出了较为清晰的回答，使人有理由推断这里人类存在的时期可能更早。而且，小城居民使用的语言并非雅利安语，有可能是前印欧语言。迄今为止，对此尚未有任何科学的解释。据此，我们可以比较保险地说，在接近公元前 6 千纪那个时期，一些游牧民族在这里逐渐定居，并占据了苏萨、锡亚尔克和卡尚西部高地肥沃的山坡，在此留下了今天我们所知的遗迹。然而，鉴于这些居民处于原始史时期的远古年代，在没有其他考古发现能够补充我们信息空缺的情况下难以进行更精确的研究推断。

埃兰王国及其文明

雅利安人在伊朗的这片土地落户以前，一个非闪米特、非印欧的人种被证实曾在这里居住，居住时期从公元前至少4千纪末开始，居住地为底格里斯河谷东侧和伊朗高原西南侧，从扎格罗斯山坡一直延伸至波斯湾，相当于现在伊朗的胡齐斯坦省、法尔斯省西北部和伊拉克南部。这就是埃兰人。他们的王国被称为埃兰，偶尔也称为苏西亚纳——直至公元前1千纪，其版图都在不断变化——并自始至终全部或部分地被一侧的苏美尔人、阿卡德人、亚述人和另一侧的米底人、波斯人支配甚至征服。

它的存在从19世纪末开始才分阶段被发现。然而，它在《圣经》中早已被提及（《创世记》10:22；《以斯拉记》4:9[*]），其中使用的"埃兰[4]"一词很可能意味着"高地，多山之国"，并既指一个国家也指其居民。文中的埃兰人指的是埃兰的后代，埃兰则是闪的长子，而闪又是诺亚的儿子。罗曼·葛施曼教授[5]作为该国的"发现者"，提出该国领土覆盖35万多平方公里，由多个微型地区组成，以苏萨为首都。它坐拥山坡的优势地理位置，那里分布着大量矿藏和一个被卡伦河及其支流灌溉的辽阔山谷。这一王国是城邦制。尽管权力斗争不断，它与所有邻邦——巴比伦人、亚述人、加喜特人和卢卢比人——都开展商贸活动。在国家的顶层，一个国王和一个副王在多个诸侯的协助下保证国家的协同运作。

在其所有城邦中，除富足的苏萨以外，安善以其特殊的地理位置脱颖而出，它位于连接伊朗高原西部与苏美尔国的商贸路线上。从公元前7世纪

---

[*]《圣经》中译为"以拦"。

起，它就在伊朗历史上留下不可磨灭的印记，只因此地曾诞生了一个小国王，而他在日后将成为居鲁士大帝，阿契美尼德帝国的创立者。

埃兰人凭借美索不达米亚和周围不同文化的贡献，发展出光辉灿烂又具有创造力的文明。他们是出色的农民，擅长种植小麦和小米，而苏萨和安善的考古发掘证明他们的艺术，如在青铜器和瓷器的处理方面，与苏美尔艺术有着很强的相似性，却又不从属于它。公元前2千纪这里出现了气势恢宏的建筑：宫殿、神庙、多层金字形神塔，其中的装饰、浮雕和琉璃瓦点缀的宗教图案有一部分是从美索不达米亚神庙汲取的灵感。很早，埃兰人就与各邻邦建立了商贸关系，并向他们出口本国生产的宝石、金属和木材。他们也为半宝石提供仓储服务，如来自阿富汗的青金石，小亚细亚、叙利亚和美索不达米亚地区对其需求量都很高[6]。

在宗教方面，不同地区尊崇不同的神。比如，在扎格罗斯山区的安善，人们信仰纳毗日沙（"大神"），他是本源之水和彼岸的象征，也是美索不达米亚的水神恩基的表兄弟。而在苏萨，人们则更偏爱因舒希纳克（"苏萨的主"）——春季大自然复苏之神，作为该城的保护神，他拥有自己的金字形神塔。

俗权与宗教保持着紧密关系，埃兰的君主既是神明的信使也是城邦的组织者。这一双重构建影响着后世的伊朗各帝国，俗权与神权在数个世纪中相互妥协、彼此渗透。埃兰的数千年文明就这样融合在波斯文明中，使其宝贵遗产得到保留和传承。

与美索不达米亚各王国的冲突

鉴于相关资料都来源于美索不达米亚地区，而上古时期的资料更为稀少，埃兰的政治史尚不清晰。其政治史可能在公元前6000年以前就开始了。但通过考古研究只能看出在公元前3200至公元前2700年之间安善和苏萨在青铜和黄铜工艺方面的重要性。或许倚赖更加先进的美索不达米亚文化，埃兰的这两个中心最终都发展出了属于它们自己的天地，并开始思考朝着富足的美索不达米亚进行文化、领土和商业扩张。

纯粹的埃兰政权的最早证据出现在公元前2700年，当时这一地区由苏萨北面的阿万王朝（前2700—前2210年）统治[7]。很可能在那个时期，这个王朝令周围的美索不达米亚邻邦感到担忧，因为他们将其视为一个强大的商业对手。如果埃兰这个词出现在这些王国的泥版上，那他们之间最初的冲突也同时出现了。根据《苏美尔王表》（形成于公元前2000年左右，记述了美索不达米亚从其疑似起源开始的历史），阿万王朝与美索不达米亚的国家（启什的多个国王、阿卡德帝国、古蒂[8]）之间曾有过多次交锋，交锋的结果不尽相同。

对那个传说与史实混杂的时代所发生的所有政权运动进行详细说明实在太过复杂。然而，在伊朗高原这一区域的几个演变的关键时间点中，可以特别提到埃帕尔提王朝（约前1850—前1500年）对埃兰的统治，其创立者埃帕尔提一世自称"安善和苏萨之王"，在他杰出的统治时期，除其他功绩以外，他还发展了伊朗高原开采的锡矿贸易。其继承人本想将霸权扩展至美索不达米亚，他的巴比伦征服计划却被该城邦的第六位国王汉穆拉比（约前1792—前1750年在位）提前终止了。

尽管埃帕尔提王朝随后仍显现出些许辉煌，但最终在公元前1500年左右瓦解，从此被安善王朝取代。安善王朝和随后的基德努伊德王朝进一步推进了苏萨和安善的"埃兰化"，埃兰语接替了阿卡德语。接下来的三个世纪见证了权力多次的更迭，主要发生在巴比伦人与埃兰人之间，直到埃兰人舒特鲁克·纳克杭特（前1185—前1155年在位）和他的几个儿子自认有权统治高贵的巴比伦。在亚述人的帮助下，他们在公元前1155年达成所愿，使苏萨得以骄傲地在自己的城内保有如汉穆拉比法典和巴比伦主神马尔杜克雕像等珍贵而具有象征意义的战利品。

这些胜利并没有持续太久，因为巴比伦第四王朝国王尼布甲尼撒一世（前1125—前1104年在位）利用一个埃兰首领的叛变，于公元前1115到公元前1110年间在卡伦河上大败埃兰。随之而来的是对安善和苏萨的洗劫，马尔杜克神像也一去不返。再次被征服、毁灭的埃兰在此后的三百五十多年中落入被遗忘的尘埃。

一个新的埃兰王国于公元前8世纪建立起来，但这次又消失在亚述巴尼拔（前668—约前627年）领导的亚述攻击劫掠中，他命人在一座浮雕上为他的荣耀刻下："我用一个月将埃兰国化为一片废墟。我消灭了这里人的话语、家禽的吠鸣、鸟儿的歌声。从此，野兽将可以在这里平静地生活。"

如凤凰一般，埃兰虽伤痕累累，却又一次尝试浴火重生。但南方的一股势力已经崛起。从东北方远道而来的几个部落，印欧人，已经占领了这个地区：他们被称为"雅利安人"。他们善于耕作，是牧人和卓越的骑兵。他们比埃兰人体格更高大，特别是比他们更加骁勇善战。现在需要将他们考虑在这个地区的政治角力之内。然而，即使埃兰将消失在未来的伊朗大帝国之中，它也会通过对新社会发挥的影响力持续存在：埃兰语将被定为帝国的官方语言，古波斯语甚至是直接从新埃兰语的楔形文字汲取灵感，它的艺术和宗教继续开花结果，阿契美尼德多个国王沿用它的官僚体制，苏萨将依旧是一个伟大的都城，而埃兰人的短褂将被从侍卫到万王之王的所有社会阶层穿着[9]。

第二章

雅利安移民

印欧人的到来

这不是历史上第一次北方人群向更为宜人的地域迁徙。自公元前 2 千纪（甚至可能自公元前 3 千纪）以来，数量有限的印欧人便开始离开他们的国土——其国土疆域"可以定位在南俄罗斯的欧亚平原[1]"，乌克兰、库班地区和西西伯利亚的冰冷草原。严酷的生活环境迫使他们进行了长达数世纪的人口移居。他们的文明，尽管我们对其细节知之甚少，却似乎已经在社会和宗教方面形成了十分系统的架构。由强大的移民社群组成，他们沿两条路线向南进发，一条经由河中地区，另一条经由高加索地区，并分成两支队伍。

第一支取道北方和西北方，进驻到日后欧洲的部分地区，并在博斯普鲁斯海峡周围融入原住民。第二支则穿越中亚，到达与今天的中国接壤的某些区域。这些自称为雅利安人[2]（意指"贵族"）的群体成员有些从属于相互对立的氏族，但他们拥有共同的语言、社会组织结构和宗教信仰。这第二支队伍日后被称为"印伊人"，因为他们兼具两种文明属性：印度文明和伊朗文明，二者拥有众多的近似点。面对帕米尔高原及其两座极高的山峰——列宁峰（7134 米）和伊斯梅尔·索莫尼峰（7495 米）[3]，雅利安群体在这一地区崎岖起伏的地形中出现了分裂。数量不多的人穿越了这一天险，并进入了阿拉霍西亚[4]和旁遮普地区，到达恒河边富足的印度平原，逐渐被印度原住民吸收同化。而其他能牧善战的雅利安人则选择另寻他所。他们有限的人口最终到达了"疆土辽阔却资源贫乏[5]"的伊朗中心地区，直到幼发拉底河，并在那里与源于亚洲的当地居民胡利安人混合并被其吸收，建立了米坦尼王国。罗曼·葛施曼称，在前1450年左右，这一新势力将其统治扩张至北美索不达米亚、亚述和扎格罗斯北部山谷。纷争与野心最终令这一人群于公元前14世纪末消失，但其记忆却留存下来[6]。

在公元前1千纪初，印欧人又开始了新的一波双线移民。如果其中一支再次朝博斯普鲁斯和未来的欧洲进发，另一支也同样取道印度和未来伊朗的高原。对于其移民数量，学界看法不一：一种认为他们"在有限的时间和空间中进行渗透，接着通过武装入侵，或是最终将某个小疆域吞并，或是一个雅利安群体进入后为当地某个小王国提供服务[7]"，第二种认为"入侵者人口数量庞大且持续不断，我们相信，他们沿着与第一次相同的路线（高加索和河中）进入[8]"。鉴于这一次印欧人没有被原住民吸收同化，第二种观点似乎更可取信。与他们的祖辈不同，向东的那一支没能穿越兴都库什-喜马拉雅山脉，其中大多数转而西行，到达了扎格罗斯山环绕的干旱高原，他们将此地命名为 Airyana vaejah——"雅利安国"，这一名称随后演变为 Airya（雅利安）和后来的 Iran（伊朗）。雅利安人对他们缓慢的渗透力和人数效应保有自信，决定在埃兰、巴比伦统治下的美索不达米亚地区和年轻的乌拉尔图王国（亚拉拉特，日后将发展为亚美尼亚王国）这些已有的富足文明中间定居。面对这些历史悠久的民族，这第二波的伊朗移民将在四个世纪中尝试吸收这些原住民，他们将从这些本地人身上借鉴众多特性，并借此发展出他们自己在文化、政治和宗教方面的文明。

世界这一方的地缘政治格局自公元前8世纪末将重新洗牌：统治巴比伦的亚述帝国、乌拉尔图王国和正在崛起的印欧势力开始激烈角逐，他们中的一方在未来某日将可能缔造出一个"世界帝国"。

辛梅里亚人和斯基泰人

根据希罗多德[9]（约前484—约前425年）的记述，在其他印欧移民中，同样操一种伊朗语言的辛梅里亚人和斯基泰人也曾在伊朗的建立中扮演了重要角色。

最早的辛梅里亚人"与斯基泰人有紧密的亲缘关系或者可能是斯基泰人的一支[10]"。在另一些史学家看来，情况刚好与此相反，斯基泰人是他们的一支。如果认可习惯上归于他们名下的博罗季诺和乔尔特基夫等地的宝物，辛梅里亚人至少自公元前14世纪就定居并生活在高加索北部。克里米亚很可能因他们而得名。作为草原上勇猛的骑兵[11]，他们中的一些人成为南方一些势力（乌拉尔图、亚述和扎格罗斯地区一些权贵）的雇佣兵。他们在斯基泰人的追赶下，或是沿着斯基泰人的足迹，在某段时间曾亲近与他们几乎操伊朗语族之下的同一语言的米底人。在公元前8世纪的最后二十五年前后，他们与米底人一起或独自向乌拉尔图王国发起了进攻，并战胜了鲁萨一世国王，接着他们又攻打强大的亚述，但以失败告终。被击退后，他们中的某些人沿陡峭的扎格罗斯山崖下行，来到洛雷斯坦并在此落户，数量更多的其他人选择继续朝小亚细亚远征，并占据了安纳托利亚和弗里吉亚，于公元前8世纪击败了米达斯国王，随后在同一世纪中叶又打垮了吕底亚国王盖吉兹。然而，世界这一方的政局风云莫测，约公元前7世纪中叶他们被盖吉兹的一个继承人阿吕亚泰斯（约前618—前561年在位）逐出这一地区。他们最后的踪迹出现在亚述编年史的公元前605年[12]，这一年他们与尼布甲尼撒二世交战并从此销声匿迹，除非认定洛雷斯坦成为他们的避难所——这里出土的艺术品，特别是青铜器和铁器，为世界各大博物馆提供了众多馆藏珍品。

与辛梅里亚人同时期的斯基泰人，无论是他们的兄弟、表兄弟，还是他们征服大业的接力者，也在伊朗的历史中占有重要的一席。他们源于亚洲西伯利亚的叶尼塞河、哈萨克斯坦和蒙古西部地区，于公元前8世纪前在那里从农耕民族变为游牧民族，并发展出了高超的骑兵作战本领。西方古代的史学家将涵盖多瑙河和顿河之间、希腊北部、黑海沿岸的西部地区称为斯基提亚，并一厢情愿地认为斯基泰人的生活范围一直局限在这一区域，但事实远非如此，他们对亚洲的扩张大大超出欧洲。我们可以通过他们建造的陵墓追踪他们在亚洲游牧的足迹，这些库尔干（坟墩）中有些宏伟壮观，里面发现了众多神人同形的墓碑和刻有动物图案的岩石[13]。当西部地区的斯基泰族群忙着驱赶辛梅里亚人时，另一些斯基泰族群则继续朝亚述方向行进，并在此地与亚述巴尼拔结盟，一同对抗米底人（前669—前626年），随后又与盟友反目，洗劫了美索不达米亚和犹太，长驱直入攻占埃及，最终在普萨美提克一世法老的赎金交换下撤离。精于抢掠的斯基泰人随后重返黑海的草原地区，在那里阻挡希腊人扩张的同时也与其进行大规模商贸交易，他们积极参与艺术创作，以其精美工艺品尤其是多重狮鹫黄金首饰闻名。

另一群被波斯人称为萨迦人的斯基泰人在阿特罗帕特尼（今天的阿塞拜疆，在乌尔米亚湖、里海周围，后来的乌兹别克斯坦境内）安家。坚守游牧习俗的他们是独立而凶狠的骑手，并发展出骑马射箭的技能，令他们很快成为颇受青睐的雇佣兵。在他们之中，一个斯基泰中亚部落，帕尼人，将侵占伊朗高原的东北部，范围涵盖今天位于呼罗珊、阿富汗和塔吉克斯坦的一片地区。他们被称为安息人，将在几个世纪后因创立安息王朝而声名远播[14]。

米底人与波斯人

印欧移民的族群众多，但对未来的伊朗最重要的族群必定是公元前9世纪中叶以后的米底人和波斯人。骑兵、武士、妇女、儿童、牲畜一同到来，他们通过缓慢的移民为日后的扩张奠定了基础，并占据了伊朗高原：米底人落户在乌尔米亚湖东南侧的哈马丹地区；而波斯人分布在更南边，在乌尔米亚湖的西侧和西南侧。亚述王朝萨尔马纳塞尔三世（前884—前824年在位）的编年史将他们称为"玛代"和"帕尔苏阿"[15]。与米底人不同，波斯人从公元前 8 世纪开始就选择离开乌尔米亚地区，沿扎格罗斯山脉的褶皱地带去往更南部的地域，并在今天胡齐斯坦省舒什塔尔城的东侧、阿瓦士附近的地区落脚，他们将这一地区命名为"帕尔苏阿舒"或"帕尔苏玛什"。该地区"对应扎格罗斯山的山嘴"，大面积覆盖埃兰国土，"埃兰王国允许这些部落进入其领地并给他们分配了一块人烟稀少的区域[16]"。他们此时尚且势单力薄，很快就臣服于乌拉尔图王国，这个相对衰败的亚述而言正在崛起的国家，将从乌拉尔图人那里学习建筑和灌溉技术，并应用到他们未来的法尔斯领地上。

为了生存，也为能够长久定居，米底和波斯骑兵像其他印欧移民的骑兵一样积极加入雇佣兵的行列，为时常与邻邦交战的本地豪门效力。他们因灵活的战斗力受到赏识，很快就被任命为部队头领，不时带兵打仗。不知不觉中，他们接管了一些村镇，接着是整片地区的实权，取代了原有的亲王，并在这些地区推行他们的生活方式。带有防御性城墙的新城市涌现出来。砖石砌成的城墙、水塔和水沟、带雉堞的石基天台逐渐取代了坑道、木桩栅栏、凸出的棱堡和开放的花园，预示着米底未来都城埃克巴坦那（今哈马丹）的建筑风格。城市的功能发生了变化：从居住之地变为权力与征服的空间。同时，雅利安人也对旧式的丧葬规范进行了改良。比如在锡亚尔克，死人不再埋在房屋下面，而是葬在城市和村镇外的围场中，如此形成了城市大公墓。死去的武士和骑兵在下葬前都被穿戴上代表他们生前属性的衣饰：头盔、首饰、骑马的装备等。社会结构也逐渐演变：在王公、贵族和诸侯、自耕农、矿主、奴隶之间出现了明显的等级分化。所有这些缓慢的结构性演变说明，生活在其他族群中的雅利安人缓慢但实实在在地掌握了对其他族群的支配权。然而，他们的政治根基仍旧脆弱，在很长一段时间内，他们距离地区霸主的地位还十分遥远。

事实上，尚未统一的米底人很快就饱受占据着今天库尔德斯坦一大片地区的亚述、乌拉尔图和马纳[17]王国军队的欺凌，公元前8世纪最后二十五年见证了亚述的复兴，在萨尔贡二世的领导下，亚述人入侵了乌拉尔图、米底和帕尔苏阿，并放逐了一部分人口。

在接下来的一个世纪，一个被放逐的米底国王达亚库（古希腊人称其为迪奥塞斯）的儿子在亚述的压迫下发起抵抗。他被希罗多德命名弗拉欧尔特斯（前675—前653年在位），在大流士一世时代的贝希斯敦铭文中被称为克什特里塔，他努力联合所有米底人，并让辛梅里亚人和波斯人也集结在他的麾下。

波斯人在阿契美尼斯国王（约前688—前675年在位）的统治下已经建立了安善这个波斯小王国[18]，一个未来强国的卑微起点。尽管在政治方面仍然处于松散状态，但波斯人拥有共同的语言、文化、宗教。此外，正如罗曼·葛施曼、弗拉基米尔·米诺尔斯基和拉姆什·赛格维指出的，安善王国的波斯人还设计出一套楔形字母，相对于"亚述人的表意和音节文字"是一个显著的进步。这几位史学家同时特别强调他们在建筑方面的选择，比如在今天胡齐斯坦省马斯吉德苏莱曼市周围考古发掘时挖出的这座依山大平台，它被建在扎格罗斯山和巴赫蒂亚里的群山山坡上，有几条可供登顶，其中一条宽度超过25米。这一建筑结构既非埃兰风格也非亚述风格，却显现出乌拉尔图王国的建筑样式，而波斯人曾于公元前8世纪前后在乌尔米亚湖畔与之为邻。他们无疑是汲取了乌拉尔图建筑的灵感，从而创造出他们自己的皇家建筑和宗教建筑，因为根据希罗多德的记述，在某些这样的平台上曾建造有祭火庙，以敬被这位古希腊史学家称为"宙斯"的阿胡拉·玛兹达[19]。阿契美尼德王朝统治下的波斯波利斯将奉行这一建筑原则。尽管拥有独创性和有序的社会结构，这一波斯王国却没能在公元前670年前后逃脱沦为弗拉欧尔特斯统治下的米底王国的附庸的命运，而这时阿契美尼斯的儿子铁伊斯佩斯（前675—前640年在位）才刚继位不久。

尽管弗拉欧尔特斯在王国平定之路上斩获了一些成功，整个过程还是举步维艰。诚然，这位国王将米底国土扩展至德马峰东侧的哈马丹至位于伊朗高地中央的沙漠边缘，侵吞了一部分埃兰领土。然而，因对其刚刚展现出的实力和快速赢得的胜利过于自信，他决定对繁华的亚述国都尼尼微发起致命一击。但亚述人在居于乌尔米亚湖畔的斯基泰人的帮助下粉碎了他的野心，在拉杰斯平原消灭了他的军队——可能还要加上他的几个波斯诸侯国的军队。弗拉欧尔特斯在战斗中身亡，根据希罗多德的记述，米底在随后的二十八年（前653—前625年）中一直受制于斯基泰人[20]。

一个帝国的形成

弗拉欧尔特斯的死和埃兰国的衰落令波斯人获益，他们就此摆脱了宗主的枷锁。"安善国的小国王"铁伊斯佩斯从中看到了一个千载难逢的机遇，从而将国土拓展到帕尔斯省（今天的法尔斯省），这对于他的王国的未来是一个转折点。当前掌控了帕尔苏玛什、安善和帕尔斯的波斯人，尽管内部仍存在部族斗争，却已悄然跻身大国之列。

另一边，米底人尽管战败，却耐心地酝酿对斯基泰入侵者的复仇计划。弗拉欧尔特斯的儿子基亚克萨雷斯（前625—前585年在位），米底的第三任国王，在被迫承认自己附属国身份的同时重组了军队：他严肃军纪，学习敌方的战术，将骑兵与弓箭手分开，将持长矛和剑的重步兵与持弓箭和盾牌的轻步兵分开。将阿尔万德山脚下的埃克巴坦那作为国都，其名字意为"聚集地"，他以权力和繁荣的商贸关系与乌尔米亚湖周边地区以及里海东南的希尔卡尼亚省结盟，随后便发起了征服战争。

公元前615年在针对斯基泰人的战斗中，基亚克萨雷斯首次取得重大胜利，他事先在为斯基泰首领马地奥斯敬献的酒宴上命人将其灌醉后杀害。

鉴于马纳人和波斯人重新承认了他的宗主国地位，基亚克萨雷斯此时可以放开手脚攻打至今无人能敌的亚述帝国了。他首先进入了底格里斯河的一条重要支流——迪亚拉河上的哈哈尔城，那是位于扎格罗斯山谷中的一座行政城市，从这里他打开了通往尼尼微的道路。

他的军事进展引起了那波勃来萨（古希腊人的萨达那帕拉）的兴趣。后者曾在亚述国王授权下担任巴比伦总督，后于公元前626年趁亚述巴尼拔去世之机使巴比伦摆脱了亚述的管辖。在随后一年里，他在与亚述巴尼拔之子的一场战斗中取胜，在巴比伦自称迦勒底王，开启了巴比伦的迦勒底王朝[21]。不过这位胜利者却于公元前616年和公元前615年在亚述城前失利。基亚克萨雷斯也知道公元前615年的这次败绩，因为在这次战争中，亚述人得到了斯基泰人的帮助。

于是，巴比伦与米底决定联手抗击亚述。基亚克萨雷斯的孙女阿米提斯与那波勃来萨的继承人，未来的尼布甲尼撒二世（前605—前562年在位）之间的联姻确立了这一同盟。这一次，同盟军包围了基尔库克（阿拉法），并于公元前615年将其攻陷，接着于公元前614年攻陷亚述城。国都尼尼微于公元前612年被夷为平地，乃至于此从地球上消失，有《圣经》"预言"对此确证："祸哉！这流人血的城，充满谎诈和强暴。抢夺的事总不止息！……你的损伤无法医治，你的伤痕极其重大。凡听你信息的必都因此向你拍掌。你所行的恶，谁没有时常遭遇呢？"（《那鸿书》，3:1，3:19）[22]。

曾经万众瞩目的亚述都城所遭受的浩劫具有如此强大的象征意义，甚至一些伊朗史学家[23]将伊朗雄起和帝国创立的起始点认定为尼尼微的毁灭之日，而不是波斯帝国成立2500周年所确定的日期，即居鲁士大帝攻占巴比伦的公元前539年。

亚述的最后一位国王逃到哈兰避难，这座被古希腊人称之为卡雷的城市位于今天土耳其的东南部。尽管有埃及的救兵，它却也于公元前610到公元前609年沦陷。法老尼科二世的军队与亚述的余部会合，于公元前609年企图在今天的叙利亚和土耳其边境城市卡赫美士发起反攻。刚刚接替父亲那波勃来萨继承王位的尼布甲尼撒二世于公元前605年在此克敌制胜，为强大的亚述王朝敲响了丧钟，战败的亚述从此从地区势力中消失。巴比伦国王借机入侵当时在埃及操控下的犹太王国，并将其变为他的受保护国[24]。

在另一条阵线上，乌拉尔图王国也在随后的几年在联军的进击下屈服，但史学家无法给出确切日期[25]。接着，乌拉尔图王国让位于同为印欧人的统治者，他们于公元前6世纪初在波斯的统治下建立起一个王国[26]。

胜利的基亚克萨雷斯和那波勃来萨（以及他之后的尼布甲尼撒）共同瓜分了西亚的领土。米底得到了埃兰、亚美尼亚、东安纳托利亚以及他们之前征服的地区的统治权；而巴比伦则占据了底格里斯河和幼发拉底河河谷，以及叙利亚。但他们并没有就此满足。公元前605年，基亚克萨雷斯被吕底亚国王阿吕亚泰斯二世的财富所吸引，很可能是在尼布甲尼撒二世的协助或担保下，他以一起牵涉斯基泰人的外交摩擦为借口，于公元前590年向西扩张。根据希罗多德的记述，他们之间的战斗时断时续，五年之中始终没有分出胜负，直到一次日全食的出现（曾被米利都的泰勒斯"预言"），这次日食因令交战双方惊惧不已而加速了战争的终结[27]：二者签订和平协议，并以基亚克萨雷斯之子阿斯提阿格斯与阿吕亚泰斯二世之女，王储克罗伊斯之妹阿丽埃尼斯之间的和亲为最终结果。和平协议中将哈里斯河认定为两国的边界。于是，当阿斯提阿格斯于公元前585年继位成为米底国王时，他的妻兄是吕底亚国王克罗伊斯，女婿是巴比伦国王尼布甲尼撒二世。

他们之间虽已结盟，但米底的崛起仍令尼布甲尼撒感到不安。于是，他一方面决定加强北部边界的防守，另一方面——尽管犹太王国自公元前605年理论上已经归他支配——却于公元前588年发起了征服犹太王国首都耶路撒冷的战争。这一事件对后世影响深远，而且在《圣经》[28]和《巴比伦编年史》中都有大篇幅的记载。事实上，在卡赫美士之战（公元前605年）和犹太王国沦为附属国的四年后，众多被奴役的民族纷纷反抗宗主国巴比伦。其中，犹太国王约雅敬拒绝进贡，并与强大的埃及联合。尼布甲尼撒二世立即出兵，在数场苦战后于公元前597年将叛乱平息，约雅敬也在战争中丧命。

降伏了犹太王国，掠夺了圣殿，胜利者将约雅敬之子约雅斤流放巴比伦，陪同他一起流放的还有犹太王国的一万名士族精英[29]。接着，他将约雅斤最小的弟弟，年仅二十一岁、温驯敦厚的西底家扶上犹太国的王位。

然而九年后，西底家在以东、摩押、亚扪、推罗、西顿使臣的联合怂恿下，无视先知耶利米的劝诫，发起叛乱并与埃及法老阿普里斯（前589—前570年在位）再次结盟。尼布甲尼撒二世担心这一局势会削弱他在本地区的影响力，进而阻碍他针对腓尼基的扩张计划，于是决定再次干预，并于公元前588年12月在没有遇到太多抵抗的情况下侵入犹太王国。兵至耶路撒冷，面对这一以厚实城墙防守、居住人口达一万五千人（众多到来的难民使人数暴涨[30]）的城市，他责令西底家投降，但后者拒绝了。在耶路撒冷之围持续了一年多之后，于公元前586年2月传来消息，犹太国王向埃及法老请求的救兵终于到了。整个耶路撒冷立时欢欣鼓舞，以为就此获救。但他们没有料到尼布甲尼撒二世的部队先发制人，一举击败埃及援军。耶路撒冷之围又一次开始，但这一次西底家只身一人，再无增援可以指望。城市居民出于恐慌四散奔逃，城内饥荒肆虐，乃至于某些史料记述了吃生肉的现象……尼布甲尼撒二世当时身在叙利亚，他的将军们攻破防御，进入这座精疲力竭的城市奸淫掳掠，以极端暴力的方式横行耶路撒冷。军队闯入耶路撒冷圣殿，杀死祭司，捣毁圣物。从地下通道逃到城外的西底家被擒，并押送至尼布甲尼撒面前。他被控叛国，并被迫亲眼看着自己的孩子被当场处死，之后他被刺瞎双眼，披枷戴锁遣送至巴比伦。至于耶路撒冷城，尼布甲尼撒二世犹豫再三后下令将其彻底毁灭。公元前586年8月，耶路撒冷城墙被推倒，宫殿和圣殿均遭焚毁。海勒姆（圣殿的标杆式建筑师）为圣殿留下的宝物（带有花饰的青铜柱子、乐器、圣器）或遭损毁，或被带到巴比伦，呛鼻的烟雾持续数周笼罩着这座殉难的城市。

耶路撒冷陷落的一个直接后果是第二批犹太人被流放到巴比伦——从第一次之后，共计有两万人遭到流放，另一些犹太人逃往埃及，迦南土地上剩下的只有没有政治领袖、变得毫无威胁的农民。对于这个血腥的时期和犹太人去向巴比伦的流放，《诗篇》的一百五十首诗中只有一首（被认为是先知耶利米所作的《诗篇》137）提到了巴比伦这一情节，并描述了人们遭受的苦难：

> 耶路撒冷啊，我若忘记你，情愿我的右手忘记技巧。
> ……
> 将要被灭的巴比伦城啊，报复你像你待我们的，那人便为有福。
> 拿你的婴孩摔在磐石上的，那人便为有福。

犹太王国已经毁灭。中东的大部分地区现在都留给了这三股主要势力去分食：吕底亚、巴比伦和米底。他们在未来的冲突已经写入了犹太王国的预言里，后者还宣告了波斯兼米底人居鲁士大帝的降临。

古代的信仰

巴比伦人与米底人只是表面上相似。前者是闪米特人，后者是印欧人，他们两方——以不同的方式——都发展出了一套将城市管理与宗教紧密结合的文明。

巴比伦人将他们的都城看作世界的中心，将天地人的创造者马尔杜克[31]置于众神之首，而不是美索不达米亚的众神之王恩利尔[32]。他们在埃萨吉拉——"有着高耸尖塔的神庙"中膜拜他，神庙旁边屹立着高三十肘尺（约14米）的之字形塔——七曜塔，《圣经》中有关巴别塔的记述应该就是由它而来。跟随在马尔杜克身边的萨尔帕尼作为母神，也在埃萨吉拉庙受到供奉，庙里还放置了他们的婚床[33]。除了这对神祇夫妇，巴比伦也尊崇从美索不达米亚继承的其他神祇，其中包括：伊什塔尔——爱与战争的女神；利莉思——

与暴风雨相关的女妖；米莉塔——巴比伦的维纳斯；纳布——文字之神；欣——月亮与黑夜之神；沙玛什——太阳神；塔木兹——春季与丰收之神；最后还有吉尔伽美什——神化了的英雄。

米底人，作为一个麻葛（法师）的民族，也从印欧祖先那里继承了古老而丰富的神祇。在前琐罗亚斯德[34]的神祇等级中，他们将阿胡拉·玛兹达置于最高地位。阿胡拉·玛兹达在宇宙之初孕育出阿沙，后者作为宇宙的规划布局，代表了"古老玛兹达系统的核心理念"，与"一个女性名字的本原，德鲁杰"对立，"德鲁杰可以大概翻译成'欺骗'，她并非混乱无序，而是某种邪恶、虚假、欺骗的秩序[35]"。阿沙与德鲁杰之间的根本对立如同白昼与黑夜，仁爱世界与凶恶世界之间的对立。白昼与黑夜的两个理念调控着"使生命繁衍的大自然周而复始的循环[36]"。因此，祭神的仪式十分重要，因为其功能在于通过对神祇的膜拜维护宇宙的正常运行。尊崇这些神祇的人们将参与对创世的保卫，并获得末世奖赏，即升入天堂。

法兰西公学院教授让·凯兰斯对琐罗亚斯德教圣书[37]《阿维斯陀》进行了细致严谨的研究和分析，在前琐罗亚斯德的玛兹达教众神中，除阿胡拉·玛兹以外，他还列出其他两位大神：阿婆姆·那婆特——滚烫的众水之孙，以及密特拉——契约之神。

阿婆姆·那婆特，"水中火"之神，对我们的逻辑提出考问。让·凯兰斯做出了一个解释："江河湖海中隐藏着一个寄宿者，是水的至亲也是它的对立面：阿婆姆·那婆特。这对矛盾的组合建立在对祭祀仪式每个步骤自始至终的遵从上。人们汲水以做献祭之用，并在祭坛上点火，然后用水灭火，意即将火托付于水并还于河流……火孕育出一个胚胎，水庇护并养育它，然后它被从水中捞出，并再次通过木屑自发燃起。"

至于密特拉，他在前琐罗亚斯德的众神中也占据了中心位置，作为阿胡拉·玛兹达的眼睛，他是"白昼之光的代表、契约的守护神、冷酷的武士和送子神"，这"让人在他身上看到了对国王或至少对政治领袖形象的升华[38]"。如此，他保证了部族间的团结。除了用多种牲畜（牛、马、羊）献祭，人们还在对他的祭祀仪式中饮用一种似乎是以麻黄制成的饮料：豪麻。豪麻其实是可以归于祭祀神的一种植物神[39]，榨出的这种饮料供主祭饮用并供奉给神祇。产生作用后，它能令灵魂飞入九天，一睹真光。然而，榨出后的纯汁具有毒性，会令饮用者出现腹泻，因此产生了那条富有争议的建议，即将其与奶混合后饮用。我们将在下面讲到玛兹达教的改革者查拉图斯特拉时再回到这个话题。

除了这些"主神"，有必要提及一众阿梅沙·斯彭塔（意为"推动进步的不死力量"），即圣人或大天使，最高天神阿胡拉·玛兹达通过这些从神介入世界的演变。他们的名字根据不同的翻译可能会有差异：阿沙·瓦希什塔（真理与天则），福胡·玛纳（善思），赫沙特拉·瓦伊里亚（自控或王权），斯彭塔·阿尔迈蒂（平和或虔敬），胡尔瓦塔特（向完美的演变），以及阿梅雷塔特（不朽）。

此外，玛兹达教还拥有众多其他神祇，其中包括希罗多德提到的月神马赫、土神扎姆、火神阿塔尔、风神伐由，这些神可承载和夺取生命。在这张必定不够详尽的清单中，至少还要加上阿娜希塔，她是水神、丰产之神、繁育之神和智慧之神[40]。作为密特拉的母亲，在某些学者看来，她与闪米特族的伊什塔尔女神十分近似，后者从公元前4世纪开始在阿尔塔薛西斯二世（前404—前358年在位）的统治下广受崇拜。最初，阿娜希塔象征着一条神话中的河流阿雷德维，其形容词为苏拉（强大）和阿娜希塔（无玷），而这形容词最终成为女神的名字。在几个世纪中，她的名字变为安娜希德，甚至娜希德。阿娜希塔的形象后来逐渐与阿芙洛狄忒接近。

玛兹达教混乱无序的神祇系统令信众的宗教情感时常淹没在重重的宗教仪式中。无论如何，至少这是查拉图斯特拉的感觉，他很快便通过惊人的哲学和伦理学方法对这一系统提出质疑。

查拉图斯特拉，倡导宗教改革的先知

无论被称为查拉图斯特拉，还是后来的扎尔多什特，又或是古希腊人惯用的琐罗亚斯德，鉴于有关他生平的史实与传奇如此盘根错节地交织在一起，这位"伊朗先知"是否真正存在过，他要传达的信息是什么，时至今日仍然是个谜。

自从读到《阿维斯陀》（被安克特·得佩龙带回法国，并于1771年由他翻译出版[41]），西方学者[42]从没停止过努力，以厘清这部作品的年代从而确定所谓查拉图斯特拉改革的历史年代[43]。他们就此确定，《阿维斯陀》中有一部分比其他部分都古老得多。所谓"古老"的部分共五十多页，包含了一些诗歌（五篇《偈颂》）和散文（《耶斯那》之《哈普塔－哈提》，"七章的祭祀祷文"），呈现出一致的语言表达，并无明显的语言学演变迹象。然而，其时代确定却是一个学界难题。雅克·迪歇纳－吉耶曼[44]自1948年便断言，书中的《偈颂》"因其古老的语言特征与该著作的其他部分泾渭分明，并将其定位于《梨俱吠陀》创作的同时期，甚至更早的时代"。然而，印度的这一圣歌集可以追溯到公元前1500至公元前900年。霍斯鲁·卡扎伊·帕尔蒂斯更是将《偈颂》定位于公元前1700年[45]。在学者中更加主流且极为谨慎的看法是，《阿维斯陀》的这一部分大约可追溯到公元前1000年，这一时间论断比早前提出的公元前660年—公元前583年[46]还是提前了很多。《阿维斯陀》中所谓"新近"的部分应该是从公元前6世纪末开始撰写的，并持续了一千年[47]。这些时间定位尽管跨度较大，却足以确定《偈颂》甚至《耶斯那》中的《哈普塔－哈提》的作者查拉图斯特拉的生活以及他进行改革的历史时期。然而，这一时间越早，便越能证明琐罗亚斯德教早于犹太教，是世界上最古老的一神教。

这一改革是从一个人开始的：祭司和先知——查拉图斯特拉。人们对他的传奇的了解有很大一部分是来自一部13世纪以波斯文编纂的著作《查拉图斯特拉教诲录》，今天仍被印度的帕西人奉为参照典籍。根据这一很可能是由众多早期口头和文字叙述汇编的辑录，查拉图斯特拉属于贵族种姓。他的父亲普卢沙斯帕和母亲多格赫多瓦生活在麻葛之国米底，一个在阿拉克王国的阿特罗帕特尼，另一个在拉加（靠近今天的德黑兰），二人相隔约500公里。一天，一束超自然的光芒从这位年轻女子的身上射出，将她的追求者吓得四散奔逃。祭司们怕是某种妖术，想要杀死多格赫多瓦以祭神明。她的父亲出面阻止，并将多格赫多瓦送到他朋友阿拉克国王处避难，她便在那里与普卢沙斯帕成婚。在这个四处受到邪恶力量威胁的世界，他们生下了一个儿子：查拉图斯特拉。

他刚一降生就开始发笑，这一奇观立刻引起了祭司们的反感，怀疑他中了魔法。他们尝试了六种方法铲除他：用匕首刺，用火烧，三次诱拐这个孩子想让他被牛或马踩死，被母狼咬死，以及对他下毒。但任何一种都没能得逞。邪恶力量终于退让了。

随后，查拉图斯特拉到了受教育的年纪。年仅十四岁的他在辩论中的表现超越了那些法学博士，这招致了祭司阶层的嫉妒，他们担心查拉图斯特拉会削弱他们对民众的影响力。三十岁时，他在越来越多信众的跟随下远离故土。一条不可逾越的河流截住他的去路，造物主便让他从一座虚幻的桥上通过。他难道是被上帝选中的人吗？

一天早上，他来到阿富汗——雅利安传统国家——的边境，走到伊朗人的约旦河——达伊提耶河畔，沐浴净体。波浪四次没至他的喉部。他光芒四射地从水中走出，准备好再一次接受神启。他曾孤身一人度过十个寒暑，其间与阿胡拉·玛兹达进行了七次对话，从中获得将要实现的真理的启示。彼时，他开始向民众布道。当地的小国王和祭司们不愿自己的权力受到质疑，因此都对他表现出敌意。于是他逃到哈蒙湖附近的锡斯坦，在那里他再次获得关于阿梅沙·斯彭塔和协助阿胡拉·玛兹达的大天使们的启示。凭借这些新的知识，他继续自己的传教活动，但因其倡导的伦理与一神论，他在锡斯坦再次受挫。

　　查拉图斯特拉只得再次启程北行。到达位于巴克特里亚的维斯塔斯帕（古希腊人称之为许斯塔斯普）王国时，一场与列坐于国王身边的神学家围绕神学问题的辩论正等着他。他凭借自己的机智和宗教立场得到了国王的青睐，可在座的其他人都对他怒不可遏，只等着第二天"报仇雪恨"。但这无济于事，第二天查拉图斯特拉再次获胜。依仗王室的支持，他在听众面前阐释了他来到此处的原因，以及以阿胡拉·玛兹达的名义进行的改革。然而，他低估了几名祭司的构陷能力，他们将查拉图斯特拉说成一个妄想将国王控制于掌中的巫师。这一次，查拉图斯特拉又挫败了他们的阴谋，并终于得以宣扬其宗教改革，直到七十四岁在一座拜火庙执行祭祀仪式时被一名图兰人杀害。他完成了自己的使命：宣讲了新生的福音，而这善的力量将旺盛地流转于这片土地。

　　撇开这一传奇，查拉图斯特拉在历史上是否真实存在仍然存疑。让·凯兰斯认为，"查拉图斯特拉以《偈颂》——或至少是其中某些段落——的吟诵者的身份形象出现，但这并不能说明他是《偈颂》的作者或者证明他真实存在过[48]"，然而对《偈颂》的研究令人相信这位吟诵者（或许也是作者？）是一位"扎奥塔尔"，也就是玛兹达教的司祭官，并且他以古阿维斯陀语表达，使人想象他应该生活在今天巴克特里亚地区的阿富汗一侧。不同于《阿维斯陀》的新近部分，《偈颂》的抒情诗体裁体现出鲜明的个性：他在提到自己及其情感时总是与世界的组织者、善神阿胡拉·玛兹达保持紧密的联系。无论对《偈颂》做何种翻译——多数翻译偏向"学术"，其他某些翻译则更加"随性"——"我们都从中看到其以相同的抒情表达方式对造物主进行着直接倾诉，通过同样的祝圣连祷表达着我们可以称为一种道德或一种哲学的基本原则，对找到长远答案发出同样热切的提问，对主启示的道路怀有同样的信心，但在超出人类所及的事物面前保持着同样的谦卑，表现出同样的怀疑，以及对保护土、气、水、火四大基本元素从而融入生命和谐循环饱含同样的渴望[49]"。因为《偈颂》并非对人的布道，而是对神祇的颂歌，"用于为献祭仪式每个阶段的伴唱[50]"，其精髓可做如此解释。如果主祭遵从《偈颂》的指示，他将参与世界的协调和维护。对于这浩繁的计划，查拉图斯特拉这位同时代宗教的严厉批判者，将在长久对着圣火（阿塔尔）这唯一纯净的元素祷告后，总结出一套既实用又道德的学问。

在琐罗亚斯德教的祭祀仪式中，火的确有助于精神与灵魂的升华。正如约翰娜·纳尔滕表述的[51]，火，被人以平庸的方式点燃后，在仪式中进入另一种境界：它是一星点神光，是阿胡拉·玛兹达的镜子。它朝天挺立，笔直如司祭官。克拉丽丝·海伦施密特和让·凯兰斯补充道："通过它升空的运动，火证明它知道如何完成这一旅程。从人到神，它为后者带去祭品，对于前者它展示通往众神之所和彼岸的道路。"

因此，训导对于琐罗亚斯德教是至关重要的，因为它提出对信仰玛兹达的反思，从而明示通往天堂的道路。在基督新教文化中浸淫极深或过深的德国学者马丁·奥格曾意图将这种文化挪移到伊朗，但这些围绕玛兹达教的反思并没有他于1861年想象的那么具有颠覆性，然而，无论如何，它仍然从本质上凭借一神论和二元伦理观为因祭司权力的影响而逐渐丧失其精髓的古代宗教输入了新鲜血液。它并非在宗教荒漠中横空出世，它源于对传统的拷问，对人与世界的至上原理之间关系的重新定义。

在琐罗亚斯德教礼仪的核心认知中，法对所有人都具有约束力，并划定违法者的罪。从前的玛兹达教更加强调众神和假想中的神的意愿，但现在关注点转到了作为"改革"支柱的法上。此外，正如雅克·迪歇纳-吉耶曼表述的，"查拉图斯特拉除了一个神以外，排除所有其他的神，却让所有与他们有关的'理念'留存下来"。

事实上，阿胡拉·玛兹达是《偈颂》中唯一提到且主宰这个新宗教系统的神。作为一个不能被描绘的精神概念，他替代了旧有的全部神祇，密特拉等神也因他丧失地位。他是全知且神通广大的"善神"。此外，他还囊括了男性（阿胡）和女性（玛兹达）元素[52]，主张两性平等，这也是琐罗亚斯德教的一项原则。尽管那些阿梅沙·斯彭塔在《偈颂》中没有被提及，却有十个实体[53]被吸纳为阿胡拉·玛兹达的属性，并成为他介入世界演化的媒介。在他的规划中，人类应该扮演积极的角色，并在这些神力的帮助下做到"善思、善言、善行"。如此武装起来，人类将参与到"生命"本原（良善、智慧、光明）与"无生命"本原（邪恶、蒙昧、晦暗）的不断对抗中来。如果人类有权在两种势力之间做出选择，他也必须为此承担后果，这对于当时的思想是场革命。

对于查拉图斯特拉，这事关重大，因为要不惜一切代价维护生命。比如，"让牛活命"意味着放弃对旧有的密特拉进行牲畜献祭的陋习，特别是在那个主要财富来源依靠养殖业的社会，数千头牲畜被不断屠宰献祭，使居民更加贫困，这绝不会是良善的表达。反之，对牲畜的爱护才是促成良性循环的要素。况且，养牛人口定居的表现之一，是对掠夺牲畜的游牧民生活的对抗，也就是对"错误"的对抗，这最终将有益于族群的致富和幸福。

《偈颂》中同时还主张放弃对豪麻的饮用，因为这一饮料会通过其致幻力令人失去自主意识。因此这也是对抗无生命的一种方式。对此，学界专家意见不一，因为玛兹达教徒仍继续饮用豪麻。在让·凯兰斯看来，"错误的教义是鼓励人们饮用纯豪麻……这让我们得出一个存疑的结论。表面上，《偈颂》中指的只是不好的豪麻，没有掺奶、红如火焰、令人腹泻的那种。而好的豪麻已经涵盖在福胡·玛纳中了[54]"。

无论如何，具有自由选择权的人类是正义事业取得胜利不可或缺的推动力。如果人们遵从先知制定的礼仪，生命将最终战胜无生命，阿胡拉·玛兹达将重新主宰整个世界。这一过程需要一场末日火灾，之后才能恢复黄金时代，实现世界的重生和造物主王国的降临。

好人与恶人死后，他们的灵魂都将在"筛选通道"的入口受到阿胡拉·玛兹达的筛选和审判。正直的人将进入被称为"圣歌之家""善思帝国"

或"繁盛帝国"的天堂[55]；作恶的人将蜷缩在一个悲哀之所，一个类似炼狱的地方，最终的神意裁判会用火令所有灵魂和解。

这便是对查拉图斯特拉所传达的信息的极其精简的总结，这一信息号召人们顺应世界的组织方式，遵从保证这一组织方式的仪式，同时让每个人对自己的选择负责，按照一种同时代的祭司时常忽视的伦理规范行事。

查拉图斯特拉是否圆满完成了他的使命？虽然琐罗亚斯德教的思想扩散到整个伊朗，它却没能让人们摒弃那些古老的信仰。诚然，阿契美尼德大帝大流士（前522—前486年在位）曾赞颂阿胡拉·玛兹达的光荣，正如波斯波利斯和帝王谷的石刻见证的："伟大的主是阿胡拉·玛兹达，他创造了这地，他创造了这天，他创造了人类的繁荣，他让我称王，我大流士，众人唯一的王，众人唯一的首领。"然而请注意，正是这位大流士，他除了阿胡拉·玛兹达也提到了"其他存在的众神"，正如迪歇纳－吉耶曼指出的，"可以肯定地说，查拉图斯特拉的传道与伊朗西部完全没有交集，而且是在阿契美尼德王朝建立前很早进行的。大流士最多只认识了其训导被淡化、扭曲后的吉光片羽"。他的儿子薛西斯由此于公元前490至公元前480年间实行了琐罗亚斯德教历法，可以看到密特拉在其中拥有一席之地。

根据我们当前掌握的知识，可以得出这样的结论，琐罗亚斯德教不只是通过将阿胡拉·玛兹达树立为唯一的核心神祇来对旧有的玛兹达教进行改革，它还提倡一种宽容的生活伦理，这种伦理基于传统，又适应当下的社会。如此，尽管先知有言在先，在大神旁边供奉密特拉和阿娜希塔的现象仍比比皆是，饮用豪麻（很可能与奶混合）也颇为常见。这些宽容的宗教态度令琐罗亚斯德教直到阿拉伯人入侵时仍然存在。几个世纪后的萨珊王朝，它成为国教。此外，如果从公元1世纪开始罗马世界被密特拉神秘主义宗教主宰，弗兰茨·屈蒙[56]强调密特拉教只不过是"琐罗亚斯德教的罗马说法"——我们可以这么说，它虽被扭曲却源远流长。

向创建帝国迈进：从米底人到波斯人

尽管自公元前 2 千纪开始，先后由印欧人、玛兹达教徒和查拉图斯特拉勾勒出的宗教、道德，甚至意识形态前景开始让相互联盟或竞争的族群集结在一起，而基亚克萨雷斯也屡建战功，到公元前 6 世纪伊朗仍没能以一个稳定的形态正式诞生。诚然，这位米底国王将自己的霸权扩展到彼此千差万别、相隔甚远的地区，但我们不能赞同希罗多德的夸大其词，即这些地区从小亚细亚一直延伸至中亚。此外，公元前 525 年基亚克萨雷斯在统治四十九年后去世时，新生的"米底帝国"尚且脆弱。事实上，虽然基亚克萨雷斯对世界这一地区的未来拥有政治远见和征服的渴望，他的儿子阿斯提阿格斯却与他截然不同。阿斯提阿格斯出于上文中提到的原因迎娶的是吕底亚国王阿吕亚泰斯二世的女儿阿丽埃尼斯。

继承王位后，阿斯提阿格斯竟是以他对奢华生活的追求和对自己形象的关注而为人所知：他穿着华丽，描眉画眼，涂脂抹粉，跟随当时的潮流佩戴不计其数的项链和手镯。根据希罗多德的记述，他尤其害怕丧失他的王位，因此对身边的那些诸侯疑虑重重，害怕他们会对他逼宫。在他长达三十五年的统治中，尽管他的都城埃克巴坦那以其七层色彩不同的城墙、大大小小的宫殿和繁荣的商贸活动引人瞩目，他将自己的利益凌驾于国民利益之上的治国方式还是令米底帝国不可挽回地走向衰败。

一个具有先兆性的梦令他惶恐不已。希罗多德记述道："他梦见自己的女儿曼丹妮的尿淹没了他的都城，然后泛滥至整个亚洲。"在这个麻葛之国，这样的信息只可能是神谕。对阿斯提阿格斯来说，很明显，他必须尽快让女儿远离埃克巴坦那，且得将她许配给一个影响力对他不构成任何威胁的小贵族。他立刻就想到安善，那个被波斯的阿契美尼德家族统治的小诸侯国，完全不曾料想这个占据埃兰部分国土及其周边地区的印欧表亲注定拥有辉煌的未来。这位冈比西（前 600 年—前 559 年在位），居鲁士一世（前 640—前

600年在位）的儿子，将是他理想的女婿人选。他是传奇的阿契美尼斯的后代，其祖父铁伊斯佩斯的两个儿子阿里亚拉姆尼斯（前640—前590年在位）与居鲁士一世将继承的国土一分为二，前者获得了法尔斯，后者获得了帕尔苏玛什和安善。诚然，冈比西在战胜了阿里亚拉姆尼斯之子阿萨姆斯[57]后将这两个小波斯王国统一在他的王权之下，但阿斯提阿格斯在他身上没有看到任何能对他造成危害的雄心壮志。这件事就这样决定了：拥有双重王室血统和阿斯提阿格斯王位合法继承权的曼丹妮被从繁华的埃克巴坦那发送到远方，在凄凉的小国安善定居。阿斯提阿格斯终于可以喘息了。

一年后，焦虑再次攫住了他。又一个梦侵扰了他的酣眠：他梦见他女儿的肚子里长出一条强大的葡萄藤，其枝蔓将整个亚洲紧紧缠绕。接到紧急召见的祭司们警告他，他的王位将马上面临威胁：他的女儿已经怀孕，她腹中的孩子将使他灭亡。他必须当机立断。阿斯提阿格斯立刻向安善派去信使，在没有向他女儿和冈比西做出任何解释的情况下，将曼丹妮强行接回，并关在埃克巴坦那王宫一间与世隔绝的侧室中，命人日夜监视她的孕程。他最为恐惧的是女儿会在分娩后携子逃回安善，而在最近的几个梦境进一步确认了他的担忧后，他打算除掉那个即将降生的孩子。

公元前559年，曼丹妮的儿子，米底与波斯王朝的继承人出世了[58]。阿斯提阿格斯不是满怀欣喜，而是深陷恐惧，他即刻传召自己禁卫军中的一位年轻上尉哈尔帕格，命他将孩子除掉。回到家后，难过得落泪的哈尔帕格向妻子透露了国王将他置于何种可怕的境地。杀害孩童有悖他的良知，抗旨不遵或承受王位继承人曼丹妮的怒火也同样使他寝食难安。于是他再三考虑后决定，将婴儿托付给他的一个放牧人米特拉达铁斯，让他远离埃克巴坦那，居住在最为偏僻的山区。离开前，哈尔帕格命放牧人给孩子取其祖父的名字——居鲁士。"在神奇的巧合下"，放牧人的妻子斯伐考刚刚产下一个死婴。她便满心感激地接受了这个天赐的礼物，让居鲁士顶替了自己的孩子。她用居鲁士的襁褓包裹了自己儿子的尸体后，将其放入一个篮子，遗弃在山中。米特拉达铁斯禀报哈尔帕格，完成了他交给的任务。如此在一个简陋的房屋中，"母狗"——斯伐考或斯伐果意为"母狗"——的养子在这个家庭中幸存下来[59]。

十年以后，这个孩子显示出惊人的智力和体魄。正如希罗多德描述的，"他的言谈似乎证明，他的出身比大家传说的更高"。不仅如此，年少的居鲁士已经称王了。有一天，在一场为大众熟知的游戏中[60]，他被同伴们选为国王，其他人则分担王宫总管、侍卫、亲信这些职位。小居鲁士对这一角色十分认真，向他的"臣民"分配各自的任务。鉴于他的一名"侍卫"拒绝服从一个"放牧人的儿子"，他命令其他"侍卫"对其进行鞭打。千不该万不该，这个被打的孩子是米底宫廷重臣阿腾巴列斯的儿子。孩子于是向父亲告状，并要他惩罚犯罪者。阿腾巴列斯携子入宫，向国王禀报："国王请看，一个放牧人的儿子对我的儿子做了些什么！"阿斯提阿格斯盛怒之下传唤罪犯："你一个小无赖如何胆敢对阿腾巴列斯的儿子下手？"居鲁士毫不畏缩，答道："大人，我只是依法行事。村里的孩子们将我选为国王，所有人都服从于我，偏他不服。我这才惩罚了他。"

阿斯提阿格斯面对如此气概和逻辑，一时间竟哑然无语。正如希罗多德记述的，某种自家人的神情让他生疑……难道站在他面前的是曼丹妮的儿子，他自己的亲外孙？他召见哈尔帕格，后者承认自己没有完全遵旨办理："当您将孩子交予我，我脑子里只有一个想法：服从您的命令，不能辜负您的信任，但同时尽量不成为一个杀人犯。于是，我决定将孩子交给一个放牧人。我对他说：杀了他，这是国王的旨意！"放牧人也被传召到王宫，在死刑的威逼下，他讲述了所发生一切。鉴于他的诚实，国王将他无罪释放，让他回家去了。

然而，阿斯提阿格斯在心中酝酿着对哈尔帕格的可怕的报复计划，他对他说："现在看来，这却是最好的结果，居鲁士活得好好的。我心里其实一直很内疚，我的女儿也拒绝再见我。既然如此，把你的儿子送来，让他认识一下我们这位起死回生的年轻人，还有你，也一起来享用晚宴吧。我今晚将向神明奉上丰厚的供品，是他们促成了这样的结局。"

恐怖之景象现于晚宴。事实上，国王让人呈上一盘盘鲜有人见识过的珍馐，其中包括一盘寡淡无味的炖肉。晚餐快结束时，哈尔帕格请求见自己的儿子。"你已经见过了，"阿斯提阿格斯答道，"还吃了呢。"事实上，小男孩刚到王宫，国王就命人将他杀了，为晚宴炖成一道菜。国王还为不幸的哈尔帕格准备了另一份礼物：一只盛放着他儿子人头和遗骸的大筐。疼痛是如此撕心裂肺，哈尔帕格咬着牙，提着那只骇人的大筐回了家。接下来的情节不难猜想，从这天起，他没有一天不在酝酿复仇。

在此期间，阿斯提阿格斯再次询问了祭司。他们向他保证，一切危险都已消除——居鲁士不是已经"统治"过他的玩伴们了吗？放了心的国王让孩子回到自己亲生父母在波斯的家。这个自命不凡的孩子又能把强大的米底王国怎样呢？

在回家的路上，居鲁士从随从那里获知了一切：他的出身、他刚刚逃离的陷阱。他什么也没说，因为当前是与亲生父母团聚的庆祝时刻。大家急不可待地想要了解米特拉达铁斯和斯伐考那对值得赞美的夫妇，以及居鲁士在山里自由快乐的生活。为了让他们失而复得的儿子奇迹般的回归显得更加神奇，并让神明的伟绩在整个王国得到赞颂，冈比西和曼丹妮放出消息，称居鲁士是被一只母狗救下并抚养大的。这个真假参半的"真相"随着时间的流逝渐渐演变成他的传奇。

传奇止步于此，让位于"历史"和居鲁士大帝将要建立的"世界"帝国。

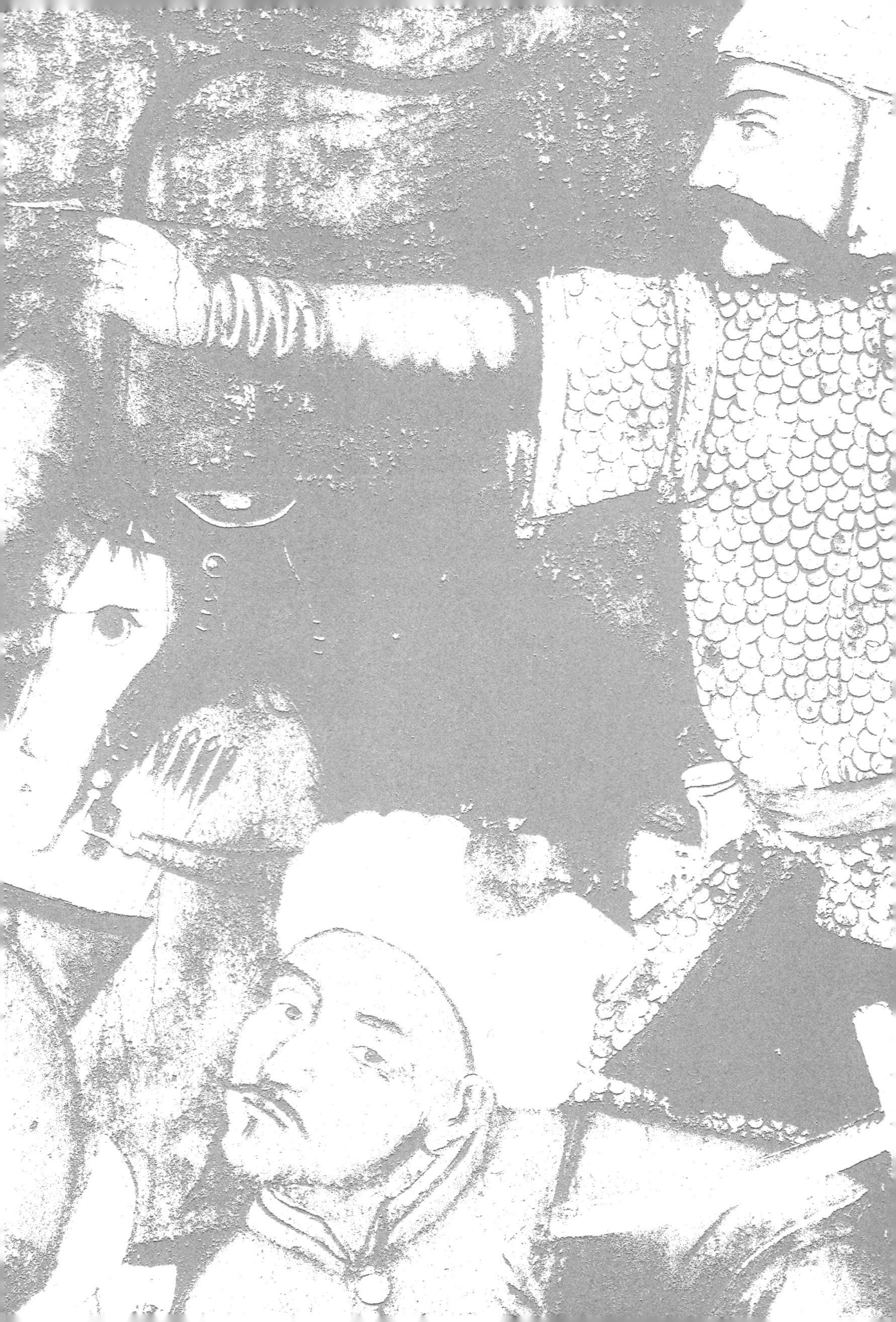

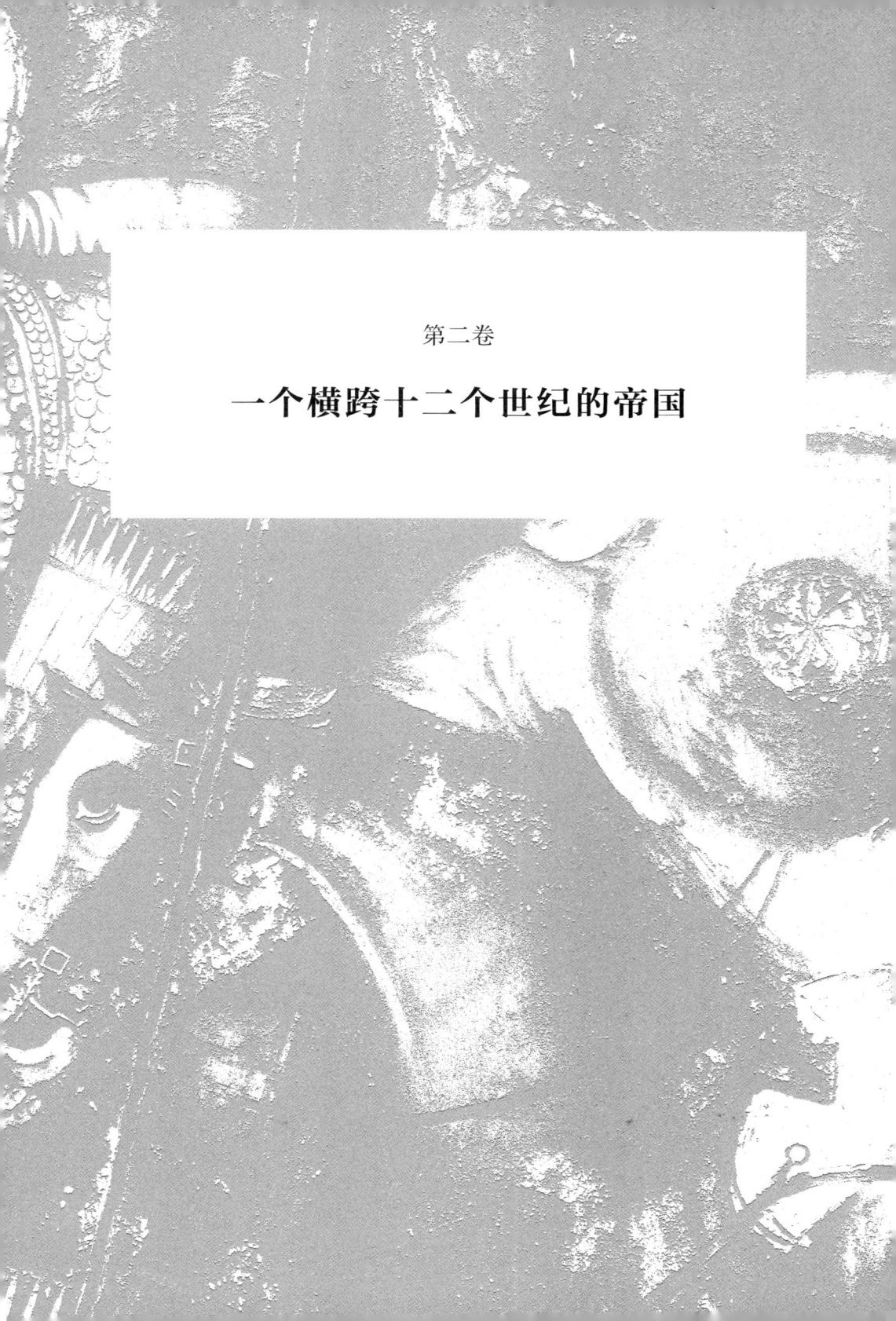

第二卷

一个横跨十二个世纪的帝国

第三章

"历史上第一份人权宣言"

在他的家乡"波斯",居鲁士(伊朗人称呼他 Kouroche,而不是 Cyrus)在安善王国朴素的"王宫"中长大。色诺芬在复述他的传奇时提到了他那反射着无瑕灵魂、充满仁慈的俊美面容。他的父亲——"小"国王冈比西,他的母亲——曼丹妮王后,以及他那些老师都给他灌输琐罗亚斯德教的道德准则,将他培养成一个优秀、公正、强大的国王。到了成年时期,他得到了扎实的军事培训,成为一个出色的骑手、弓箭手、击剑手,以及经验丰富的战略指挥者。与此同时,他在团结互助、尊重他人和人人平等方面的价值观也逐步形成了。

他已经完全具备了统治者的素质,但耐心谨慎的他仍在外祖父传召他时前往埃克巴坦那觐见,以示服从和尊重。他次次都安然无恙地返回,并掌握了有关这个江河日下、渴望复兴的帝国各方面的情况。

公元前559年冈比西的离世开启了居鲁士的统治。即位后,他迎娶了一位阿契美尼德家族的公主卡桑达恩,并与她育有多个孩子,其中包括他的王位继承人冈比西二世、罗克珊娜和阿托莎,后者日后将与大流士大帝成婚,并生下居鲁士的孙子薛西斯一世,对于这个国家的未来,这是一条关键的血脉链条。

时年二十岁的居鲁士身边集结了一批年轻的波斯骑士,他定期刺探情报，获取日渐衰败的阿斯提阿格斯宫廷的信息。对阿斯提阿格斯多年来一直深怀仇恨的哈尔帕格也在等待背叛他的最佳时机，并成为居鲁士最热忱的拥戴者之一。他甚至请求居鲁士发起叛乱，好解放米底王国。毕竟，居鲁士因他母亲的关系也是一位米底王子。

阿斯提阿格斯虽然从自己的间谍那里听到一些风声，但并未破解其中的秘密，为了试探他的外孙并确认此附属国对自己这个君主的臣服，阿斯提阿格斯传召居鲁士到埃克巴坦那觐见。这次，居鲁士放肆地答道："是的，阿斯提阿格斯，我即将来到你的宫殿，甚至比你期望得还要快。"面对这一被他视为辱骂的回答，阿斯提阿格斯立刻派出强大的远征军，以剿灭这个无法无天的"小国王"，并委任……哈尔帕格为大军统帅，而后者终于得到报仇雪恨的机会。接下来的情节不难猜想。当两军相遇——一支较弱，但士气高涨，另一支装备精良，人数更多，几乎所有米底士兵都跟随他们的指挥官临阵倒戈，归顺了居鲁士。得知这一背叛，愤怒的阿斯提阿格斯重新集结了一支军队，由他亲自率领。但于事无补，他很快战败被俘。

等待他的是怎样的下场呢？根据战争惯例，他应该被处死或赐死。尽管居鲁士对这个阴险血腥的外祖父极其反感，但还是赦免了他，赐予他与其身份相称的待遇。鉴于他仍具危险性，居鲁士为他指定了一处寝宫，并派人日夜看守。

居鲁士的仁慈举动既出于他所接受的浸润着人道主义的教育，也出于一种政治考量。与其迫使米底人服从他的统治，他更希望使他们心悦诚服，以建立一个各个不同服饰和宗教的种族都能和平共处的"世界帝国"。实现他这一政治蓝图的第一环节，便是米底人与波斯人在同一疆域内的融合。

如此，这位波斯米底人（大家从此如此称呼他）对埃克巴坦那的远征变成一场胜利大进军。沿途的各个宗族和部落都欢迎他的到来，加入这位"雅利安人的统一者"的队伍中。在横穿埃兰国土时，居鲁士宣布除了他原有的都城帕萨尔加德以外，苏萨将是他的第二个都城[1]。当他在胜利的欢庆中进入埃克巴坦那时，他宣布这将是他的第三个都城。他作为安抚者与召集者的名声早已传入阿斯提阿格斯的旧都，令他的驾临盛况空前。在这最好的预兆下，居鲁士的辉煌将持续三十年。

埃克巴坦那的沦陷既不是一个秩序的崩溃也不是一个国家的崩溃，而仅仅是"一个王朝的更替[2]"。居鲁士保留了原有的核心架构，米底的整个行政系统、宫廷、传统、文化均维持原状。祭司们可以继续开展他们的宗教活动。宫廷和行政语言也没有改变，它与波斯语的差别本也不太大。波斯人还模仿米底人——所以也就是埃兰人——的着装方式。两个王国的统一以和平的方式完成，一个全新的波斯米底文明就此形成。"权力过渡如此平静，以至于周围的邻邦以为米底国中并没有发生什么大事，只不过是一个比阿斯提阿格斯更加野心勃勃、凶悍狂暴的新国王刚刚掌权罢了[3]。"

这些"邻邦"想错了。在妥善安置了新政权后，居鲁士将目光投向了世界帝国蓝图的第二个环节：富足的吕底亚。那里的君主是他的舅公克罗伊斯（前560—前546年在位），迈尔姆纳德王朝（前685—前547年）的第四任国王，梭伦[4]和泰勒斯的学生。自从三十五岁即位以来，他使他的国都萨第斯凭借其商路交叉口的地理位置成为一个强大的金融城市，当然，这也多亏湍流从"金山"特摩罗斯山冲下来的大量金沙。这种金属为他引来了包括斯巴达在内的一些希腊城邦以及埃及等众多盟友，并令"吕底亚成为架在东西方之间的收费桥[5]"。与其他邻邦不同，克罗伊斯对居鲁士的崛起十分担忧，因为他从中看到地区的不稳定因素，于是不顾他们之间的王朝联姻[6]和他作为居鲁士舅公的情分，克罗伊斯首先发起挑衅。尽管德尔斐神谕告诫他，他的进攻将导致一个大帝国的覆灭，但出于对神谕的误读，他决定与希腊、塞浦路斯、埃及和巴比伦组建联盟，所有这些盟友都承诺会对他提供援助。在公元前547年的一些小胜仗后，克罗伊斯于公元前546年与居鲁士的主力军队在卡帕多西亚的普泰里亚[7]交锋。埃及法老承诺的十二万人援军始终没有兑现，而居鲁士的军队却创新地采用了吕底亚人从未见过的动物——骆驼，以及一百多驾每驾由两名弓箭手驾驭、由披甲战马牵拉的战车，这一切加速了战争的终结。克罗伊斯感觉情势不妙，于是趁即将到来的冬季休战期，放弃卡帕多西亚，退守国都萨第斯，以为凭借城墙的防守便可高枕无忧。然而，居鲁士却出乎意料地无视预计的休战，带领大军朝他挺进。惊慌失措的吕底亚人乱了阵脚，被迫在他们都城周围的平原上作战，不堪波斯米底人的重创，他们退回至萨第斯城内，以为这座背靠峭壁的堡垒之城固若金汤。然而居鲁士的士兵利用城墙上的一处缝隙杀入城内，迫使克罗伊斯逃进神庙避难。在十五天的鏖战后，克罗伊斯终于于公元前546年12月7日投降，并请求面见战胜者。

对克罗伊斯投降后的几个小时，后世有多种叙述，但常常臆想多于现实，浪漫超出历史，在传奇与"黄金题材[8]"之间摇摆。尽管如此，克罗伊斯逃过了吕底亚惩治战败者的传统习俗——根据这一习俗，战败者必须被火烧死以清洗他的失败和在众目睽睽下的耻辱。多亏了居鲁士，他让这位失势的国王做他的参谋，并像对待阿斯提阿格斯那样善待他。克罗伊斯在距埃克巴坦那不远的地方获得了一处领地和亲王的宅邸，并携家眷和贴身侍卫一同居住[9]。

在政治规划方面，他将丰饶的吕底亚变成他帝国的一个省，并像被他征服的米底一样，将吕底亚的行政系统全盘保留，只不过将一名波斯人任命为总督，其协管助手为一名吕底亚人，负责商贸活动。如此，战败国在这一事变后既没有遭受羞辱，也并非完全屈从于他人。这是一种政治手段还是新的意识形态？时间将证明二者可以兼而有之。

征服巴比伦是居鲁士的下一个目标[10]。在迎接这一宏大的挑战以前，他先征服了叙利亚和大马士革，以及居民大量流失的犹太王国，鉴于当年尼布甲尼撒二世将其居民成批流放至巴比伦[11]。

居鲁士心之所向的这个巴比伦早已不是尼布甲尼撒统治下的那个辉煌的巴比伦了。但它仍是一个权力与魅力的宏大象征，并保持着对美索不达米亚的控制。作为"古时的纽约[12]"，它始终是重要的商队中心，与萨第斯相当的贸易集散地。巴比伦从商贸活动中赚取了巨大财富，但其社会的极端不平等与这巨大的财富总量形成鲜明的反差。这里腐败猖獗，统治阶级上上下下和众多马尔杜克——汉穆拉比强令巴比伦帝国臣民崇拜的大神——神职人员都涉及贪污受贿。这里士气低落，民怨沸腾，当居鲁士二世发起巴比伦征服战时，他的声誉让一部分巴比伦民众重拾希望。

当时，尼布甲尼撒二世的女婿那波尼德正在统治着这座城市。在对权力失去兴趣并将本地的神祇一一逐出城外（为此他被冠以大逆不道之名）后，追求孤独默祷的那波尼德退隐到坐落在其都城和孟菲斯之间的泰马，这令民众十分担忧，因为他将摄政权交予他的儿子伯沙撒（又叫巴尔达查），后者尤其以他对女色和物质财富的追求而著称。面对波斯米底的威胁，那波尼德决定返回巴比伦。这座城市为他的归来举办了盛大的庆祝活动，但这无法令人忘记国家所陷入的危机。此外，一股支持居鲁士的力量已经发展壮大，他在征服埃克巴坦那和萨第斯时所展现的宽厚仁慈更助长了这股力量。

获知这一情况后，居鲁士于公元前539年越过底格里斯河，带领大军朝巴比伦进发。他选择苏萨的前总督，巴比伦人戈比亚斯作为先遣部队的统帅[13]。为了让民众放心，或是为表现对其统帅更大的信任，他让他的亲生儿子，王储冈比西协管军队。

位于底格里斯河畔，与未来的塞琉西亚对望的俄庇斯是两军首次交锋的舞台。在两日的血战后，由叛逃的敌军将士不断扩充的居鲁士军队杀到了名为"米底墙"的城墙前，这一防御工事是尼布甲尼撒为抵御外敌入侵在距巴比伦几链*的地方主持修筑的。听到这一消息，因害怕落入敌军之手，那波尼德再次将守城的任务丢给他的儿子伯沙撒，自己则离开巴比伦向着阿拉伯的领土逃去。得知他的逃逸，居鲁士立刻带上一支精锐部队紧追过去，并将他擒获。随后，居鲁士赐予他一个荣誉头衔，并将他发往卡曼尼亚（今天的克尔曼）。他将在那里的舒适流放中了此一生[14]。

解决了那波尼德，居鲁士还剩下一个最棘手的问题：攻克巴比伦。面对他速战速决的迫切心情，戈比亚斯向他提议利用横穿巴比伦的幼发拉底河[15]，只要降低水位，便可从河床潜入城内，如此那些高耸的防御工事便成了摆设。在实际操作上，需要在城外挖出多个蓄水池，以便在既定时间将河水引入池中，使河床干涸。居鲁士为这个别出心裁的主意折服，决定采纳这一建议。经过多日的秘密挖掘，一条巴比伦人始料未及的通道于夜间为入侵者打开。戈比亚斯和他的手下潜入了这座酣睡中的城市。只有王宫还在回响着纵情狂欢的吵闹声，伯沙撒尽管对局势隐隐担忧，却还是邀请了上千名宾客前来赴宴，美酒流淌在尼布甲尼撒二世从耶路撒冷圣殿抢来的黄金和白银酒器中。居鲁士的命令清晰而明确："攻城行动要像夏夜横扫干燥草原的大火一样迅速！"他的命令得到了执行。面对这些不速之客，措手不及的王宫卫兵进行了奋勇的抵抗。当混乱蔓延到宴会厅时，伯沙撒还没来得及获知骚动的原因，戈比亚斯便给了他致命一击。

那波尼德的巴比伦就这样灭亡了。世界上最大的城邦如"纸牌垒成的城堡"一般轰然倒塌，几乎没经过什么战斗就落到了居鲁士的手中。通过这一领土的并入，他缔造了人类历史上第一个世界帝国。

十七天后，即马西班月三日（10月3日），在民众已经恢复日常生活、俘虏得到释放、无人遭受一丝冒犯的情况下，居鲁士举行了盛大隆重的进城仪式。他与儿子冈比西对巴比伦的保护神以及王国其他城邦的神祇完成了祭

---

* 链，旧时计量距离的单位，约合200米。

拜大典，以此安抚马尔杜克和其他神祇的祭司。死去的那波尼德日后也得到了厚葬。对居鲁士来说，这是一个体现他全新管理模式的机会：没有征服者，也没有被征服者，有的只是建立在不同族群互尊互敬基础之上的持久联合，而他将是这一切的象征和保人。

正是古人给我们留下的这些仁慈宽厚的形象铸造了"解放者"居鲁士的传奇。一些史实很可能融合了早期的传奇，又由希罗多德和其他编年史作者转述出来。对此皮埃尔·布里昂做出了相当中肯的评价："以这些文本为基础，构建出一个具有模范形象的居鲁士，这非常符合犹太文学的做法。在古希腊的传统文学中也可以看到类似的现象，特别是在色诺芬的作品中，被征服的族群都对居鲁士的统治'心悦诚服'（《居鲁士的教育》第1卷，第1章，第4段；参照狄奥多罗斯史书第9卷，第24段）。因那波尼德对神不敬而群情激愤，巴比伦人甚至会在他们祭司的带领下自愿向有道义的国王居鲁士打开城门，接受这位'解放者'的统治。这种传统的表述与波斯的官方宣传想要塑造的形象如此吻合，令人不禁生疑。[16]"

诚然，居鲁士公元前539年的闪电胜利有赖于他果敢的个性、快速的决策、急切的求胜心态和敢于冒险的风格，这一切使他成为一个朝气蓬勃、目光远大（即将放眼世界）的年轻君主。然而，正如皮埃尔·布里昂指出的："公元前540至公元前539年的战争恐怕只是一系列敌对行为的最后阶段，而我们却很遗憾地对这一系列敌对行为的细节一无所知。这也意味着，公元前539年巴比伦一役的速战速决或许只是一种幻景。"逃避职责、对神不敬的那波尼德与虔诚的居鲁士之间的对比，至少与翘首期盼"解放者"并很快臣服的民众一样令人难以置信。"波斯国王居鲁士在盛大的庆典中进入巴比伦这一事实并不意味着巴比伦人对他的归顺毫无保留；在其形式和方式上——与亚历山大公元前331年进驻巴比伦十分相似——更像是被征服的城市被迫履行对新主人表忠心的义务。"

上述的所有论点当然都只是一些假设。但鉴于对居鲁士的描述趋向圣徒传记，而民族认同感通常建立在圣徒传记的基础上，所以这些假设似乎是站得住脚的。龙塞斯瓦列斯隘口战役中的罗兰难道不是整个法兰西民族眼中英勇无畏的象征？拿破仑的武功对于荣军院的拥戴者是如此伟大光辉，但对被征服甚至被消灭的民族来说，他们是否能有同感呢？对于居鲁士，民族的功勋使他在一片辽阔疆域上实行的霸权成为正当，同时使他得以弘扬一种世界主义和我们后来所说的"人文主义"精神。而这种精神被很多评论家竭力强调。

尽管如此，上述观点并无意掩盖那些理应归功于居鲁士的大胆创新和造福社会的决策的历史事实。

但在巴比伦，居鲁士没有做任何改变。"巴比伦的整套系统（在他看来）过于复杂、脆弱，使他无法在眼下尝试任何结构上的改革。[17]"将戈比亚斯任命为巴比伦总督后，他下令将那波尼德逐出的本地神祇都请回他们各自的神位，并在这些城市恢复原有的宗教。他想要向被征服的民众表明外国的神并不比他们自己的神更好，他们有权继续崇拜自己的神。这些使宗教圣地免受捣毁的原则被刻在泥版上，并将指导建立一套在尊重信仰和保护圣地基础上的帝国宗教政策。

随后，居鲁士封儿子冈比西为巴比伦国王，其统治疆域涵盖叙利亚、巴勒斯坦和腓尼基。这一带有象征性的政治举措使他自己得以自称"四方之王"，这一四方到当前为止包括美索不达米亚、波斯、米底、埃兰、吕底亚、叙利亚和犹太。戈比亚斯去世后，另一位曾在那波尼德手下任职的巴比伦人被授予这个城市的总督职位。

居鲁士此刻本可以把目光放得更远，投向埃及。但他选择先解决希伯来人的生存问题，这些人自公元前597年、公元前586年和公元前581年三次被流放到巴比伦后一直期待着他们的先知预言的解放者[18]。事实上，巴比伦被居鲁士征服后，压迫犹太族群的规定已经被取消。他们已经自由了。他们中的一些人已经通过手工劳动和商贸活动成功致富，并不愿放弃自己在这里精心建立的商业网络。而另一些人的心中却只有一个渴望：回到祖先的土地，他们的家乡，重建耶路撒冷圣殿。新政权赋予每个人选择自己命运的权利。选择离开的人用了两年时间准备重返圣地之旅。到了商定好的出发日期，大篷车队朝着同在阿契美尼德统治之下的犹太方向浩浩荡荡地驶去。根据伊朗史学家罗昌嘉尔的叙述，返乡队伍中包括四万两千三百六十名希伯来人，另有七千三百三十七名男女仆从和奴隶。热拉尔·以色列在这一基础上补充有八百三十六匹马、二百四十五头骡子、四百三十五头骆驼和六千七百二十头驴，用于驮运富人的行囊。此外，遵照居鲁士（从此以后被希伯来人称为耶和华的"受膏人"[19]）的命令，洗劫耶路撒冷时抢掠的那些金银餐具将一律归还。他还向他们发放了足以维持到迦南的食物。最后，居鲁士下令重建耶路撒冷圣殿，且费用由他承担。这一工程于公元前536年启动，直到公元前515年3月12日大流士大帝统治期间方才竣工。

这一时期开启了伊朗人与希伯来人之间的长久同盟，一直持续到7世纪萨珊王朝被穆斯林军队推翻，随后其友谊多次重建，直到巴列维王朝。

结束了大型征服战，居鲁士决定返回埃克巴坦那，鉴于由不同语言、文化、传统、宗教的国家组成的这个帝国内部实在是千差万别，多元复杂，他急需将帝国的组织架构落实到位。他所面临的最大挑战是要将多元的族群融合到一种后来所谓"共同体"（Koine）[20]中来。如此，他将国土以行省划分。在此之前，冈比西获封巴比伦尼亚及其附属地区国王，许斯塔斯普被任命为包含希尔卡尼亚和安息的东方"雅利安人"之地的管理者，帝国的其他区域都保留了原有的君王。居鲁士作为"四方"之王、"万王之王（Shah-in-shah）"，负责整体的协调统一。每个省、每个君王都拥有自己的宫廷、自己的行政秘书处、自己的财政部和自己的军队，不过统帅军队的将军需要居鲁士的首肯方可得到任命。鉴于这些官职都不是世袭的，每人都需要凭自己的才能赢得他的信任。所以这可以看作帝国的一种量材录用体制。一些监察御史，作为"国王的耳目"每年进行巡视，然后向居鲁士汇报，以确保总督们都恪尽职守。一套由日夜兼程接力传书的信使组成的极其高效的通信网络保证了各个区域与中央权力之间的沟通。

为尊重帝国内的语言多样性，亚拉姆语被指定为官方语言。鉴于地方政府有权用本地语言起草报告，因此帝国选派了一些"中间人"，负责翻译和传达这些报告和居鲁士下达的命令。

在军力方面，帝国拥有五万正规军，在"四方之王"的征召下，帝国各个民族都有义务向中央政府增补足够的新兵。

整个帝国是在将多元化与实地情况统筹考虑的情况下精心建立起来的。伊朗帝国就此诞生，鉴于居鲁士本来是波斯国王，其他国家便将之称为波斯帝国。它将存续到 7 世纪阿拉伯入侵，并在随后的日子以各种形式再度崛起。

当前是将征服巴比伦和解放希伯来人时所宣布的治国方针制度化的最佳时机。人们可以在居鲁士圆柱上读到这一内容，这件长 23 厘米的黏土文物在历史上具有无与伦比的重要性[21]，其上的楔形文字撰写于公元前 538 年。圆柱是大英博物馆组织在马尔杜克主神庙原址上进行挖掘时，由英籍的亚述后裔考古学家霍尔木兹德·拉萨姆于 1879 年 3 月发现的。于是，它至今仍收藏于大英博物馆。

圆柱上的文字部分首先介绍了居鲁士的家谱，接着是对巴比伦征服战的简要叙述，其中暗示了对希伯来人的解放[22]，但对于这一点考古界存在争议。圆柱上特别突出了几条政治方针和道德准则：所有人生而平等，每个人都有崇拜任何东西的自由，自然因此拥有信仰自由。他还在文字中宣布对私有财产的尊重："我命令，任何房屋都不得被拆毁，任何居民都不得被掠夺。"居鲁士为他和平维护者的身份而自豪："我使天下四方得以生活在安定和平之中……"

它是像伊朗主流观念认为的和伊朗国家领导人常常提起的历史上"第一份人权宣言"吗？诞生于二十五个世纪以前，其上宣示的原则在那个对这些理念颇为陌生的古老年代，以其创新精神独树一帜。有些人将《汉穆拉比法典》[23]与之相提并论，但这一以282个法条汇编为主要内容的典籍却与之相去甚远。居鲁士圆柱上的内容主要集中在政治和道德层面。撇除那些显而易见的圣徒传记性质的叙述，它所包含的反奴役、尊重人民信仰和生命财产安全的宣言所表达的立场坚定而又罕见。

对伊朗人来说，居鲁士圆柱具有一种象征意义。伊朗最后一位沙王，穆罕默德·礼萨·巴列维曾在1970年举行的隆重仪式上向联合国赠送了一件复制品。他也曾在1971年波斯帝国成立两千五百周年的庆典上对其词句和普世价值进行了赞颂。2010年，大英博物馆同意将其出借给伊朗。居鲁士圆柱的到来在德黑兰成为一件空前盛事。它在首都机场受到了"官方"迎接。数十万人聚集在从机场到伊朗国家博物馆的道路两旁，鼓掌欢迎。展览于2010年9月12日由伊斯兰共和国总统主持开幕，在展期延长一次后，终于2011年4月11日闭幕，观展人数超过五十万。这一具有象征性的文物已经变为一件人们竞相崇拜的圣物。

完成了对巴比伦的征服和"世界帝国"的构建后，居鲁士回到了帕萨尔加德。他在那里修建了自己的王宫，尽管日后被亚历山大大帝摧毁，但其恢宏遗迹留存至今。他还命人为他建造了雄伟的陵墓，对此那位自称希望与他——至少在创建世界帝国的欲望方面——旗鼓相当的马其顿征服者没敢妄动。

这时，居鲁士的目光转向了辉煌的埃及，这个至今尚未被战争波及的帝国。他命他的儿子王储冈比西为远征进行准备。同时，定居在里海与咸海之间勇猛粗野的马萨格泰人部落骚动频发。他们由一位女王托米丽丝领导，当时女王的丈夫刚刚去世。居鲁士的妻子卡桑达恩也在不久前亡故，于是居鲁士便向托米丽丝求婚。面对后者的拒绝，他决定出兵"平叛"这一位于其帝国边境的地区。这真是大错特错。托米丽丝的儿子在被居鲁士羁押后自杀身亡。气得发疯的托米丽丝将儿子的死归罪于居鲁士，并集结了所有兵力对万王之王发起进攻，居鲁士战死沙场。但恐怖并未就此止歇，根据希罗多德的叙述："托米丽丝命人将一只革囊盛满人血，并在波斯人的死尸中找到居鲁士的遗体。接着，她命人将居鲁士的人头浸入囊中，在亵渎其遗体的同时她说出这样的话：'是的，我仍然活着而且获得了胜利，而你，败在了我的手下，因为你用卑劣的计策让我儿子离我而去。但我会让你饱饮鲜血。'[24]"

就这样，"最伟大的征服者和最慷慨宽宏的人[25]"于公元前 529 年逝世。冈比西将居鲁士的遗体带回帕萨尔加德，将其葬在居鲁士为自己修建的陵墓中。

这一雄伟壮观的建筑在数世纪后仍屹立不倒，并像图斯的菲尔多西陵墓一样成为朝拜的圣地。每到"居鲁士纪念日"，特别是纳吾肉孜节，即伊朗新年时，数千伊朗民众依照古老的传统习俗前往祭拜，希望在圣地开始新的一年。

居鲁士大帝的故事给人们印象最深的是他的宗教宽容，以及他对包括被征服族群在内的所有人的信仰和财产的尊重，这一切使他成为"伊朗性"的传奇缔造者之一。诚然，他那东起印度河西至地中海[26]、覆盖了中亚和里海以西、方圆八百万平方公里的辽阔帝国疆域至今仍令人惊叹，但作为一个历史人物他本身更加使人着迷。

伊朗人，特别是年轻人——尽管对这两个历史人物的生平细节知之甚少——习惯自称为居鲁士和大流士的儿女或后代（法尔赞德）。对他们来说，这是一个引以为豪的理由，也是与他们的过去不可割裂的联系，一段使他们可以创造未来的记忆。

第四章

"古代最大的帝国"

居鲁士死后,他的儿子,王储冈比西毫无争议地继承了王位。正如他对父亲所承诺的,他远征埃及,并在征服战中轻松取胜。冈比西一举占领孟菲斯,对埃及法老以礼相待,但仍将他流放至苏萨。至于埃及神祇,他向他们致以敬意,并尊重他们的神庙,同时他还学习被征服国家的风俗传统。如此,埃及也变成帝国的一个行省。随后,冈比西向地中海沿岸的希腊贸易站点提供保护,接着又控制了昔兰尼加,但他并不以此满足。他的梦想是将统治扩展到传说中的尼罗河源头。为了实现这个梦想,他发动了一场灾难性的远征:他的士兵大部分在征途中丧命,幸存下来的也对他失去了信心。

军队到达今天的苏丹之后便寸步难行,冈比西决定班师回朝,并将所到之处划入埃及行省。回到孟菲斯时,城里的居民正在庆祝宗教节日,他误以为人们为他的败退而高兴,于是勃然大怒,下令摧毁所有神庙,除了一座:犹太移民模仿耶路撒冷圣殿建造的神庙。更恶劣的是,他竟用刀捅向神牛阿匹斯。冈比西精神错乱得不可救药。在帝国的都城,情况变得越来越糟:他的弟弟,东部总督巴尔迪亚刚刚被一个名为高墨达的祭司杀死,后者利用自己与巴尔迪亚相似的外表,于公元前 522 年 7 月自称为万王之王。鉴于混乱状况层出不穷,冈比西决定尽快返回。正是在前往都城的路上,他因突发癫痫,将自己弄伤,并于公元前 522 年 8 月 22 日去世。

这样就出现了王朝延续的问题。既然居鲁士的两个儿子都死了，谁有权继承王位呢？为避免宫廷权谋，几个贵族决定按照米底的传统确定继承人：哪位竞争者的马在太阳升起时最先嘶鸣，哪位就将继承王位！居鲁士的表兄弟许斯塔斯普的儿子大流士凭借其狂躁的坐骑在这场竞赛中获胜。据史书记载，当天一早，他并没有骑在马上赴约。当同伴们看到他的样子时都拿他取笑。但命运做出了抉择，立下的约定是不能违反的。其他那些"出身显赫"的王子（他的竞争对手们）都一一亲吻了新的万王之王。随后大流士依照居鲁士的政策，分别赏赐了他们，因为内部稳定是他优先考虑的问题。如此，公元前522年10月2日开启了伊朗历史上最辉煌的统治。大流士，这个阿契美尼德人，历史上的大流士一世，万王之王，时年29岁。

被伊朗人称为"古代史上最强大的国王"，他们的往昔、他们的伟大、他们的荣耀"无可争辩"的象征者既是一个治国有道、宽容大度、平易近人的国王，也是一个征服者、建设者和创新者，这一切为他赢得了"大帝"的称号。在他执政的最初三年，他打压了多地因冈比西的缺席和疯狂而越发嚣张的反叛气焰，粉碎了"假巴尔迪亚"——祭司高墨达的野心，同时避免殃及无辜民众，并对从犯宽大处置。他注重对自己形象的塑造，以唤起民众对他的个人崇拜，他特意将自己登上王位的过程和他统治时期的文治武功以三种文字（古波斯语、埃兰语和巴比伦语）镌刻在贝希斯敦山崖的浮雕上[1]。

铲除了僭越者，恢复了秩序，"阿胡拉·玛兹达选定的国王[2]"（大流士如此称呼自己）迎娶了居鲁士两个女儿（阿托莎和罗克珊娜）中的一个。史学界对这一婚姻没有争议，但史学家对新娘的人选莫衷一是[3]。无论他选择的是哪一个，他们婚后生下的儿子薛西斯作为居鲁士的直系后代，都会被指定为王储。对此，贝希斯敦石刻上有所提及："从我们的世系被剥夺的王国，我让它回归它的根基；我让其重回其位。"当时在王室和贵族家庭中还流行一夫多妻，在将居鲁士的女儿娶为正室（并借此使其血脉直接参与到他的政权中来）以后，大流士又娶了他妻兄巴尔迪亚的女儿阿里斯托，以巩固他的权力。除此以外，他还有其他四位妻子。

完成了政权的"巩固"以后，大流士投入到帝国的组织与管理中来，那在居鲁士死后就几乎处于无人问津的状态。二十个行省（通过领土扩张，大流士统治末期变为三十个）都由总督管理，作为万王之王在行省的代表，他们都是从宫廷重臣、旧朝君主或地方王公贵族之中挑选任命的。每个行省在语言、民族和传统上都是（尽可能）统一的。由国王单方面任命授权的行省总督负责依照由居鲁士制定、大流士认可的公平、公正原则治理各自的疆域，维持社会秩序。作为对他们任命的回报，他们有责任向国库进献金额有限的贡税，并可以白银、金粉或餐具缴纳。每年，国库都能收到相当于370吨白银的贡品。除了财务上的付出，这些行省总督还需要在国王为维持国内秩序或对外征战索要兵力时提供军队。

每位总督都配有一些官吏来协助他，他们无一例外都是从本地精英中挑选出的。每个行省的财务长官和军队指挥官也由万王之王指定，对省内官吏提供支持。正如居鲁士执政时期一样，特派的监察御史巡察各省的治理工作，确认各省对接到的命令，特别是有关宗教和道德的法令都执行到位。

除了这些要求以外，行省总督保持了相对的独立性，他们拥有自己的宫廷，可以自行组织各种节庆和仪式，进行司法裁决或监督司法机能的正常运行，养护公路和公共设施。这一时期的权力组织形式可以被视为"联邦制"。尽管其平衡有时显得脆弱，但该系统保证了阿契美尼德帝国广大领土的协调和稳定，直到亚历山大大帝的到来，后者在摧毁其行政职能机构的同时，加速了帝国的解体。

这些坚实稳固的行政架构使帝国得以超越民族和文化背景的差异，在尊重他人、"和谐共处"的基础上发展前进。比如，犹太社群回到了应许之地，在重建圣殿等方面遇到了重重困难，大流士在得知重建工程进展不利后，便向他们许诺将加快进度，并援助了大量财力和人力，建设工程这才得以完工。犹太人对他的这一行为心存感激，《圣经》中对此也做了记载，他们的社群兴旺繁荣，并受到帝国法律的保护[4]。

被征服的国家的文化没有被忽视。在巴比伦尼亚，大流士要求将众多巴比伦人吸收到行政机构中，并美化他们的城市环境、养护他们的圣地；在埃及，他于公元前519年通过各省总督开展了至此时为止史无前例的一项活动：统计现行所有埃及法老的法律和惯例，并动员埃及全境所有专家学者参与收集工作。结果大大超过预期：一部以本地语言和官方语言双语编写的著作就此诞生。它类似我们今天所说的宪法，从此成为治国理政方面不可或缺的参照典籍。直到被亚历山大征服以前，阿契美尼德帝国没有任何人违背这些法律或试图启用其他法律。如此，埃及的民族认同得到了保留。

仅通过这些善举并不能实现建立居鲁士大帝所开启的世界帝国的远大梦想。诚然，大流士留下的疆土已经覆盖了今天的伊朗、印度次大陆的一大片地区、阿富汗、中亚、高加索、小亚细亚、美索不达米亚、黎巴嫩、叙利亚、巴勒斯坦、埃及、苏丹、昔兰尼加、希腊岛屿和波斯湾以南[5]，但要自称"世界性"，帝国还少了强大的欧洲西部。为了填补这一缺憾，阿契美尼德大帝向希腊城邦派去了使臣，命令他们承认他的统治。然而雅典拒绝臣服，于是爆发了第一次希波战争。

由米底人达提斯和大流士的一个侄子率领的伊朗舰队于公元前519年先在爱琴海上的萨摩斯岛，接着在纳克索斯岛和提洛岛获得了初期的胜利。如此，帝国军队感觉自己已足够强大，便进军雅典，但却以失败告终。他们在马拉松平原登陆后，被希腊军队击退至海中，并于公元前490年登船撤退。对希腊人来说，这一战役后来被赋予了传奇色彩，但伊朗人不以为然。皮埃尔·布里昂[6]写道："事实上波斯军队的规模并不大，马拉松战役只不过是没有决定性的小遭遇战……马拉松登陆战的起因从某种程度上可以解释为出于希庇亚斯——被雅典人驱逐的僭主——的个人野心。他想办法让达提斯相信自己将在雅典获得拥护者的热烈欢迎，但事实并非如此。达提斯很快吸取教训，并撤回军队。"

然而，马拉松的挫败并没有削弱大流士的霸权野心。他与迦太基结盟，从而将势力范围扩展至地中海南岸，他向西西里派出一队侦察部队，并怀有征服那里的憧憬。此外，他还计划控制黑海北岸，以占领位于里海西侧的黑海沿岸国家。这一目标在他看来并不脱离实际：既然多个巴尔干地区已经囊括在他的帝国之内，打到多瑙河应该是易如反掌的事。如此，他的大军胜利抵达克里米亚、俄罗斯南部和乌克兰，直到第聂伯河。但没料到的是斯基泰人发起了叛乱。面对阻碍大流士执意让人留守，于是在那里建立了一个行省，并派驻多个部队。然而，他的乌克兰行动却很快搁浅。虽然不是明显的失败，这一行动却难以为继，欧洲的斯基泰人最终留在了伊朗帝国之外。

这一本可以改变古代世界面貌的征服计划虽以失败告终，大流士的伊朗帝国却已然是整个古代最辽阔的帝国，在它的鼎盛时期，将当时边界的不精确性考虑在内，其领土面积达到了 1000 万、1200 万甚至 1400 万平方公里。帝国的行政系统固然严谨且积极创新，但为了对一切实施监控，仍需要依赖帝国全境的交通和通信手段。如此宏大的野心必须有"大规模建设"政策的支持。

大流士成了"建设者"，下令铺设了多条公路。其中一条名为"皇家公路"，全长 2400 公里，连接了苏萨和吕底亚旧都萨第斯。正如连接帝国三个都城——波斯波利斯、苏萨和埃克巴坦那的公路一样，它的路面也是以砖石铺成。为保证中央政权与各省之间的流畅沟通，使皇家命令可以安全传达到位，国王组建了一支二十四小时持续接力的信使队，信使途经的山上也时常点燃烽火作为信号。一些驿站建筑因此以精心测算的间距拔地而起，以便于信使交接，也让各种旅行者和商队可以在中途停留休息。这一传统将在伊朗长期延续，并在数世纪后，以沙王阿拔斯一世统治下那著名的999座沙漠旅行客栈达到顶峰。帝国国土上的道路网络系统和烽火通信都是令人瞩目的创新发明，并将被后世的其他民族，特别是繁荣时期的罗马帝国效仿。

埃及也从大流士大帝的超大型工程中获益。如果说大流士下令修复了坍塌的神殿、筑造了新的恢宏建筑，那么他最具雄心的工程莫过于在尼罗河与红海之间挖掘的运河，旨在将伊朗本土与"帝国宝地"连接在一起。事实上，第一条运河是由法老辛努塞尔特三世（前1878—前1855年在位）下令挖掘的，并在法老拉美西斯二世（约前1304—前1213）统治下继续沿用，随后在某段不确定的时期废弃[7]。大流士主导的这一工程被某些人称为"第一条苏伊士运河[8]"。它于公元前500年开始注水通航，尼罗河沿岸树立的各种花岗岩石碑至今见证着它昔日的存在，如位于培尔－拉美西斯向南200公里处的卡布雷特的石碑，人们可以在上面读到："当这条运河遵照我的旨意被挖掘完工，如我所愿，大小船只得以从埃及行驶到波斯。[9]"

如此庞大的工程不仅是为了促进商业发展，更是着眼于大范围的地缘政治。在印度旁遮普地区建造的伊朗舰队如此便可从印度河驶入印度洋，回到波斯港口，接着再驶入红海。很明显，伊朗沙王意欲建设一条海运通道，将今天的印度次大陆与兴旺发达的埃及连接在一起。其宏图伟略可以与今天中国正在兴建的新丝绸之路媲美。

帝国不仅要依靠交通网络发挥影响力，还要通过与其勃勃雄心相匹配的辉煌建筑引人瞩目。大流士秉持这一原则，特意将波斯波利斯建设成为远超帕萨尔加德和苏萨的世界中心和帝国强大实力的一面镜子。这座从远处一望可见的皇城拥有一座露台宽阔、立柱雄伟的宫殿，城市位于平原深处，春季绿树成荫，花香四溢，夏季烈日炎炎。它本身便是世界性的体现，因为这里居住着世界各国的匠人和劳工，他们都参与到城市建设中来，并对其城市布局和建筑风格产生了深远影响[10]。与希腊的卫城不同，这座城坐落在一块长450米、宽300米的平台上，依山而建。波斯波利斯的建设始于大流士，并在薛西斯一世和阿尔塔薛西斯一世统治下继续进行，前后长达六十年。帝国国库档案中保存的大量泥版也许体现了"阿契美尼德王朝行政管理吹毛求疵和文牍主义的特点"[11]，但它们同时证明了那些男女艺术家、匠人或劳工（在工程量最大时期其人数总计一万五千人）都不是奴隶，而是自由人，帝国行政机构向他们支付薪酬并提供食宿，他们都居住在皇城附近的市区，在那里私人住宅、工坊、商铺、储水点等鳞次栉比。

要进入这座130,000平方米的宫殿，需要经过一条可以骑马攀登的雄伟楼梯，楼梯两侧的墙上雕刻有帝国各民族的形象。沿着楼梯可以进入那名闻遐迩的万国门，对此大流士曾说："全靠阿胡拉·玛兹达，我建起了这座所有民族的大门。"任何从这扇大门通过的人只有到最后一刻才能一睹展现在他眼前的宽阔广场的真容，如此使万王之王才更富于君主威严，而来访者的附庸身份也同时被强化。位于皇宫中央的广阔平台上的觐见厅是奢华与实力的象征。这座最多可以容纳一万人的恢宏大厅呈方形，每侧长75米，占地5625平方米，由36根高20米的雪松立柱支撑，立柱上镶嵌着金银[12]。就在亚历山大大帝准备将波斯波利斯付之一炬时，曾举办那著名宴会的觐见厅的立柱和房顶碰巧于火灾之前坍塌下来。灰烬将一切都覆盖封存——就像庞贝城，使得下面的石质建筑部分在之后的几个世纪得以保存，并从19世纪起，在研究学者和考古学家的发掘下慢慢重见天日。

正是在这座具有象征意义的大厅里，大帝端坐在他的宝座上，借纳吾肉孜节（即伊朗新年[13]，与春分是同一天）之际，接见帝国各族人民和各个国家的君主和代表。后者向他进献祝福和礼品，并收到大帝回赠的奖赏，自大流士开始铸造发行大流克以后，这些奖赏最常见的形式就是这种货币。在此类节庆活动期间，波斯波利斯作为世界中心，炫耀着它的财富、它精美的艺术，以及最重要的——它强盛的国力[14]。一些学者断言，随后它将陷入沉寂，直到下一年的纳吾肉孜节，另一些学者则认为它的活动从不止歇。

这些一年一度的、具有仪式性的庆典将风情迥异的各个民族汇集在一个适于沟通交流的地点，有助于增进帝国的内部凝聚力。

　　第三个中央集权的要素——除了各国民族自愿、有序的共处——也是作为使帝国和谐稳定的尝试并通常获得成效的，便是大流士的货币政策，然而它却常常被忽视或被贬低为一个微不足道的方面。事实上，大流士于公元前512年创立了"大流克[15]"，这一重8.4克[16]、带有大帝人像、纯金的单一货币可以固定汇率与白银兑换。其新颖之处不在于铸造一种货币，而在于确定其重量，在帝国全境统一发行，并规定金银之间的固定兑换率，几个世纪后人们将其称为"完美的金银复本位制"。诚然，大流克并不像我们当代社会中的货币那样自由流通，因为当时的民众大部分都以自给自足的方式生活，在日常交换中也更倾向于以物易物。因此大流克通常专门用于整个帝国的商贸交易，在这一领域，它不仅被它所代表的政权强制使用，更凭借其含金量和可兑换性而备受青睐。如此，它用于计算各省应向国库进献的贡赋、帝国对服务提供者和赢得荣誉者给予的回报和赏赐。最后，它还是古代世界诉讼案件中最常被应用的腐败工具。如此，人们推测，它被大规模用于贿赂古希腊政治圈，以收买一些政客并唆使他们叛国，这也是各大帝国自19世纪以来不惮频繁使用的政策和手段。史学家阿卜杜勒·侯赛因·扎林纳－库博提到阿契美尼德人的"黄金武器"并非毫无道理[17]。正因为此，在大流士死后，直至亚历山大大帝的到来和阿契美尼德帝国的覆灭，其间大流克一直都是帝国的国际参考货币。

　　正如皮埃尔·布里昂所写的[18]："这是近东历史上第一次，从爱琴海到印度河，从中亚到波斯湾和红海，所有疆域都被统一在同一个国家政体内。这个帝国绝非面对一个没落的中央政权之时，多个保持独立的国家在形式上的组合，它是一个名副其实的帝国政体，并存续长达两个半世纪之久。其中最大的悖论是这些波斯人竟在管理他们所征服的领土的同时让极为丰富多样的文化、语言、宗教得以留存。"这种策略和混合体在古代世界前所未有，甚至在后世的大帝国中都闻所未闻。今天我们会说它是一种让千差万别的实体和民族同生共处的意愿和政策。诚然，万王之王和他的总督们面对叛乱起义从不心慈手软，但此类起义发生的次数极其有限。在这一方面，他们表现出的相对节制也比后世的过度残暴更胜一筹[19]。

对来自各个社会阶层和地域的年轻人无差别的对待政策和教育也体现出一种融合与共处的国家意志[20]，特别是对于希望参军入伍，甚至加入"长生军"（大流士创立的机构[21]）的那些少年。他们五岁就可以加入组织，并必须接受三个月的爱国主义和品德教育，其内容以琐罗亚斯德教的训导和居鲁士大帝的生平为基础，旨在使他们效忠万王之王。之后还有三个月的课程，其内容主要是保持身体健康和增强体力。接下来才是真正意义上的军事训练。在这一系列教学结束后，成绩优异者将得到国王的亲自嘉奖。

在他统治的最后两三年，大流士无法安享自己构建的江山，被迫着手应对"埃及问题"。尽管他已经被埃及民众接纳并加冕为法老，而且根据史学家记载，埃及在他的治理下国泰民安，并重现经久不见的繁荣景象，但人们对旧时代和被废法老的怀念却没有因此消退[22]。一些暴动相继爆发，一个名叫卡比沙的人（可能是利比亚裔）自称法老。混乱的局势逐渐蔓延至昔兰尼加，大流士于是下令组织了一支远征军，并决定亲自领兵。但他的去世将令这一讨伐计划提前终止。

公元前486年，六十五岁的大流士在三十五年的统治后因病离世。他的遗体经过埃及和巴比伦专家用防腐香料处理后被移入距离他在波斯波利斯王宫不到十公里的一个岩石墓穴中，这个位于帝王谷的陵寝共容纳了四座阿契美尼德王室的坟墓。大流士选择将自己的墓建在这个引人冥想的地方，直至今日我们仍可以前往探访。坟墓的石刻浮雕有对他生前功绩的描述，除此之外他还在上面号召他的臣民忠诚、顺从，敦促他的继承者不要向不公正妥协。他将自己塑造成扶弱济贫、对抗权威的形象，并呼唤阿胡拉·玛兹达保佑他的家族和祖国。

伊斯兰革命期间，大阿亚图拉霍梅尼命令法官拉萨迪克·哈勒哈利去捣毁波斯波利斯，所幸当时被任命的总理迈赫迪·巴扎尔甘[23]竟部署军队保护了这座古迹。自那时起，伊朗考古部门就采取一切必要的措施保护阿契美尼德王朝的遗址。

大流士的统治随着时间的流逝已经成为缔造伊朗民族认同的另一个神话，是"居鲁士和大流士子孙"眼中祖国昔日辉煌的象征。

第五章

从"大帝"到"恶魔"

公元前486年登基时，薛西斯三十四岁。他能像居鲁士和大流士一样使帝国威震四方吗？可能性不大。事实上，虽然在阿契美尼德的传统文化中长大，他却没有真正辅佐过他父亲执政。而且，他的穷奢极欲以及他暴戾的秉性与他祖辈的行事方式形成了鲜明反差，并很快就引起多方的不安。

当然，他最初的行为还是中规中矩的：为他的父亲操办了葬礼，身着他外祖父居鲁士称王之前的服装在雅利安象征生殖、水与战争的女神阿娜希塔的神庙中完成了加冕仪式，认可了主要行省总督和军队指挥官的职权，免除了拖欠的税金和贡赋，践行了新王登基时的一系列惯有政策。

他掌权之初的政治环境让他立刻陷入了一种始料未及的战略局势中。大流士死前没能平定的埃及暴动成为他的首要问题。他亲率大军直捣埃及，很快恢复了社会秩序，但他在平叛过程中对历史建筑，甚至宗教建筑的不必要的捣毁，表现出他性格中的狂暴蛮横。解决了埃及，他又镇压了另一起发生在巴比伦的起义，在那里他表现得愈加残忍，举手投足间俨然是一个冷血征服者，而非绥靖者和集结者的形象。然而，"世界帝国之梦"尤其倚赖于对被征服民族的尊重。

埃及与巴比伦尼亚之后，他穷兵黩武的性格使他将下一个目标指向了雅典和其他希腊城邦。他在萨第斯组建了一支六万人的军队，于公元前480年发动了第二次希波战争。这一次，他的队伍从船与船相连搭建起来的一座巨型大桥上穿越了达达尼尔海峡，登陆欧洲。与此同时，万王之王率军从巴比伦开拔，从希腊北侧攻入。他的计划是对斯巴达国王列奥尼达一世统领的七千人军队两面夹击，以冲破通道上的守军，向强大的雅典迈进。在色萨利的温泉关战役中，这一计划得到完美实施，希腊守军被打败，列奥尼达战死沙场。通往雅典的道路已经畅通无阻，雅典居民都遵照神谕弃城而逃。随后他们开始洗劫雅典，为报火烧萨第斯之仇，他们放火烧毁了卫城，而这些行为是居鲁士和大流士不会愿意见到的。

他们本该趁势收兵，可他们没有。正如阿卜杜勒·侯赛因·扎林纳-库博[1]评论的，"对伊朗人来说，问题应该已经解决了，他们本可以不再继续这场战争，因为这场战争不会为他们带来任何好处，可是他们却莽撞行事"。这个决策让万王之王付出了巨大代价。他的舰队的船只因为体形笨重，难以操控，被希腊人地米斯托克利诱至宽度仅600米的萨拉米斯海峡，并于公元前480年9月21日被击溃[2]。当远离战事的薛西斯获知这一灾难性的消息时，他命令撤军。但为时已晚。他的妹夫马铎尼斯在连续十三日的苦战后于公元前479年8月27日在普拉蒂亚被保萨尼阿斯打败。同年，在萨摩斯岛附近的米卡尔角战役中，伊朗舰队的又一败绩令伊朗人反击的希望彻底破灭。于是，伊朗军队统帅阿尔塔巴佐斯决定穿过海峡重返亚洲，第二次希波战争就此结束。

这些战役为伊朗的欧洲征服战画上了句号。自此伊朗不再被视为一个海上强国。尽管在萨非王朝的阿拔斯二世（1642—1666年在位）、征服者纳迪尔沙（1736—1747年在位）以及后来的阿米尔·卡比尔总理大臣（1848—1851年在职）执政时期有过多次令伊朗海军崛起的尝试，但一直都没能真正如愿。要等到巴列维王朝（1925—1979年）掌权，伊朗才最终拥有了庞大的作战舰队。

伊朗的这一系列溃败对欧洲大陆来说生死攸关，但对万王之王没有产生严重的政治战略后果，乃至于当代伊朗某些作者甚至对这些史实忽略不计或轻描淡写，将之一笔带过[3]。

回归他眼中的帝国基业，薛西斯已经平定了帝国的两大块宝地——埃及和巴比伦尼亚，他终于可以专注于自己的两大乐趣。第一个是建设宏伟的建筑。其中包括根据大流士的蓝图推进波斯波利斯的扩建。第二个是女色。他让人杀了自己的亲弟弟，并迎娶他倾心已久的弟媳，这令朝堂上下一片哗然。人们记取的还有他对以斯帖的爱恋，以斯帖在某一时期成为他的正宫王后，这令犹太社群在帝国的地位得到巩固[4]，她的传奇也由此被构建出来，并在二十个世纪后让·拉辛的一部悲剧中有所反映。从希腊返回以后，薛西斯将朝政抛于脑后，生活与享乐成为他的当务之急，鉴于国外没有重大忧患，薛西斯终日沉湎于后宫，宠妃与太监的势力与日俱增，宫闱权斗层出不穷。国事重于私事的时代已经成为过去，国王身边无人不在暗中策划，伺机谋反。公元前465年，薛西斯被他的禁卫军队长和太监总管杀害。这两个人试图扶植一个对他们有利用价值的傀儡为王。

薛西斯的统治持续了近二十年。其统治留给人的印象之所以不尽如人意主要因为后人总要将他与居鲁士和大流士进行对比，而冈比西二世在位时期因为极为短暂，仅被当作一个过渡期。薛西斯所留下的帝国与他所继承的疆域一般无二，帝国境内一片和平安宁，国民对国王有所敬畏。虽然亚历山大大帝日后对其留下的建筑造成了破坏，但薛西斯对建造工程的热爱和他对宏伟壮丽的追求至今仍能令人心中涌起某种崇敬。然而，作为他频繁的心血来潮和骄横跋扈的反映，这种对宏伟壮丽的追求在他眼中超越了对真正的伟大的期许，他也因此理应受到诟病。

公元前465至公元前424年，阿尔塔薛西斯（阿尔达希尔）占据了薛西斯被杀后空置的王位。登基伊始，他便处决了杀害他父亲的凶手。解决了"宫廷内部"冲突，他急需处理公元前465至公元前460年在埃及发生的多次起义，并应对在利比亚自立为王的伊纳罗斯在其雅典同盟的协助下发起的分裂活动。在公元前454年镇压了这些叛乱后，他于公元前450年再次与雅典交战，当时希腊已收复了本已归属伊朗的萨拉米斯和塞浦路斯。在小亚细亚南岸吃了两大败仗之后，他被迫与雅典及其同盟签署了《卡里阿斯和约》（公元前449年）——和约的名字源于希腊谈判者——该和约宣告了希波战争的结束。据希腊人普鲁塔克的记述，阿尔塔薛西斯在和约中保证"永远与希腊海保持一个驿站的距离，且不会让其大舰船或带有青铜撞角的舰船在叙姆普勒加得斯和切利多尼群岛之间通行[5]"。

在做出这些妥协退让后，他随后的统治相对平静。而当雅典决定攻打斯巴达时，双方同时向他发出的求援使伊朗国王等来了复仇的机会。他命令东部行省向双方提供支持，他的金币使伊朗对希腊的国家事务拥有巨大影响力，在这方面连居鲁士和大流士也无法企及。事实上，在血腥的希波战争结束之后，很可能多亏了希罗多德，希腊人开始逐渐认识了这些他们所谓的"野蛮人"，尽管主流宣传通常仇视伊朗人，但希腊人开始试着尊重甚至模仿他们了。甚至有人在雅典组建了一支"亲波斯[6]"党派[7]。伊朗国王的宫廷成了众多希腊名人首选的政治避难所，其中包括曾在马拉松之战中指挥雅典军队的米太亚得，赢得萨拉米斯战役大捷的将领地米斯托克利（他学习波斯文并研究琐罗亚斯德教，最后甚至成为该教的资深专家和评论家），普拉蒂亚战役的胜利者保萨尼阿斯，尼多斯的克泰夏（希罗多德的对手，在伊朗居住了十七年），甚至还有著名的雅典将军亚西比得。诚然，伊朗国王的金钱和伊朗人的热情好客在其中起到了很大作用，但这不足以解释这一现象。正如雅克·拉卡里埃强调的，"希腊知识界"从未停止过对波斯帝国的迷恋，史学家阿米尔·马德希·巴迪也说，"而这一迷恋的根源只能解释为一种文明的非凡生命力和持续影响力，在二十五个世纪中凭借其德行、生活方式、风尚令所有人倾倒，无论敌友都试着了解它[8]"。

阿尔塔薛西斯于公元前424年去世，并随他的祖先葬在位于波斯波利斯几公里外的帝王谷的一套石棺中。

阿尔塔薛西斯的统治标志着阿契美尼德王朝盛世的终结。他的三个儿子和王位继承人——薛西斯二世、塞基狄亚努斯、阿尔塔薛西斯二世——尽管成功保持，甚至在某段时间还扩展了帝国的疆域，却仅满足于金钱的支配力量，在治国方面几乎毫无建树。宫廷和太监的权谋渐渐从内部侵蚀了王朝。薛西斯二世在四十五天的统治后被杀，他的弟弟塞基狄亚努斯在六个月后也经历了同样的遭遇[9]。随后迎来的是大流士二世时代，他统治了十九年，并重建了伊朗对小亚细亚的影响力。他利用在公元前431至公元前404年重燃的伯罗奔尼撒战火，同时支持交战双方——以雅典为首的提洛同盟和以斯巴达为首的伯罗奔尼撒联盟，因为他不想看到任何一方全面崩溃。这一平衡策略使他成功收获渔利，公元前412年，他与斯巴达签署了《米利都协议》，借此他收回了对爱奥尼亚城市的控制权。但这些不可靠的盟友在公元前411年和公元前405年埃及的塔尼斯王子起义中却没有给他提供任何帮助，这一系列由斯巴达为主的希腊城邦支持的起义为伊朗在埃及的存在暂时画上了句号。

大流士二世于公元前404年去世时，王位争夺战在他的两个儿子——阿尔塔薛西斯二世（因他超常的记忆力又被称为尼蒙，意为记忆力好的人）和小居鲁士之间展开。前者（掌权者）将后者发往遥远的位于爱奥尼亚的萨第斯，并任命他为小亚细亚省总督，理论上这本可以让他高枕无忧，免受任何反叛的威胁。然而恰恰相反，小居鲁士却趁此机会从帕加马召集了由斯巴达人克利阿科斯率领的希腊雇佣军，并在1400公里的远征后，于公元前401年与阿尔塔薛西斯二世的部队在幼发拉底河左岸、距离巴比伦70公里的库纳克萨相遇。阿尔塔薛西斯二世本处于劣势，但小居鲁士在向他发出致命一击时被一支飞来的标枪刺中眼睛。叛军顿时大乱，慌忙撤退，将胜利留给了阿尔塔薛西斯二世。随后，克利阿科斯及其属下将领都遭到杀害。希腊雇佣军开启了穿越小亚细亚的长途跋涉，年轻的将军色诺芬在他的著作《长征记》[10]中以"万人大撤退"一词对此进行了叙述：沿途地理环境如此严酷，以至于启程时的一万三千多人在到达黑海海岸时仅剩八千。

雅典对伊朗示好是从阿尔塔薛西斯二世时期开始的，鉴于伊朗国王自己出资将薛西斯一世统治时焚毁的雅典卫城城墙修复了，还在雅典与斯巴达时断时续的龃龉中向雅典提供战舰的支援。万王之王通过扮演希腊争端调停者的角色，于公元前386年从中收获了与斯巴达签订的《安塔尔西德斯和约》[11]（又称《国王和约》），该和约标志着科林斯战争的结束，并令他坐享了小亚细亚各个城市和塞浦路斯岛的控制权。

阿契美尼德王朝随后的统治少有光彩，与其初创时的治世哲学和道德准则亦相去甚远。阿尔塔薛西斯二世于公元前358年去世后，他的儿子阿尔塔薛西斯三世，这第十一代万王之王独断专行、暴戾残忍。因担心王位竞争，他在登基时杀了八十名家族成员。公元前351年和公元前343年的两次征战使他重新夺回了对埃及的控制权，并成为第三十一王朝的第一任法老。与此同时，阿尔塔薛西斯三世还收复了一部分独立出去的巴勒斯坦领土，巩固了他在小亚细亚的霸权[12]，并将支持其敌对方叛乱的犹太人放逐到里海南岸和巴比伦。

他这些血腥的军事胜利引来了马其顿国王腓力的注意，后者的霸权视野与他产生了对立。于是，面对这一政治舞台的新角色可能带来的潜在威胁，阿尔塔薛西斯三世下令清除腓力的所有盟友。他的第一个受害人是阿塔内斯僭主赫米亚斯，当时赫米亚斯的疆域正好扩张至他与腓力的两国领土之间，而且赫米亚斯还在不久以前与腓力订立了和约。于是公元前341年，他命令一个被他收买的军人将赫米亚斯监禁，押解至苏萨宫廷，对其酷刑逼供却无一所获后，赫米亚斯被钉在十字架上处死。该事件令马其顿国王腓力下定了日后攻打阿契美尼德帝国的决心。

这一反希腊政策对阿尔塔薛西斯三世是致命的。很可能在一名医生[13]和多个其他同伙的协助下,他于公元前338年被他的宠臣,名叫巴戈阿斯的宦官毒死。后者凭借埃及征战所累积的财富,将阿尔塔薛西斯三世的儿子阿尔塞斯扶上了王位,因为他认为可以轻松驾驭这位阿契美尼德王朝最年轻的君主。在帝国西侧边界与马其顿国王腓力以及随后和他的儿子亚历山大冲突频仍的三年中,巴戈阿斯曾试图以阿尔塞斯的名义治国,但他的自身条件使他无权摄政。在获知有人正暗中图谋后,他先发制人,解决了那些行刺者,并于公元前336年毒死阿尔塞斯,随后推举阿尔塞斯名不见经传的一个表弟,亚美尼亚行省的总督大流士三世(科多曼努斯)登上王位。大流士三世对巴戈阿斯存有戒心,反令巴戈阿斯喝下了他自己为君主献上的盛满毒药的饮品,从此开启了他的统治[14]。

作为阿契美尼德王朝的末代国王,大流士三世一直统治到公元前330年。四十五岁的他经验丰富,治国有方,威严而不残忍,但他最终的失败使他在历史上落得与其他失败者一样平庸。即便他重建了国内的稳定局面,平叛埃及和巴比伦,他却没能及时洞悉马其顿的扩张计划对西线带来的威胁,雅典人对他发出的各种预警也没能奏效。马其顿国王腓力因在公元前336年遇刺身亡而无法实现的计划将由他的儿子亚历山大继承并实现。作为亚里士多德的学生,二十岁时崇拜荷马的他梦想完成与阿喀琉斯比肩的壮举,并像酒神狄俄尼索斯一般,征服他与印度河之间的所有领土。自公元前334年,在对希腊城邦的叛乱进行严酷镇压,毁灭了底比斯,征服了雅典后,他便领兵穿越赫勒斯滂。伊朗国王通过信使和密探时刻跟踪他的行进路线,并亲自在小亚细亚隘口等待他的到来。公元前334年5月,两军在帝国西端的格拉尼库斯河畔相遇。

大流士三世的希腊将领们主张"焦土政策",认为应该诱敌深入,耗尽其战斗力,另一些波斯贵族则因为这一建议意味着将祖辈领土拱手让给敌军而感到愤慨，还有一些人提出在敌军尚未稳住阵脚之前打他们一个措手不及。国王的最终决定则是：排兵布阵，等待马其顿部队先发起进攻。凭借自己人数上的优势，他对取胜毫不怀疑[15]。

战斗很长时间都无法决出胜负。尽管他的长生军、步兵和希腊雇佣军奋勇抵抗，大流士三世发现自己的部队正趋于解体，而亚历山大已占上风。眼看大势已去，他急忙逃离战场，弃两千名希腊雇佣兵于不顾，任其受戮，事实上放弃了对小亚细亚的控制权。那里的希腊城邦均与胜利者结盟，以此换取一定的自治权。

拒绝接受失败的大流士三世重新在叙利亚集结了武装力量，希望据此发动强势反击。托罗斯山脉与海岸线之间的伊苏斯成为公元前333年11月第二次交战的战场。局势再次朝不利于他的方向发展，他撤退至大马士革，在那里亚历山大的一位战友保萨阿亚斯最终将其围困。尽管伊朗国王成功突围，马其顿将军帕曼纽却俘虏了他的家人[16]。当时，亚历山大对王室以礼相待，并给予保护，这在两军交战的背景下是比较少见的。

在大溃退中，大流士三世向亚历山大提出以一笔重金、承认他对小亚细亚的控制以及一项王室和亲换取和平。面对亚历山大的拒绝，伊朗国王在东部行省的援助下第三次集结军队。与此同时，伊朗海军驻地提尔城在七个月的围困后于公元前333年7月投降。亚历山大被这一顽强抵抗气得发狂，下令屠杀城内的所有士兵和男性，并将提尔的三万名妇女儿童卖为奴隶。距此不远的加沙也坚守了两个月，但最终失守。当守军将领被绑着带到亚历山大面前，后者下令将其凌迟处死。这些被欧洲史学家和亚历山大传奇"遗忘"的野蛮行径使这位马其顿征服者远不及被他视为楷模的居鲁士大帝宽厚崇高。

这些胜利为亚历山大打开了巴勒斯坦和埃及的大门，耶路撒冷不战而降。长期以来，将居鲁士、大流士政策忘得一干二净的最后几任伊朗国王多次贬斥埃及居民为"无赖"，后者此时便将亚历山大视为解放者欢迎，自此埃及长期处于希腊操控之下，亚历山大在此创建了以文学和艺术享誉世界的亚历山大城。

两年的时间就这样过去了，其间大流士三世犯下了放任敌人继续前进的错误。他以为只要调集万人雇佣军团，组成一支人数惊人的庞大军队，再加上他的战象制造的恐慌，就足以阻挡亚历山大前往巴比伦的去路。为了方便他的骑兵团、镰刀战车和大象移动，他选择一片宽阔的平原作为战场。然而这一切都无济于事：公元前331年10月1日，在今天的伊拉克北部摩苏尔和埃尔比勒之间的高加米拉，大流士三世第三次战败。受伤后，他被遣送出战场，但很快他已阵亡的谣言不胫而走，这更加速了他余部的全线溃败。事实上，他当时正试图赶往他的三大首都之一的埃克巴坦那。对于大流士三世的死，各方的记述有所不同。有些人说，是巴克特里亚省总督贝苏斯的盟友那巴赞斯将军杀害了国王。另一些人则认为，他死在了亚历山大的怀里。无论如何，亚历山大命人捉拿并处决了凶手。随后，他下令为大流士三世举办皇家葬礼，规格与居鲁士为战败国王举办的葬礼相当。

阿契美尼德王朝最后一位国王的悲剧史诗就此落幕。

阿契美尼德帝国的结束开启了亚历山大的晦暗传奇。曾协助国王潜逃的马扎亚斯注意到巴比伦的居民和祭司群情低落，无法守卫城市，于是提出投降，亚历山大欣然接受，并对居民宽容处置，使巴比伦免于屠城的命运。接着，他来到了阿契美尼德帝国一半财富的守护地——苏萨，并大肆烧杀抢掠。那曾经傲视天下的苏萨，它的宏伟建筑，它的光辉与灿烂，转眼都化为瓦砾。

灾难随后又降临到被誉为"世界灯塔"的波斯波利斯。作为前奏，在向波斯波利斯进发的路上，亚历山大在遇到当地部落和一名年轻波斯首领阿里奥巴尔赞的顽强抵抗后，对当地男女老少进行无差别屠杀。根据文献的记述，公元前331年，一场火灾在一夜间吞噬了整个波斯波利斯，珍藏在图书馆中的大部分伊朗历史记忆化为乌有。亚历山大此举是否是对公元前480年薛西斯下令火烧雅典的报复？抑或他是在一场纵酒狂欢的盛宴中听从了舞女泰伊思的蛊惑才如此行事？第一种推断似乎更加可信。事实上，亚历山大应该是早已计划好在将皇宫中的珍宝洗劫一空后才烧毁周围的市区。为此，他特意命人赶来一千对骡子和五千头骆驼，在此等重量下这些牲畜的腿都被压弯了。在放火前，城市遭到劫掠，男性被屠杀，妇女儿童被贩卖为奴。一些家庭为逃避这一命运，选择自杀并烧毁住所。一层密不透光的烟尘笼罩着整座城市，令濒死者的惨叫更加阴森可怖。如此，亚历山大被伊朗人冠以"恶魔"的头衔……尽管他很快就下令将被他的士兵损坏的居鲁士大帝的陵墓修复完好。

他的野心急剧膨胀，意欲征服阿契美尼德帝国的全部领土，甚至成为亚洲的皇帝。他或许想要在鲜血中实现居鲁士的世界帝国的梦想。其中一些行省臣服了，另一些则拒不屈服。亚历山大的回答只有一个：如果遇到任何阻碍或抵抗，只有一种选择——屠杀和毁灭。

按照被欧洲圣徒传记作者所忽略的上述原则，亚历山大继续其中亚的征程。他穿越今天的阿富汗去征服一部分印度次大陆（伊朗的附属国）的旅途十分艰难坎坷，疾病、炎热、时有发生的食物短缺使他的士兵大量死亡，与他一同出发的一万两千人中有三分之一在途中丧命。迫于情势和兵将折损，亚历山大掉转方向，朝巴比伦返回。他选择了一条沿印度洋和阿曼湾行进的路线。正如色诺芬带领希腊人完成的"长征"和拿破仑在攻打沙俄时的大撤退，亚历山大部队的回程可谓惨烈。在持续两个月的考验中，他的士兵要被迫穿越俾路支斯坦（当时称为格德罗西亚）荒漠，食用自己的马匹，将患病的战友丢弃在路边。在这各自逃生的溃退后，衣衫褴褛的幸存者们在到达今天的克尔曼时获得了一个援助小部队和当地几个行省的接收救助。

为了安抚他的部队，亚历山大下令在此进行一周的欢庆，以敬酒神，并与他的新欢"年轻英俊"的巴戈阿斯[17]公然出双入对，令他那些不谙希腊风俗的米底和波斯战友感到错愕，此外他也惩罚了几个犯上作乱的首领。在这次休整期间，人们开始在他身上察觉到某种精神失衡，这可能是由某次徒劳而灾难性远征中的过度疲惫导致的。

在克尔曼的停留使他能够腾出手来对他保留了阿契美尼德行政系统的省份进行社会秩序的重建。得到安抚和休整后，他的部队重新上路返回巴比伦。路上，他任命朴塞斯塔斯为波斯和苏萨的总督，这个很可能出身高贵的马其顿人曾在印度战场上救过亚历山大一命。朴塞斯塔斯穿着伊朗服饰，学习波斯语，并对那些之前对马其顿的欺压蹂躏仍记忆犹新的居民启动了一套亲善政策。他似乎曾鼓励亚历山大在回到阔别五年的苏萨以后继续这一政策，而后者于公元前324年组织了一场"大型婚礼[18]"。尽管亚历山大当时已经与一个波斯总督的女儿罗克珊娜成婚，并育有一子，但他还是趁此机会迎娶了两名波斯公主：大流士三世的女儿斯塔黛拉和阿尔塔薛西斯三世的女儿帕瑞萨娣丝。他的臂膀，也是他的挚爱，千夫长[19]赫费斯提翁也效仿他，在婚礼上娶了伊朗女子。通过这一举动，亚历山大进入了伊朗王室，确保了王朝的合法性。此外，为了进一步促进希腊人和阿契美尼德人的种族融合，他以金冠为赏赐，鼓励八十名军官与伊朗贵族女子结亲，并命令一万名希腊士兵迎娶伊朗女子。在这强制的融合过程中，他在军队中吸收了众多波斯和米底青年。这样的决策在军队上下激起广泛不满，很多人被迫进入了官方认证的一夫多妻生活，并怀疑亚历山大大帝出现精神错乱。结亲是否成了一种政治武器，一种外交工具，通过一种冒险的涵化过程使他新帝国中的不同民族联系更加紧密？然而这是否适得其反，被征服民族将这强制的婚姻视为强奸，从而被激发出了民族情绪？无论其初衷为何，这一做法最终没收到预期的持久成效：在这八十对"包办"的军官婚姻中，只有一对延续到亚历山大死后——继业者塞琉古（公元前305年塞琉古帝国的创立者）和一位伊朗将军的女儿阿帕玛的婚姻。作为塞琉古的第一任妻子，她将为他生育四个孩子，其中的一个，安条克一世，将于公元前281年继承塞琉古帝国的王位。

在这一大型庆典后，亚历山大前往埃克巴坦那参加其他狂欢宴饮的盛会。正是在此期间他受到了一大打击：他的另一半、密友和情人赫费斯提翁于公元前324年死去。一些人认为他是自然死亡，另一些人则推测他是死于纵欲过度[20]。这一噩耗令亚历山大坠入抑郁的深渊，并表现出残暴的过激行为：他命令处死赫费斯提翁的医生，并绝食多日。根据罗马史学家埃里亚努斯的记述[21]，他"将武器投入篝火，将黄金白银与死者熔化在一起，并焚烧了对波斯人来说极其珍贵的阿契美尼德大帝王袍。模仿荷马史诗的英雄阿喀琉斯，他削下死者的一缕发卷"。亚历山大下令将帝国全境玛兹达神庙的圣火熄灭，他还为赫费斯提翁设计了一座陵墓，将他奉为英雄来崇拜。

在一段服丧期后，他离开了埃克巴坦那，前往巴比伦，并决定将之定为他帝国的国都。正是在这里他染上了夺去他生命的疾患。年仅三十三岁的他虚弱无力，不时出现痉挛和梦魇般的幻觉，高烧不退，已然说不出话。后世有人说他患上的是伤寒。为了减轻他的病痛，巴比伦的医生祭司提出将他送到巴比伦的空中花园。但都是枉然。七天后，他又被移送回尼布甲尼撒的宫殿，这时他已不省人事。第十一天，在军官们列队觐见后，他便撒手人寰。

亚历山大始于公元前334年春、终于公元前323年6月13日的"神奇征程"激发了恺撒、图拉真、查理曼大帝和拿破仑的征服梦想，而他组建的帝国只是昙花一现。这点与他的偶像居鲁士大帝正相反。他的帝国都剩下了些什么呢？他远离希腊领土，令那里的农业和手工业凋敝没落；他促进民族融合的想法以失败告终；至于他为了见证自己的征服与治国方略而创建的城市，今天剩下的只有两座：明艳迷人的埃及城市亚历山大港和被称为"遥远的亚历山大城"的塔吉克斯坦商栈和要塞城市——1939至1992年苏联控制时期被命名为列宁纳巴德，今天的名字是苦盏或胡占德。

在西方，亚历山大被长期视为"越海征服东方的欧洲第一人"。然而，自 1945 年起，史学家们就有意强调他所犯下的屠杀罪行（某些人将他与希特勒相提并论）和对人类造成的灾难。他从此被视为一个无法无天的破坏者。在波斯本土，亚历山大的形象从萨珊帝国时期就备受指责，人们控诉他焚毁了圣书，推翻了好的王室和好的宗教，也就是说通过暴力毁灭了辉煌的文明。他所推翻的东西在历史回顾中反而赢得了和平稳定的印象[22]。法国历史学家和伊朗专家皮埃尔·布里昂的上述评判毫无疑问受到了广大伊朗人的欢迎，他们继续将亚历山大视为"恶魔"，并将阿契美尼德时期看作他们历史的基石。

亚历山大在伊朗文学中留下反差强烈的形象。在现存的前伊斯兰的几个文本中，亚历山大的名字总是伴随着"恶魔[23]"、阿里曼（等同于撒旦）的使者等形容词，他的到来是为毁灭伊朗，清除阿胡拉·玛兹达的宗教。其中，人们甚至指责他曾烧毁琐罗亚斯德教的圣书《阿维斯陀》，这一点似乎得到了证实[24]。在波斯古典文学中，他又变成一个传奇人物。在伊朗爱国主义诗人菲尔多西看来，他始终是邪恶的化身，绝对的恶魔。而一百五十年后的另一位伟大波斯诗人内扎米则为亚历山大撰写了一部长篇叙事诗，诗中亚历山大是一位基督徒，诗人本身——与菲尔多西不同——则是一位从《古兰经》中汲取灵感的虔诚伊斯兰教徒，《古兰经》中提到穆罕默德对亚历山大赞赏有加，为他赋予了先知的光环，说他听从亚伯拉罕的训导推毁了琐罗亚斯德教。

今天，伊朗历史界在参考了最新研究后将亚历山大视为本国在历史上其中一个惨痛失败的象征。

第六章

封建帝国

亚历山大写就的史诗只持续了九年。这个自称宙斯阿蒙[1]之子的征服者留下了一个幅员辽阔却既没有持久的组织管理也没有指定继承人的帝国。出于对王位的觊觎，亚历山大的继业者、将军、战友之间连绵不断的冲突和混战直到公元前281年才平息下来。

伊朗总督之女罗克珊娜与亚历山大的遗腹子于公元前323年8月降生。各方对他的合法继承权不存在争议，各大将领达成巴比伦分封协议后决定，其子以亚历山大四世或亚历山大·艾格斯的头衔与他的叔叔腓力三世[2]分享王权，由他的祖母奥林匹娅丝作为他的监护人。但奥林匹娅丝反对权力分享，并于公元前317年12月25日下令杀死了腓力三世，随后自己也于公元前316年被一名马其顿将领以石刑处死。亚历山大四世则于公元前310年他十四岁时被害身亡。扫除了一切障碍之后，亚历山大继业者们的野心更是昭然若揭。他们从此可以不必再理会亚历山大大帝的后代，直接瓜分权力。亚历山大征服的领土被分成三个王国：希腊从属的马其顿王国，由安提柯王朝掌控；覆盖了大流士三世帝国大部分地区的西亚王国，划归塞琉古王朝统治；埃及王国则收入托勒密王朝囊中。

塞琉古一世（"胜利者"）首先于公元前310年被任命为巴比伦尼亚总督，后于公元前305年称王。他持续至公元前281年的统治被后世视为一个"平和有序[3]"的时期,而塞琉古也被认为是亚历山大"最有才干、最出色[4]"的将领。他将自己的王国分成二十五或二十八个省,各省都享有自治管理权,他尽力避免各个民族和种族之间的歧视,鼓励新城市的建立,并推动希腊文化的传播。但在他统治末期,各种内部争端再度燃起,乃至于削弱了塞琉古王朝中央的统治。

几十年后,人们期待在安条克三世(前223—前187年在位)的统治下王国可以重整旗鼓,他制服了几个最强硬的反叛总督和东部行省,令人们对他的力量充满信心。随后,安条克三世有意收复安纳托利亚,尽管从公元前198年就开始与实力强悍的亲罗马王国帕加马发生冲撞,他仍顽强挺进到爱奥尼亚海岸的以弗所。他的重大政治错误在于公元前195年收留了汉尼拔·巴卡[5],这个罗马的迦太基宿敌。再加上他曾怀有征服希腊的念头,罗马决定动兵。在几次缓和冲突的尝试后,他最终被罗马军团于公元前191年在温泉关击败,并于公元前188年被迫签署灾难性的《阿帕米亚和约》。根据和约,他丧失了西亚领土,并要向罗马支付高额的战争赔款,这使他的称霸梦想彻底破灭。他于第二年去世,留给他儿子的是一个在东西两端都收缩了的帝国,因为东部的安息帝国和多个希腊－巴克特里亚王国[6]自公元前250年便赢得了独立。

一直延续到公元前1世纪的塞琉古王朝被逐渐分解蚕食,直到完全消失。它的第一个国都设在塞琉西亚,是始于中亚的商道(丝绸之路)和始于印度途经波斯湾的商道的终点。这座庞大的城市在其鼎盛时期曾聚集了超过六十万居民,但因为迁都安条克——特别是当安息帝国(阿萨息斯王朝)在河对岸建立了泰西封后——塞琉西亚从公元前300年开始衰落。在塞琉古王朝真正统治的一个世纪中,希腊文化在伊朗得到广泛传播。但它并未因此扼杀伊朗本土文化,因为安息王朝很快就清除了亚历山大大帝的所有继位者,并在伊朗掌权长达五个世纪。

安息人作为雅利安部落，是使用印欧语的游牧民族，他们被证实早在公元前2千纪就生活在今天伊朗的东北部。他们的主要居住点位于今天呼罗珊省的古昌附近，距离达姆甘和阿比瓦尔德不远。这两座城市是安息王朝阿尔沙克一世（或称阿萨息斯一世）于公元前249年（或公元前250年）建立的早期的两座都城，波斯语中的安息人或人们称呼的阿萨息斯人就是由这位国王得名。这一支系的二十七位国王统治伊朗近五个世纪，直到公元224年，他们都叫阿尔沙克或阿萨息斯。

近观这"几乎"五个世纪的历史，这些安息"万王之王"和他们与罗马无休止的战争都留下了何种记忆？伊朗对他们这个时代的官方记述极为简略。而且，这一草原骑兵民族也的确不像在他们之前和之后的民族那样热衷于记号，致力于以此让自己千古留名。尽管他们有时自称阿契美尼德王朝的后代，但与阿契美尼德人相反，现在几乎找不到什么安息的石刻浮雕。至于罗马史学家留下的文献，很明显罗马人自然不会倾向于为他们的敌人歌功颂德，余下的是亚美尼亚或希伯来作家的记录。至于在3世纪征服并继承他们领土的萨珊王朝，也没有赋予他们重要的历史地位。我们今天所掌握的大部分或全部伊朗有关他们的文献都源于他们那个时代，且正如在菲尔多西的《列王纪》的蓝本《王书》中看到的那样，对他们的讲述只有只言片语。

撇开古代伊朗人对他们的这种失之偏颇的冷淡，安息人平凡的表象后隐藏的现实在两个主要方面是不容忽视的：帝国创造性的组织模式，以及与妄图征服安息王国的罗马人的斗争。

在阿萨息斯二世，即提里达特斯的统治期间（前247—前214年在位），安息脱离了塞琉古王国获得独立。阿萨息斯二世利用一场反希腊的民族运动自封沙王，并将国土向西扩张。随后，在第六位阿萨息斯，即米特拉达铁斯一世——不要与本都的米特拉达铁斯[7]混淆——在位时，帝国的西部疆界推展到幼发拉底河。这位常被称为"阿萨息斯的居鲁士"的君主于公元前171

年效仿他的阿契美尼德祖先自称"万王之王",安息人自称为阿契美尼德王朝的后代,反映了他们对恢复伊朗延续性的关切。他就这样开启了三十七年的杰出统治,为后来安息王朝的崛起奠定了基础[8]。

米特拉达铁斯一世的第一项举措是进行一场重大的政治体制改革,以期借此为他的国家建立一套"基本治理规则",使包括统治者和被统治者在内的所有人都明晰"自己的权利和义务"。为此,他创立了"美哈斯坦",该机构由两部分组成:一部分是由皇族的王子组成的顾问机构,另一部分则从国家精英中挑选成员。美哈斯坦有权力对万王之王子嗣中的王储人选进行认可,宣战,在君主发疯或长期无统治能力或犯下治国大错的情况下罢免君主。这一全新机构还有下达全国征兵法令、定立新税,以及铸造新货币的权利。最后,它还可以对亚美尼亚国王的任命提出自己的顾问意见,因为亚美尼亚的君主是安息国王的"表亲",且同是雅利安血统。

虽然在季亚科诺夫[9]看来,美哈斯坦的真正实权并没有官方宣称的那么大,但必须承认的是它曾多次行使罢免君主的权力,这完全打破了阿契美尼德王朝君权神授的原则。既然如此,是否可以像一位伊朗史学家[10]那样断言,米特拉达铁斯一世是效仿伯里克利(前495—前429)时代希腊实行的民主政治?这样的比较是冒险的。事实上,希腊的政治制度是为较小规模的城邦设计的直接民主,大多数居民——妇女、未成年人、外国人和奴隶均被排除在外,也就是说,在三十万古代居民中,只有四万至四万五千名"公民"拥有参政权。在实际操作中,他们之中仅有两三千人参加公民大会。

米特拉达铁斯一世所建立的政治制度的不同之处在于,万王之王管理的是一个由不同自治程度的行省和朝贡国组成的庞大帝国[11],将其与罗马共和国时期的元老院相比显得更为合理,当然是在元老院被帝国降至罗马市议会的角色以前。更合适的比较对象应该是英国无地王约翰遭到法王腓力二世·奥古斯都和教宗英诺森三世挫败后迫于各大诸侯压力于1215年签署的

《大宪章》。然而其不同之处在于，在那一时期具有某种程度创新性的安息"约束与制衡"制度并非强加于君主，而是被君主认可的，从而建立了一个权力分散的封建帝国，限制了统治者对绝对权力的滥用。

这一根本上的改革并没有阻碍米特拉达铁斯一世继续践行向西扩张的政策，以从塞琉古王朝手中收复亚历山大到来以前的伊朗旧地。在与塞琉古的德米特里二世[12]的部队遭遇后，他两次取胜，并于公元前139年将德米特里二世俘虏[13]。随后他赐予德米特里二世一个荣誉头衔，将他发往西方远离帝国之处，并将一个女儿罗多古娜嫁给了他。

这之后不久，米特拉达铁斯一世因为一种属性不明的疾病去世。伊朗从此失去了一个决意并成功地在伊朗结束一切外国支配势力的伟大国王。与此同时，他并不排斥下级属国中的希腊元素。这使他获得了"希腊爱好者"的绰号，"与其说他是真心热衷于输入希腊文化，不如说这是他的一种开明政策及对这一政策的慷慨贯彻[14]"。

作为一个善于建设的国王，米特拉达铁斯在底格里斯河的左岸创建了与塞琉西亚隔水相望的城市泰西封，并将其定为安息帝国的都城。因为随后的萨珊帝国继续沿用这一都城，它成为伊朗人近十个世纪的古都，直到阿拉伯入侵时将其攻占，洗劫，摧毁。塞琉西亚与泰西封两座城市组成了举足轻重的东西方奢侈品交易中心和中转站，而安息王朝也积极鼓励和保护这些商贸活动。在米特拉达铁斯一世的命令下，那些希腊－伊朗、希腊－闪米特或伊朗－闪米特多元族裔的中产阶级蓬勃发展的大城市得以保留他们的免税权和财产权，并在国王任命的总督的监督下自行管理城市事务。

在宗教方面，万王之王重申绝对的信仰自由，在整个安息王朝统治时期都维持了这一原则，并将政治权力与宗教分离开来。撇去某些细微差别，我们甚至可以称之为首个"世俗"国家。

对这一和平共处的宽容政策最好的体现就是米特拉达铁斯一世和他的继位者们对犹太教和犹太民族的态度。正如曾被巴比伦人和亚述人欺凌那样，希伯来人又一次遭到塞琉古人和罗马人的压迫，而在安息王朝，他们找到了他们在阿契美尼德王朝获得过的宽容待遇。因此，当他们无法安居乐业时，他们首先想到的是去伊朗人那里避难，将伊朗人的帝国视为唯一一个有能力保护他们的强国。这一联盟在阿拉伯人到来前的几个世纪中都是犹太民族的必然选择。一名伊朗随笔作家[15]如此写道："安息人没有任何宗教狂热。他们对希伯来人尤其友善，并容许基督教在境内传播发展。诚然，在安息王朝统治之初，祭司和穆贝德曾拥有较大的影响力，但随后这一影响力逐渐消失。"

与他们经常提及的阿契美尼德王朝不同，安息帝国没有常备军。"长生军"随着大流士三世的战败和去世而不复存在，于是安息各部落根据米特拉达铁斯自己制定的程序向他提供军事行动所需的部队。其中，由弓箭手组成的轻骑兵团令罗马人心惊胆寒。谁不记得"帕提亚人的箭*"！这一传奇骑兵团的战士是从小贵族阶层招募来的，而重骑兵团则是由身披铁质铠甲、手舞剑和长矛而非弓箭的大权贵组成，这使后者不具有同样巧妙精湛的技艺[16]。除去这些贵族部队，米特拉达铁斯也在需要时招募外国雇佣兵。那么步兵呢？可以说步兵是不存在的，因为单是这种用兵的理念本身就像战车、防御工事和攻城技巧一样被认为是可耻的。但对这些骑兵来说，这是一个弱点，甚至称得上是他们的"致命要害"。

米特拉达铁斯一世去世时留下的帝国比他所继承的领土要广阔得多。这时的伊朗占据了伊朗高原、中亚的大部分地区、今天的阿富汗、印度次大陆的一部分、埃兰、巴比伦尼亚和美索不达米亚。幼发拉底河是帝国的西边界，这使其与强大的罗马帝国成为邻国，并很快将与因看到一个新势力崛起而深感担忧的罗马进入敌对状态。

---

*"帕提亚人的箭"是法语中流传至今的一个俗语，指某人在说出一句伤人的话或令人难堪的玩笑后马上走开，令对方无法还口。帕提亚是西方对安息国的称呼。

随后的几年两位沙王相继掌权：法尔哈德二世[17]（前137—前128年在位）和阿尔达班二世（前128—前124年在位），二者分别是米特拉达铁斯一世的儿子和弟弟。注意到包括德米特里二世在内的塞琉古人试图恢复对巴比伦尼亚和米底的控制，他们二人都不得不先后出兵镇压那里的叛乱；他们还维护了帝国幼发拉底河一侧边境的稳定，这是一个了不起的成就；此外，他们以高价贿赂的方式争取到中亚各部落的臣服或支持。

接着伊朗迎来阿尔达班二世之子米特拉达铁斯二世的统治（前123—前87年在位），一些史学家称之为"阿萨息斯的大流士"，另一些学者将他视为"大帝"。在他当政的三十六年中，万王之王以无可争辩的方式在整个帝国确立了他的权威。在这一时期，将占据中东舞台七百年之久[18]的重大冲突也拉开帷幕，并仅在阿拉伯入侵前夕才告终结。纠纷的争端是亚美尼亚，罗马统治者苏拉试图于公元前86年将其从本都[19]国王米特拉达铁斯的手中夺下，并让庞培于公元前66年将其变为罗马的一个准省，这势必令安息人无法容忍。

在米特拉达铁斯二世去世时，帝国正处于领土扩张的鼎盛时期，良好的社会治安令商贸活动欣欣向荣。他之后的三任国王在比较扑朔迷离的背景下继位。三人中，法尔哈德三世（前69—前60年在位）以其在亚美尼亚的胜利和对美索不达米亚的平定建立功勋。随后，他被自己的儿子米特拉达铁斯三世毒死，后者作为一名不受爱戴的君主在统治了公元前60至公元前57年这段时间后被美哈斯坦罢免。接着，在他的弟弟奥罗德斯二世统治时期，安息王朝进入了世界一流强国之列，也标志着伊朗与罗马之间的战争达到高潮。

事实上，公元前60年，一个三头同盟为行使权力在罗马共和国中缔结。它由庞培（前106—前48年）、恺撒（前100—前44年）和克拉苏（前115—前53年）三人组成，后者作为该国最富有的人，曾残酷镇压斯巴达克斯起义，并将六千名奴隶钉在十字架上处死。克拉苏觊觎东方的领土和财富。在权力分享中，他获得了东方的所有权，于是率领军团出发征讨"帕提亚人"的帝国*。他甚至傲慢自大到已经以伊朗领土、印度，乃至整个东方的征服者自诩。克拉苏将在两个舞台展开军事行动：一方面依靠亚美尼亚君主阿尔塔瓦兹德的支持，进入亚美尼亚，另一方面入侵叙利亚和美索不达米亚，以便接下来攻入安息国都泰西封。为了迎战他的大军，奥罗德斯二世亲自率部在亚美尼亚抵御。他命年仅三十岁（克拉苏年龄的一半）的帝国第二号人物苏雷纳领兵抗击罗马三巨头之一，保护安息帝国心脏。一次将载入史册的正面交锋已势在必行。

公元前54年春，克拉苏刚抵达叙利亚，苏雷纳就向他派出一队使臣，以便获知他的大军集结于此是出于他自己的意愿还是奉罗马政府的命令[20]。如果是第一种情况，出于对年事已高的三巨头之一的"尊重"，安息人将让他毫发无损地率部返回家乡；如果是第二种情况，等待他的将是伊朗人的激烈反抗。自负的克拉苏听了这些冒犯的言语后答道，他会亲自对身披枷锁跪倒在他面前的安息国王口述退兵的条件。对此，他得到的回复是："你想见到我们的都城，除非我手心长毛。"

在这些唇枪舌剑后，真正的战斗就要打响了。克拉苏共有七个军团，三万五千名士兵和五千骑兵，以及数千补充兵[21]。多名元老院议员、后来与布鲁图共谋刺杀恺撒的卡西乌斯，以及克拉苏的儿子帕利乌斯，都在此协助统兵。另一边，苏雷纳拥有一万安息轻骑兵，万王之王还向他提供了一千名披甲骑士。此外，还有一千多头骆驼负责驮运箭支，使弓箭手在战斗中不至于箭支短缺。

纪律严明的罗马兵团组成方阵，在穿越了幼发拉底河后在伊朗领土上挺进。对安息人的战术不甚了解的克拉苏胸有成竹：他的对手必定是一群乌合之众。然而他的士兵，在叙利亚荒漠多日跋涉后疲惫不堪，接下来还要追赶

---

* 指安息帝国。

这些神出鬼没的敌人。当他们终于在公元前53年6月9日上午一窥敌军的身影时，他们已深陷包围圈，并身负箭伤。安息骑兵射完所有箭支后掉头返回旋即再次涌现，面对他们快速的行动，罗马军团在自己的方阵中如瓮中之鳖。他们几乎是被整队屠杀。听说自己的亲人被包围，克拉苏试图冲入重围，但无济于事，他的儿子已经毙命。这时，他命令部队退避至当时叙利亚（今天土耳其哈兰）的卡雷城墙之后。在当天夜晚到第二天清晨，当安息士兵清扫战场，结果那些受伤的罗马士兵时，克拉苏试图潜逃——很可能想要到他的亚美尼亚盟友阿尔塔瓦兹德处避难，却没料到遭遇了苏雷纳手下的埋伏而丧生。

罗马部队全军覆没：死亡两万人，被俘四万人，其中包括两名元老院议员。三巨头之一的克拉苏的头颅和双手被砍下后被送至亚美尼亚国王处以示警告。后者即刻改变立场，将自己的女儿许配给奥罗德斯二世之子帕科鲁斯，并承认安息王朝的宗主国地位，他的国家将在一个时期内再次被安息人控制。

苏雷纳的胜利在该地区和罗马都引起了极大反响，动摇了罗马军队不可战胜的传奇。在伊朗人眼中，苏雷纳成为抵御外敌入侵的民族英雄。国王奥罗德斯因此心生嫉妒，将苏雷纳视作他王位的潜在威胁，根据某些记载，他随后命人将苏雷纳谋杀。

在罗马，克拉苏的死令原本三足鼎立的局面发生了改变。角力场上只剩下庞培和恺撒，两个野心完全无法兼容的人。谁能称霸罗马？庞培很快就将安息王朝看作对付恺撒的最好盟友，并对它拉拢示好。在近代伊朗史学家看来，奥罗德斯二世缺乏政治眼光，他没能利用罗马动荡的时局进一步稳固自己在亚美尼亚和叙利亚的霸主地位，而仅满足于策划阴谋反对恺撒。此外，在将儿子帕科鲁斯派往叙利亚（后者在那里获得骄人的成就，并将在耶路撒冷扶植一位犹太国王）以后，他便放任自己"沉溺于后宫享乐[22]"，而他与庞培勾结策划的阴谋却只是让恺撒更加明确了在战胜庞培[23]后便进攻伊朗的目标。只不过，恺撒于公元前44年3月15日遇刺身亡，没能实现他的征服计划。伊朗终于获得了短暂的喘息机会，但这并非仰仗国王的运筹帷幄。

协同治国的安息王储帕科鲁斯在征战叙利亚时阵亡。奥罗德斯二世悲痛万分以至退位，将王位让给了他的另一个儿子法尔哈德四世，后者将从公元前37年统治到公元前2年。这第十四任安息万王之王，以除掉可能使他黯然失色的多名兄弟开启他的统治。还有人说他也秘密害死了他父亲。作为他的军事功绩，他在罗马－安息战争[24]中迎战前来为克拉苏复仇的马克·安东尼率领的侵略军，并将后者击退至埃及。在他的统治期间，屋大维登基为罗马皇帝。他与后者达成了一个权宜的协定，将从克拉苏那里夺取的军旗奉还罗马，这些军旗在罗马一次真正的"凯旋仪式"中得到了展示。他还将自己的四个儿子送到罗马，作为宾客还是人质我们无从知晓。作为交换，屋大维将一个罗马公主赠送给他，某些伊朗作家指出那其实是一个交际花或奴隶，而万王之王将无可救药地爱上她。

无论真实身份如何，这位罗马公主后来将他毒杀，好让她的儿子法尔哈德五世（又称小法尔哈德）登上王位，从而使自己可以摄政，但她的摄政仅维持了两年。在一场人民起义后，法尔哈德五世被美哈斯坦罢免，此时的美哈斯坦与帝国君主的冲突越发频繁，这对王朝的未来产生了深远影响。

罗马与安息王朝的争斗则分为多个不同时期，但总是围绕着亚美尼亚和叙利亚的控制权。因此，数十年中，那里的国王，或至少亚美尼亚国王的人选都要同时得到两个大国之间的默认才能确定。

当第二十三位安息国王[25]——于107至133年统治帝国的霍斯劳一世不顾与罗马建立的协议，在未征得罗马人意见的情况下单方面选定亚美尼亚王位继承人，两个帝国之间的战火再次燃起。罗马皇帝图拉真以其征服者的雄心，梦想成为下一个亚历山大或恺撒大帝，便看准时机进军东方，制造事端挑起战争。尽管霍斯劳给他送去丰厚的礼品以缓和局势[26]，他却毫不领情，继续挺进，沿途征服了亚述和巴比伦尼亚。到达泰西封后，他手下的士兵在城市中横行肆虐。霍斯劳于是号召民众起义对抗侵略者，并组织游击战，罗马军团没能遏制。

图拉真很快意识到安息帝国无意臣服。他决定收兵，率部撤出了安息王朝都城。117年他去世时，他的养子哈德良继位。尽管哈德良对巴勒斯坦的犹太起义进行了严酷镇压，令犹太人进一步亲近安息帝国，他却对外主导防御和安抚的政策。他深知自己无法真正战胜安息人，于是采取了一种与他们和平共处的政策，将幼发拉底河恢复为两帝国边界。

人们本以为这两大帝国之间的战事将会就此止歇。但绝非如此。161年，安息的万王之王沃洛吉斯四世单方面控制了亚美尼亚。罗马人反击了一次，但徒劳无功，这却令伊朗人再次发兵，占领了叙利亚。然而他们的军事进击仅发挥了短暂效力：罗马皇帝马可·奥勒留（161—180年在位）随后便收复了亚美尼亚，接着又于165年占领了叙利亚和美索不达米亚的一部分，并在途中劫掠并摧毁了泰西封。塞普提米·塞维鲁（193—211年在位）又于197至202年的五年中再次与安息帝国交战，重申罗马对亚美尼亚的支配权。随后他的儿子卡拉卡拉（211—217年在位）延续了他的策略，于215年挺进叙利亚，意图迎战当时的沙王——于216年至224年统治伊朗的阿尔达班五世。为了结束他们之间的纷争，卡拉卡拉两次向沙王请求与他的女儿密特拉结亲，并终获准许[27]。于是，安息王朝筹备了一场盛大的婚宴庆典，并邀请卡拉卡拉及其手下参加。然而，穿着盛装的安息人等来的却是武装到牙齿的罗马人，原来卡拉卡拉只是假意求婚，目的是借此潜入伊朗政权核心。接下来上演的是恐怖的屠杀，阿尔达班五世侥幸逃生。至于卡拉卡拉，他自称"胜利者"，下令铸造货币，并授权他的军队对王宫、城市和村庄进行肆无忌惮的洗劫。然而，他的胜利仅维持了很短的时间，217年4月，他被罗马禁军军官尤利乌斯·马尔提亚利斯刺杀，后者很可能是在禁军总长马克里努斯的授意下如此行事。

马克里努斯就此接替卡拉卡拉成为罗马帝国皇帝，他在位的时间持续了一年。其间，他被迫连续三日迎战集结了一支大部队前来雪耻的阿尔达班。罗马人战败，签订了和平协议，按规定释放了安息俘虏，将从阿尔达班王宫窃取的各种珍宝（包括他的宝座）一并归还，并支付了高额的战争赔款。

这对万王之王来说是个漂亮的反击，却难以凭此回天。经过长年的国内战乱、与罗马的纷争，再加上美哈斯坦四百位成员否决君主的所有决策并与之势不两立的态势，内外交困的安息王朝"已经危如累卵[28]"，阿尔达班的胜仗只给他带来一时的喘息。

当前全国各处纷纷起义，反对中央权力。在波斯本地（法尔斯省），阿契美尼德王朝的发祥地，一个祭司家族的后代阿尔达希揭竿而起，麾下集结了众多当地权贵。阿尔达班想擒获起义者，将其押解至泰西封，但未能如愿。两支军队的决战发生在位于今天的胡齐斯坦省的霍尔木兹甘，当时是位于帝国境内埃兰的朝贡国。阿尔达班五世于224年在此地光荣阵亡，标志着安息王朝的终结，这一伊朗史上最长的朝代一共持续了四百八十年。

第七章

返本还源

苟延残喘的安息王朝被取代已经是不可避免的，而它的取代者就来自波斯地区（法尔斯省）。自209年5月11日[1]，在今天设拉子附近的伊什塔克尔[2]，阿娜希塔神庙的圣火守护人兼这一地区的朝贡国国王帕帕克号召本地领袖反抗混乱不堪的安息帝国。他的儿子阿尔达希，又称帕帕坎，最终响应了他的号召，于226年6月23日，在他接替父亲成为大祭司和圣火守护人的阿娜希塔神庙中自行加冕为伊朗的万王之王。以宗族祖辈萨珊的名字命名的萨珊王朝就此诞生，并于651年因阿拉伯人入侵灭亡。它的权威在初期仅局限于波斯本地[3]，而它的领土将迅速扩展并覆盖安息帝国的全境。

与即将成为他的非直系祖先阿契美尼德家族一样，阿尔达希以中央集权形式的民族主义和琐罗亚斯德教为基础创建了一个统治系统，该系统的所有举措均打着阿胡拉·玛兹达的旗号[4]，这意味着必须在世俗权力与教权之间保持巧妙的平衡，但也导致政界与宗教界之间关系紧张，这正是日后王朝崩溃和帝国解体的初始因素。在清除阿尔达班五世的余党后，出于与王朝和解同保持帝国统治连贯性的这种政治上的考虑，阿尔达希迎娶了密特拉，也就是卡拉卡拉曾向阿尔达班求娶的那个女儿。

他所开创的应该是最常被伊朗人提及，也是前伊斯兰时代最知名的王朝[5]，这主要是因为这一朝代的国王人数众多（四十几位），且围绕其中一些国王的传奇故事丰富多彩；此外，它标志着所谓"伊朗的伊朗"的悲剧性结局。在萨珊王朝中有四位伟大国王扮演了关键的角色：这其中当然有阿尔达希（226—241年在位），但还包括他的后代沙普尔一世（241—272年在位）、沙普尔二世（309—379年在位），以及霍斯劳一世（531—579年在位）。他们四人都不得不对抗时常与亚美尼亚王国结盟的强大邻国罗马的霸权野心，并积极治理和巩固这个多民族、多宗教的帝国，以防止随时可能出现的分裂和侵略。

开国国王阿尔达希还没来得及品尝登上王位的喜悦，亚美尼亚国王——安息王朝的远房表亲，便在罗马人的支持下质疑他的权力，反对他的监管。阿尔达希在经历了几次挫败后，终于成功遏制住亚美尼亚国王的反叛，暂时平息了帝国西北部的骚乱。

这一胜利使阿尔达希萌生直接对抗罗马人的大胆念头。他自称阿契美尼德家族的继承人，宣称对包括小亚细亚直到爱琴海、附近海峡，以及叙利亚、巴勒斯坦和整个美索不达米亚在内的"祖辈领土"拥有主权，并以此名义"命令"时年二十二岁的罗马年轻皇帝亚历山大·塞维鲁[6]将这些领土退还给他。对后者来说，这无异于丧失位于地中海东部的大部分领土。面对阿尔达希的最后通牒，亚历山大·塞维鲁率领自己的部队以及从埃及赶来增援的新兵，在亚美尼亚的支持下，向阿尔达希的帝国的心脏——萨珊的都城挺进。阿尔达希一方备有十二万披甲骑士、一千八百辆战车和七百头每头配备两名精英弓箭手的战象，严阵以待[7]。

232年11月26日，奥龙特斯河沿岸的塞琉古帝国旧都，今天位于土耳其境内的安条克，成为他们交锋的战场。罗马军队很快遭到重创并被迫撤退[8]，将六万具尸首[9]遗弃在战场。尽管万王之王取得了无可争辩的胜利，并重新将幼发拉底河确定为两国边界，他却没有在政治上对罗马的溃败加以利用[10]。在重建伊朗帝国对亚美尼亚的权威，并命人刺杀了背叛他的安息家族的国王后,他选择将注意力转向东部和南部,成功恢复伊朗对中亚和阿塞拜疆的支配,接着重新掌控巴林群岛和阿拉伯半岛沿岸。这些地区直到 651 年阿拉伯入侵前都属伊朗所有。

阿尔达希十四年零两个月的统治不仅限于对战亚历山大·塞维鲁的胜利,他留下的是一件惊人的作品。在军事方面,为使帝国能够在面临内忧外患时迅速做出反应,他重建了被安息王朝解散的常备军。他同时要求行政机构将他下达的所有命令和决策存档,并向相关的军事统帅、总督和宗教领袖(穆贝德)发送副本。这个举动传达出对国家运作清晰明了的全局观,以至于在多年以后的 300 年 3 月 17 日,对其现实意义高度赞赏的纳塞赫皇帝专门为这些档案举办了一次展览。阿尔达希还在世人心中留下了一个伟大建设者的形象,他创建了众多城市,其中一些在日后发展壮大,并留存至今,如今天法尔斯省的法拉什班德,克尔曼省的巴德希尔,伊拉克的安巴尔,胡齐斯坦省的霍尔木赞,以及著名港口巴士拉。

如同居鲁士一样,他也具有面向全人类的整体视野,在他的治国"箴言"和警句[11]中传达出的是我们今天所谓"全球主义"信息,其中充满了琐罗亚斯德教的智慧和创新的政治哲学,并成为此后众多伊朗作者撰写政治文本时的灵感来源。

作为一位卓越的组织者和政治哲学家,阿尔达希在很短的时间内将安息王朝的封建帝国成功改换为一个近乎中央集权的国家,只有某些封建主和小国王保留了他们原有的一部分自治权。如此,他的儿子沙普尔一世在多年协助理政后,于 240 年从他手里接过了一个和平、复兴的强国。

继位时,这位被世人比作大流士的沙普尔一世已经是一位成熟练达、阅历丰富的男人。他是在公元 200 年,也就是在他父亲与安息公主密特拉结婚之前出生的。出于对阿尔达希的尊敬,他等待了两年才举行了自己的加冕典礼。他的统治以经验主义的治理为突出特征,既不是阿契美尼德中央集权主义的传承,也不是安息封建体制的延续。沙普尔一世拥有一支职业常备军,从而摆脱了美哈斯坦的监管,他仅需面对少数地区势力对他的违抗。有鉴于此,他的行动主要集中于两个重点:从罗马手中继续收复阿契美尼德王朝旧有领土的同时力争保持对两帝国永远的角力场——亚美尼亚的支配权;维护新生的多元宗教文化,以对抗意图保留传统特权并提高其政治影响力的琐罗亚斯德教派。

于是,他在反罗马的叙利亚人民和该地区庞大的犹太社群的帮助下,开始了对罗马东方行省的门户城市安条克为期一年的占领,直到罗马皇帝戈尔迪安三世(225—244年)将安条克重新夺回。但沙普尔的首次败绩仅持续了很短的时间,243年在今天伊拉克境内上演的马西切战役将使该地区重回到伊朗的怀抱。法尔斯省达拉卜的一座石刻浮雕上留下了对他赫赫战功的永恒记载:"戈尔迪安率领罗马人、日耳曼人和哥特人组成的庞大军队入侵了伊朗,并在亚述尔斯坦(叙利亚)战败,他本人在这一战役中被杀,部队也全军覆没。取代他的是罗马人选出的菲利普[12]。后者向我们求和,给我们送来五十万枚金币,以换取他们的战俘,这使得罗马帝国成为我们的朝贡国。"

他的胜利令作为安息王族亲属的亚美尼亚国王梯里达底二世(217—252年在位)深感不安,后者于是与高加索的伊比利亚人[13]和贵霜帝国[14]订立盟约。沙普尔果断反应,粉碎了这一联盟。他用萨珊诸侯替代了贵霜帝国原来的君主,并在梯里达底二世遇刺身亡后,立其子霍尔米兹德为亚美尼亚国王。如此一来,他越过了红线。

罗马于十年后在一位老议员瓦勒良(253—260年在位)的统治下发起反击,他居功自傲,对伊朗人进行军事骚扰。在沙普尔一世于253年夺取安条克并占领了叙利亚、卡帕多西亚和奇里乞亚[15]的三十七座城市后,瓦勒良在随后一年又将具有战略意义的安条克夺回。他的宗教政策在东方基督教信众中引起的仇恨将令萨珊帝国获益。事实上,在继续作战的同时,瓦勒良下达了两份诏书,对基督徒进行全面迫害:一份于257年颁布,规定禁止基督

085

徒从事宗教活动，强迫他们祭祀异教神灵；另一份于258年颁布，对违反规定的司铎和教士处以死刑，并剥夺他们的财产。在这种背景下，259年两国于美索不达米亚位于卡雷与埃德萨（均位于今天土耳其南部）两城之间的地域展开的决定性交锋中，瓦勒良被两次击败，并与其手下和随从一并被俘。伊朗对整个黎凡特、小亚细亚及其所有城市和港口的支配尽管不会持久，但再一次成为现实[16]。

剩下的就是该如何处置战败者的问题。时年七十七岁的瓦勒良与他的将领和议员们被押送至泰西封。至于他那两万名被俘的士兵，他们被带领着穿过美索不达米亚，到达今天胡齐斯坦省的阿瓦士。加入他们队伍中的还有基督教传教士，以至于他们落脚后，在这一地区形成了一个庞大的基督徒社群。他们都将参与到沙普尔——这位名副其实的建设者所规划的多个大型工程项目中来，其中包括迪兹富勒[17]桥——其遗址一直留存至今，为驯服卡伦河和卡尔黑河的洪水而建造的沙德拉万大坝，以及贡德沙普尔学院建筑群，作为第一所涵盖了哲学、医学、数学、天文学等多学科的高等教育学府，它吸引了众多来自希腊、罗马和埃及的学者聚集于此，以躲避罗马不宽容政策下的迫害。贡德沙普尔学院是当时最有威望的学术中心，其医院据称也以世界第一而声名远扬。

260年11月7日，瓦勒良身着紫色皇袍，与他的将领和议员被绑着现身。士兵们则被领出示众，但没戴枷锁。瓦勒良跪倒在萨珊皇帝面前，一个非同凡响、颇为震撼的画面。沙普尔自称"伊朗及非伊朗世界之王中王"，宣布"伊朗是一个高于世界所有国家的强国"，"独一无二的超级强国"。居鲁士和亚历山大的世界帝国梦想再次被提及。"罗马不可战胜的神话又一次被打破"，阿卜杜勒·侯赛因·扎林纳-库博如此写道[18]。为了让这一被他归功于阿胡拉·玛兹达庇佑的胜利永载史册，沙普尔命令在帝国的五个地方以石刻浮雕详细记录这一胜利过程。于是他命人将他的光荣战绩在波斯波利斯附近的帝王谷以三种语言的长篇文章形式记载在拜火庙的围墙上，这些石刻文字至今仍清晰可辨。

然而，与罗马的冲突并没有因此停止。趁罗马战败后国内出现乱局，沙普尔利用了在他王国避难的一个罗马逃亡者塞里亚德斯，通过助其窃取罗马帝国的王位，达到在敌人中进一步制造混乱的目的。如此，塞里亚德斯成为被载入《罗马帝王纪》（于4世纪末撰写，是117到284年这一时期罗马皇帝传记的汇编[19]）的三十位僭主中的首位。这首次的僭越夺权是在瓦勒良之子加利恩努斯（260—268年在位）统治时期策划实行的，并持续了一年。另一边，罗马人从261年开始在叙利亚组织反击，由东方部队统帅奥登纳图斯指挥。后者率部践踏了伊朗领土，并于267年抵达泰西封城下，不料却在此时遇刺身亡。尽管直到272年两国之间都不时出现一些小型冲突，但二者的边界在几年中保持着相对的稳定。

这一战线的情况得到了缓和，沙普尔重新着眼于更易于操控的东部边界。他将中亚的一部分——今天的塔吉克斯坦、乌兹别克斯坦和土库曼斯坦归入伊朗，与此同时，将印度次大陆内的印度河划定为帝国边界[20]。诚然，他没能重建大流士的帝国，因为他的统治范围不包括希腊的亚洲城邦、埃及、利比亚和苏丹，也没能将征服计划推进到更远，到达非洲。然而，他至少让伊朗保有了地中海沿岸的一个重要出海口。此外，他的儿子霍尔米兹德（改宗基督教的亚美尼亚新国王）及其后代将努力在两个大帝国间建立相对平衡的政治关系，且获得了一定的成功。

在宗教方面，沙普尔一世也主张一种创新的治国方略，而此时伊朗正经历着深层次的变革。尽管他时常自称琐罗亚斯德教和阿胡拉·玛兹达的信徒，他却拒绝选择一种国教。他在一份皇帝诏书中宣布帝国内的所有宗教均拥有从事宗教活动，甚至传教的全面自由。在几次出征中，他身边竟一度伴有一位伊朗先知、幻象画家、哲学家摩尼，后者的思想——"摩尼教"将在伊朗及更广阔的疆域发展传播。

摩尼即将自称"封印先知",这点就如同后世的穆罕默德。他于215年或216年生于泰西封附近巴比伦尼亚的玛第奴,父母都是伊朗人,母亲可能是安息王室的后代。他的父亲帕提格引领他进入了当地一个净洗派团体——厄勒克塞派,阿拉伯人称之为穆格塔希拉派。对这一团体来说,不同于琐罗亚斯德教的火,水才是净化万物的元素。此外,他们允许弃教,倡导戒肉戒酒,鼓励他们之中"纯净"的人不要与女性发生性关系,相信耶稣多次化身,其中第一次是亚当……虽然他在二十岁时与净洗派学者决裂,并反对他们的某些仪式,包括那惊人的"蔬菜洗礼[21]",但他从他们那里借鉴了很多基本要素,用以构建他自己的教义。在耶稣基督应许的圣灵于228年4月和240年两次显圣后,他感到自己被赋予了传教的使命,于是二十七岁的他在242年春季的第一天出发前往印度,在禁欲主义的吸引下,他开始了佛教的学习。他于250年重返伊朗,而他扎实的训导和崇高的声望已经先他到达。摩尼一袭白衣,佩戴的唯一一件饰品是"一只刻有太阳和月亮的金银环[22]"。通过国王的弟弟菲鲁兹(卑路斯)的引荐,他赢得了沙普尔一世的信任,并与他进行了多次对话。

他声称的具有世界通用性并专注于基础知识的这一宗教源自基督教、佛教和原始琐罗亚斯德教的混合,在他看来,原始琐罗亚斯德教已经被穆贝德们背弃了[23]。他通过七部著作亲自阐述了他的基本教理,其中的第一部《沙卜拉干》专为沙普尔一世而作。他将自己的训导建立在善与恶(或光明与黑暗)这两个具有相同力量的初始元素为根本的二元论基础上。神的名字对应善,而魔鬼的名字则对应恶。他的教义以"三际"为纲:初际时,光明与黑暗并存;中际时,光明被黑暗侵染玷污后尝试将其击退,为此需要将黑暗从人体内驱除,这便是斗争的关键;后际时,光明与黑暗又各归其位,在它们初始所处之区域内共存[24]。

为引导人类脱离黑暗物质,即他们的肉体,找到神的部分,即他们体内尚存的光明,摩尼将人划分为选民和听者。前者,被应许进入明界的博学者，被免除了所有其他劳动，仅致力于布道、禁欲和斋戒，他们吃素，且拒绝一切性关系。后者作为前者的仆从，不得崇拜任何偶像、杀生、偷盗、通奸等，且摒弃法术，每周斋戒一次；此外他们可以结婚，并无限制地繁衍后代——尽管这一行为有传播邪恶的嫌疑。如果他们遵守训导，他们将转世再生为选民，并能够进入永存的光明。

这一教义深深吸引了沙普尔一世，他对摩尼教的支持造成了三个后果。首先，它使摩尼得以大范围传教；其次，这使沙普尔一世能够压制琐罗亚斯德教徒的称霸野心。但与此同时，这也使穆贝德们的主流宗教圈对摩尼十分反感，并将伺机除之而后快。

沙普尔一世通过与摩尼结交，获取了一种政治力量，令他可以分割几方的权利，从而更好地统治。如此，他下令将希腊、罗马和佛教的经文都翻译成巴列维语*。同时，处事圆通的他命一众穆贝德撰写一部承袭《阿维斯陀》的完整且权威的参考典籍。此外，他还遏制了一个叶尔勃（琐罗亚斯德教经文诵读者和训导者）的崛起，这位叶尔勃名叫卡提尔，在王朝六十七个品级中仅屈居五十一品，他号召在宗教方面实行不宽容政策。彼时，在安息王朝的宽容政策下，琐罗亚斯德教司铎团体的组织结构逐渐形成，但不具有任何特权，然而在卡提尔的推动下，琐罗亚斯德教的政治"夺权"运动兴起，最初在沙普尔一世的阻挠下发展缓慢。但祸根已经埋下。

要总结沙普尔一世的杰出统治就不能不提他在建筑方面做出的贡献。事实上，正是他下令建造了泰西封宏伟的王宫[25]，这座被视为仅次于波斯波利斯王宫的伊朗前伊斯兰时期第二辉煌的建筑遗迹。然而，残存至今的只有那座塔克基思拉宫大拱门——一座高30米的砖砌伊万**，伊朗最高的

---

* 巴列维语，中古波斯语的主要形式。
** 伊万，波斯和伊斯兰建筑中常见的一种长方形、带拱顶的空间，三面围墙，一面敞开。

圆形穹顶。比沙普尔（"沙普尔的美丽城"）也是一个城市化的典范：不同于一般城市的圆形设计，考虑到其庞大规模，这座城市的其中一部分采用了长方形设计，其中两条主干道垂直相交，直通皇宫主殿，主殿本身也建有高 25 米的圆形穹顶。主殿的墙壁上排列着 64 个壁龛，里面装饰着有叙利亚罗马风格的阿坎瑟斯叶纹和卷草纹描绘的灰墁雕塑。主殿有三栋伊万，其正前面高达 25 米，同样以灰墁装饰，地面铺有马赛克镶嵌画。所有这些建筑装饰方法都在日后被伊斯兰艺术继承，并运用到他们的宗教和王宫建筑中去。

沙普尔一世大帝——伊朗史学家如此评价他——于 272 年去世，享年七十二岁，这在当时被视为高龄。据说他去世时，身边陪伴的是阿扎尔·阿娜希塔，"王后中的王后"。

沙普尔一世的死开启了一段虽非混乱却也在政治和宗教上十分不稳定的漫长时期。他的六位继承人只部分延续了两位祖先的治国方略。第一位，霍尔米兹德一世，他的儿子，仅在位一年零十天，他热情迎接了从亚洲长途游历归来的摩尼。据记载他改宗了摩尼教，但没有得到确证。霍尔米兹德一世的继任者，其子巴赫拉姆一世（273—276 年在位）在为期三年三个月零三天的统治中令帝国的宗教政策从此改变了方向。他的这一决定是在重新受到重用的琐罗亚斯德教强硬派司铎卡提尔教唆下做出的。"他（国王）让我在帝国中拥有了最高的级别和头衔……为我设计了'卡提尔，巴赫拉姆的灵魂拯救者，欧马兹特的穆贝德[26]'的名字。"为了建立他的威望，他对外展示出与国王近似的形象："在绣花的红色裤子之上，他穿了一件剪裁考究、褶皱精美的天蓝色长外衣。他在脖子上戴了一条大颗珍珠项链，这是他与国王同有的特征。他的头上戴着一顶很高的圆顶金色毡帽，帽子上有丝带装饰。[27]"像国王一样，他通过多个岩壁碑文记录他的荣耀。在位于帝王谷的卡巴伊扎杜什特东面墙上，人们可以读到："而我，卡提尔，从一开始，为了所有神明、国王和我自己的灵魂，我感到巨大的痛苦和不快；我令伊朗帝国的很多圣火和祭司兴旺繁荣……阿里曼和妖魔的教义都被驱赶出帝国。帝国内的犹太教徒、佛教徒、印度教徒、拿撒勒教徒、基督徒、马克塔克教徒和赞迪克（摩尼教徒）都被处死。[28]"摩尼将首当其冲受到波及：276年（或277年）2月26日，他在苏西安纳的贡德沙普尔被投入狱中，在遭受二十六天的折磨后疲惫力竭而死。

如此，琐罗亚斯德教终因其宗派主义变成了国教，一个新的宗教品级制度应运而生。位于顶端的是"马嘉帕"，凭借国王的支持，他们执掌司法事务，并顺势从中渔利。他们的级别仅次于最高祭司，动辄援引开国国王阿尔达希的遗言："王权与宗教是一对孪生子，任何一方都不能单独存在，因为宗教是王权的基础，而王权是宗教的守护。王权对其基础的需要就如同宗教对其保护者的需要一样绝对，因为不受到保护的便会消亡，没有基础的便会崩溃。[29]"倚仗他们新掌握的权力，琐罗亚斯德教的机构篡改了查拉图斯特拉的几项基本教义，重建对女神阿娜希塔[30]的崇拜，使后者与阿胡拉·玛兹达几乎平起平坐。他们将她为国王加冕的形象展现在当时的浮雕上。这使得一种多神教的形式有所回潮，但所有的事情都有其两面性，卡提尔以其不宽容，甚至荒诞极端的立场，将琐罗亚斯德教祭司引向最终的衰败。例如，他背弃查拉图斯特拉将所有动物和人赋予同等价值的原则，在动物中分出益兽和恶兽。比如，苍蝇、金龟子等昆虫和猫、老鼠、蛇、乌龟、青蛙等都被视为不洁的动物，应被清除。此外，与原本的禁欲主义相悖，卡提尔曾说："两个人中用肉填满肚子的那个能够更好地接受善思。"《偈颂》中的思想还剩下些什么？在他之后，祭司们不顾俗权与教权的分离，竭尽全力操控一切。正如娜哈德·塔贾多德写道[31]："伊朗已经变成一个巨大的宗教监狱，而他们就是监狱的看守。"

巴赫拉姆一世于276年逝世。其子巴赫拉姆二世（276—293年在位）

懒于政务，面对罗马军队的进攻，他的部队无力抵抗。在他统治的时期，针对摩尼教和基督教的迫害持续不断，直到他决定于291年下达一份诏书，让这些教徒得以平静地生活。紧随其后的巴赫拉姆三世在位四个月，其统治没有带来政策变化。接着，这位国王被他的叔公，沙普尔一世之子纳塞赫（293—302年在位）废黜，纳塞赫的首要目标是收复被前任国王丢失的领土。他在亚美尼亚几次小胜罗马后，最终被打败，并被迫与罗马皇帝戴克里先[32]签订了一项和平协议。根据协议规定，他出让美索不达米亚的五个省，承认底格里斯河为两国边界（国土面积比之前大幅萎缩），接受回归罗马监管下的亚美尼亚将影响力扩展至米底并介入米底内部冲突，甚至接受罗马对伊比利亚（即今天的格鲁吉亚）的统治。在内政方面，纳塞赫剥夺了卡提尔的权力，尽管对琐罗亚斯德教表现出深厚的情感，他还是毅然修复了国内团结，并尽力摆脱玛兹达祭司的操控。宗教少数派终于可以松一口气，并重返在琐罗亚斯德教驱赶下被迫离开的住所，尽管这些房产已经满目疮痍。在国王的意志下，王位再度凌驾于圣火祭司之上。自此，后者便不敢轻举妄动，但仍警觉地窥视着基督教的进展，并不失时机地加以阻挠。

纳塞赫最终自行退位，将王位让给了他的儿子霍尔米兹德二世，后者统治时期为303至309年。霍尔米兹德二世备受爱戴，热衷建设，他还对司法系统进行了改革，但在一次出征平叛阿拉伯部落——"这些没文化的野蛮人"时丧命。继承他王位的是他的儿子阿杜尔·纳塞赫，这位以残暴著称的国王在掌权几个月后便被身边的人刺杀身亡。

阿杜尔·纳塞赫没有子嗣。当人们获知霍尔米兹德二世的第二任妻子怀有身孕时，一个史无前例的情况逐渐显现：无论是男是女，王位将由这位始料未及的继承人获得。祭司们预言是男胎，而这一预言后来得到了证实。于是，根据编年史的记载，出现了一个几乎超现实的场景。各大总督和诸侯国国王应召参加一个开始在他母亲腹中活动的胎儿的加冕典礼。当日，首席祭司手捧皇冠，吟诵圣歌，与此同时与会的众人与"孩子"的母亲都盯着地面，因为按照传统习俗，禁止直视君主。圆鼓鼓的孕肚在俯身拜倒的众人面前被戴上了皇冠！

沙普尔二世于309年9月4日出生，并将统治七十年，直到379年，这是伊朗历史上统治时间最长的君主，其实际统治时间也长达半个多世纪。在他继位的最初几年，国家事务由他母亲管理，但大权实际掌握在权臣和祭司手中，这使得王权遭到削弱。但帝国保持屹立不倒。

到了十六岁，沙普尔二世已经具备"接管政权、结束帝国混乱统治的能力和智慧[33]"。他肩负重任：收复阿拉伯半岛沿岸地区，继续与罗马旷日持久的战斗，保证国家内部俗权与教权之间的平衡。

如此，他首先对阿拉伯人宣战，因为后者的抢掠已蔓延至泰西封城下，再加上传统上归属伊朗的巴林群岛的某些部落发动叛乱，这一切已经严重损害到他的主权。于是，他亲率一部分军队出征收复阿拉伯半岛北岸地区。与此同时，在征用了波斯湾伊朗港口的舰船后，他又统领另一支军队攻入巴林群岛，后者在进行了短暂抵抗后被降伏。凭借这些胜利，他不但为伊朗夺回本地区的主导权，而且在那些本想对一个言听计从的国王实施操控的贵族和祭司面前树立了自己的威严。

完成了对阿拉伯人的平叛，使之臣服后，沙普尔二世还剩下永恒的对手罗马。朝中存在两种对立的倾向："强硬交战派"和"和平共处派"。然而无论如何，两派在纳塞赫对戴克里先做出的领土割让是丧权辱国这一点上达成了共识。沙普尔二世因此而备受鼓舞，决定动用外交和军事双重手段对抗罗马。对此，他已准备就绪。

然而，在罗马，地缘政治形势已经发生了变化。306至337年在位的君士坦丁一世通过313年4月的《米兰敕令》授予基督徒信仰自由，据说他自己也于337年临终时改宗了基督教。330年5月11日，他定都君士坦丁堡，从而近距离与他的宿敌对峙。沙普尔二世不能无视他的存在，特别是在当前国内的基督徒可能成为敌人，甚至可能是效忠罗马的奸细时。没人能忘记，位于安息的巴克特里亚自 225 年就已经出现二十多个基督教区，而且罗马皇帝戴克里先在其统治时期因急于推翻在他眼中东方基督徒致力建设的所谓国中之国，导致一大波基督徒移民涌入伊朗。而且，首席祭司阿扎博德·米哈拉潘德也不遗余力地唤起万王之王的恐惧，后者很快坚信那些教堂全是罗马布设的反叛基地。于是自 341 年，沙普尔二世便开始了对东方基督徒的大肆镇压：在复活节的一周里，他们中的数千人在塞琉西亚、贡德沙普尔、吉兰省的卡尔卡等地遭到处决，如此拉开了东方基督徒遭受迫害四十年的序幕。作为萨珊王室亲属的亚美尼亚国王改宗基督教的行为使事态进一步恶化。事实上，伊比利亚和亚美尼亚是阻挡令人生畏的北部部落民族入侵泰西封和君士坦丁堡的两座屏障（达尔班德）。这一切令两国之间重燃战火。

  沙普尔二世首先下令将亚美尼亚国王擒获，并让他亲伊朗的儿子继位。接着，他于 348 年占领了整个美索不达米亚。一个名叫背教者尤利安[34]的人于 361 年被立为罗马皇帝，沙普尔二世被迫搁置向地中海的进攻，转而与尤利安作战。决定性的一战于 363 年在泰西封城下展开。尤利安被"一支伊朗人的箭[35]"射中毙命，罗马军队因此退兵。尤利安的继承人约维安[36]无奈接受了沙普尔二世提出的所有条件。两国的边界重又恢复到幼发拉底河，伊朗借此将其势力范围扩展至地中海，一雪纳塞赫兵败之耻。几年后的 376 年，与瓦林斯皇帝[37]签订的一项新协议赋予了亚美尼亚和伊比利亚大范围的自主权，从而使伊朗与罗马之间的紧张关系得到缓和。

  所有这些功绩令沙普尔二世统治下的时代不仅对萨珊王朝，而且对整个伊朗历史来说都是一个繁荣昌盛的时期。尽管不时出现边界争端，但这些争端多数以伊朗的胜利告终，且恢复了昔日边界的帝国在其境内保持了和平安定。从中国和印度出发前往埃及、罗马的商队满载珠宝、布匹、地毯、丝绸、瓷器和香料途经伊朗，并让沿途的经济蓬勃发展。泰西封借此成为促进国际交易的商业枢纽。沙普尔二世对此给予特别关注，他鼓励公路养护并对拦路抢劫的土匪施以严酷的惩罚，有时甚至以死刑论处[38]。众多史学家和史官毫不犹豫地称他为"大帝"。而且他也自封为"王中之王，星辰之同伴、日月之兄弟"。

沙普尔二世一如其前任，也热衷建设，并主持创立了多座城市，其中一些留存至今。最著名的要数位于德黑兰以东、距离马什哈德几链的内沙布尔，那里汇集了诗人欧玛尔·海亚姆、阿塔尔、19世纪画家卡玛勒·奥尔·莫克的陵墓，以及至今还吸引人们参观探访的几处历史建筑。在今天伊拉克和约旦的几个省份也能看到可以证实他工程建设的痕迹。

撇开琐罗亚斯德教祭司与日俱增的不宽容态度，沙普尔二世的时代仍令各个宗教相对平衡地共存。尽管他本身是个参与祭祀仪式的琐罗亚斯德教信徒，沙王对其他大多数信仰都保持尊重的态度。在帝国东部，佛教通过多处文化中心和学院的开设得到传播。希伯来人虽然人数不多，但仍继续从事他们的宗教活动。除了无可匹敌的经济影响力，沙普尔二世也对巴勒斯坦的犹太人（他对抗罗马的盟友）向他献上的情报心怀感激。至于基督徒，尽管因其与新近改宗基督教的罗马帝国的紧密关系而屡遭迫害，他们却继续在伊朗境内渗透，就连一些伊朗王公贵族也改宗基督教，这推动了数年后聂斯脱利主义的发展壮大。据某些史料记载，截止到651年阿拉伯入侵前夕，伊朗三分之一民众为基督徒，但这一信息难以被确证。所有这些宗教都在帝国的国都扎根立足，并将其视为它们的首要家园。

沙普尔二世于379年8月8日离世，卒年七十岁。他留给继承者的是一个国力强盛、受人尊敬，且整体上安定和平的伊朗。"他的去世造成了伊朗历史上的一段权力真空，与阿尔达希、沙普尔一世和沙普尔二世相比，相形见绌的随后几任国王令国家顶层在至少二十年中弥漫着孱弱之风，而从中获益的无非是那些为争权夺利不惜损害王权的祭司和贵族。[39]"

沙普尔二世之后几位国王的统治功绩乏善可陈，帝国仅满足于守住已有的基业。如果说阿尔达希二世（又称"善良的国王"）受到国民的爱戴，这主要是因为他免除了农民三年的赋税。令沙普尔三世（383—388年在位）载入史册的是他与狄奥多西一世（又称狄奥多西大帝[40]）签订的和平协议，其条款规定将亚美尼亚分为两个势力范围区域，较大的一个归伊朗所有，每个区域都由信仰基督教的安息王公治理，使和平在一段时间内得以重建。巴赫拉姆四世（388—399年在位）给人留下的印象是性情暴躁，遭到祭司和一部分贵族的厌恶，他后来遇刺身亡。伊嗣俟一世（399—420年在位）则主要以其平和的统治和在此期间对各个宗教的宽容政策以及与罗马皇帝阿卡狄乌斯[41]诚挚的承诺著称。在宫廷中的一些小动荡后，伊嗣俟一世之子巴赫拉姆五世（420—438年在位）继位，并与罗马重新开战，但二者无一胜出，接着他又出兵镇压东部边界几个部族的起义。巴赫拉姆五世的声誉并不关乎他的武功，却更多基于他的私生活——他被人称为"野驴"，这源于他对打猎的热衷或对女色无节制的沉迷。作为一个浪漫多情、爱好音乐和诗歌的君主，巴赫拉姆五世成为伟大的古典诗人内扎米的长篇叙事诗《七美人》[42]中的主人公，其灵感取自他在七座宫殿组成的皇宫中每周轮流宠幸七位妻子的故事。据记载，巴赫拉姆五世曾命令他的子民每天只工作半天，并邀请一万两千名印度乐手前来为他的子民娱乐助兴，他还秘密远游印度地区探究那里的神秘主义信仰和宗教仪式。就连他的死也被写入传奇：他似乎是在设拉子和伊斯法罕之间的沼泽地带狩猎时殒命的。

巴赫拉姆五世之子伊嗣俟二世继位，并统治至457年。在他的时代祭司大行其道，宗教迫害死灰复燃：他强令亚美尼亚人改宗琐罗亚斯德教，并捣毁他们的教堂，代之以拜火庙。帝国如此在霍尔米兹德三世（457—459年在位）和随后的卑路斯（459—484年在位）统治时代继续且一再陷入"一系列僵局[43]"。后者面对的局面尤其棘手。他不仅要为七年旱灾中饱受饥荒之苦的人民提供援助，还要镇压帝国东部部族的暴动，对亚美尼亚人日渐高涨的不满情绪做出回应，并平叛伊比利亚王国（格鲁吉亚）的起义。他日后被基督教取代的宗教倾向，以及当王权日渐式微之时，他在与强大的君士坦丁堡决裂的情况下想要维系的东西，尤其从他的统治中突显出来。

要厘清其中的利害，需要回到431年，在这一年召开的以弗所大公会议上，所有基督教社团的代表齐聚一堂，其中包括伊朗基督教代表——聂斯脱利（约380—451年），他在428至431年间曾任君士坦丁堡主教。聂斯脱利因其支持的学说而在这次大会上被视为异端，并被开除教职。他师从神学家摩普绥提亚的狄奥多若（350—428年），后者曾于392年在摩普绥提亚城担任主教，是安提阿教会的代表人物。除了鼓励教士成家以外，狄奥多若还公开表示基督同时具有人神两性，因此，马利亚只是人性耶稣的母亲。他的基督二性论[44]理念与神学家、老底嘉[45]主教阿波利拿里（315—390年）的一性论教义对立，在后者看来耶稣基督只具有神性。在"拜占庭"口角中遭到基督教拜占庭教会的主流意识形态禁止后，众多坚持二性论的神甫和教士逃到波斯，退守在埃德萨学院避难，直到489年该学院关闭。接着他们会集到闻名遐迩的尼西比斯学院，在这里向整个伊朗传播基督二性理念，并在这里推广了我们日后所说的聂斯脱利主义*。这一学派在484年贡德沙普尔（贝特拉帕）大公会议上占主导地位，其间叙利亚人、尼西比斯[46]总主教巴扫马（"守斋者"）（460—491年在此职位）罢免了东方教会大教长巴博瓦伊，并敦促将摩普绥提亚的狄奥多若的神学理念定立为东方教会的官方教义[47]。这一教义上的选择——基督拥有人神二性，马利亚是人而不是上帝的母亲，神甫不必守贞——标志着波斯东方教派和西方教派之间的决裂。而后者倡导一性论，将伊朗的主流思潮视为异端来排斥。二性论支持者占上风后，在萨珊

---

* 聂斯脱利主义，也称"东方亚述教会"，在中国称为"景教"。

军队的支持下，伊朗的众多一性论者遭到屠杀，且帝国中多个聂斯脱利主义信徒支配的城市禁止一性论基督徒进入。接下来的情节不难猜想：伊朗基督教教士在宫廷内的势力不断壮大，逐渐招致深恐失去既得利益的琐罗亚斯德教祭司的敌视。他们之间的对立将在651年阿拉伯入侵时加速萨珊帝国的崩溃。

卑路斯之后，继位的是他的儿子巴拉什，后者打出基督教牌，与亚美尼亚人协商签订《勇敢者的和平》协议，释放了亚美尼亚战俘，允许他们在境内从事与基督教相关的活动，并授权重建被伊嗣俟二世捣毁的教堂。至于东部的起义，他派出的军队最终成功将其平叛。他于488年寿终正寝。

伊朗随后迎来的是卡瓦德一世时期，他的统治（488—496年，499—531年）尤其以488年11月21日一位新先知马兹达克及其新教义的出现为特征。马兹达克主义实际上是摩尼理念的一种变化。作为某些人眼中的骚乱煽动者，马兹达克在很大程度上吸收了摩尼教的教义，宣扬善恶二元论，鼓励守贞苦修，戒绝某些食物和肉食。但其创新之处集中在社会层面和后来的政治层面。他自称被天主派来以引导人们返回原始信仰，号召应在人们之间实现绝对平等，平均分配所有财产，废除阶级和婚姻。他认为，要让每个人都能生活在和谐中，还必须摒弃嫉妒与争执，因此除其他财产外还应将女人变为共有。马兹达克对社会最底层人民表现出极大关切，为农村阶层仗义执言，宣布所有人都有获得幸福、平静和快乐的权利[48]。这一纲领是对现行萨珊体制的深入批判，吸引那些被政权遗弃的人加入马兹达克追随者的队伍。

反常的是，卡瓦德一世将他视为对抗其内部敌人的有力同盟。事实上，在第一段混乱时期中，封建领主和祭司成功将国王废黜两年（496—498年），将其囚禁于"沉默宫"。在这座用于关押贵族的豪华府邸中，任何人都不得说出囚徒的名字，而且只有他的妻妾有权探视。接着，生活在伊朗东北部、骁勇善战的游牧民族白匈奴（嚈哒）向他提供了三万人马[49]，使他重返王位，返回后，他对贵族实施了大规模清洗，却在一段时期内容忍了深得民心的马兹达克主义者。然而，沙王的默许却引发了一种恶性效应：一部分对他们所理解的马兹达克思想充满热情的民众将这一态度视为对肆意妄为的授权。于是，抢劫事件频发，女性遭到劫掠成为共享财产。就这样，近乎无政府状态和群体淫乱的过度行为很快令先知的形象失去光彩。在约 529 年应召前往泰西封宫廷面见国王以对此做出解释时，马兹达克与其数千名信徒被集体屠杀。帝国下令即日起禁止任何人提及马兹达克主义。其幸存的信徒散布在粟特、法尔斯省和突厥斯坦。

马兹达克主义如其他玄学运动一般通过对伊朗社会泛滥的腐败和不平等的控诉，唤起人们对公平社会的憧憬，并因此进一步削弱了萨珊王朝的势力。

卡瓦德一世于 531 年 9 月 13 日，他八十二岁时去世，死前他将儿子霍斯劳指定为王位继承人。

随后开启的是伊朗历史上光辉灿烂、在某些方面富有争议的一页：霍斯劳一世（531—579 年）的统治。霍斯劳一世又称阿努希尔万（"纯洁与不朽的灵魂"），以及达加尔（"正义者"）。伊朗人常常称呼他为阿努希尔万·达加尔。很多史学家和杂文作者都将其视为"萨珊王朝最伟大的万王之王"，"其崇高的名字将彪炳史册并留存在伊朗人民的共同记忆中[50]"。在这一时期的重要史学家贾瓦德·玛什库尔看来，"霍斯劳一世统治的时期是萨珊帝国历史上的鼎盛时期。其间，霍斯劳一世发展了伊朗的文学和文化，伊朗在他的领导下国土面积和国力都达到登峰造极的水平。从印度到地中海，从高加索和中亚到红海和也门的大片地域都在伊朗的支配之下。东部部族的叛乱被全部肃清，罗马也被多次击败[51]"。如果这一评价反映了伊朗人的普遍看法，我们仍应像扎林纳-库博教授那样，做出更加恰如其分的论断。我们将在下文中对此进行详细分析。

霍斯劳一世刚登基不久就对那些积极扶植他侄子继位的萨珊亲王和权贵予以残酷打击。他的权威从此再无人敢质疑。此外，沙王拥有一支可以完全信赖的军队，他们纪律严明，实行统一管理，因为罕见而需要特别强调的是，他们的军饷都得到定期发放。凭借这一优势，他与东罗马帝国签订了一项对伊朗极为有利的和平协议，迫使东罗马皇帝查士丁尼（527—565 年在位）向伊朗支付一笔高额款项，令拜占庭一方可以声称他们"收买"了波斯沙王，同时霍斯劳一方也可以宣布君士坦丁堡已成为伊朗的朝贡国。霍斯劳还收复了亚美尼亚和今天的巴勒斯坦，并从也门（从此被视为伊朗领土）对埃塞俄比亚投去觊觎的目光。

这位在立法方面卓有建树的国王重组了行政系统，创立了多个"部"（名副其实的政府部门）分管公共事务的不同领域，并由一位类似今天首相的重臣统一管理。其中的一位，博佐格·迈赫尔将以他的审慎睿智被载入史册和传奇故事。他曾向霍斯劳提供很多符合琐罗亚斯德道德原则的政治建议，在他的协助下，沙王建立了一套"税法制度"，使农民免受大地主和封建领主的盘剥压榨。

在社会治理方面，他制定的创新规定可能显得任性随意，甚至有些怪异。比如，他禁止懒惰和乞讨；使结婚成为一种强制性的义务；贫困人群的婚庆和孩子的教育费用将由王室承担。此外，他还向不治之症（主要是麻风病）患者提供"皇家补贴"。

崇尚文化知识的霍斯劳满足了祭司们的诉求，令他们将《阿维斯陀》和琐罗亚斯德教的圣歌进行全面而系统的编纂。他同时还向躲避基督教罗马帝国不宽容政策的众多学者、哲学家和医生提供庇护，并将他们安置在贡德沙普尔，这座由他的先辈创立的学院中[52]。他还命人继续对希腊和印度的多部哲学著作和文本进行翻译。此外，他热衷于文学和哲学讨论，常常邀请当时伊朗和国外的顶级知识分子共进晚餐。

凭借坚实的行政系统、稳定的法律制度和可靠的军队，伊朗和霍斯劳一世迎来了"史无前例[53]"的经济繁荣。泰西封吸引了更多东西方商人和旅行者，皇城和皇宫在他主持下得到进一步修饰美化，从而反射出帝国的强大。

在宗教方面，虽然祭司受到国王的宠信，使其权力覆盖了社会与社团生活的每个细节，并对信徒的日常点滴立法管理，但不得不承认帝国中宽容的态度是切实存在的。对于马兹达克主义者，鉴于他们颠覆社会的危险已经排除，只要保持低调，他们又可以无忧无虑地从事他们的生产生活了。伊朗的基督教则继续发展其二性论教义，在这条与西方教会决裂的路上一去不复返。

所有这些政治、经济、文化、宗教因素使霍斯劳一世的统治造就了萨珊帝国时期的"黄金时代[54]"，并在波斯文学中一再得到称颂。然而，这一时代也饱受批评。人们尤其指出的是沙王的正义感并非发自内心，而是权宜之计，而他的轻率任性以我们当代的标准来看简直令人震惊。有些人甚至认为这是一种"专制冷酷的正义[55]"。然而正是凭借这种严厉和刻板，沙王才得以保护弱者不受强者的欺凌。或许人们在他死后能够对他提出的主要批评是他对民众生活的过度干预和过度管理，以及他控制一切的欲望，而这最终导致了伊朗社会的固化，甚至僵化。当阿拉伯人入侵伊朗时，众多伊朗人，特别是底层民众相信他们窥探到的是解放和平等的信号[56]。

霍斯劳一世于579年10月1日在泰西封的皇宫中去世。其子霍尔米兹德四世（579—590年在位）继承王位后的最初一段时间享受过父亲留下的光环。在他的加冕典礼上，他宣布将继续父亲的事业。为此，他指定多名官员专门倾听农民对大地主的控诉，并使正义得到伸张，但这使他脱离了贵族阶级。另一些反对声音则来自祭司，原因是他派往君士坦丁堡宫廷商榷和平

101

协议的不是一个琐罗亚斯德教的大使，而是聂斯脱利教的。对于他们的不满，霍尔米兹德四世的回答是，自己的"王位并不仅倚仗他们，而是倚仗包括基督徒和其他教徒在内的全体人民"。

他的统治本应享受这一政策带来的成果，但他对一位将领犯下了严重的错误。而且这位名叫巴赫拉姆·楚宾的名将还是安息王室的后代。第一次，国王派他平定东部部族的暴动。巴赫拉姆凯旋而归，名利双收。国王再次派他去镇压西部拜占庭人的骚乱，这一次他不幸落败，但损失不大。然而，一直对他心怀嫉妒、担心在他的荣耀下黯然失色的霍尔米兹德四世此时暗自欢喜，自以为精明地给他送去一条女裙来羞辱他，而且还命人将巴赫拉姆披枷带锁押至他面前。但事件朝不利于他的方向转变了。巴赫拉姆将裙子和枷锁展示给他的部下。"看哪，"他喊道，"你们的国王就是这样感谢你们的！"他率军起事，讨伐国王，朝都城进发。霍尔米兹德四世派了一支部队迎击，但军中将士深感情势起了变化，纷纷临阵倒戈，集结于巴赫拉姆麾下。贵族和祭司效仿他们，也在泰西封发动政变。万王之王就这样被俘，在关押不久后遭到杀害。

巴赫拉姆·楚宾以解放者的姿态进入都城。他首先自封摄政王，接着于590年6月27日以巴赫拉姆六世的称号登基。美好的战斗英雄很快变成一个残暴的国王和一个热衷于琐罗亚斯德教的卫道士。曾为他的到来热烈欢庆的泰西封发起对他的反抗，在他执政一周年差一天的591年6月26日推翻了他的统治。随后，他逃到东部部族，在扑朔迷离的境遇中殒命，如此结束了他跌宕起伏的生涯，却开启了关于他的传奇。他的一生成为众多历史故事、传奇小说和诗歌的主题。

在巴赫拉姆·楚宾短暂执政期间，霍尔米兹德四世的儿子霍斯劳逃出了都城。他除了合法的王位继承权别无他物，栖身于拜占庭帝国皇帝莫里斯（582—602年在位）的皇宫。后者自视为伊朗政坛的仲裁者，鼓励霍斯劳夺回王位，并向他提供了三万兵马进攻泰西封。这位萨珊王子本已获得民众的普遍拥护，于是顺利攻入都城，并以霍斯劳二世"胜利者"的头衔加冕称王。为表示对莫里斯的感谢，他迎娶了莫里斯的女儿，信仰基督教的公主玛利亚，如此后者成为伊朗皇后，至少是万王之王的正室妻子和王储谢罗埃的母亲。

为了突显他与岳父之间的紧密关系，霍斯劳二世同意将亚美尼亚和美索不达米亚的几块领土让与后者。此外，借助于玛利亚王后的支持，伊朗基督徒在社会中的地位相较于琐罗亚斯德教徒更为优越，举行宗教仪式的场所也日渐增多。这些有利条件一直持续到602年莫里斯皇帝在君士坦丁堡的王权终结之时。事实上，当莫里斯的部队因持续征战而精疲力竭，在多瑙河以外条件严酷的地域休整时，一位在军中备受拥戴的将领福卡斯于11月23日发动军事政变，在拜占庭帝国都城实施野蛮暴行。逃亡中的莫里斯派大儿子狄奥多西向霍斯劳二世求援。但为时已晚。被福卡斯的追兵擒获后，他目睹自己的五个儿子被斩首，接着自己也于11月27日被杀。他的追随者都惨遭同样的命运。至于教宗，他从远方向福卡斯的夺权提供支持，并祝福他！

霍斯劳得知这一消息后勃然大怒，拒绝拜占庭帝国新皇帝福卡斯送来的礼物。从603年开始，在将近十二年的和平后，两个帝国又重燃战火。霍斯劳亲自领兵，在莫里斯幸存的拥戴者的帮助下，进击亚美尼亚和美索不达米亚，一直攻至幼发拉底河对岸的小亚细亚。611年，他已率部抵达地中海沿岸。与此同时，福卡斯于610年被阿非利加总督及其子希拉克略铲除，后者的统治将持续至641年。

希拉克略似乎对伊朗满怀善意，期待与其和平相处。霍斯劳二世如此便没有借口继续对抗了。然而，贪婪迷住了他的双眼，超越祖先的渴望使他违背常理继续作战，这便是他的致命错误。他征服了今天的叙利亚领土、安条克和大马士革，接着征服了约旦，围攻耶路撒冷，城里居民在十八天的顽强抵抗之后投降。他攫取了"真十字架"并将其赠予他的新"正室"妻子,信仰基督教的席琳,因为玛利亚已经去世[57]。在霍斯劳二世寄给希拉克略的一封既无用又伤人的书信中,他竟自负地写道:"如果你的上帝是全能的,那么他如何没能从我的军队手中解救耶路撒冷呢?[58]"

617年,整个小亚细亚、地中海东岸直到埃及传统边界罗得岛又重新回到伊朗的支配下,于是,君士坦丁堡成为霍斯劳的终极目标。他派出的沙欣统领的军队因舰船不足,无法穿越博斯普鲁斯海峡。希拉克略趁机向他提出签署和平协议。尽管凭借各个方面的优势他完全可以在谈判中占尽先机,他却拒绝了这一提议。他甚至训斥沙欣没有亲自将捆绑着的希拉克略押送至他面前。这时的他自视全能,又从他的密探那里听说东罗马帝国正经历一次严重的内部危机,希拉克略甚至打算将国都迁至迦太基。

万王之王沉浸在幻想中。当他端坐在自己位于都城不远的皇宫中,身边聚集着乐手、诗人和朝臣时,他脑海中呈现的画面是超越冈比西,进军至尼罗河源头,他的部队虽在穿越沙漠时疲惫不堪,但仍会夺取亚历山大港、今天的苏丹和埃塞俄比亚北部地区。他细细品味这转瞬即逝的梦境,憧憬在阿契美尼德王朝曾统治了两个世纪的这片土地上,缔造一个"新"阿契美尼德帝国。

然而事实上,这支军队将要获得的胜利已经屈指可数。他的士兵多年来远离故土和家人,要求休战。在希拉克略的攻击下,伊朗军队节节败退,从624年开始,希拉克略就夺取了小亚细亚,接着是亚美尼亚的控制权,而后于627年直逼泰西封。执着于自己的军事策略,沙王谴责手下曾获得赫赫战功的将领是无能之辈,并威胁要对他们施以重责。他沉醉于征服的欲望中,竟忘记伊朗国内也存在很多棘手的问题,国库空虚,经济低迷,民怨四起,这些都使得政治气氛紧张。宗教纷争又令局势雪上加霜,霍斯劳二世最宠爱的王后席琳本是基督徒,但她背弃在伊朗占主流的二性论教义,转投安提阿的一性论教会。她的这一决定将加速波斯基督教会力量的减弱,但最主要的是，将重新挑起基督徒与琐罗亚斯德教徒之间的纷争。

628年，年事已高、身心俱疲、几近绝望的霍斯劳二世宣布将不惜代价继续战争，然而这场战争已经持续了二十年。在泰西封即将陷落的威胁下，他决定离开居住的皇宫，返回都城。

一个陌生的访客，阿卜杜拉·本·哈扎菲正在这里等候他的到来，而世界的面貌将从此改变。

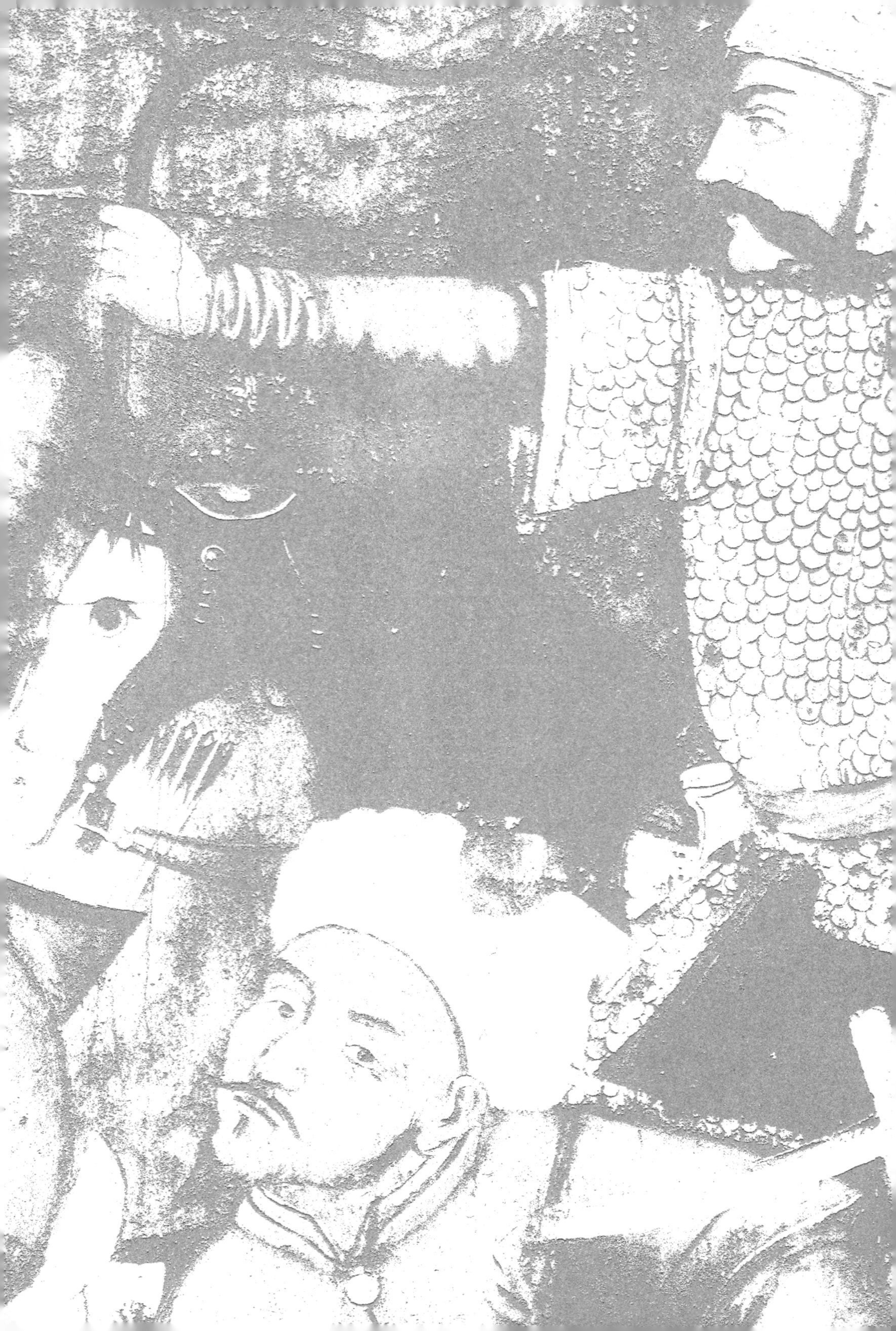

第三卷

文明的冲突

第八章

阿拉伯入侵

628年，萨珊帝国的败落进入最终阶段。帝国的管理混乱无序，缺乏有经验的领袖，政治纷争频仍，宗教流派林立，尽管帝国保持了它一贯的精致品位、宽容政策和潜力，却已经没有力量抗击来自阿拉伯的沙暴：早期的伊斯兰征服者。

事实上阿卜杜拉·本·哈扎菲为霍斯劳二世带来了一封奇怪的书信，同样的书信也被送到当时另外三位首脑面前：君士坦丁堡的皇帝希拉克略、阿比西尼亚（埃塞俄比亚）国王尼格斯和埃及总督穆高格斯。封印上留下的字迹是"穆罕默德，真主的使者"[1]。信中霍斯劳受邀与他的臣民一起即刻改宗伊斯兰教。霍斯劳盛怒之下撕毁信函，命令管辖这位先知所在地区的也门总督将这个"鲁莽放肆之人"披枷带锁押至泰西封，等待他的惩处。但此时已接近他统治的最后时刻。五天后，他在一场宫廷政变中被推翻，而出于对整体稳定的考虑，对穆罕默德的惩处也被取消。难以想象，如果当时穆罕默德也像摩尼和马兹达克一样被杀，接下来的历史会如何演变。

是萨珊的失误、政治远见的缺乏，还是对一个崛起势力的低估？当然，掌握了后来的历史发展进程，我们可以下这样的定论。然而，我们有必要谨慎公允地看待史学家们对沙王"灾难性"错误作为的评价，特别是这一评价是因宫廷权斗而被歪曲了的。诚然，希拉克略最后的胜仗令伊朗丧失了大片之前征服的领土，但另一方面，埃及、今天叙利亚的大片地区，以及塞浦路斯岛仍留在伊朗的怀抱。然而，霍斯劳统治末期的不得人心是无可争辩的事实，他在民众中引起的恐惧，加上他的败绩，使他执政末期的环境令人窒息。

很快霍斯劳二世被罢免，王位由他的儿子谢罗埃继承。628年2月25日，在三十八年跌宕起伏的统治后，霍斯劳二世被带到一间储藏王室珍宝的地下室，接受一场名副其实的革命审判[2]。他的儿子虽并不情愿，但仍在一名琐罗亚斯德教领袖和一名基督教领袖的陪同下向他提出了六大罪状。霍斯劳二世的辩护显得苍白无力，谢罗埃力劝他"请求宽恕"，但一切都是徒劳。谢罗埃只有召集帝国权贵商议，而后者一致决定："我们不需要两个国王。如果你下令处死霍斯劳，我们将效忠于你。否则，我们将废黜你，并重新尊霍斯劳为王。"面对如此的两难选择，谢罗埃最终屈从：他的父亲于2月29日被斩首[3]。

在接下来的四年中，帝国经历了十三次君主更替，王室谋杀连连上演，掐灭了长期稳定治理的可能性。不论是对这些国王的姓名还是他们各自的统治时期，史学界都没有定论。然而已知的是，在十三任国王中玛什库尔和纳菲西[4]均被加冕两次，另有三名国王很可能不是萨珊血统。至于谢罗埃，他以卡瓦德二世的头衔统治了一年后因鼠疫或遭人毒害而死。他为求和向罗马割让的领土、他为满足权贵胃口而表现出的慷慨大方，使本已匮乏的国库空空如也。在他的数位继承者之中，曾有两位女性占据这至尊的位置，这在伊朗历史上是独一无二的：布伦杜赫特和阿扎米杜赫特。其中第一位，作为霍斯劳二世的女儿，因其美貌和以宝石装饰的长发而备受爱戴。她明智地与希拉克略缔结了一份"永久"和平协议，并于629年举行的一场官方典礼上向希拉克略归还了她父亲从耶路撒冷攫取的基督"真十字架"。双方持续了七百年的战火就此熄灭，两个帝国都疲惫不堪，已无力抵御阿拉伯的威胁。

霍斯劳二世的孙子伊嗣俟将在十五岁时继位，成为萨珊帝国的末代皇帝。他之所以能够逃过王室谋杀，是因为他有着黑皮肤。他母亲（来自桑给巴尔）在他祖母席琳的帮助下将他带到法尔斯地区的伊什塔克尔。他在阿娜希塔神庙中找到了栖身之处，而萨珊帝国开国君王正是在这座庙中于226年6月23日被加冕为王。伊嗣俟三世也于632年在这个圣地登基继位。

同年，已名震阿拉伯地区的穆罕默德去世。阿布·伯克尔作为穆罕默德的同伴，成为首位哈里发（632—634年在位），并发起对罗马和伊朗的双面进攻[5]。被先知统一的阿拉伯各部落在具有征服思想的伊斯兰教的动员下，不仅期望输出、推行他们的新宗教，还觊觎两个帝国的财富，因为他们知道二者因连年战争和内部权斗而国力疲弱。在第一时间被伊朗人阻截后，他们迅速进攻罗马，使后者退却，并征服了大马士革。

年迈的阿布·伯克尔去世后，欧麦尔（634—644年在位）继位。对他，伊朗编年史作者很少给出什么正面评价，根据他们的记述，欧麦尔是个身材肥胖、不修边幅、拉帮结派、粗暴残忍的人。在他的领导下，征服政策进一步强化，特别是针对伊朗帝国。为了快速达到目的，欧麦尔任命穆罕默德的表舅赛义德·本·阿比·瓦卡斯为所有军队的统帅，而后者也意识到军中多元群体的存在。

伊嗣俟三世开始在帝国乱局中重建秩序，他决定立即反应，抵抗"入侵者"，并任命最杰出的伊朗贵族罗斯塔姆·法罗哈扎德任大军统帅。这很可能并非最佳选择，原因有二：罗斯塔姆十分迷信，而占星师曾预言这一交战将导致不幸的结局；他是基督徒，琐罗亚斯德教徒都在暗中算计他。无论如何，罗斯塔姆疑虑重重，因为与"沙漠土匪"作战让他觉得有失体面。但作为一个高贵、有强烈责任感的人，他最终服从了国王的命令。

位于今天伊拉克境内、与泰西封相隔一日马程的卡迪西亚在罗斯塔姆看来是交战的理想地点。他于635年或636年[6]在这里竖起了伊朗沉重的军旗，那镶有宝石的传奇的卡维军旗[7]，并决定在此地安营。他包裹着五彩锦缎的帐篷、点缀着宝石的兵器、包覆着柔软丝绸的战象和忙着给他烹制可与宫廷珍馐媲美的佳肴的厨师队伍都折射出帝国的奢侈铺张。如果阿拉伯人从他们占据的山顶上可以嗅到餐食的香气,是敌人炫耀出的财富真正坚定了这些衣衫褴褛、手持磨损变形兵器的人的斗志。而另一边的罗斯塔姆,尽管有国王的命令,却依旧在他金光闪闪的军帐中犹豫不决,认为金钱是回避战斗的最好方法。此外,军力对比明显有利于伊朗一方,而且伊朗军队经验丰富、装备更加精良,理论上也有更好的统领。

在四个月中,双方一直相互观察,阿拉伯人不敢进犯,赛义德因罗斯塔姆的"学识、智慧和谨慎"而十分敬仰他,而伊朗方面却始终在思忖用高价换取和平,让这些部落返回沙漠。他们打错了算盘,因为正如娜哈·塔贾杜德写道:"这些阿拉伯人对波斯财富的渴望不亚于他们对天堂溪流的热切憧憬——随时准备着以身殉教,直接升天。他们现在组成的是真主的军队。[8]"

为了结束这一僵局,赛义德决定派一支由几位主要部落首领组成的使团面见沙王,他自己则留在驻地。这支使团穿过罗斯塔姆的营地,顺利到达泰西封。他们受到当地人的迎接,而居民在看到这些衣衫破烂、肮脏怪异,还在马匹之上挥舞着鞭子的使节时都忍俊不禁。

然而,伊嗣俟三世在全体朝臣面前礼貌地接待了他们。通过一位翻译,他开诚布公地问,为什么欧麦尔的部队要来掠夺他的财宝。作为回答,使团的首领向他说明了伊斯兰教的起源和先知的和平信息,并赞颂了先知为阿拉伯内部带来的恩惠。他还邀请所有伊朗人都改宗伊斯兰,因为它是唯一可以指引他们走上善途的宗教。作为对他们忠顺的回报,他会赠送给他们真主的语录集,使他们可以在公共或私人生活中按照真主的教诲行事[9]。如果拒绝,伊朗人只有两条路:接受"齐米[10]"这一低等身份,并缴纳相应的税费,以获得保护,否则等待他们的就是战争。伊嗣俟听后勃然大怒:"你们真是一个低劣、可怜、卑微的民族!……摒弃你们的自负,相信我们的善意;我们将让你们吃饱穿暖,对你们的首领以礼相待,帮你们指定一位好国王,让你们享受和平的生活！""您说得对，我们的确贫苦而悲惨，"赛义德的使节平静地回应道，"但先知让一切都发生了改变。"这时，伊嗣俟命人送来一袋泥土和稻草，将其倾倒在阿拉伯大使的头上，对其施以伊朗文化中最大的羞辱。"将他逐出皇宫和都城！带着这个回去见你的主人吧。"他最后说道。

罗斯塔姆很快得知这一切，他不赞成采用如此伤人的手段。迷信的他还认为不应将伊朗的泥土交给一个外国人，这是不好的预兆。他甚至派了一名士兵试图将泥土取回。但为时已晚。羞辱已经收到，双方的冲突不可避免。

伊朗阵营——根据不同史学家的观点——拥有官兵七到十二万，最常被提及的数字是八万，其中包括三万步兵。他们兵器精良、装备豪华，还备有三十三头战象，其中一头名为沙普尔的白象位于队列中央。除了罗斯塔姆负责指挥中路以外，另有两位名将协同坐镇：一位是霍尔莫赞，指挥右翼，另一位是菲鲁赞，指挥左翼[11]。阿拉伯人一边——根据不同史料——约有三万至六万人。女性负责后勤，送水送饭，抬送伤员，埋葬死人，结果负伤敌人的性命并剥去他们的衣物。她们看上去受到与男性同等的对待。

战斗持续了四天[12]。第一天上场的是战象，它们全力冲入敌军阵中，驱散队列，令阿拉伯人撤退时溃不成军。吸取了这次教训，第二天，阿拉伯的统帅命令一队骑兵包围战象，向它们的赶象人射箭。白象沙普尔受伤后掉头折回，使其后跟随的战象受惊，疯狂冲入伊朗队列中，死伤景象惨不忍睹。幸亏伊朗的两位将领临危不惧，成功扭转局面，带领骑兵发起反攻，令阿拉伯人被迫收兵，在这一天折损五百人。第三天是决定性的一天。阿拉伯人之前已战胜罗马，夺取了大马士革，哈里发欧麦尔命令凯旋部队中的一支前去支援远征泰西封的军队。两军在黎明时分会合，并协同面对伊朗军队。

有两起新事件加速了战争的进程。第一起是刚从大马士革赶来的指挥官卡卡·伊本·阿姆鲁主动提出要与一个名叫巴曼的伊朗将军单打独斗……并在众目睽睽下将他杀死，令在场的两军将士目瞪口呆。"这一重要将领的死在两军中引起了立竿见影的效果。阿拉伯人从中获得了力量和勇气，而伊朗人则为此军心动摇。[13]"第二起则源于"自然因素[14]"：一阵猛烈的沙暴向伊朗军队迎面袭来，迷得他们睁不开眼。在接下来的混战中，罗斯塔姆失足落马，因他奢华的穿戴被认出，被一名阿拉伯骑兵斩首。后者将他的首级顶在长矛上，并向真主发誓他刚刚砍杀了伊朗统帅。沙尘暴和罗斯塔姆的死导致伊军最终的溃败……阿拉伯人夺取了卡维军旗！尽管在第四和第五天的一段时间内小规模的冲突仍有发生，但败局已定。

这场"阿拉伯历史上前所未有的重要战役[15]"成为这场战争的历史转折点，尽管战争还将持续多年。史学家玛什库尔对此总结道："命运的风向已经改变，阿拉伯一方的胜利合情合理。伊朗国家老朽、无能，集齐了促成衰败和解体的所有因素。自然事件也加速了这一走向：多座位于底格里斯河和幼发拉底河上的控水大坝被冲毁，鼠疫和霍乱肆虐全国；农田被毁，饥荒开始蔓延。最重要的是，内部的权力斗争、君王接连遭到谋杀造成了国家顶层的政治真空。而在他们对面，阿拉伯人则在征服意志的召唤下团结一心[16]。"

鉴于罗斯塔姆从未指定副统帅，他的竞争者菲鲁赞在这次挫败后负责主持军队的重组，全力以赴保卫巴比伦和泰西封。一场史学家极少提及的战役在巴比伦城下展开，阿拉伯人再次取胜，并首次获得了伊朗人的协助和支持。这些伊朗人中有些改宗了伊斯兰教，有些则选择齐米身份。如此，这座城市成为阿拉伯人的指挥中心。

通往帝国都城的道路现已畅通，哈里发欧麦尔还在犹豫，他曾对赛义德说："我宁愿在他们与我们之间有一堵火墙，只要这场战争能就此结束！"就这样过去了两年。他赫然决定不再迟疑，命令部队开拔前进。听到这一消息，伊嗣俟三世下令放弃泰西封，带着四千随从撤离，这些人中包括他的禁卫军，他的三位妻子，他的厨师、乐手和仆从，以及依附于他的一群寄生虫。这是他犯下的最后一个战略性错误：在自己潜逃的同时也将所有贵族、权臣和其他有选择权的人推上流亡的道路。曾经繁华一时的都城此时已陷入恐慌，接踵而来的是持续多日的恐怖暴行。男性全部被屠杀，妇女和儿童被俘，其中五分之一按照伊斯兰法规（胡姆斯*）被发配到麦地那，以便在那里的奴隶市场上出售，余下的则归欧麦尔的士兵所有。史学家扎林纳－库博估算在泰西封之劫和后来的两次战役中被掠走的人口约三十万，其中六万被上缴到麦地那[17]。

对皇宫内无价珍宝的洗劫是637年这一年最为重要的事件。那些永远消失的文明奇迹中包括被付之一炬的萨珊王朝图书馆，这场大火整整持续了六个星期[18]。哈里发欧麦尔不是曾说过"对我们来说，《古兰经》一本书就足够了"？但阿拉伯人并没有烧毁所有东西。他们攫取了集市内的财物，此外尽管粗野，他们也知道黄金、白银和宝石的价值，并对它们更加着迷。如此，他们掠走了霍斯劳一世的黄金宝座、堆满数间屋子的宝石、宫廷华美的服饰、一匹黄金马及其背上一个全银骑士塑像、一座银质骆驼雕塑。一只大箱子里盛放的樟脑也引起了他们的注意：他们对这种东西一无所知，但品尝过后都对其味道和气味惊讶不已。但他们最辉煌的战利品是一条地毯——长140米、宽28米，铺满整间议事大厅的《春之园》[19]。以真丝和金线、银线织成，地毯上展示的是一座流光溢彩、绚丽夺目的花园，其中的花卉均以珍珠和宝石制成。伊朗王室在潜逃时因其过于沉重而没能将其带走。于是，这条地毯与其他战利品一并用专门为驮运这些东西配备的九百头骆驼送到麦地那的欧麦尔面前。在先知的女婿，未来的第四任哈里发阿里的提议下，他们罔顾其稀世罕有的华美，将《春之园》切割成块，分发给麦地那贵族。此外，因为欧麦尔无法想象一个普通民众能够穿戴萨珊王室的衣袍饰品，便命人找到一个体格高大的人扮演伊朗沙王，并让他穿上皇袍，头戴王冠，手持伊嗣俟的宝剑。如此装扮后，他激起了麦地那全城的崇敬之情。

---

* 胡姆斯，指伊斯兰军队要肩负的义务，要求他们在对抗非伊斯兰教徒的战争里上缴战利品的五分之一给代表国家的哈里发或苏丹。

114

泰西封637年的沦陷标志着帝国垂死挣扎的开始。伊嗣俟在逃亡过程中找到一个临时避难所，试图在此处重新集结防御力量，并将部队交与他的一位大将迈赫兰领导。迈赫兰将阿拉伯人阻挡在今天克尔曼沙阿省的萨尔波勒扎哈卜附近，并于638年与他们在贾鲁拉交锋。在六个月的抵抗后，他被迫投降。另一场战斗在席林堡爆发，萨珊再次落败。面对势不可当的阿拉伯军队，伊嗣俟又逃到了今天德黑兰以南的雷伊。他此时不得不面对一个现实，那就是除了他的财富和他的领土，他的项上人头也是敌人的目标。被如此围追阻截，他向各附属国派去使节，以期求得援助，但"从波斯人的态度中可以感到一种倦怠和自暴自弃。他们至今难以理解为何在与阿拉伯人的对抗中一败涂地，他们心中留下的只有辛酸与绝望[20]"。

萨珊帝国的末日绝唱于642年在今天哈马丹省的纳哈万德响起。伊朗方的另一位大将菲鲁赞在此指挥一支"士气非常低落"的伊朗部队。他计划进行一场"防守战"，率部死守在一座以其高耸的城墙被视为坚不可摧的堡垒中。这道城墙果然名不虚传，阿拉伯人在两个月的攻城战中始终没有得逞。这时，他们想起了一个数世纪前安息人对抗罗马人时百试不爽的办法：让围困在城内的伊朗人以为哈里发欧麦尔已死。在铺天盖地的哀号声中，他们假装拔营。菲鲁赞以为报仇的时机来了，便冲出纳哈万德城门，带领骑兵队进攻侵略军。只等着这一刻的阿拉伯人突然掉转队伍，向他们攻去，菲鲁赞在混战中被杀。所有希望都化为泡影：阿拉伯人的战术敲响了伊朗军队的丧钟。阿拉伯史学家将这一战役写入史册，并称之为"胜利中的胜利"。尽管战争尚未结束。

此时，伊嗣俟又逃往帝国中部的伊斯法罕。随后，他来到设拉子附近的伊什塔克尔海拔1600米的山谷中，这也是他曾经加冕称王的地方。他在这里获得了凯旋般的迎接，因而对自己的幸运星重拾信心，并下令铸造了带有自己头像的货币，上面的他留着八字须和络腮胡。这一喘息时间持续到643年，这一年伊朗在瓦贾德·路德一役[21]中再次败北，令沙王被迫辗转逃往克尔曼，接着又逃往呼罗珊。他的漂泊游荡令他很快意识到，命运之风已经朝有利于阿拉伯人的方向吹去。他所求助的行省总督在收留他的问题上表现得越来越有所保留，有些甚至禁止他进入他们的城市。只有一个附属国——马赞达兰的国王，请他在塔巴里斯坦定居，栖身于高山与树林之中，以便在这里筹划收复帝国领土的大业。但伊嗣俟回绝了，他宁愿求助于中国皇帝。于是，他朝东方进发，于652年到达了中亚的梅尔夫。他在这里落脚，并放心大胆地着手建造一座宫殿。不料当地的权贵，也是他的封臣，马胡·亚·苏力背叛了他，据某些作者推测，可能是出于夺取万王之王皇位的目的。而且这位诸侯也在不久之后与阿拉伯人联合在一起。

不幸的伊嗣俟被迫再次逃亡，但这一次他孑然一身。夜幕降临时，他躲进一间磨坊。因过于奢华的服饰而被人认出后遭到杀害，尸首被抛入河中，后被人从河中找到并认出了身份。命运的可笑之处在于：萨珊王朝的末代万王之王、阿胡拉·玛兹达信仰的象征与守护者被真主的信徒打败，并被梅尔夫的聂斯脱利派主教艾利埋葬。这是否像史学家扎林纳-库博猜测的，是为了纪念他的祖母——基督教徒王后席琳而有意为之[22]？

652年标志着一个跨越了十四个世纪的帝国的灭亡，伊朗从此转入了另一个世界。这一重大悲剧中的几位军事将领罗斯塔姆、菲鲁赞和迈赫兰都战死沙场，只有霍尔莫赞被俘并押送至麦地那。他在那里与欧麦尔进行了一次时间不短的公开对话，某些史学家错误地将这一对话视为"庭审"。他在改宗伊斯兰后，留在了这座城市。

至于哈里发欧麦尔，他被一个纳哈万德市的伊朗人刺杀而死。这个名叫皮鲁兹的人被后世称为"皮鲁兹·纳哈万德"。趁着他的刺杀行动引发的混乱，并借助当时就已开始运作的伊朗反抗组织的帮助，他逃到了国家中部的卡尚城，并最终在那里死去。他的陵墓被冠以"勇气之父"的头衔，在今天仍是一个朝拜的目的地。

鉴于皮鲁兹·纳哈万德已消失得无影无踪，且伊斯兰的"报复惩罚法"只针对杀人者，报复的权利本应被取消。但第二任哈里发之子决意行使这一权利，因而屠杀了大量身处麦地那的伊朗人，霍尔莫赞也在其中。

如此，如果伊嗣俟遇刺而死合上了伊朗一个至关重要的历史篇章，那么一个新的篇章又紧接着打开了：一个民族为其文明和文化的存活而战。

第九章

存活

伊朗历史的一页随着最后一位万王之王的殒命而翻过,纳哈万德一战(642年)标志着萨珊时期的结束和阿拉伯伊斯兰统治的开始。在这一日期与861年萨法尔王朝(第一个伊朗王朝)建立之间所经过的二百一十九年被很多人视为"两个世纪的沉寂"[1]。这一时期,伊朗领土由阿拉伯人直接管理,被征服地区的总督也均由哈里发指定的阿拉伯人担任,官方语言为阿拉伯语。有时,波斯语甚至被禁止在公共场所使用。

阿拉伯的入侵以及随后的占领,至少在一开始,是军事和部落性质的。在阿布·伯克尔、欧麦尔、奥斯曼(644—656年在位)和阿里(656—661年在位)四位第一代哈里发的领导下,这些入侵和占领行动尚且带有某种意识形态的主张。当泰西封沦陷后,一个信仰历程曲折多变的伊朗人向民众宣扬伊斯兰是一个讲求人人平等、团结互助的宗教。这个名叫萨勒曼·法尔西的伊朗人曾先后信仰琐罗亚斯德教、基督教、摩尼教,最后改宗伊斯兰教,并成为穆罕默德和随后的欧麦尔的亲密顾问。他通过这种方法成功说服了众多伊朗人改宗伊斯兰,并一再重复"清真言"——"万物非主,唯有真主,穆罕默德是真主的使者"。

萨珊都城陷落时,欧麦尔获得了被征服的领土的管理权。他的第一要务是开垦美索不达米亚的肥沃土地,以便让经常忍饥挨饿的阿拉伯人能够吃饱。他这方面的行动相对温和，虽然伊朗王室所有的一部分可开垦土地被分配给了阿拉伯移民，但仍留了一部分留给原来的土地所有者。这些人有些改宗了伊斯兰，有些保持了他们原本的宗教信仰，但无论如何，他们都需要上缴一笔特殊税金（吉兹亚），遵照《古兰经》的规定，他们需要以此证明承认自己的附庸身份[2]。

曾一度被阿拉伯人的社会团结互助主张所吸引的伊朗人在哈里发国于661年过渡为倭马亚王朝[*3]后很快大失所望。实行种族隔离制的倭马亚政权公开声明并规定了"阿拉伯人种"的最高地位，其他被征服民族均被定为奴仆（马瓦里）。对于这一种族歧视政策、它所引发的伊朗方面的反抗和暴动，我们掌握了多种多样、相互矛盾的记述。其中某些记述弱化了这些事件，有些则有所夸大。所以在某些地区，当地居民很可能被迫佩戴一个特殊的身份标识；同时他们可能被迫在主干道上给阿拉伯人让路；所有人都必须明白一个阿拉伯人的意见永远胜过其他任何人的意见。有的资料也提到，在某些城市，阿拉伯总督在包括已经改宗伊斯兰的所有伊朗人身上用烙铁烙印。在另一些城市，他们的前额上被刺青。还有一些地方，如果一个伊朗人骑在马上或骡子上从一个阿拉伯人身边走过，他必须下来，且要同意自己的坐骑被后者没收。

伊朗人怎会不怨恨呢？特别是当他们知道在锡斯坦战役中，阿拉伯军队指挥官曾命人将伊朗人的尸首堆放在一起，并让人践踏。这位指挥官还命令当地民众除交纳的罚金以外，还要献上一千名青年男女，交给哈里发出售或赠予他人。在塔巴里[4]记述的一场战役中，阿拉伯指挥官发誓要让血流成河，他命人将一万八千名俘虏斩首。他们的血持续三天流入河中，河畔磨坊的水车在"染红的水"中转动。在胡齐斯坦省的大城市舒什塔尔，被征服后选择齐米身份而没改宗的居民均被斩首。在呼罗珊的内沙布尔，尽管已经许

---

* 倭马亚王朝，在古中国《旧唐书》中被称为白衣大食。

诺"赦免"市民，阿拉伯军队依然掠夺了他们的财产，对他们的屠杀"从晨祷一直持续到晚祷"。

诚然，鉴于这些事件源于伊朗史学家的记述，令人不禁怀疑其客观性。但它们还是可以反映出当时极端暴力的大气候。无论如何，随后的数次大规模起义是两个民族之间存在仇恨的证明。

从征服战开始，特别是在欧麦尔打赢几次战役以后，某些阿拉伯宗族、家族甚至部落为了逃离本国长期以来的贫困，决定在伊朗定居。此外，这一迁移也得到几任哈里发的鼓励，认为这一殖民活动有利可图。这一运动尽管规模不大，却不可小觑。于是，对阿拉伯半岛居民来说比较容易到达的伊朗南部地区是移民潮的第一目的地。呼罗珊省虽较为偏僻，但也成为第二目的地。此外，由阿拉伯政权任命的总督携带家眷亲友搬入他们掌管的富饶地区。鉴于众多土地所有人面对阿拉伯侵略者的到来纷纷逃亡或在冲突中丧命，这些外来者便占有了他们的土地。这一移民潮的顶峰约出现在683年前后，也就是倭马亚王朝统治时期。根据各种记述和历史证据，新到的阿拉伯人很快融入了当地环境，习惯穿着伊朗服饰，某些人甚至不顾阿拉伯政权的禁令，忘记了他们的母语[5]。

这一移民潮之外还有一个对伊朗历史至关重要的事件：661年先知的堂弟和女婿，第四任哈里发阿里被废黜并谋杀。"随后，阿里的家族逃亡到波斯，直到680年，一场战争在倭马亚家族与阿里两个儿子中的一个——侯赛因[6]之间展开。这场战争于10月10日在卡尔巴拉血腥落幕，侯赛因及其追随者均遭屠杀。这一事件标志着穆斯林世界的一次宗教和政治分裂[7]。"这一分裂对伊朗人来说，最终导致了什叶派的诞生；而对其他人来说，则导致了倭马亚王朝的正式建立。

在备受迫害的阿里和侯赛因的追随者看来，伊朗成为唯一一个可以让他们安身立命并获得帮助的地方。他们没有看错，众多伊朗人给予他们周到的接待，对他们展示出理解，这些伊朗人在他们身上看到了与种族主义的倭马亚王朝对抗的宗教上的借口。那些远离倭马亚新国都大马士革的地区反而成为这些阿拉伯人——穆罕默德的后代或追随者的避难所。一部分什叶派就是在这个时期发展壮大的。

自从倭马亚王朝夺权以后，他们的种族主义政策在伊朗激发出多种明确反对"阿拉伯伊斯兰[8]"的思想流派与文章著作——大部分以阿拉伯语书写。这些反阿拉伯的思潮以穆罕默德和《古兰经》的语录为依托，强调人人平等，以及每个文明内在的不同：罗马人以城市化和组织管理见长，印度人精于哲学思想和医学，中国人创造出出类拔萃的艺术和手工艺……在伊朗人的心中，有一个问题被频繁提出：阿拉伯文明的特征是什么？他们的回答无一例外——"没有"。无论是支配者还是被支配者，两个民族都有属于自己的种族主义言论和预设！

无论出于政治原因而殉教或是受到迫害，阿里的追随者所获得的支持在很大程度上都是基于上述思潮，正如反对占领者的第一批武装暴动一样[9]。

在阿拉伯对伊朗的有限征服——有限是因为抵抗运动的巢穴一直不少，甚至有些地区全部在阿拉伯人的控制之外——与最早的伊朗王朝出现之间的两个世纪中，阿拉伯占领者不得不面对多次具有反穆斯林意识形态的暴动。

例如，生于今天呼罗珊省哈夫地区的贝赫·阿法里德曾自立为一神教先知，并用波斯语编写了一部书，但现已失传。出于对伊斯兰批判性的质疑，他在书中规定人们必须每天七次朝太阳的方向祷告，禁止与母亲、兄弟、姐妹和亲属通婚。此外，他要求每家缴纳其财产的七分之一，以做发展公路、桥梁，以及建设各类公共设施之用。在今天的评论家看来[10]，他会集了大量信众的宗教是一种伊斯兰教与琐罗亚斯德教的混合。

另一场带有意识形态色彩的起义是由哈希姆领导的。他生于今天土库曼斯坦的梅尔夫，父亲叫哈基姆。阿拉伯史学家称他为莫加纳（"蒙面人"）。据说他有一只眼睛是盲的，因此用一块面纱隐藏自己的残疾。哈希姆曾在伊朗东北部的那黑沙不定居。他因让一轮明月从一口水井中升起而声名鹊起，这一被视为神迹的事件被人们以"那黑沙不的月亮"称颂。他极高的声望令他的身边集结了众多反阿拉伯、反穆斯林的信徒，他们控制了他居住地附近的大片地区，并多次击退倭马亚的远征军。在最终战败时，哈希姆拒绝投降，他投入一大坛酸液中以销毁自己的尸首，如此令追随者可以宣称他已隐遁，并企盼他的再次降临，就像隐遁的伊玛目马赫迪一样。另据其他编年史作者记载，他出于上述目的携全家活活烧死。

最后当然要提到巴贝克大起义，其社会主张不仅令人联想起琐罗亚斯德教，而且还具有当时十分盛行的摩尼教的特征，以及马兹达克教的成分[11]。他的起义共持续了二十二年[12]，起义军曾多次战胜阿拉伯人派来清剿他们的军队。巴贝克最终于786年被伊朗将军阿夫欣击败并杀死。后者作为一个杰出的军事家和精明的政治家，怀有终结阿拉伯统治、重建波斯帝国的抱负，只可惜壮志未酬便被人毒害身亡。

所有这些运动，以及其他一些规模较小的暴动，都反映了对阿拉伯占领势力的抵抗。这些鲜为人知的历史事件有些演变成传奇故事在民间流传。

第十章

伊朗的政治复兴

伊朗大帝国虽然战败受辱，却无法长期任由一个常驻大马士革的阿拉伯家族统治管理，后者所表现出的与日俱增的种族歧视令伊朗民众越发不堪忍受，特别是他们中的大部分人已经（偶尔出于自愿但通常是被迫）改宗了新的宗教。国家伊斯兰化的最初时期，政权做出的平等承诺完全没有兑现，伊朗人尚且保留着对往昔的共同记忆，于是他们很快拒绝被当作二等公民（马瓦里）。由此，一个错综复杂、诡谲多变的政治格局将持续近三个世纪。

回归民族政权、实现独立的大业将由数个伊朗王朝实现，它们发源于帝国东部：今天的呼罗珊、塔吉克斯坦、突厥斯坦、阿富汗、锡斯坦，并随后蔓延到其他地区。

第一次对倭马亚王朝统治的"全国抗议"运动是由阿布·穆斯林·呼罗珊尼于747年领导的一次组织有序的武装起义，使得大马士革政权难以在意识形态上实施有效的攻击，因为这一起义以伊斯兰为名，并在整个伊斯兰世界激起了极大反响，特别是在伊朗[1]。

但阿布·穆斯林[2]是谁呢？他被说成阿拉伯人、突厥人、库尔德人、波斯人。"事实上他似乎是什叶派伊朗人，并为伊朗性的回归而起义[3]。"他以先知穆罕默德的名义扛起一面黑色的旗帜，反抗倭马亚王朝，并要求他的追随者都穿黑色服饰，这使他们获得了"黑衣军"的绰号。他们号召所有人参与"圣战"（杰哈德）。呼罗珊省很快就落入了阿布·穆斯林的手中，他在这里对阿拉伯人的绞杀残酷无情。在征服了伊朗东北部的阿斯塔拉巴德后，他首次发表了公然鄙视阿拉伯人的言论，并赞颂伊朗的伟大。他又征服了西部的纳哈万德，接着是整个美索不达米亚，之后，"黑衣军"穿越了幼发拉底河，进入叙利亚。他们就这样在阿拉伯入侵一个世纪后，沿着入侵者曾经的路线，以相反的方向挺进。面对阿布·穆斯林大军的到来，倭马亚的末代哈里发马尔万二世正像萨珊末代国王一样弃城而逃。随后，埃及也被"黑衣军"收入囊中，接着是整个阿拉伯半岛。

与此同时，750年1月25日，穆罕默德的叔父阿拔斯的一个后代阿布·阿拔斯·萨法赫（"屠夫"）借助阿布·穆斯林的支持在巴格达被拥戴为哈里发。他在伊拉克的扎布河战役中打败了倭马亚王朝的军队。阿布·阿拔斯以屠杀倭马亚家族开启了他的统治，并因此得名"屠夫"。阿拔斯王朝如此诞生，并将持续至1258年。相比倭马亚王朝的阿拉伯和种族主义色彩，被伊朗起义军送上王位的阿拔斯哈里发国更加突显其伊斯兰性而非阿拉伯性，并在很大程度上从萨珊王朝体制和拜占庭的辉煌中汲取治国灵感。

"开国元勋"阿布·穆斯林定居在他的出生地呼罗珊。他势力强大，德高望重，以至于哈里发很快将他视为自己的劲敌。阿布·穆斯林的骄傲和自信将令他断送性命：他于755年被阿拔斯王朝的第二任哈里发曼苏尔（754—775年在位）的亲信毒死。

他被谋杀后，他的英雄形象支持着伊朗对巴格达政权的抵抗运动。他于747至748年领导的讨伐战争动摇了阿拉伯枷锁，将倭马亚王朝赶下了台。对他的谋杀被伊朗人视为巴格达的新掌权者忘恩负义的行为。如此，他成了一名为民族事业牺牲的战士，伊朗甚至流传他还活着的消息，说他将回来报仇。"在遇难前，他提到了天主隐藏的至上名字，并从曼苏尔手中逃脱，变成一只白鸽飞走了。他退隐到一座铜的城堡内，由马赫迪陪伴。他们将很快回来，马兹达克将是他们的维齐尔……阿布·穆斯林死后形象越发光辉高大,从马赫迪的先驱变为神圣的化身[4]。"

清除阿布·穆斯林是阿拔斯政权犯下的一个政治错误,这激起了一系列的报复性起义,并促成伊朗多个王朝[5]的诞生,这些王朝的"统治"在某段时期处于并存状态。

辛巴德领导的起义也是其中之一,据说他是拜火祭司和马兹达克[6]的门徒,此外,他还是阿布·穆斯林的亲信,包括雷伊和内沙布尔在内的多个城市都加入他的运动中来。他是否曾宣称要征服麦加、"荡平"克尔白(天房)?无论如何,他还没来得及将这些计划付诸实施,因为他的运动很快就被哈里发的大军镇压了。

另一场留存在编年史中的起义由一个名叫乌斯塔德西斯的人领导,他宣布要为阿布·穆斯林复仇。他的追随者似乎更信仰琐罗亚斯德教而非伊斯兰,并不时使用抢劫、谋杀这些手段。尽管他们进行了殊死抵抗,他们的首领还是被逮捕,押送至巴格达,并最终在曼苏尔的命令下被处死。

另一个事件将改变时局的面貌。哈伦·拉希德[7],这位在《一千零一夜》中被大加称赞的阿拔斯王朝哈里发于809年死于伊朗图斯[8]。他的两个儿子,阿拉伯王妃[9]所生的阿明和伊朗王妃[10]所生的马蒙,同时要求继承王位。哈伦·拉希德曾在其阿拉伯妻子的要求下将阿明立为王储,于是他去世时身在巴格达的阿明立刻自称哈里发。然而,呼罗珊和伊朗东部的全体贵族阶层均拥戴马蒙为王,后者尽管是曼苏尔的孙子,但也从母亲身上继承了伊朗血统,如此使互不兼容的阿拉伯伊斯兰与反叛的伊朗惊人地集于他一身!

这样便展开了一场兄弟间骨肉相残的战争。阿明向他的哥哥派出了一支讨伐部队,但被呼罗珊军队首领、琐罗亚斯德教徒之子塔希尔一举击败。巴格达派出的第二支远征军在哈马丹遭遇了同样的下场。在取得这些胜利之后,塔希尔占领了整个胡齐斯坦地区,并进军巴格达,813年阿明在这里被杀。马蒙在伊朗人的支持下成为哈里发,并向将他推上王位的塔希尔表示感激,为此马蒙将他及他的后代——塔希尔家族封为呼罗珊及整个伊朗东部地区总督[11]。

于是诞生了第一个近乎官方的伊朗王朝,因为它是由巴格达赐封的。两年后,塔希尔在一次主麻日的公开祷告中不再向马蒙致敬,后者从他的密探中获知此事。塔希尔于此后不久的822年死去,到底是自然死亡还是被哈里发的手下毒死[12],我们不得而知。

然而,塔希尔王朝(820—872年)又继续统治了五十年,且在巴格达的支持下,享有几乎全面的自治。他们的统治没有丰功伟绩,但突出的功劳在于将达利语(一种波斯语)作为行政语言使用,使其在某种程度上成为官方语言[13]。但这并不妨碍塔希尔的儿子和继承人,将都城设在内沙布尔的阿卜杜拉热衷于阿拉伯诗歌和文学。他虽无甚建树,却十分注重对农业的保护、对水道和坎儿井的维护,以及民众的福祉。在他统治的十五年中,他的领土享受了一段安静平和的时期,然而巴格达为了削弱他的权威,特意在塔巴里斯坦(马赞德兰)扶植了另一个本地小王朝,阿拉维王朝。

塔希尔王朝的末代国王穆罕默德(862—872年在位)沉溺酒色,不理朝政,比前几任君主更加无能。他安于首都,但这首都最终也落入萨法尔王朝的手中。被囚禁三年后,他成功逃脱并来到巴格达避难。已经因对付萨法尔王朝而分身乏术的哈里发对他十分轻视,将他指派为巴格达的沙泰赫(警察局长),然后再次封他为呼罗珊总督。然而,这些装饰门面的任命已无法继续隐藏一个事实,那就是,穆罕默德始终不敢回到他的家乡,因为他无力,也不想收复这片领土。他情愿在巴格达继续生活三十年,并最终在这里死去。于是,一个王朝短暂的统治就这样悄然终结了,所留下的唯一功绩在于尽管没有挑战巴格达的哈里发国理论上宗主国的地位和宗教权威,却使一个伊斯兰化的伊朗开启了它的政治独立进程[14]。

萨法尔王朝（861—1003年）的时代到来了。这一新王朝诞生时所处的政治背景很不明朗。尽管这块土地仍归阿拔斯帝国所有，但各地当权者和封建主的势力也十分强大，他们以向哈里发缴纳的贡赋和赠送的礼品，换取了他们手中权力或多或少的合法性的担保。事实上，巴格达的政策旨在分而治之，利用各种势力之间的对立达到管理的目的——一种百试不爽的办法。

如此，萨法尔王朝在政治博弈中的现身不仅将分散的势力统一起来，使局势更加明朗，而且促进了领土的伊朗化，其后的几个王朝将继续推动这一进程。

这一王朝的创建者是一个名叫叶尔孤白[15]的人，与塔希尔家族相反，他出身卑微，父亲是一名鲁伊贾尔（铜匠），阿拉伯语称为萨法尔，他和他的王朝便由此得名。他大约生于840年，卒于879年。而他的身世家喻户晓：他首先在父亲手下做工，而后经历了波澜壮阔的人生，他三个弟弟中的一个后来继承了他的王位。

伊朗在不完全伊斯兰化近两百年后时局动荡，叶尔孤白的家乡锡斯坦成为宗教异见者的避难所，但他们中的一些人只是普通盗匪，并在当地猖狂肆虐。哈里发国在这里只有象征性的权威，塔希尔王朝的势力也十分有限。萨珊帝国瓦解后，一些手工业、农业家庭等出身贫贱的青年为保护民众不受敲诈勒索组成艾亚尔团体，并积极活动。他们的信条[16]是为nam（"名字"，即声誉）而不是nan（"面包"）奋斗，不偷不抢，信守承诺，保护弱者，伸张正义，不欺骗不诽谤……当时的某些作者甚至将他们的信条与苏非派联系在一起，这并非无稽之谈。从阿拔斯王朝统治初期开始，这些艾亚尔就散布在伊朗多座城市中。作为民间的私人武装力量，他们进行武术和高强度体育训练，通过保护商队和城区商贩等挣钱谋生。为了规避政府警力，他们夜间行走在屋顶上，这使他们得名沙布嘉德（夜游者）。求助于他们后不支付报酬的人都将遭到报复。所以这些艾亚尔有时也被视为拉赫赞（土匪）。就像西方的罗宾汉一样，他们时常劫富济贫。或许鉴于他们的名声，当地政府后来也常常请他们协助重建城市秩序。

叶尔孤白便是他们的一个首领，以其公认的勇气、耐心、组织能力，尤其是他的慷慨脱颖而出，他甚至被任命为萨尔航（很久以后被翻译为"上校"）。作为三百信徒的头目，他逐渐使自己在巴格达或塔希尔政权指定的本地管理者眼中成为一个不可或缺的臂膀。他受先后两任锡斯坦总督萨利赫和德拉姆之命负责维护当地秩序，在后者遭巴格达罢免后，他便接手了总督一职。从此，他便拥有了实现伟大抱负的一个头衔和一片领土。他从进攻克尔曼省、挑战克尔曼总督起步，随后成为伊朗一大片领土的领主。为与他和解，巴格达任命他为东部多个行省的埃米尔（总督）。然而，这远不能满足这位萨尔航的野心，在征服内沙布尔、俘虏塔希尔末代国王后，他又攻占了法尔斯（波斯）和富饶的城市设拉子，设拉子时任总督被迫逃到阿拔斯王朝的国都。叶尔孤白进入设拉子城被当作一件引人瞩目的事件，因为与当时普遍的做法不同，当地居民得到温和的对待，他们的房屋和店铺没有遭到抢掠[17]。这一占领具有象征意义，因为法尔斯自波斯的居鲁士大帝以来都是伊朗的中心。

叶尔孤白只在这个城市停留了两天，便带着战败政权的财宝[18]回到自己的家乡，他将其中一部分进贡给巴格达，另一部分则分发给自己的士兵。尽管这一举动表现出他对哈里发的敬意，但他自行任命了所征服的行省的总督，表现出明显的反叛迹象。哈里发对此看得一清二楚，面对从麦加返回的伊朗朝圣者，他"诅咒"叶尔孤白，并宣布他的征服行动是违法的。

叶尔孤白获悉巴格达的立场，立刻集结军力，朝阿拔斯王朝的都城进发，并在沿途控制了胡齐斯坦。在底格里斯河岸边，距离巴格达几链的地方，他的部队与哈里发的大军遭遇。在几回合胜利后，叶尔孤白被敌军逼退。于是，他率军掉头撤离，回到胡齐斯坦后在阿瓦士落脚，在此重整部队。

哈里发向他派去了一个使臣，告诉他只要他肯将军力限制在之前征服的领土内，法尔斯总督的职位就是他的。然而，这跟他的计划完全不一致，哈里发的都城巴格达才是他的目标。令众人惊奇的是，叶尔孤白命人送来他的刀、一个面包和一个洋葱，然后对哈里发的使臣说："告诉你的主人，从今以后这把刀就是我们两人之间的裁判。如果我的胸膜炎能治好，我会反败为胜，把他歼灭。如果我战败，我将吃这面包和洋葱过活。"然而，他没来得及知道这一席话引起的后果——在879年做出这一宣言的几天后他便离世了。然而对哈里发的宣战已然做出，战争就留给后世来打了。

叶尔孤白的形象混合了真实与传说。在对这个历史人物的认识中，唯一没有争议的除了他的政治举措以外，就是他对波斯语持续的维护。如此，在他征服了法尔斯回到锡斯坦后，一个名叫穆罕默德·伊本·法西的人按照当时的习俗，在宫廷众人面前朗诵了一首阿拉伯语长诗，歌颂叶尔孤白的伟大功绩。叶尔孤白十分诧异，因为他不使用这种语言。诗人注意到这一点，不久后又回到众人面前，但这一次带来的是一首波斯语的颂词！有人甚至写道，这是阿拉伯入侵后第一首用波斯语写的诗，史学研究对此没有证实[19]。无论如何，这是宫廷语言从阿拉伯语向波斯语转变的开始，也是塔希尔王朝最早开始谨慎、低调尝试在公文与信函中践行的。正如扎比侯拉·萨法[20]指出的："在使宫廷强制使用波斯语的同时，叶尔孤白开启了伊朗的文学独立，仅凭这一点他就应名垂青史。"

叶尔孤白没有储君。在他于879年去世时[21]，他疏远了一段时间的弟弟阿姆尔·本·莱斯继承了他的王位。阿姆尔·本·莱斯在历史上被描述为一名耐心、善于管理、热衷于建设的君王。没拉子那座壮丽的星期五清真寺和克尔曼的吉罗夫特清真寺都是他的手笔。他统治期间曾试图与巴格达的哈里发和解，但并未成功，于是被迫与另一个势力逐渐强大的伊朗王朝——萨曼王朝（874—999年）勉强共处。对后者手中河中地区的征服欲望使他铸成大错。他于900年被萨曼王朝的伊斯梅尔一世在巴尔赫击败，无奈将呼罗珊退还。他被俘后被押送至巴格达，并在那里死去，有可能是在哈里发穆克塔菲的命令下于 902 年 4 月 20 日被杀。他的后代继续统治了一个多世纪，但只是作为萨曼王朝和哈里发国控制下的诸侯国，势力主要集中在锡斯坦。他们的统治最终被加兹尼王朝的穆哈马德（1030—1031 年和 1040—1041 年在位）所灭。

与叶尔孤白这个"人民的儿子"相反，几乎所有古代史料都一致认同，萨曼王朝拥有伊朗昔日帝国的直系贵族血统。这一"当时最强大、最辽阔、最辉煌的王朝[22]"是巴赫拉姆·楚宾[23]的后代，而巴赫拉姆·楚宾这位萨珊王朝名将的祖先又是安息帝国的皇帝。萨曼王朝开国君主系萨曼·胡达，王朝的名字由他而来。他最近的一位祖辈曾是中亚地区巴尔赫的一名琐罗亚斯德教贵族，生活在 7 世纪上半叶，在倭马亚王朝的统治下改宗伊斯兰，据说此举更多是出于权益考虑而非由信仰驱使。

有鉴于此，王室出身前伊斯兰贵族阶层，对伊朗传统和前朝风俗习惯保有深厚感情的萨曼王朝可以被视为波斯文化长期持续复兴的最早象征，尽管萨法尔王朝的叶尔孤白在这一深入基层的运动中扮演的是先锋引领者的角色。

如果我们将萨法尔王朝的阿姆尔·本·莱斯战败的 900 年视为萨曼王朝时代的正式开端，我们不应忘记这一王朝始于 819 年，直至 1005 年共有十二位埃米尔。成为河中地区统治者的艾哈迈德（819—864 年在位）便是王朝的开国君主。他去世时，年仅八岁的儿子纳斯尔一世继承了王位，统治撒马尔罕及一部分河中地区直到 892 年。纳斯尔一世成年后以沉着稳重著称，成功在各州之中重建和平。他的宫廷也凭借兼容并包的政策成为伊朗学者、哲人、诗人、医生的聚集地，这也使撒马尔罕和布哈拉两座城市成为新兴文化的灯塔。他的总理大臣——一名杰出的文化艺术资助者，不是公开宣称自己信仰摩尼教吗？

这种文化、政治的开放态度作为萨曼王朝的鲜明特质由 892 至 907 年在位的埃米尔——伊斯梅尔一世继续传承。在击败阿姆尔·本·莱斯后,他被哈里发任命为呼罗珊、塔巴里斯坦[24]以及雷伊和伊斯法罕城的埃米尔。如此,他将一个实力大增的国家传给了他的儿子艾哈迈德二世(907—914年在位),后者将从萨法尔王朝的末代君主手中夺取整个锡斯坦。

自此以后,反抗他们政权的大小暴动接连不断,并持续了约七十五年,在此期间,萨曼王朝日渐式微,并最终从政治格局中消失了。他们在治国才能上的欠缺以及内部权力纷争将耗尽他们本已匮乏的国力。这一过程即便缓慢,却无法扭转,王朝最终于999年覆灭。

另一个后伊斯兰的伊朗家族登上了历史舞台:白益王朝(935—1055年)。他们的飞黄腾达是从德莱木开始的,这个汇集了很多小渔村和普通村庄的林区被近代的某些作者称为吉兰[25]甚至伊朗的瑞士。人们还为他们打造了一个族谱,使他们的家世可以追溯到显赫的萨珊王朝,这一族谱"仅在他们强盛时期才流传开来,但他们自己从未宣称做过此事[26]"。

家族的祖先白益曾是里海边一个名叫齐亚克力什小村庄的渔夫,日后的王朝便由他得名。他有三个儿子:阿里、哈桑和阿赫马德,日后分别被冠以"伊马德·道莱(国家的抚育者)""鲁肯·道莱(国家的支柱)"和"穆仪兹·道莱(国力增强者)"的称号。在他们的家乡,当时两个反阿拉伯斗争领袖——民族主义首领马坎和齐亚尔之子马尔达维季——起义反抗巴格达的哈里发国。鉴于后者被打败,他们三兄弟均集结于马坎麾下。

他们的发迹便始于此。阿里被封为距离今天德黑兰(当时仅为一个普通村子)和雷伊儿链的一个名叫卡拉季的地区的总督,根据不同史学家的估算,他带领的武装部队约有一百至四百人。彼时萨曼王朝已江河日下,阿拔斯帝国也处于无政府的混乱之中,哈里发的权力被贪污腐化,来自中亚另一侧的突厥雇佣军在阿拉伯和其他宫廷中凭借阿谀谄媚备受宠信,于是这三个野心勃勃的什叶派兄弟面前显现出了一条通往权力的道路。他们走了上去,并在几年后通过一系列军事行动和同盟拆分重组，称霸于法尔斯、伊斯法罕、俾路支斯坦、胡齐斯坦、前米底……以及他们的家乡——伊朗北部的整片地区。如此，伊朗的大部分领土已被他们收入囊中，在他们掌控之外的只有在错综复杂的时局中依旧由萨曼王朝后代甚至还有萨法尔王朝残余势力支配的呼罗珊和河中地区，而在这里，使用突厥语的部落首领和雇佣军势力正在崛起。

在对呼罗珊的一次胜利进击中，阿赫马德获知了巴格达的局势，在两个兄弟的协助下，他决定攻打哈里发都城，并于945年在遭遇极少抵抗的情况下将其攻陷。出乎意料的是，阿拔斯王朝的哈里发穆斯塔克菲（944—946年在位）[27]竟热情欢迎他的到来，并为他举办了欢庆宴会。如此，德莱木的军队[28]几乎兵不血刃地进驻了这一传奇城市。正是在其中一场纵酒狂欢的宴会上，阿里的武装部队进入了王宫。根据编年史作者和史学家对这一场景的直白讲述，两个男人朝哈里发走去，并对他说波斯语这种他听不懂的语言。看到他们朝他伸出手，穆斯塔克菲误以为他们想要亲吻他的手，以示敬意。然而，他们却粗暴地将他擒住，推倒在地，并拖入人群。众人惶恐万分，宫廷侍女四散奔逃。

逊尼派哈里发国的政权突然易主，在945这一年，"伊朗对巴格达的占领"开始了，什叶派的白益王朝的管辖将持续到1055年，其间突厥"将军"苏布克特勤的起义[29]还奏出一段短暂的插曲。

同是白益家族首领的另一个德莱木人，以"阿杜德·道莱（国之股肱）"著称的帕纳·霍斯劳，作为哈桑的儿子，在突厥起义的这段时期统治着设拉子。他的表兄，被誉为"艾泽·道莱（国家的光荣）"的巴赫蒂亚尔作为巴格达当时的管理者无法遏制突厥将军引发的动乱，于是向帕纳求助。帕纳趁此机会进入了阿拔斯帝国曾经的都城。人们不是说谁掌握了这座城市，谁就是伊斯兰世界的主人、穆罕默德的继承人吗？此外，鉴于哈里发仅在此地对逊尼派行使理论上的宗教权威，什叶派的宗教仪式在伊朗"占领者"的保护下在这里也得到允许和支持。

帕纳·霍斯劳，即阿杜德·道莱，凭借他强大的军队、他的十五头战象和他的弓箭手，997 年在位于巴格达与巴士拉之间的瓦西特轻松剿灭起义军，并凯旋进入巴格达。他展现的形象如此光辉灿烂，乃至于某些人毫不迟疑地将他视为伊朗历史上最伟大的君主之一，尽管这一论断显得言过其实。

阿杜德·道莱于 936 年生于伊斯法罕[30]，童年时勤奋好学，师从当时顶级学者，通晓哲学、历史、伟大诗人的生平、数学和几何。十五岁时，他继承了父亲鲁肯·道莱的权力，成为白益王朝的领袖。此时，他已经知识广博，能够熟练自如地使用波斯语和阿拉伯语。

如此，众多学者和哲人继续聚集在阿杜德·道莱周围，从他那里获得丰厚的津贴，作为他们在自己的著作上为其题献的报偿。这些才华横溢的宾客频繁出入他的宫廷，特别是在设拉子的宫廷。在分布于各省的众多城市中，他还委托文人向有学习意愿的平民提供免费教育，特别是年轻人。在那个时代，甚至随后的几个世纪中，这都是具有革命性的创举。

阿杜德·道莱在其所有领地都进行了修筑、改造和美化工程，特别是在他最青睐的设拉子——白益王朝的都城，这座他每有空闲便回来的城市。为了让这座城市取水方便，也为了周围农田的灌溉，他下令在一条邻近的河上修建了"埃米尔"水坝（"班德阿米尔"）。这座水坝至今仍在使用，并成为当地一个景点。在法尔斯省和其他地区，特别是在巴格达，他命人维修养护坎儿井，以保证居民的用水和菜地的浇灌。

此外，他还十分关注公共健康，并下令在设拉子郊区修建了一所大型医院——达尔沙瓦。他还命人在巴格达建设了两所医院，一所以设拉子医院为原型，名为阿左德，另一所则专门治疗精神病。这在当时又是一个创举。

宗教宽容盛行于他的王国。作为证明，他选了一名基督徒——纳斯尔·伊本·哈伦作为他的总理大臣。后者常驻设拉子，并在阿杜德·道莱出行时代为理政，这是一名什叶派穆斯林对一名基督徒给予信任的确实例证。

阿杜德·道莱的确是一名什叶派穆斯林，在他统治期间和之后，什叶派的礼拜仪式和传统都得到准许，这在邻近国家普遍采取不宽容态度的时代是值得注意的。此外，他还命令总理大臣从国库拨款，修复设拉子和其他地区的基督教礼拜场所，对琐罗亚斯德教的庙宇也同样对待，并严厉——一名史学家[31]认为"过于严厉"——惩罚对这些宗教信徒不敬的人。

对欢庆活动的喜爱也是他的一大特点，特别是在纳吾肉孜节——伊朗新年时举办的庆典，其时的音乐、娱乐活动、民众欢乐时光让人们联想起萨珊帝国某几位万王之王统治下的年代。不过这一趣味从未分散他在国家事务上的注意力。

这些优点背后的阿杜德·道莱也残酷无情、玩世不恭，有时的行为举止甚至有如一头"野兽[32]"。据说他曾因为自己的一个奴隶从一名穷苦水果商贩那里偷了一个甜瓜而将其处决，他还命人清除过一名漂亮女奴，只因对她的迷恋让他无心理政！他表兄巴赫蒂亚尔的一位大臣因为辱骂他而遭受了极其残忍的刑罚——用大象踩死！

他对权贵残酷无情，对子民的命运却十分关心，阿杜德·道莱通过特派大臣监察行政机构的掌权者，以杜绝对平民的欺压行为。此外，他禁止乞讨，并对武器携带进行管制以防止领土内的武器泛滥。他还非常重视公路安全，尤其是在将来自远东的商队引向中转城市的道路。他很清楚这些商路的潜在经济效益，在这方面也取得了很大成功，因为伊朗城市总能吸引更多的商人和中介，这些不同宗教的信仰者在"德莱木人的秩序"下可以放心大胆地过路和停留。

在他胜利进入巴格达并镇压了武装起义后，阿杜德·道莱将其表兄巴赫蒂亚尔任命为胡齐斯坦总督，使他远离政权中心。巴赫蒂亚尔对自己被降至诸侯之列而怒不可遏，联合了统治美索不达米亚北部的哈姆丹王朝[33]等，公然发起反叛。在一系列复杂变局后，巴赫蒂亚尔在978年5月29日底格里斯河东岸萨迈拉附近的一次会战中战败被俘，被施以盲刑，并在很久后被杀，但这一谋杀从未被正式与战胜者联系在一起。最终，阿杜德·道莱赢得了整个地区的控制权。

之前哈里发被流放到距离巴格达不远的提克里特，并在这里被软禁了好几年，阿杜德·道莱对他宽容以待，这也表现出对占多数的逊尼派的尊重：阿杜德·道莱让哈里发风光体面地返回巴格达，让他和他的仆从及后宫女眷搬回宫殿。为此他得到的回报是"塔基奥·梅莱（人民之王）"的荣誉头衔。

如此，萨珊帝国得以重生，自居鲁士大帝开始一直没有实现的征服埃及直至传奇的尼罗河源头的梦想也随之再次点亮。为此，阿杜德·道莱着手准备远征。但他没来得及付诸实施，便于983年死于癫痫发作，留下一个在白益王朝的统治下重新雄起的伊朗帝国，其领土从阿拉伯海和印度洋一直绵延至地中海。

最近两个世纪的史学家尤其欣赏阿杜德·道莱统治中的两点：被遗忘和尘封了数十年的"万王之王"的头衔被他重新启用，以及世俗国家与宗教哈里发国之间的正式分离。此外，尽管他偶尔对权贵过度严厉，史学家们还是赞许他兼容并包的政策、对科学家和文人的尊重，以及他所留下的建筑工程。

他的去世是白益帝国衰败的开始，到1055年，这一族系的军阀已盘踞各地，纷争不断。他们中最著名的不是阿杜德·道莱之子阿卜杜·卡里德哈·马尔兹班（被叫作"萨姆森·道莱"），而是阿拉·道莱。因收留并庇护阿维森纳——这个如此亲近伊斯玛仪派[34]且如此张扬的宗教异见分子，阿拉·道莱只能满足于将哈马丹作为自己的都城，而失去了对高贵的伊斯法罕和玫瑰之城设拉子的控制权。

白益王朝之后，人称"突厥"王朝的时代来临了。自萨曼王朝开始，远东雇佣军，即通常所说的"突厥人"，无论在军事活动还是治安维护中都成为必要的选择。这些一般以部落为单位的族群以其战斗力、纪律和使自己不可或缺的欲望著称,而且他们的确在短时间内变得不可或缺。与此同时,购买来自这些地区的奴隶迅速风靡起来,那些单眼皮、肤色比伊朗女人微深的"突厥美女"也在权贵和富人家中成为时尚之物。

无论男性还是女性,作为仆从还是奴隶,其影响力的增长使他们很快跃升为一股危险的政治力量。突厥女性掌握了某些后宫权力,阴谋诡计层出不穷,那些主人如此易于操纵,乃至于她们对国家政务的干涉也日益频繁——被支配者转眼变身支配者。同样的一幕在曾经求助于雅利安骑兵队的埃兰国早已上演过了[35]。

于是,当统治布哈拉和撒马尔罕的萨曼王朝埃米尔聘请一位名为阿尔普特勤的突厥雇佣兵首领为他们服务时,他们事实上开启了首个突厥王朝——加兹尼王朝(962—1187年)不可逆转的夺权进程。事实上,这个阿尔普特勤凭借他出色的管理才能和灵活的领军能力,迅速晋升,并很快在961年初被任命为皇家卫队指挥官和呼罗珊总督。在第七任埃米尔阿卜杜勒·马利克一世(954—961年在位)去世时,爆发了一场继承权之战,阿尔普特勤因没被选为继承人而大失所望,拒绝宣誓效忠新任埃米尔曼苏尔一世(961—976年在位),并退隐巴尔赫。被曼苏尔的部队逐出这座城市后,他占领了阿富汗的加兹尼,并于962年在此组建了自己的政府。他的侍从中有一位名叫苏布克特勤的奴隶,以其机智敏锐和统帅才能引起了他的注意,于是他将苏布克特勤选作自己的女婿和继承人。在他于963年[36]逝世时,苏布克特勤继续他的事业,直到997年在与巴格达哈里发国的战斗中死去[37]。随后,苏布克特勤的两个儿子伊斯梅尔和马哈茂德争夺王位。"加兹尼的马哈茂德"最终战胜了自己的哥哥,但与当时的惯例相反,他没有将战败者除掉。

"加兹尼的马哈茂德"的长期统治(999—1030年在位)就这样开始了,在这一时期,加兹尼王朝的国力和影响力都发展至鼎盛。作为一名狂热的逊尼派教徒,他与巴格达建立良好关系是出于信仰还是为了让人们忘却(或接受)他对一名男奴阿亚兹公开而又遭拒的爱?无论如何,可以肯定的是,哈里发向他授予了"苏丹"的称号。加兹尼的马哈茂德便成为第一位被冠以这一头衔的国王。

马哈茂德满怀征服欲和野心，不仅占领了原来萨曼王朝掌控下的领土，还征服了一大片印度次大陆地区，并强制当地居民改宗伊斯兰教。凭借印度征服战夺取的财富，他位于加兹尼（这座城市仍保留着他的陵墓）的宫廷变得富丽堂皇，奢华铺张，众多诗人、作家、神学家和学者都趋之若鹜，特别是在苏丹的丰厚津贴和慷慨大方的吸引下。但伟大的菲尔多西因为不愿支持一个公开宣示谨守逊尼派清规戒律的王朝而没有加入当时文人群体的赞颂歌会。

促成马哈茂德政策的是他对波斯诗歌、文学和文化的兴趣，还是他巩固权势并拥有一个为世界瞩目的显赫宫廷的意愿？很可能二者兼有。无论如何，可以肯定的是他对文化和科学人士的慷慨和庇护比他攻城略地的"战功"和使他暴富的印度次大陆"圣战"更令他声名远扬。

马哈茂德在1030年去世时，在一场短暂且几近"传统"的兄弟相残后，他的长子马苏德继承了王位，并释放了曾在他父亲治下担任总理大臣并因官廷权斗被治罪的哈桑·梅曼迪，又称哈苏可维齐尔，马苏德令后者管理王国政务，哈苏可维齐尔也凭其智慧和权威秉公履职。

马苏德攻占了大片领土，特别是印度领土，这是不可忽视的，而他作为公平正义的国王和文化艺术保护者的声誉也得到确立。然而，日后将加兹尼王朝全部赶出伊朗领土的塞尔柱突厥人对他们国土的大规模渗透也是从他在位时期开始的。

图赫里勒·贝格——"鹰鹫王子"（990—1063年）是土库曼人塞尔柱的孙子，也是第一个逐渐征服伊朗东部及加兹尼王朝全部领土的塞尔柱苏丹，他在占领伊斯法罕后于此建都。正是他于1040年5月22日在今天土库曼斯坦境内距离梅尔夫约80公里的丹丹纳干战役中战胜了加兹尼的马苏德，并占领了呼罗珊，迫使敌军退至阿富汗，随后逃到印度。在控制美索不达米亚前，他征服，更确切地说是率军进入了巴格达，当时的哈里发盖姆·安姆罗拉向他授予了"东西方国王"这个浮夸吹捧的头衔。但这并不能满足图赫里勒，在他的要求下，哈里发还被迫将女儿嫁给了他。成为哈里发女婿的图赫里勒达到了他成功的巅峰……他在婚后第二年去世，享年七十岁！

在他于1063年9月4日去世以后，他的侄子阿尔普·阿尔斯兰在经过几次王朝内部战争后于1064年4月27日继位。他统治的高潮时刻在于他与拜占庭皇帝罗曼努斯四世（1068—1071年在位）的战斗。他先入侵了罗曼努斯四世的领土，并于1071年8月26日在凡湖[38]以北的曼齐刻尔特战役中击败后者。宽宏大度的阿尔普·阿尔斯兰对罗曼努斯四世以礼相待，将他释放并在他返回时送了他一程。据说其间两位国王有过这样的对话："如果是您将我俘虏，您会如何处置我？"阿尔普·阿尔斯兰问罗曼努斯四世。

"可能我会杀了您，或者我会将您在君士坦丁堡游街示众？"

"等待您的是更为残酷的刑罚。但我宽恕您，并让您重获自由。[39]"

在这次大获全胜后，阿尔普·阿尔斯兰继续帝国的治理，他将一部分内政事务交予他的亲信和维齐尔尼札姆·穆勒克，后者的行政管理才能进一步巩固了他的权力。如此，阿尔普·阿尔斯兰划分了多个军事领地，分封给各个塞尔柱亲王。而作为回报，这些亲王也要为阿尔普·阿尔斯兰的征战提供支持。这使他在推进王国扩张的过程中获得了强有力的接应以及供养军队的补贴。

正当他准备要攻打突厥斯坦，并朝阿姆河畔进发时，阿尔普·阿尔斯兰因疏忽大意被一名囚徒以匕首刺中，于1072年11月25日离世。

其子，时年十七八岁的马立克沙接替父亲为王。在他的统治时期（1072—1092年在位），塞尔柱帝国达到极盛，领土覆盖了昔日的整个萨珊帝国，尽管国土内还零星分布着几个或多或少自治的小国。出于谨慎，他保留了原来的总理大臣尼扎姆·穆勒克。无论敌友，所有人一致承认尼扎姆·穆勒克是个足智多谋、不可多得的政治家，伟大的艺术资助人，作家和杰出的思想家[40]。他在管理马立克沙的辽阔疆域时强势果敢，但也任人唯亲，他的几个儿子和女婿都被委以最高官职。他最终被哈桑·萨巴赫的"阿萨辛"暗杀[41]，马立克沙也在不久后死去，离世时不满四十岁。

在马立克沙于1092年逝世后，伊朗的塞尔柱王朝逐渐没落，尽管在其中一个继承人艾哈迈德·桑贾尔（1118—1157年在位）的统治下，王国在整体上相对平静。后者在位长达三十九年，为学者，特别是诗人提供了有力的庇护。

在桑贾尔之后，帝国分崩离析，美索不达米亚、伊朗东部和叙利亚都出现了大大小小的苏丹王国。但其中在历史上留下最重要遗迹的是小亚细亚的苏丹王国。在这里，一位塞尔柱王子——奥斯曼一世（1259—1323年）将于1281年创建奥斯曼支系，后者将持续统治一片广大疆域——奥斯曼帝国，直至第一次世界大战爆发。

第十一章

伊朗的"文艺复兴"

在钟爱波斯文化的王室贵族的推动下，政治上的伊朗重生了。事实上，自9世纪开始，一场艺术与文学的深层运动就已经初见端倪。而对随后几个世纪造成重大影响的那些文化运动的形式和主题都从何而来？其推动者又是谁？

答案有很多，艺术的、科学的或是意识形态的，而且至少在一定程度上与公元前2世纪被罗马征服的希腊所发生的情况近似[1]。然而，尽管伊斯兰世界可说是被战败者的文化输入所撼动，但伊朗诗人和文人的确是在自己祖辈的土地上展现出了他们最高的造诣。在使用入侵者语言的同时，这些诗人和文人也反过来将波斯语言变作入侵者的另一种文化语言，颠覆了入侵者在政治上的确定性。这就是我们对这段历史时期的研究所得出的悖论。这段"伊朗复兴"是在所谓"灾难性的"两个世纪的文化中断之后出现的。这两个世纪本可能使一切都化为乌有，但一场"文艺复兴"改写了宿命，并为另一场复兴铺平了道路，那就是政治复兴——几个世纪后，萨法尔王朝重建帝国的复兴。

然而这是伊朗文艺的"复兴"还是"诞生"？对这个问题，我们可以参考吉尔伯特·拉扎德[2]中肯、精准的分析："波斯文学的出现通常被认定为在阿拉伯文化独大、伊朗文化隐没的两个多世纪后，伊朗文化复兴的最明显的标志。而另一种观点则认为这不是文艺复兴，而是一种全新文化的诞生，这种文化是伊斯兰的，且与旧日的伊朗毫无关联。那么是复兴还是诞生？延续还是中断？今天我们可以清楚地看到，这个二选一的问题实在太简单了。尽管国家被征服使他们的生活发生了重大变化，伊朗人却没有因此堕入三个世纪的野蛮或是沉默中。恰恰相反，他们极其活跃地运用阿拉伯语展示着他们的文化，将这古老文化的一大部分注入其中。与此同时，这一古老文化的某些特质以口头文学这一最卑贱的形式流传下来。正是在这样的土壤中，达利语文学得以发展，这种文学形式很可能受到了阿拉伯文体范例的启发，但同时也从本地文学传统中汲取了养料。我们须得从阿拉伯文学与伊朗口头文学这两种源头中寻找波斯诗歌形式和词语的由来。"

如果他所提到的阿拉伯文学较为浅显易懂，"达利语文学"则可能相对深奥。根据语言学家的解释，达利语就是我们所说的波斯语，它接替了萨珊王朝统治下使用的中古波斯语。这一语言最初是萨珊帝国都城泰西封（可能还有伊朗其他部分地区）日常交流时使用的口语[3]，与之不同，中古波斯语则在王朝建立之初就被定为官方语言，并仅以书面形式在行政公文和庄重的场合中使用。一种不断演化，另一种则固定不变，但它们"并非真正意义上的两种语言，甚至不是两种不同的方言，而是同一语言的两种语体[4]"。

中世纪时，达利语在开始的一段时间里是萨曼王朝、加兹尼王朝和帖木儿王朝宫廷以及撒马尔罕和赫拉特的语言，也就是旧帝国东部地区使用的语言[5]。随后，当阿拔斯哈里发国入侵更为东方的河中地区和今天的阿富汗时，达利语被征服者（多数为伊斯兰化的伊朗人）输入。这种比起阿拉伯语更为伊朗人所熟知的群众语言就这样成为东部被征服地区的语言，这一过程甚至早于达利语成为整个伊朗的通用口语。伊朗的贵族和德赫干（自萨珊王朝开始介于贵族与农民之间的一个中间阶层）因远离巴格达而对阿拉伯语言文化十分陌生，在为他们撰写颂词时，达利语因为比阿拉伯语更为通俗易懂，从一开始便成为诗人们（著名的安息吟游诗人[6]的后继者）的首选，并迅速成为一个"复兴"或"初生"伊朗前途无量的文学用语言，以及一种高贵诗歌的原料。"经过最初的试验阶段，这种诗歌的潜心创作不再是出于一种必要，而更多的是出于喜爱，就连最优雅精致、阿拉伯语最为核心的宫廷也被它所渗透。[7]"

鉴于语言是一个国家身份认同和独立的其中一个关键标准，达利语，这一通过文化和地理位置体现出的选择对于理解整个伊朗随后的政局演变至关重要。

如果说以其绚烂多彩的文学——特别是诗歌——著称的萨珊帝国的高雅文明，让伊朗人在记忆中保存着对旧日的怀念[8]，那么波斯学者、诗人、思想家辈出的 8 世纪与前个世纪相比也毫不逊色。在入侵者的语言成为官方语言后，波斯知识分子在使用它的过程中不断充实丰富阿拉伯文学。当 749 年阿拔斯王朝推翻倭马亚王朝时，因阿拔斯军队中有众多来自呼罗珊的士兵，一扇朝向达利语文化和"波斯人更广泛地参与伊斯兰国家事务"的大门就此打开。随后相继兴起的大小王朝使哈里发国的中央集权难以为继，也助推了这一变化。其中，萨法尔王朝是"伊朗复兴的正式揭幕者[9]"。接着是萨曼王朝，在不摒弃作为中央权力和经济工具的口头与书面阿拉伯语的同时，他们鼓励在布哈拉和撒马尔罕的宫廷中使用达利语进行包括史诗、教学、叙述、抒情、讽刺、哲学在内的所有创作。在这方面，当萨曼王朝的将帅和大臣请求伊斯梅尔一世对巴格达采取军事行动并推翻阿拔斯王朝时，伊斯梅尔一世的回答对当时的两难局面做了完美的总结："我们的当务之急必须是波斯语和我们祖先文化的复兴，王国领地的扩张将随后进行。[10]"萨曼王朝的选择与白益王朝不谋而合，这打破了复兴运动至彼时仍局限于旧帝国东部地区的状况。白益王朝使其先后的几个都城——雷伊、伊斯法罕和设拉子都成为伊朗文化的集散地。正如尤利乌斯·冯·莫尔写道："所有的宫廷满是波斯诗人，王公贵族倾尽全力鼓励这一文学运动；他们或是被一种不由自主的本能驱使，追求民族精神的展现，或者他们提供的文化庇护只是一种政治考量。[11]"

这一伊斯兰化伊朗人的深层抵抗运动被阿拉伯史学家称为舒乌比耶（其中"舒乌比"意指"民族"）。它孕育了一种同时源于两方文化的伊朗表达，催动了原生或杂交的诗歌体裁和题材的蓬勃生长。

我们知道，伊朗前伊斯兰的诗体建立在重音上，且不押韵脚。而阿拉伯诗体则恰恰相反，建立在由长短音节相间构成的韵律系统上，就像古拉丁文诗，且会押韵脚。这第二种形式从9世纪开始被波斯诗体采用。然而，其模仿仅止于此，伊朗诗文的类型很可能全部从"传统伊朗韵律模式"，即前伊斯兰韵律模式继承而来。正如埃米尔·本维尼斯特[12]所说："波斯人在诗歌技巧方面的创新表现在，他们将音节系统套用在阿拉伯的韵律之上。这一组合最古老、最完善的典范是史诗近律[13]，从中产生了现代波斯的高贵诗歌。"如此才有了双行诗（每两行变换一次韵脚的叙述长诗）和四行诗[14]（由两组双行诗组成的四行连句），这些在波斯语中广为流传却在阿拉伯语中不为人知的诗体。

双行诗主要涵盖英雄事迹、浪漫爱情、教育训导三类叙事诗。我们可以说，这种伊朗独有的诗体是在前伊斯兰伊朗与伊斯兰伊朗之间承上启下的过渡，说明了二者之间的连续性。

描述英雄事迹的史诗在其中占有核心地位，并至今广受欢迎，因为它承载着一个拒绝忘记其昔日荣耀，甚至力求重新与之建立联系的国家的历史与民族价值观。汇集伊朗民族辉煌事迹并编纂成书的想法早已存在。自6世纪起，萨珊国王霍斯劳一世曾命人搜集各省流传的有关古代国王的民间故事和稀有传说。这一最早的文集混杂了《阿维斯陀》中早有记述的古老印伊神话、亚历山大和萨珊王朝的征战传奇。被收入皇家图书馆后，又在7世纪萨珊王朝末代沙王伊嗣俟三世统治下被德瓦什提奇——一位出身显贵、学识渊博的"德赫干"重新调出，命人搜集资料，使其充实完善。如此以巴列维语完成的这一汇编以散文形式追溯了从创世神话传说到"胜利者"霍斯劳的伊朗历史，并以《列王纪》命名。甚至在阿拉伯征服时期，这部恢宏的著作也没有被人遗忘。它被呈送到哈里发欧麦尔手中，后者命人将其中几部分译成阿拉伯语，但在发现一些段落含有对火的崇拜等"大逆不道"的内容后便停止了翻译工程。萨法尔王朝的开国国君叶尔孤白找到了这一被遗弃的著作，命人继续翻译，并增补了"胜利者"霍斯劳之后发生的故事。萨曼王朝取代萨法尔王朝掌权为这一史诗文集注入了新的活力。"萨曼王朝的阿布·萨利赫·曼苏尔手下的维齐尔巴尔阿米指定诗人达恢恢负责将德瓦什提奇作品的译文撰写成诗句。[15]"不过，这个年轻人（935—977年）在作出了一千多行诗句后被他的一名年轻家奴杀害。从此以后，诗文便超越散文成为最受青睐的文体，因为它不仅能够展现作者的才情，其翻案诗句的形式还能帮助读者更好地记住内容。

　　随后到来的是大诗人菲尔多西（940—1020年）。他生于呼罗珊省的图斯[16]附近，三十六岁时毛遂自荐重新编纂达恢恢遗留下的这部数世纪以前开始的作品。他并不满足于收录之前完成的文稿，也在其他史书文献或巴列维语的神话典籍中攫取补充的故事。这些资料很多都是从阿拉伯的入侵中幸存下来并随后被翻译成阿拉伯语的书籍。他身边聚集着一群反阿拉伯的伊朗人，其中很多是琐罗亚斯德教徒，也有少数摩尼教徒，他自己本身则是逊尼派穆斯林。在这群人的鼓励下，他在"三十多年中"苦心孤诣，完成了《列王纪》一书。他编纂的这部著作以创世和文明的起源为开端，介绍了最初的人类、国王和不同的民族。书中接着讲述了古代伊朗人与图兰人（意指北方游牧民族）之间的冲突，描绘了伊朗传奇人物的战斗情节，随后是对阿契美尼德王朝的简短叙述，以及对亚历山大大帝的征战富有浪漫色彩的演义。在对安息几位国王极其简略的介绍后，他余下三分之一的笔墨都用在了歌颂萨珊王朝上。然而，《列王纪》并不仅限于兼有神话传说和历史的宏观纵览，作为一部取材丰富的作品，其中不乏名副其实的爱情叙事诗——扎尔与鲁达贝、毕占与曼尼洁、霍斯劳与席琳……这些故事中烘托女性柔美的私密细节，鉴于宗教审查[17]，19世纪以前在波斯文学中都极为罕见。《列王纪》还收录了众多英雄史诗，热情赞颂了伊朗的爱国主义情怀[18]，如鲁斯塔姆的长篇叙事诗，其中鲁斯塔姆"是赫拉克勒斯与阿喀琉斯的伊朗混合体，以其慷慨大度和雷霆怒火著名[19]"，他也是抵抗图兰突厥人的民族英雄……

在近六万组双行中，带有十一个音节的诗句以相似的节奏合辙押韵，伊朗的历史就这样渐次展开，在神话、英雄人物、道德和政治训诫之间交替呈现，行文风格富于夸张、比喻和时间缩略。我们可以读到，例如，当鲁斯塔姆光芒四射地出场，准备战斗时：

> 一个骑士出现了，他的祖先是萨姆，
> 他的父亲达斯坦给他取名鲁斯塔姆。
> 他如一条狂怒的鳄鱼般到来；
> 人们说他的喘息炙烤着泥土[20]。

这部鸿篇巨制的成功甚至超出了诗人的意料。作品中"伊朗"和"祖国"作为关键词被重复强调。它成为伊朗反抗哈里发国，从占领者手中争取解放而呐喊的最强音。作为"伊朗性"的呼唤者，它在记录伊朗人的历史和记忆的同时，也如但丁之于意大利语一样记录了伊朗人的语言和他们诗歌的形式。最后，这部作品以其性格鲜明的人物形象，成为包括诗人、油画家、细密画家等在内的艺术家们连续几个世纪取之不尽的题材宝藏。为什么16至17世纪萨非王朝的各位沙王，诸如塔赫玛斯普或阿拔斯一世之流，都曾竭力想在书中拥有属于自己的篇章？为什么伊朗人民主动要求说书人再现他们的英雄鲁斯塔姆、苏赫拉布、夏沃什、伊拉吉、巴赫拉姆的生活？为什么他们连咖啡厅的墙壁都用这部作品中的人物形象装点？为什么军事体能学校直至今日仍用它的韵律进行体操训练？为什么？因为《列王纪》首先是祈求伊朗长盛不衰的"国家之歌"。今天不少伊朗人仍会不失时机地引述《列王纪》中的句段。

与这种英雄史诗十分近似的叙事长诗也得到了发展，其代表作家内扎米（1141—1209年）主要生活在高加索的占贾，即今天的阿塞拜疆共和国。在他种类繁杂的众多作品中，尤其值得一提的有讲述霍斯劳二世与基督教公主之间爱情故事的《霍斯劳与席琳》及颂扬亚历山大赫赫战功和非凡智慧的《亚历山大书》。

伊朗史诗创作的另一位大师，内沙布尔的阿塔尔（1145—1220年）是伊朗苏非派的重要代表人物之一，他富有神秘主义色彩的作品在伊朗诗歌重生的潮流中是不可忽略的。他那令人难忘的《百鸟朝凤》中记述了一群鸟从七座山谷启程寻找它们推选的鸟王西摩格的旅程，它们之中仅三十只在经历了艰难险阻后存活下来，鸟王对它们说：

"我是鸟王的精纯真身，
现在你们要在优雅与喜悦中，
将自己完全灭除在我体内，
如此你们将在我中存在。"
于是它们便永远地灭除了自己，
而阴影也最终消失在太阳中！[21]

另一种在阿拉伯诗歌中不知名却在伊朗土地上大放异彩的诗体就是四行诗。其发明被归于鲁达基（858—941年）。但这一形式最具代表性的作者是欧玛尔·海亚姆（1048—1131年），他可与西方的达·芬奇相提并论。海亚姆的《鲁拜集》类似于抒情诗体，与史诗相比显得更加质朴平实。对某些人来说，因为海亚姆从属于苏非派，《鲁拜集》便散发着神秘主义气息，而在另一些人看来，这些诗作则具有哲学怀疑论的特征。作品崇尚饮酒之乐——在伊斯兰国家可谓放肆大胆——同时对人的境遇投去晦暗的目光，凝练之语言更令其直捣人心，自1859年爱德华·菲茨杰拉德首次翻译（尽管不尽如人意）之后便在西方家喻户晓。海亚姆的诗歌以其幻灭的绝望、对不确定的彼岸的呼唤和自由放荡的风格主义影响了一批后浪漫主义诗人。他关于人的境遇所作的四行诗有如下一篇：

> 你可以窥探包围着你的夜，
> 你可以冲入这漆黑中……你将有去无归。
> 亚当与夏娃，你们的初吻该是何等可怖，
> 否则怎么会把我们造得这般绝望无助！[22]

除双行诗和四行诗以外，另有其他伊斯兰化以前的阿拉伯诗歌体裁深受波斯诗人的青睐。其中包括盖绥达。这种颂诗不分诗节，采用同一韵脚和格律，每首诗不少于七行。生于河中地区撒马尔罕的鲁达基可称得上"波斯文学之父"，以他简洁的表达将盖绥达演绎到登峰造极的水平。作为萨曼王朝纳斯尔二世的布哈拉宫廷的御用诗人，他在描写王公的赞美诗和爱情抒情诗中展示出过人的天赋，创造出一种名为"呼罗珊体"的诗体，并为温苏里（卒于1039年）、法鲁基（1000—1037年）、曼努切里（卒于1040年）等其他伟大宫廷颂诗诗人指引了方向。

嘎扎勒也是一种自10世纪，尤其是12世纪以来广受伊朗诗人钟爱的诗体。这一类专门用于表达爱情的抒情诗体中逐渐发展出一种神秘主义色彩，恋情被赋予了向神性升华的寓意。爱被同时表达为痛苦的折磨与净化灵魂最初的道路。内沙布尔的阿塔尔作为伊朗苏非派的代表人物，不仅在神秘主义史诗的创作上大放异彩，也将嘎扎勒体诗推上了艺术的顶峰：

> 阿塔尔的心不再属于今生或来世：
> 只因我堕入了爱情的痴狂[23]。

嘎扎勒的主题思想类似于法国从玛格丽特·德·纳瓦尔（1492—1549年）到七星诗社，以及欧洲19世纪诗人所作的爱情叙事诗和情诗。

上述诗人——同我们没能细述的众多诗人——为伊朗日后伟大诗人的出现铺平了道路，他们之中包括鲁米（1207—1273年）、萨迪（约1208—1292年）和哈菲兹（1327—1390年）。这些诗人的陵墓正像他们光辉的前辈一样至今受到众人的瞻仰和祭拜。

然而，诗歌并非"复兴的"伊朗唯一的杰出领域。伊朗人也在数学、医学、哲学领域内照亮了他们的时代。自8世纪起，花剌子米（约780年生于今天的乌兹别克斯坦，850年卒于巴格达）就对世界科学的进步产生了巨大影响。正如当时的西方人均使用拉丁文一样，鉴于当时这里用以交流科学的语言为阿拉伯语，他的所有著作均以这一交流语言编写。他的《印度数字算数》促进了阿拉伯数字的推广，使它在中东和欧洲广泛传播；他的《代数学》是代数的起源[24]。他本人的名字也从此广为人知，因为今天他的名字还出现在"算法"一词中。就连天文学也留下了他天才的印记：他于830年在印度研究成果的基础上出版的《信德及印度天文表》引领了穆斯林天文学领域的进步。

这样的天才比比皆是，不一而足。将创作四行诗当个消遣的欧玛尔·海亚姆同时也是一名伟大的数学家，在他1070年于撒马尔罕完成的著作《代数问题的论证》中，他集中探讨了方程组。接着他又于1077年在伊斯法罕编写了《辩明欧几里得几何公理中的难点》，其中他从一个两个底角均为直角且两条侧边等长的四边形出发处理平行问题，他的这一研究将在17世纪由意大利的乔瓦尼·吉罗拉莫·萨凯里继续推进。他最引人瞩目的成就是对波斯历法的改革，他根据对一年长度的独特计算，引入了闰年。

在医学这一经常与哲学联系在一起的领域，有两位学者对波斯的觉醒做出了杰出贡献。其中一位名叫拉齐（864—924年），原系炼金术士，后致力于医学，在成功分离出硫酸和乙醇后将其运用于医疗实践中。他也是制定诊断和治疗规程的先驱之一，这些方法在他的著作《医学集成》和《药物学》中有很详细的介绍。

与菲尔多西同时代的阿维森纳——阿布·阿里·侯赛因·本·阿卜杜拉·本·哈桑·本·阿里·本·西拿（980—1037年）凭借他的研究，成为伊朗医学和哲学领域的另一个标志性人物。他在东方被誉为"学者王子"以及继亚里士多德（前384—前322年）与法拉比（约870—950年）[25]之后的"第三导师"。他的思想直到16世纪一直统治东西方学术界，此后他的一些医学观点被阿威罗伊等人超越，但他提出的哲学问题却始终保持着强大的影响力[26]。阿维森纳儿时就显示出天才的特质，十岁能背诵《古兰经》，还很快掌握了神学和伊斯兰法学的基本要旨，精通算术、数学、几何、逻辑、天文学和形而上学。他师从著名的阿布·曼苏尔·哈桑·本·努赫·加马里，学习了医学，并在这一领域独占鳌头。他对哲学也表现出极大的兴趣，通过法拉比的论著，他开始接触柏拉图的思想。这个全才在十七岁时应召进宫为萨曼王朝第九任埃米尔努赫二世治病，后者的慢性铅中毒被阿维森纳诊断出来。这令他声名鹊起。作为一部分世界知识栖息之所的布哈拉图书馆的大门从此为他打开。他最早的著作便始于这一时期。但他因被指控引发这一珍贵图书馆的火灾，被迫于二十二岁时逃离布哈拉，随后又前往古尔干德、图斯、内沙布尔、阿斯塔拉巴德、雷伊、伊斯法罕和哈马丹。那是一个所有伊朗化的宫廷都努力网罗天下英才的时代，他也广受这些宫廷的盛情邀请。作为一名伊斯玛仪派信徒，阿维森纳对严守清规戒律的穆斯林敬而远之。事实上，如18世纪的伏尔泰一般，他与十三名学者保持着通信关系。阿维森纳的与众不同之处在于他同时也十分关注时事政治，并曾接受过哈马丹大维齐尔职位的任命，尽管他在这一仕途上走得并不顺利。

今天他给我们留下深刻印象的是这部主要但非全部以阿拉伯语撰写，超越了时代与地域的《治疗论》[27]。书中，他对人体解剖（有人认为他是第一个在夜间秘密解剖尸体的人）、血液循环、爱情、心理学、药理学、家政学、炼金术都进行了深入阐释。毫无疑问，这一共计十八卷的巨著对欧洲中世纪学者产生了巨大的影响。

阿维森纳对后世最为重要的遗产，也是对数个世纪的医学留下深刻烙印的是著作《医典》，他从定居阿斯塔拉巴德直至去世，一直专注于编纂这部卷帙浩繁的百科全书。《医典》的五大卷将世界范围内已知的所有疾病及其治疗方法悉数讲解，震惊了东方医学学术和实践领域，并很快以其质量之高和所涉领域之广征服了西方。博学多才的阿维森纳还揭示了基础性的发现：老鼠病菌对人类的传播、眼部的解剖结构、众多皮肤病和脑膜炎的症状、糖尿病与肥胖之间的关系、中风与高血压之间的关系、水污染与传染病之间的关系。他尤其关注一些禁忌问题，如避孕方法和阳痿。他对世界怀有无限好奇心。他还探寻出脉搏在诊断中扮演的角色，发明了一般临床检查时手指在胸腔和腹腔叩诊的方法，将病患的精神状态与其机体情况联系在一起，领先了心理学家和心理分析师几个世纪。

然而，他的才华并不仅限于医学。正如他同时代的很多大文豪一样，他也对哲学潜心钻研，汲取法拉比极力推崇的亚里士多德和柏拉图的思想，以及前伊斯兰的伊朗神秘主义思想，特别是琐罗亚斯德教教义。他认为人类天生地以及"本质上具有社会性"，并将女性视为社会生活的铰链，强调尊重女性权利的必要性。他也曾被迫躲避社会政治突发事件，停靠在由灵魂主导的形而上学的港湾——完美之所在，加入新柏拉图主义的上升思潮中。此刻距离他跨入神智学的疆界仅一步之遥，后者是他精神追求的极致，对此他的三部启蒙著作——《哈义·本·叶格赞的故事》《鸟的故事》和《萨拉曼与阿布萨尔的故事》都有所反映[28]。

如此多样的才华可以轻松解释伊朗、整个东方世界乃至西方对阿维森纳这个历史人物的迷恋，以及他的成就所获得的举世瞩目。

尽管经历了多舛的政治命运，伊朗的文化和艺术还是得以再次绽放光芒，同时它的语言也重返各大王公贵族的宫廷。在走过漫长的黑暗时期后，伊朗似乎找回了它往昔的灵魂和传统——它的几分"伊朗性"和它的影响力。伊朗重又成为公认的连接中世纪西方和被神话化的远东之间的桥梁。它自阿拉伯入侵以来遭受的几世纪的野蛮蹂躏和即将降临在它身上的蒙古征服战的浩劫都不会泯灭它的创造力[29]。

第十二章

政治恐怖主义的发明：
哈桑·萨巴赫和"阿萨辛"

11世纪时，除了首府在巴格达的阿拔斯帝国（包括其境内承认阿拔斯的宗教权威且或多或少处于独立状态的王国），以及都城位于君士坦丁堡的东罗马帝国，还有第三股势力在东方崛起。它没有确定的领土，有的只是分布于不同地区的坚固城堡和小要塞。它也没有严格意义上的政府，只有一个被称为"塞耶德纳"（我们的教主）的"首领"。这一在地下活动的第三股势力凭借其刺客和杀手令各国政府心惊胆寒。它随后引起十字军的兴趣，并曾与之协商结盟。

它的成员被西方人称为"阿萨辛（Assassin*）"，该词可能源于"哈希什的（Hachichan）"一词的讹传，因为据说这一"犯罪"组织的成员吸食各种毒品**；或者是"原教旨主义的（assassioun）"或"哈桑的（Hassanioun）"一词的变体，因为该组织的创建者名叫哈桑·萨巴赫[1]。它从何而来？它的意识形态是什么？它的"塞耶德纳"是谁，它采取何种行动方式？这一"分散型国家"——借用该研究领域最杰出史学家的提法[2]——是如何进行管理的？那些有关阿萨辛的黑色传奇中哪些部分是真实的？对于在《马可·波罗

---

* 英语、法语中的"杀手、刺客"一词便源自"阿萨辛"。
** 哈希什是大麻的树脂，哈希什作为医药和毒品使用可以追溯到至少公元前3000年。

游记》和十字军的叙述中以神话形式被揭示给西方的这一神秘组织，以上这些就是被众多学者、作家和政治家不断提出并遗留至今的问题。

先知去世时，继承权的问题被提了出来。谁该领导穆斯林社群——乌玛*呢？某些人主张诉诸选举；另一些人则凭借不同的论据，特别是以穆罕默德的遗愿为由，坚持领导权应保留在先知血脉当中。鉴于穆罕默德没有子嗣，他的堂弟兼女婿——他女儿法蒂玛的丈夫阿里似乎理应被指定为继承人。阿里的诚实正直人所共知，而且他也备受尊敬。然而，这一倡议却被排除出考虑范围，选举模式被优先采纳。

尽管多年以后的 656 年，阿里被选为第四任哈里发，但在他于 661 年遇刺身亡后，伊斯兰内部出现了一次严重分化，一个被称为"什叶派"的教派由此诞生，并传承至今。什叶派信徒只承认阿里及其后代为先知的合法继承人[3]。但什叶派内部并非团结一致、毫无分歧并进一步分化的。在 762 年第七任伊玛目伊斯玛仪·本·贾法尔去世时，什叶派中的一部分信徒拒绝接受推荐继承的传统，发起了所谓的"伊斯玛仪派"运动。这一派系在很长一段时间一直是当时以巴格达的阿拔斯王朝为代表的逊尼派（即伊斯兰正统派）最强劲的对手和反对者。

在穆斯林世界中，什叶派的这第二支——什叶派伊斯玛仪分支创建了法蒂玛王朝，此王朝曾统治北非和埃及。该王朝的创立者奥贝德拉自称阿里和他的妻子法蒂玛的后代，新王朝也由此得名。909 年，他在凯鲁万（位于今天的突尼斯）自立为哈里发，并宣布独立于巴格达的统治。他的后代逐渐将主权扩展至突尼斯、阿尔及利亚、摩洛哥的一部分地区，甚至西西里，并建都开罗。法蒂玛王朝成为地中海地区的第一强国，积聚了巨额财富，并在东

---

* 乌玛，本义为"民族"，引申为"社群"，是穆斯林的最早政教合一的政权，亦译作稳麦。

西方之间扮演中介者的关键角色。开罗也成为一个辉煌文明的核心城市。爱资哈尔大学和一座蜚声国际的图书馆都在此创建，这座城市也吸引了众多逃避阿拔斯王朝迫害的伊斯兰知识分子。然而，法蒂玛王朝却无力阻止十字军在叙利亚的渗透，并在不久以后的1171年被库尔德人撒拉丁（1138—1193年）[4]推翻，后者将正式在他们的领土上恢复逊尼派的统治地位。

在伊朗境内，伊斯玛仪派也发挥着极强的影响力，这一影响力主要集中于文化界，并以诗人兼作家纳绥尔·霍斯鲁（1004—1087年）为代表。他以反对阿拉伯和随后几个突厥王朝的代言人著称，尽管突厥政权且宗教狂热的塞尔柱王朝和加兹尼王朝均以伊朗文化保护者自居。

正是在这个对因循守旧的意识形态提出质疑的知识熔炉中，产生了伊斯玛仪派教义的汇编[5]。

伊斯玛仪派的"意识形态"——如果这个词符合当时伊斯玛仪派信徒的研修成果——传达的是一种平和，甚至用我们今天的话来说是一种宽容、自由的伊斯兰教的理念，它深受琐罗亚斯德教、摩尼教和伊朗遭阿拉伯入侵和伊斯兰化后产生的革命和反抗运动的影响[6]。这一思潮的主要理念包括：

☆《古兰经》有两种解读：一种是众所周知或可以被普罗大众理解的表义，另一种是只有伊玛目根据他所生活的时代可以做出的实质性的隐义的解读。由此，对经文解读产生了灵活性，但也使伊斯玛仪派信徒背负上"原教旨主义"的名声。

☆ 斋戒并非在物质上必须严格履行的义务，其目的旨在阻止人类从事"邪恶的"活动。人们应通过眼睛、耳朵和舌头完成斋戒。在这一特殊时期，禁止饮食并非必然。其时间长度也缩减至四五个小时，且应该在上午十点结束。但人们可以自愿继续斋戒。如果一个月的第一天恰巧是周五，建议应该斋戒，并进行一日的祷告，以敬真主。

☆ 去麦加的"朝觐"被大多数伊斯玛仪派信徒视为去面见他们的伊玛目的义务。但对德鲁兹派[7]来说，朝觐并非必须完成的义务，而是一种止恶行善的方式。

☆ 祷告是一种对全能的真主表达感谢的方式，并可以在任何场所、任何时间进行。祷告前最好先净身，但必须按照宗教人士规定的方式完成，否则不得进行任何法事或向麦加方向祷告。

☆ "杰哈德"具有两种含义：主要的圣战，指的是对抗自己邪恶激情的斗争；至于针对非信徒的战争，按照德鲁兹教派的观点，只能在伊玛目的号令下进行。

☆ 理智是全能的真主赐予人类的最珍贵的礼物，因此，必须被所有人珍惜、尊重。

但研究伊斯玛仪教义的努尔·穆罕默德·阿斯加里[8]也总结道，在其意识形态中，女性没有任何地位，且几乎被完全排除在社会以外，亲情、礼貌、友情、宽恕和爱情亦然。"生于波斯、具有什叶派信仰的哈桑·萨巴赫以其对《古兰经》的不同解读为名，起义（反抗巴格达的哈里发国和塞尔柱王朝）以求将自己的国家从外敌压迫下解放出来[9]"，正代表了伊斯玛仪派的全部教义。

哈桑·萨巴赫1050年生于雷伊[10]，一个离德黑兰不远的繁荣城市。有人曾声称他的家世可以上溯到也门阿拉伯血统，但这似乎并不可信。他的前七代祖先是否阿拉伯人其实无关紧要。哈桑从小家境优渥，父亲在政府部门任职。他在七岁至十七岁之间得以在最出色的学校学习，得到当时的名师的指导，特别是一位在内沙布尔教学的伊玛目莫瓦法克。两位古代伟大的史学家[11]虽对哈桑·萨巴赫颇有微词，仍对这些细节给予了确认。

正如哈桑在自己的笔记中写的，他直到青少年一直都是什叶派下的十二伊玛目派的信徒，从未信仰过逊尼派。他在内沙布尔与一些伊斯玛仪派的传教者频繁交往，并在他们的影响下改宗。他们中的一人，阿卜杜勒－马利克·阿塔什对他改宗伊斯玛仪派起到了关键作用。此人建议他前往伊斯玛仪派的法蒂玛王朝的国家中心开罗，因为当时最伟大的君主穆斯坦绥尔[12]就在那里统治。

有传闻称哈桑·萨巴赫曾与诗人欧玛尔·海亚姆[13]和尼札姆·穆勒克（"阿萨辛"后来的受害者）一同求学。他们都曾拜在莫瓦法克这位名家大师的门下，这一点似乎已被证实。然而，说他们那时结下了"友情誓约"却令人难以置信[14]。无论如何，与阿卜杜勒－马利克的邂逅开启了哈桑长途游历的旅程。他首先走过了阿塞拜疆，进入了库尔德地区，随后前往叙利亚，最后抵达埃及开罗，在那里他不失时机地提到自己的几位举荐人。当时的埃及首都繁华富足，人民热情好客，基督徒和犹太教徒也都在这里得到庇护。城市治安良好，商铺夜不闭户，文化活动也丰富密集。在 1045 年曾造访开罗的诗人纳绥尔·霍斯鲁眼中，开罗就是法蒂玛王朝的典范治理的实证[15]。

在这位伟大诗人之后很久才来到开罗的哈桑发现这座城市的确繁华，但没有像前者那样为之倾倒。他流利的阿拉伯语使他能够轻松地与开罗以及他后来长期居住的亚历山大港的权贵沟通交流。他是否曾面见过穆斯坦绥尔？有可能。但可以肯定的是，他曾与穆斯坦绥尔的长子尼扎尔对话，后者对他的理念赞赏有加，并鼓励他进行传播。

哈桑从此拥有可以依傍的靠山，于是返回伊朗以完成他为自己定下的使命，即争取伊斯玛仪意识形态的胜利，并让伊朗从阿拉伯阿拔斯王朝与突厥王朝的统治下获得政治独立。在经过伊斯法罕与尼札姆·穆勒克——塞尔柱国王马立克沙的这位大维齐尔阻挡了他入朝担任要职的仕途——进行了一次令人不快的谈话后，他获悉自己的挚友尼扎尔被杀的噩耗。尼查里派也从此诞生。伊朗的伊斯玛仪派信徒和他们延续至今的后继者都是尼查里派的追随者。

从此哈桑·萨巴赫开始了他不可思议的人生旅程。他的党徒将称他为"我们的教主"或"山中老人"。同时他生平晦暗而传奇的部分也由此展开，并在伊朗北部地区的民间故事中广为流传[16]。

哈桑对伊朗的政局有着清醒的判断：面对阿拔斯王朝的逊尼派强大势力和塞尔柱帝国的权威，他占据一方领土并行使主权，将自己的理念付诸实施的梦想无可挽回地破灭了。

"这个具有过人的智慧、超群的组织能力和非凡政治眼光的人在大失所望的同时[17]"决定，要绕过这些障碍，建立一个指挥基地和一个分散于人迹罕至地区的多处要塞的网络，并配以完全效忠于伊斯玛仪派下的尼查里派事业的战士。与传统的列队交战的方式相反，他将单枪匹马打击敌人[18]。这便是我们今天所谓"政治恐怖主义"的起源。鉴于尼扎尔已死，它的发明者哈桑·萨巴赫决意从此与开罗一刀两断，自己行动。他开始着手建立一个无连续疆域、在地图上不可划界、由行动基地交织而成的网络组成的国家。由哈桑·萨巴赫的追随者和继任者实施的伊斯玛仪派恐怖主义统治就此开始了，它将令世界版图上的一大块区域闻之色变，统治持续近两个世纪。

哈桑最先看中的是位于伊朗北部阿剌模式的一座残破的废弃堡垒。阿剌模式在本地方言中意为"鹰巢"，该地区凭借厄尔布尔士山脉及山中稠密的森林坐拥防御入侵的天然屏障[19]。"鹰巢"坐落在一座高山顶部的一大片高原上，只有经由一条险峻崎岖的路径才能进入。约建于 860 年，这座城堡理论上归一个本地王朝所有，但后者早已弃之不管。

哈桑买下了它，于 1090 年 4 月 9 日星期三[20]进驻城堡，直到临终也不曾离开。为了支付与城堡主人提前商定的极高售价，他当面签署了一张以赖斯·莫扎法尔——达姆甘的一位士绅——为付款人、价值 3000 第纳尔的汇票。业主因对这位神秘买主的支付能力抱有怀疑，在等了很长时间以后才带着汇票去见莫扎法尔。令他大为惊异的是，后者亲吻了汇票，将其捧到眼睛之上以示尊敬，并当场以金币全额兑付。这时伊斯玛仪派的活动网络已经在高效运行了！

成为"鹰巢"主人的哈桑在几个信徒的帮助下开始扩建、加固已有的建筑物，并将水这一对他自给自足的设想至关重要的资源储存于一座巨大的蓄水池中。此外，他还在城堡内设置了专门用于贮藏食物的仓库，以备围城之患。为了让朴实无华的建筑更加优美宜人，他还命人在城墙内侧和周围种植树木。

他也为自己布置了一间狭小的居所——城堡顶部一个类似瞭望台的塔楼，这使他可以从此处瞭望和监视他的领地和周围的山谷。他正是在这个总部里指挥着他麾下的庞大网络，其中的成员全是伊斯玛仪派下的尼查里派信徒，并被指派驻守在星罗棋布于整个东方的要塞和小堡垒中。他破碎的"帝国"中各点之间的沟通是通过"佩客"（携带盖有印章的信函的信使或传令兵）或信鸽完成的。在城堡内定居后，哈桑将自己的妻子和女儿都送往远离城堡的地方，以期身体力行绝对的禁欲。这也是他为其追随者订立的规矩。

在阿剌模式内部，生活是围绕伊斯玛仪派的仪式和教学展开的，其教规虽比伊斯兰正统逊尼派更加平和、内敛，却十分严格。即使违规程度极其轻微，违规者也要在城堡的中央庭院中遭受公开鞭笞以示惩戒。就连哈桑的儿子——两个儿子中的一个——也在1101年因醉酒而被哈桑处以死刑。而第二年，他的另一个儿子又因被控杀人而被处死，这一杀人指控后来如我们所知是不成立的[21]。哈桑对他的革命精英战士有完全的掌控，他们被称为"菲达延[22]"，即牺牲者。据说，马立克沙曾派人给他送去一封恐吓信，哈桑在接待信使时传召两名年轻的菲达延。他命第一个："割开你自己的喉咙！"又对第二个下令："从塔楼顶上跳下去！"二人都毫不迟疑立即执行[23]。然后他对国王的信使说："告诉你的主人，我有两万个跟他们一样的青年。让他小心为妙！"

马立克沙信函的内容和哈桑的回复在当时所有编年史和后来的史学著作中都有记述。马立克沙的信比较简短："你，哈桑·萨巴赫，你赋予自己一个新的宗教、一个新的国家。你蛊惑百姓。你号召几个深山愚民团结在你的周围，反对世界的主人。你对他们巧言令色。你派他们对抗阿拔斯哈里发，而阿拔斯哈里发是穆斯林的精神领袖，是国家与人民的基石。而你却辱骂他们。你必须放弃自己卑鄙的无知，重拾你的穆斯林身份。如若不然，我们的军队已经全副武装。我等待你的到来或你的回复。请谨慎行事。看在你自己和你信徒生命的分上。不要对你城墙的坚固性抱有幻想。要知道，即便你的城堡阿剌模式是在天上，我们也将在全能真主的保佑下使它化为尘埃。愿真主的伟大得到赞颂。[24]"

哈桑·萨巴赫对马立克沙言辞恭敬的回信比来信要长得多。他没有放弃他心中的任何理念，恰恰相反，他在信中讲述了他出生、童年、求学的一段人生，以及他的痛苦和他疏远阿拔斯王朝，转而投靠开罗的法蒂玛王朝的原因。他列数了阿拔斯王国的一条条罪状，并指控它道德败坏。在那里，乱伦难道不是家常便饭？如何解释他们对阿布·穆斯林·呼罗珊尼[25]的忘恩负义和他最终落得的下场——而他们能够夺取江山完全是拜他所赐！哈桑·萨巴赫最后总结道："如果苏丹陛下在了解了这一切后，仍不起兵反对他们（阿拔斯王朝），我不知他在审问日（最后的审判日）将如何作答，他将如何解释自己的态度以保证自己的灵魂得到拯救[26]。"

信使归来呈报了哈桑的回复后，马立克沙等待了两年，然后命令手下的多个诸侯围剿阿剌模式。后者立刻遵命执行。哈桑当时身边只有七十个菲达延，食物储备也很欠缺。因此，守城一方只靠极其严格的口粮配给勉强支撑。面对这一状况，哈桑向城堡以外的众多本地信徒求援。于是，三百伊斯玛仪派信徒在阿布·阿里·阿尔德珊尼的带领下集结到一起，于1092年9月的一个夜晚突袭了围城军队，使之在惊慌失措中溃不成军。哈桑和他的菲达延终于得救，城堡也恢复了正常的食物供应。这一胜利在伊斯玛仪派宣传攻势的吹捧下变成了一件至关重大的事件，甚至成为"首领"在战斗中用兵如神的"神话"

159

的开端。反过来，这对马立克沙和他的权臣尼札姆·穆勒克在人们心目中的全能形象造成了重大打击，也进一步加深了尼札姆·穆勒克与哈桑之间的仇视。

哈桑决定趁这个有利时机刺杀尼札姆·穆勒克。他召集了手下的菲达延，对他们说："谁敢帮这个国家摆脱尼札姆·图斯（尼札姆·穆勒克）？"这些青年都厌恶阿拉伯人和突厥人。他们个个训练有素，忠于哈桑的理念，准备为宗教事业献身。其中一个名叫阿布·塔希尔·阿兰尼的青年自告奋勇，请求完成这项任务。

他们知道这位大维齐尔正在从都城伊斯法罕前往巴格达的路上，当前就在纳哈万德附近。阿布·塔希尔·阿兰尼乔装成托钵僧——所有菲达延都被授以乔装术，在克尔曼沙阿周边一个名叫萨赫内的小镇上找到了他。阿布·塔希尔·阿兰尼以向他交付一份请愿书为由，接近了尼札姆·穆勒克，并向他猛刺数刀。尼札姆·穆勒克于第二日即 1092 年 10 月 13 日撒手人寰，凶手旋即也被处决。

这是哈桑党徒实施的首次重大袭击。鉴于被害人的身份地位，此事在整个地区引起了轩然大波。

尼札姆·穆勒克遇袭前有可能刚刚被马立克沙撤除了大维齐尔的职务。在收到被罢免的命令时，他让人传话给国王："是授予你王冠的那个人将这一职权委托给了我。请你记住，这两者是不可分割的。"一语成谶。尚不满四十岁的国王于四周后的 1092 年 11 月死去，很可能是应哈里发之邀做客巴格达期间中毒身亡。

人们有时将他的死归在哈桑·萨巴赫信徒的头上。但在我们看来，这是个错误。事实上，这些"哈桑的手下"从不使用毒药，他们只会通过公开的暴行造成最大的威慑效果。人们甚至将他们的行动方式与敢死队相比，因为后者也同样不惜混入人群，完成自杀式袭击——重要的是让每个人都目睹被处决者所受到的惩罚和处决者的英勇牺牲。在某些作者看来，年轻力壮的马立克沙更可能是被哈里发设计毒死的，因为后者不可能对塞尔柱宫廷内针对他的图谋无知无觉[27]。

还有传言称那些菲达延在被派出执行任务前都会被毒品麻醉，然后被送至一个"享乐花园"——一个与《古兰经》中描述的天堂类似的人造天堂，里面满是美貌的处女。马可·波罗多年后在他的《马可·波罗游记》中引述了一些令读者惊叹的传言，使这一教派在灭亡多年后更加充满传奇色彩。他写道："他在宫中豢养了一些本地少年，年龄在十二岁左右，都渴望成为战士。"为使这些信徒服从他的意志，敢于赴死，他给他们喂食毒品，再将他们抬入这天堂般的美景中。当他筹划一项谋杀时，便命人将其中一名少年用毒品麻醉后抬出花园。待他醒来，哈桑问他从何处来。"从天堂来。"他会如此作答。所有在场的人闻听此言也都期待能够进入天堂。如此，"当山中老人（即哈桑）想要谋杀某个要人，便对他们说，'来吧，杀死某某。等你们凯旋时，我将让我的天使带领你们上天堂，如果你们在执行任务时遇难，我将命令我的天使从那里将你们送入天堂'[28]"。

这些故事对那些猎奇的读者应该颇具吸引力，但它们只是些神话传说。我们可以自问，难道政治恐怖主义、狂热盲信、对一个领袖的绝对崇拜，以及对某种理想某种程度上的执念需要毒品和人造天堂才能存在与发展吗？以制造恐怖为目的的阿萨辛方法即使没有毒品的使用也已经运作得十分顺畅了。除了通常在清真寺门外祷告时间内实施恐怖袭击，菲达延也惯于潜入权贵的住处，将匕首留在未来受害者的身边，或向他们发送恐吓信，让他们以为自己随时会被除掉。他们的另一种技巧是编造谣言，捏造一个遥不可及的"教主"和他所象征的全能力量，某种近乎神话的无处不在的个体。这些行之有效的方法时至今日仍不乏模仿者。

在对尼札姆·穆勒克大维齐尔这样的朝廷大员完成刺杀以后，他们还实施了众多其他罪行。特别是当时帝国的两大支柱陡然消失，马立克沙继承人

161

之间爆发的王位争夺战使国家岌岌可危，社会治安崩坏，繁荣不再。这种气候十分有利于实施暴力行径，以使局势进一步恶化。国王与大维齐尔的先后离世还导致一直以来监控并偶尔攻击阿剌模忒的各方力量分崩离析。

从这时起，哈桑便制定了两个目标。首先，他新建了一些要塞，或至少是一些堡垒，使他的行动网络更加细密。他确定的新地点不仅限于有较多支持者的伊朗北部地区，更触达遥远的呼罗珊和西部地区，包括叙利亚、黎巴嫩、今天的巴勒斯坦等在内的黎凡特地区，他在那里的信众人数迅速增长并逐渐组织起来。其次，他有意将他的运动打造成现行政权最为主要的反对声潮。为达到目的他动用了一切手段。

1099年7月15日发生了一起重要历史事件：十字军攻占了安条克和耶路撒冷。他们由此创建了讲拉丁语的耶路撒冷王国、安条克公国、爱德沙伯国和的黎波里伯国。为守卫他们的战果，他们创立了几个军事修士会，这些军事修士会与哈桑的组织具有惊人的相似性。很可能他们在这些重大征服战后才发现了哈桑·萨巴赫所领导的运动及其强大的势力。正如勒内·格鲁塞写道："伊斯玛仪派固然无法在基督教信徒中引起同情，但这并不妨碍它因其世俗权力和反对穆斯林帝国主义的立场，而代表了一种不可忽视的力量。"十字军的阿拉伯和突厥敌人的敌人，可以成为他们的朋友和盟友，于是他们决定与阿剌模忒的主人进行接触[29]。

1103年9月17日，两名骑士——法兰克人鲍德温和日耳曼人洛泰尔——作为十字军的代言人，在十名士兵的陪同下，登上了通往阿剌模忒城堡险峻的两千级台阶，来到了城堡门前。当日暑热难耐，他们到达时已精疲力竭。城堡中接待他们的人对他们抱有几分好奇，一些信徒为他们送上了清凉的饮料和水果。接着有人带他们登上城堡的顶层，在那里等待他们的是尚且舒适的卧室。他们二人在此稍事休息，从刚才翻山越岭的疲惫中恢复了体力，为这一至关重要的会面做好准备。有人来通知他们，"教主"将在傍晚时分接见两位骑士。会谈在诚挚热情的气氛中一直持续到拂晓，双方的利益被紧密联系在一起。

十字军在阿剌模忒停留了一个月，在此期间他们参观了城堡的防御工事，并与众多伊斯玛仪派首领建立了互信关系。他们之间结下的默契将贯穿哈桑和他的继任者布祖格·乌米德在世和在位期间。这一盟约所发挥的效力大大超出了预期。伊朗作家卡里姆·凯恰瓦兹对阿萨辛曾谋害的四十八位穆斯林政要进行过一次精确的统计[30]，他们中包括：两位阿拔斯哈里发——穆斯塔尔希德[31]和他的儿子拉希德，数位宗教领袖、法官、大地主、行省总督，五位部长，数位军事将帅……其中大多数为突厥人和阿拉伯人。在哈桑和乌米德去世后，这一清单后面逐渐出现基督教徒的名字。这些人中包括的黎波里伯爵雷蒙德二世（1152年），耶路撒冷"准国王"蒙费拉的康拉德也于1192年4月28日[32]被当街刺死。撒拉丁，作为十字军的逊尼派敌人，也曾于1175年和1176年两次遭暗杀未遂。

一种恐慌心理开始蔓延。人们无论在公共场所还是私人空间都仿佛看到乔装的阿萨辛——在人们想象中他们多以托钵僧的形象出现；怀疑和检举成倍增长；在风声鹤唳的逊尼派国家弥漫着一种肃杀的氛围。人们把所有的凶杀案一股脑都算到他们头上，无论是否由他们犯下。就连他们自己也主动包揽某些与他们无关的罪行。"人们觉得他们的身影无处不在，就连欧洲也开始流传那些最荒诞不经的谣言。几个'阿萨辛'曾在弗里德里希一世围攻米兰期间（1158年）试图杀害他。另一些'阿萨辛'则在法王腓力二世的指使下计划于1195年在希农处决狮心王理查。[33]"当然，人们都爱添油加醋；阿萨辛的事例就是最好的证明。

尽管哈桑死后，阿萨辛的活动仍持续了很长时间，但他一生的传奇如此深入人心，使得这位"教主"在之后几个世纪中一直都是这一组织的活动唯一的象征。事实上，他在阿剌模忒度过的三十年中，从没离开过他的"鹰巢"，除了三四次特殊情况外，他总是将自己关在他那间鸽子笼卧室里。借此，他为自己塑造了一种神秘的形象。直到他临终前几日，尽管年事已高，他仍坚守其指挥职责，勤于料理各项事务，实行守贞禁欲。

在他的各种才能和身份背后，隐藏着一个多产的作家。他的著作留存至今的少之又少，但从我们所掌握的他的著作来看，他仅用波斯文写作，且其散文技巧完善，论证手法纯熟精湛。可惜在阿剌模忒被攻占时，伊朗逊尼派史学家、大臣阿塔·马里克·志费尼在对城堡图书馆进行清点时，奉旭烈兀之命或在他的支持下只保留了几本《古兰经》、几件占星和观察天象的仪器。哈桑撰写的著作因被判定为亵渎宗教、有悖伊斯兰逊尼派的观念，几乎悉数遭到焚毁。唯独一部《四季》得以幸存，但幸存的并非其原本，而是它几乎同时代的阿拉伯语译本，以及从阿拉伯语译本再译回波斯语的版本。哈桑在这部书中描述了智慧德行发展的七个阶段，以及达到伊斯玛仪派伊玛目最高水平所需的知识和智慧。

抛开他所剩无几的著作，单就名声和成就来看，他"似乎是一个胸怀大志、专权独裁的人[34]"。无论他付出了多少努力，无论他的理想多么完美，他在一定程度上都是失败的，因为"他没能清晰地传达他内心的真实想法——号召同时代的人们掌握自己的命运，拒绝跟从那些迷途的向导。他怀疑一切，但他所生活的时代几乎从没给过他说出自己想法的机会[35]"。恐怖策略应该并不是实现他理想的最佳途径！

哈桑·萨巴赫于1124年4月29日星期三的夜晚故去，并被埋葬在他城堡的院子里[36]。他指定的继承人布祖格·乌米德是吉兰省人，"统治"将持续到1138年。乌米德的儿子穆罕默德随后继承了教主的位置，从此伊斯玛仪派的伊玛目之位变为世袭制。或许，他们的衰落也正是从这一刻开始的。其后人将统治阿剌模忒及其附属的城堡和堡垒所组成的这个没有领地却真实存在的国家，与一些邻国的君主和政府建立友好关系，协商结盟，直至

1257 年。1255 年，这一家族的最后一位教主，时年二十五岁的鲁克赖丁库沙掌握了城堡和伊斯玛仪网络的领导权。显然，他的统治并不久长。当蒙古伊儿汗国的缔造者旭烈兀（1264—1265 年在位）帅军征讨阿剌模式城堡时，守军只佯装抵抗了一阵便缴械投降了。此时的阿剌模式其实早已光芒不再，只不过是一大片封建领地的中心和象征。昔日哈桑和布祖格·乌米德所怀有的理想和抱负早已丢失殆尽。如此，鲁克赖丁库沙投靠了蒙古人，并获准与他爱上的一位（必定是很美丽的）蒙古少女结了婚。这个怪异的鲁克赖丁库沙的最大乐趣是看公骆驼与母骆驼交配，蒙古君主赐给他一百头骆驼那天，他感到心满意足。此后不久他便遇害身亡，如此终结了他这段无益的人生。

阿剌模式陷落后，伊斯玛仪派信徒遗散四方，并在各处遭到屠杀和迫害。他们或逃至遥远的山村避难，或变成了苏非组织的成员。

现在，一个庞大的伊斯玛仪派社群仍存在于印度次大陆，这个社群中的卡里姆·阿迦汗王子[37] 自 1957 年起被奉为第四十九代伊斯玛仪派伊玛目。

今天，对伊斯玛仪派信徒人数的统计因研究而异。他们在全世界有一千五百万人左右，其中伊朗有约三百万，均未受到迫害。伊斯玛仪派社群拥有众多营利产业，以及一个大型文化基金会。

此外，人们普遍认为，在黎巴嫩（在这里，德鲁兹派是该国治理基础的《民族宪章》的参与方）、叙利亚和以色列建立的德鲁兹派大社群也深受伊斯玛仪派思想的影响。这是一个团结、神秘、重视自己身份与传统的社群，但同时也十分好战，可随时拿起武器保卫自己的社群。

因此，哈桑·萨巴赫的记忆和思想并不仅仅活在伊朗北部山区的神话和传说中，它们还入侵了影视领域，更充当了某些知名电子游戏的剧情背景。

第十三章

蒙古"灾祸"

成吉思汗，原名铁木真，生于1162年，他所创立的蒙古帝国囊括了中国大部分地区。当他于1219年率军入侵伊朗时，花剌子模的沙王阿拉乌丁·摩诃末自1200年已经在此以苏丹的头衔（而非像阿杜德·道莱一样以"万王之王"的头衔）统治了一段时间。阿拉乌丁·摩诃末受他母亲图儿干合敦的影响很大，在后者的唆使下，他一心敛财，恃强凌弱，在强者面前则奴颜婢膝。据说他统领着一支庞大的军队，最多时能召集四十万兵马。事实上，他却是抵挡蒙古灾祸、保卫国家的错误人选。

在蒙古人入侵前不久，阿拉乌丁·摩诃末身在帝国的边界——突厥斯坦。正在此时，成吉思汗的一个儿子带着一小支部队为追赶一伙鞑靼起义军由此经过。尽管蒙古人立刻向苏丹进行通报，表明自己对该国毫无战争企图，但阿拉乌丁·摩诃末却因蒙古部队人数有限，可使他轻松赢得胜利，便下令发兵进攻。之后蒙古人第二次来信，向他保证他们只想尽快离开该国领土，以避免任何战争冲突。而阿拉乌丁·摩诃末的回答是，他将所有身在他土地上的异教徒视为敌人，并维持进攻命令不变。

他的军队当然在人数上占有绝对优势，但他的士兵年纪尚轻，缺乏经验，纪律涣散。如此，双方在第一天的对阵中没有决出胜负。夜晚时分，蒙古人趁天还没亮就拔营返回了。在撒马尔罕稍做停留后，他们把阿拉乌丁·摩诃末军队战斗力薄弱、执行低效的现状汇报给了成吉思汗。

阿拉乌丁·摩诃末像塞尔柱王朝的君主们一样，也讲突厥语，但他既不是阿尔普·阿尔斯兰，也不是马立克沙。尽管他像这两位国王一样梦想着开疆拓土，但他内心最渴望的却是人们频频夸耀的中国珍宝。于是，他不顾近期才发生的边界冲突，派出一队使臣，向成吉思汗介绍他的王国的优势和财富，当然还有他的军力。他指定赛义德·巴哈奥尔丁－阿卜杜拉·拉齐——一位以睿智持重著称的大臣——带领这支使团。

当使团抵达两帝国边界，蒙古官员询问他们的来意。在得知他们是伊朗"沙王"派来的使臣以后，守城官员殷勤地陪伴他们来到成吉思汗面前，后者亲切地接待了他们，并宣布，作为自己的私人朋友，他们可以随意参观。伊朗使团于是四处巡游，并多次受到成吉思汗的接见，每次见面成吉思汗都重申他对"沙王兄弟"的敬意。在饯行会上，他让使团满载礼品而归，还特意召集数头骆驼运送为沙王准备的礼物。他高声说道："告诉花剌子模的沙王，我希望我是东方的主人，他是西方的主人。我希望我们能够和平相处，自由经商，商队可以在两国之间通行无阻。"接着他说道，"告诉他，成吉思汗是他的朋友和兄弟。"

使团回到苏丹的官廷后向阿拉乌丁·摩诃末忠实汇报了他们的所见所闻。令所有人大为吃惊的是，一心觊觎中国财富的阿拉乌丁·摩诃末听后大发雷霆："他怎敢把我当作兄弟，这是对我的大不敬。他应该受到征讨和惩罚！"

成吉思汗对此毫不知情，于是一段时间后他决定向花剌子模国派出一支大型商队，除了进行交易的货物，商队还带去了赠予沙王的珍贵礼品。成吉思汗希望借此开启两国之间的贸易之路。

在讹答剌——进入边境后的第一座大城市，守城总督海儿汗（也是国王的表弟）在见到商队五百头骆驼背上的财货后利令智昏，向沙王和他姨母谎称这支商队其实是成吉思汗派来的奸细。他因此擅自将他们投入监狱，并没

167

收了他们的货物。阿拉乌丁·摩诃末在他母亲的敦促下,命令处决蒙古商人,并将他们的财物移送至都城。然而,一名蒙古驼夫成功逃脱,并回去将情况禀报了成吉思汗。后者认为应暂且保持克制,于是立刻派去三名信使,向沙王要求将屠杀"凶犯",尤其是海儿汗送交蒙古,依蒙古法律对其进行判决和惩处。他们通知沙王在一周内给予回复。鉴于阿拉乌丁·摩诃末拒绝任何谈判,成吉思汗的主信使对他说:"我的主人命我在遭拒的情况下给出这一口信:如果凶徒没有送交我方处置,等待您的子民的将是成吉思汗狂怒的风暴和复仇的巨浪。"

听到这一威胁,沙王怒不可遏,命人当场将信使斩首。自古以来不斩来使的规矩就这样遭到蔑视和践踏。

这便是伊朗历史上最大的一场悲剧的导火索,而这一悲剧也将降临在诸多其他国家的头上[1]。

成吉思汗因对其对手的实力尚存忌惮,在迟疑了一阵后才于1219年发起了汹涌的报复行动。他最终做出这一决定也是因为他的帝国已然强大而稳定。不过,最重要的是,他受到的羞辱激起了他的报复欲。

他的第一个目标是讹答剌——整起事件的发端之地。蒙古部队在成吉思汗两个儿子的率领下进行了五个月的持续进攻,城门最终被一名守城军官打开,此人可能以为如此便可保住自己和家人的性命。而攻城部队最先做的就是惩罚并处决了这名叛徒;随后,他们手刃了所有居民,并将死者的头颅堆成多座血腥的金字塔。至于总督海儿汗,成吉思汗下令务必生擒。尽管他奋力抵抗,并躲至堡垒中,最终还是被抓获并移送至成吉思汗面前。他被倒吊起来,四肢被砍去,且在呼吸尚存时被斩首。

河中地区草木繁茂、名扬四海的城市布哈拉随后遭到成吉思汗的亲自围攻。在多日抵抗后,各城区主管官员和当地"大人物"一同出城,请求赦免居民,并向入侵者打开了城门。他们真是大错特错!成吉思汗先来到大清真寺，将那里保存的所有《古兰经》扔到地上喂马。接着，他登上敏拜尔（讲坛），对民众宣称："我是天神的愤怒在世间的化身！"他再次下令屠杀所有男人，并将妇女儿童卖为奴隶，最后以火烧全城为他的胜利画上一个"圆满"的句号。

那么与此同时，阿拉乌丁·摩诃末为使人民免遭屠戮都做了些什么呢？

一些侍臣建议他逃走，但他的儿子札兰丁（未来的抗蒙英雄）则主张防御和反击。这位王子认为应该以极端手段展开战斗。不过事实上，沙王是个懦夫。他拒绝将王位，甚至拒绝仅将军权交给他的儿子，在将他的母亲和后宫以及他的财宝转移到马赞德兰省东部的深山中以后，他没有迎战，而是退避至远离前线的内沙布尔。当他的国家在垂死挣扎时，他安然如常，宴饮作乐，夜夜笙歌。

与此同时，成吉思汗稳步挺进。以宏伟的建筑和灿烂的花园令他着迷的大城市梅尔夫也没能招架住他的攻势。在他的命令下，居民们被迫在四天之内全部迁出城市。他们被按照男女分开，儿童也与他们的父母分开。较年轻的女人被集中赶到野地，遭到士兵蹂躏后被屠杀。只有儿童免于一死，被当作奴隶发送到遥远的蒙古内地。

梅尔夫城内的数百座图书馆是举世闻名的时代见证[2]。但整座城市被清空后便遭纵火焚烧，与之一同化为灰烬的是又一部分伊朗记忆。

在巴尔赫，居民以保命为交换条件，投降蒙古。成吉思汗接受了投降条件，但居民刚被驱赶出城，便在他的命令下悉数遭到屠杀，随后城市也被烧毁。

在巴米扬之围中，居民竭力抵抗，并杀死了成吉思汗的一个儿子。当巴米扬破城之时，成吉思汗下令，一如既往屠杀全部居民。不过女人们会有"特殊"待遇：全部被剖腹，孕妇将亲眼看着自己的胎儿被砍成碎块！

当成吉思汗在众多蒙古王子的追随下围攻撒马尔罕——这颗中亚的璀璨

明珠时，负责城市治安的武装人员仅对他进行了一般程度的抵抗。另一方面，城中的宗教首领——谢赫伊斯兰和大法官加齐·古扎特，大义凛然地走出城门，在无人陪同的情况下向成吉思汗请求赦免市民。后者同意赦免他们二人以及由他们选出的五万名市民，随后军队进入城市。如此三万工匠得以生还，并被赐给蒙古将领做奴隶。但不幸的是，撒马尔罕的军队指挥官阿尔布汗趁蒙古军队不备带着一千名官兵成功突围，逃离堡垒和城区，追随国王去了。成吉思汗闻讯勃然大怒，不顾自己先前的"宽容许诺"，下令无差别屠杀所有居民，并毁灭城市。

这些恐怖的场景在雷伊、库姆、洛雷斯坦省的霍拉马巴德、阿塞拜疆的各大城市不断上演，只有大不里士的政府通过谈判，为其居民争取到了特赦不死的和平结果。

成吉思汗这时只剩下一个主要目标：生擒花剌子模沙王阿拉乌丁·摩诃末。他将这一任务交予他的三万大军，后者在摧残了呼罗珊的多座城市后抵达了内沙布尔。携家眷随从龟缩于此的国王闻听蒙古大军正在逼近，于是在将自己的母亲、总理大臣和后宫送到另一个堡垒后再次躲避战斗，慌忙出逃。从此，他开始了逃亡生涯。他越发孤立无援，没了主意，最终只身逃到里海的一座小岛上，以为在这里他便脱离危险了。

与此同时，蒙古大军发现了他家人的踪迹，并将其团团包围。在断水断粮的情况下，国王的家人最终无奈投降，并连同堡垒内藏匿的珍宝一同被遣送至成吉思汗面前。堡垒随后被夷为平地，王室家庭也在成吉思汗的命令下被全部屠杀。

数日之后，一名为阿拉乌丁·摩诃末送饭的侍从向他告知了这一噩耗。不久以后，他的三名军官在河边发现了他已被野兽和虫子啃噬殆尽的赤裸遗体。他们中的一人将他的衣服撕扯后包裹了这位生前不可一世的国王的遗体，然后将其掩埋。他的"坟墓"没有在世间留下任何遗迹。

当时已经疾病缠身的沙王可能死于悲伤过度，但无论如何，1220 年他的离世没有结束成吉思汗的烧杀掳掠。如此，曾经热闹繁华的内沙布尔连一条狗都没有剩下。

从 1219 年征战伊朗开始，到 1227 年成吉思汗在其帝国东部对西夏[3]作战并多次取胜后去世，蒙古军队让阿拉乌丁·摩诃末帝国的大片地区和周边邻国变成了一片废墟。他们进行了大屠杀，数千公顷农作物被烧毁，极具价值的建筑瑰宝和一座座图书馆化为灰烬。"他们来了，他们杀人放火，他们走了"，当时的一位编年史作家如此总结道。

诚然，国王的卑怯理应受到指责，而被围之城居民们的勇气也令人钦佩！但在亚洲有谁能够抵挡蒙古大军的铁蹄呢？

当然，在阿拉乌丁·摩诃末死后，他的儿子——王储札兰丁终于开始组织抵抗。他甚至有几次击败了蒙古军队，但他手上的军力比他父亲初时的军力大大缩减，且国土也遭到极大侵蚀，甚至从地图上被直接抹去。他的百折不挠，他的英勇无畏，他取得的数次胜利，他为逃避蒙古追兵骑马穿越印度河的壮举，他于 1231 年在库尔德斯坦山中孤独死去，这一切都使他成为一名为抵御外敌殉难的烈士。但抛开那些光环与荣耀，他的努力却是徒劳的。

随他一起消失的是花剌子模的沙王家族——伊朗第三大后伊斯兰突厥王朝。它于一个多世纪内逐渐发展成形，并在阿拉乌丁·摩诃末的统治下达到鼎盛。据称他曾意图征服巴格达，因阿拔斯王朝虽日渐衰败，巴格达却依然十分富有。如果信使没有被杀，成吉思汗很有可能不会或不敢轻易入侵伊朗领土。阿拉乌丁·摩诃末的怯懦和逃避使他成为后来这场悲剧的罪魁祸首。

正如伊朗萨珊帝国 7 世纪起被阿拉伯入侵彻底摧毁一样，这一次，一个世界在蒙古入侵下土崩瓦解，一个时代也就此终结。除上述原因以外，其他方面的因素也同样不可忽视。

在这些因素中，包括阿拉乌丁·摩诃末与巴格达的哈里发之间的仇视或对立。哈里发很可能没有充分估计到这一危险最终会对他造成的威胁，于是让他的对手独自应付困局。巴格达仅将成吉思汗视作那个可以削弱甚至可以消灭他的敌人的敌人。不幸的是，札兰丁在他父亲去世后才开始掌权，这时已经太迟，他成为一个已经四分五裂的帝国的君主，而他也丝毫指望不上哈里发的支援。

在这一内部冲突之中还要加上逊尼派与什叶派从未间断的斗争，其中巴格达的什叶派作为少数派，时常被排除在权力阶层之外，并遭到民众的歧视，甚至欺凌。整个伊斯兰世界因此受到严重的动摇，令人不禁联想起之前正是琐罗亚斯德教徒与基督徒的明争暗斗给了阿拉伯入侵者可乘之机。

逊尼派内部的分裂也对大局上的混乱有推波助澜的作用。事实上，哈乃斐派与沙斐仪派[4]相互憎恶。而且，哈乃斐派有时俨然就是蒙古军名副其实的第五纵队，但这并没有让蒙古军在获得胜利后，提供给他们高于其他教派的待遇。

最后，伊斯玛仪派的实力尽管今非昔比，却仍不可小觑。而他们因在蒙古入侵时保持中立，随后也付出了代价。

要完成这幅预示着灾难的图画，还应该加上勇敢的札兰丁在抗击蒙古军队的同时，不得不应付的克尔曼、阿塞拜疆和格鲁吉亚的起义。

因此，伊朗穆斯林世界面对蒙古灾祸时全面崩溃具有诸多原因，任何将这一灾难进行简化的视角就算有某些历史学家的支持，却都不可能与现实情况相符，因为所有大帝国的覆灭均由多个极其复杂的因素而非单一因素所导致。本情况也不例外。

无论如何，札兰丁的死标志着伊朗国土上又一个时代的终结，正如伊嗣俟三世的死之于萨珊帝国一样。

在1231年札兰丁离世与标志伊朗帝国重生的萨非王朝掌权之间有将近

三个世纪，那是一段混乱而血腥的时期。

成吉思汗在1227年8月去世，在此之前他曾召集了他的几个儿子，向他们分封帝国领土。伊朗部分被划给长子尤赤。如此，当札兰丁尚且在世并持续战斗时，尤赤已经接替了他的父亲，继续征伐劫掠。他于1227年2月在成吉思汗去世数月前死去，并由其弟窝阔台继任，后者于1241年离世。随后窝阔台的妻子临朝称制，直到1251年，在围绕疆土分配的诸多纷争之后，他的侄子旭烈兀掌权。旭烈兀在一位伊朗大维齐尔和杰出作家纳西尔丁·图西的辅佐下，在前进道路上发现了两个主要障碍：围绕阿剌模忒存在的伊斯玛仪派的残余势力——我们已经知道他们后来的命运[5]——和巴格达的哈里发，他决意将后者推翻。他选择即刻进军阿拔斯王朝都城，围城长达两个月之久，并最终逼迫阿拔斯王朝的末代哈里发穆斯塔欣投降。进入巴格达时，见到奢华的宫殿和堆积如山的财富，他不禁对穆斯塔欣说道："为什么聚敛这么多财富，却不用它来建立一支像样的军队，以保卫你和你的领地呢？[6]"

虽然哈里发会被处死已是毫无悬念，但旭烈兀迟迟没有动手。尽管他不是穆斯林[7]，但他十分迷信，他听说先知穆罕默德后继者的血会令厄运降临在使它洒出的那个人身上。在他亲信的建议下（他的总理大臣以反阿拉伯闻名），他命人将哈里发全身包裹起来，再在上面碾轧、踩踏，使之最终窒息而死。于是，阿拔斯哈里发国以这种屈辱的方式于1258年宣告终结[8]。

将这一"障碍"清除后，旭烈兀率军继续挺进至地中海沿岸。他显然没有料到会遭到埃及马穆鲁克王朝的抵抗，并于1260年在阿音札鲁特被后者击败。这一失利令蒙古军对近东的征服战戛然而止。

旭烈兀于1265年在伊朗西北部的马拉盖逝世。他的坟墓大概位于阿塞拜疆，乌尔米亚湖的一个岛上。他的儿子随后继承了他的王位，并在伊朗建立了伊儿汗国，该国统治将持续至1337年。

旭烈兀死后的一个世纪见证了作为成吉思汗和旭烈兀后代子孙的蒙古君

主们相互残杀、日趋伊斯兰化的过程。他们中比较知名的君主合赞也逐渐融入伊朗文化，并曾试图重建一个有序的国家。合赞的总理大臣拉施德丁不仅是位大文人和史学家，还是一位改革家，他的多项改革措施具有惊人的现代性。在行政与司法方面，他建立了一套法律文书和契约的登记系统，规定司法判决必须得到书面记录并存档，并确立了民事、商事和刑事文书保有三十年时效的原则。

在财政方面，合赞与他的总理大臣废除了各省总督或进贡的诸侯向国库竞标税务价格的系统，指出这正是令纳税人遭受不公正待遇的根源，因为这些权贵在向国家缴纳税金以后便对他们的子民横征暴敛。改革后，国家按照新政策派出国库特派员，对每位国民的财产进行估价，确定他可以合理支付的税费金额。以这种方式确定的名单都由大不里士集中管理，以杜绝地方官员中饱私囊，而国家将以此确保个人最终支付的税款不会超过预估的金额。这种适应于当代的税收系统在某种程度上不正是我们后来所谓税收公正和累进所得税的鼻祖吗？

此外，他们还在全国范围内统一度量衡，其中不仅包括零售贸易中的尺寸和重量，还有商业交换中使用的贵重金属的比重。

拉施德丁的另一项创新举措是在全国组建了一套"查帕哈内"——邮局和旅行系统，通过在交通道路上以合理的间距设立接力驿站，确保旅行安全和信函定期持续送达。

最后在军事方面，合赞针对埃及马穆鲁克苏丹进行了两次大规模军事行动，第一次大获全胜，但第二次遭遇惨败，并从此结束了蒙古政权对北非的扩张。

尽管家族内部争执不断，他的事业还是由他的弟弟完者都[9]，且小部分由他的侄子不赛因继承。伊儿汗王朝的苏丹们，无论各自的成败如何，都试图修复其祖先对这片土地造成的破坏。

与他们的统治同时期存在的还有一些本地王朝，都以进贡国的身份占有大片领土，其中有些历史十分悠久，如法尔斯省的阿塔贝克（以设拉子为都城）[10]。他们竭尽所能保卫自己的领土不受成吉思汗及其儿子的破坏，在克尔曼省和洛雷斯坦省等其他地区也是如此。

于是，在旭烈兀的伊朗化继承人以及几位卓越大臣的治理下，这个国家又重新开始呼吸，去修复那些可以修复的东西。人们"重归土地"，又开始在荒芜的田野里翻土播种。

当人们开始渐渐遗忘痛苦的过去时，没人想到另一波浩劫会再度来临。然而，帖木儿（1336—1405年）还是来了，这个被称为"跛足的帖木儿"的突厥-蒙古首领是一名穆斯林。他自称是成吉思汗的后代，且以伊斯兰信仰作为自己残暴行为的借口。

呼罗珊，作为他于1369年进入伊朗领土的大门，首当其冲遭到了破坏、掠夺和屠杀。随后，情势蔓延至整个国家。在伊斯法罕[11]这个仍保留了几分往日繁荣的城市，他野蛮残暴的名声促使城市领主阿米尔·莫扎法尔·丁卡奇在一众名流显贵的陪同下面见帖木儿，向他献上城门钥匙。后者欣然接受。在一番谈判之后，他们商定市民可保全性命、城市可免于毁灭，作为交换他们必须缴纳一笔高额赎金。之后，帖木儿进入伊斯法罕城，参观了金库所在的堡垒，他将谈判团扣为人质，派出一队莫哈塞尔（收费官）去各个城区收取每家每户应承担的那部分赎金。但收费官对居民施以暴力，强奸妇女，居民与他们发生了冲突，并杀死多名莫哈塞尔。帖木儿闻讯，下令屠城，根据不同史料记载，死者人数在七至二十万之间[12]。无论具体数字是多少，都足以让他像成吉思汗一样，下令用死者的人头垒砌金字塔！

帖木儿在伊斯法罕居住了一阵[13]，并在此设置了一支强大的守城部队，以防不测。他随后率军前往设拉子，市民汲取了伊斯法罕的教训，在支付了一笔可观的赎金后，城市得以免于兵祸。帖木儿因迷恋设拉子的花园，在此居住了很长时间，并对此地留下了挥之不去的记忆。当他定都撒马尔罕时，他命令在这里修建多座花园，花园的名字皆与设拉子的相同：贾汗纳马花园、德戈萨花园、天堂花园……

如此，帖木儿为自己缔造了一个囊括中亚、伊朗、今天的伊拉克、土耳其和一部分印度的庞大帝国。凡是反抗的城市都会遭到他无情的蹂躏。而德里、阿勒颇、大马士革、巴格达都承受了与伊斯法罕相同的命运。就在他准备向明朝[14]统治下的中国大举进攻时，他于1405年2月中旬在讹答剌[15]暴毙。

帖木儿在世时，对这些新纳入版图的领土的行政管理兴味索然，因此他的帝国比成吉思汗留下的帝国更加混乱无序，在他死后，随着一系列王位争夺战，帝国便四分五裂。他的长孙皮儿·马黑麻获得了阿富汗；他的几个侄子和死去的二子乌马尔·沙黑的儿子分到了设拉子、伊斯法罕和哈马丹地区；他的三子米兰沙将统治阿塞拜疆和巴格达地区；而伊朗东北部和呼罗珊将从1405年落入四子沙哈鲁的手中。

沙哈鲁的统治将持续四十三年，直到1447年。他在世人眼中是"公正与和平主义的楷模，可以被视为伊朗领土上最伟大的国王之一。在他及其继承人的统治下，伊朗的文化和艺术水平都达到了巅峰[16]"。如此，撒马尔罕、马什哈德和赫拉特都成为生气勃勃的文化中心。艺术家、诗人、书法家、细密画家，甚至音乐家（在当时的伊斯兰地区实属少见），都在这里受到欢迎和鼓励。

这一时期留下的古迹展示了精雕细琢的建筑艺术和以"恢宏壮观"为代表的、萨珊时代典型伊朗精神的回归。完者都的陵墓说明了这一点，而位于马什哈德的高哈尔绍德（沙哈鲁妻子的名字）清真寺乃至整个撒马尔罕城更是这一点的见证。

此外，也正是在蒙古入侵之后的这一时期，文学、诗歌、散文、历史、哲学等都在伊朗西部得到了全面发展。达利语再次凝聚起了伊朗人民，这些深深依恋着自己传统文明的人期待着将帝国各个部分重组复原。如此，帖木儿的继承者们很好地证明了伊朗文明与文化对外来者的强大吸引力，以及其融合力与同化力。

帖木儿死后，他的几代继承人的统治范围逐渐缩向了伊朗东部，于是来自突厥或土库曼的王朝逐渐兴起，侵占并瓜分这片领土，他们之间时常兵戎相见，并与奥斯曼帝国频兴战事。他们中最为著名的两个是白羊王朝——以其旗帜上的白羊图案得名——和以其黑羊旗帜得名的黑羊王朝[17]。

二者之间的敌对冲突最终导致了萨非王朝的建立，从而实现伊朗的全面重生。

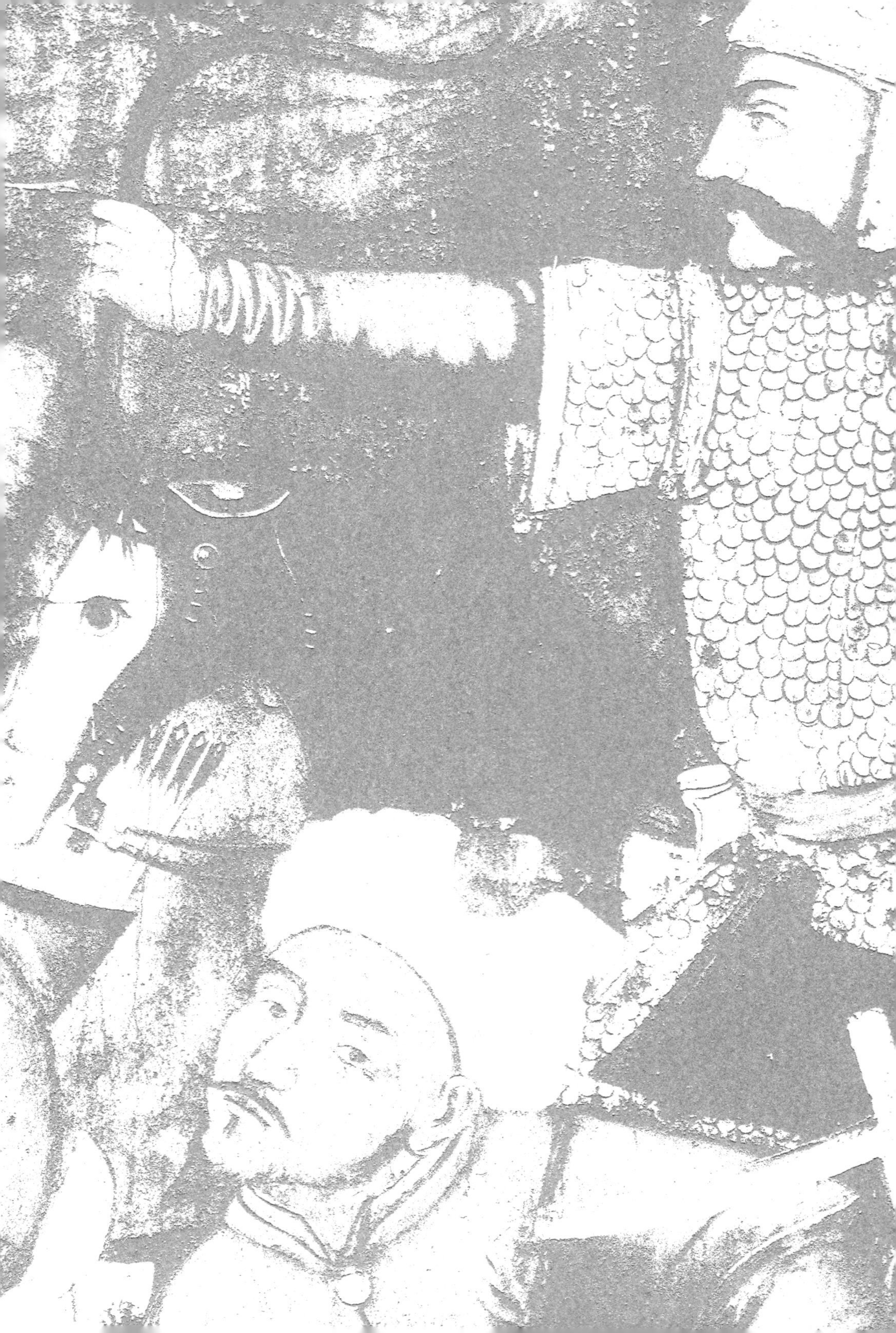

第四卷

萨非黄金时代

萨非王朝算得上伊朗的一个黄金时代吗？在伊朗经历了漫长年代的兵荒马乱之后，我们可以这样认为。在几个世纪之后首次出现了一个强势政权，并存续了两个多世纪。萨非王朝在其统治时期曾尝试将一个多元混杂的国家联合在一起；面对各方面的地区势力，特别是来自奥斯曼和乌兹别克的威胁，竭力稳定边界；重新定义内部权力的分配；几乎从零开始创建适用于多个民族共同生活的法律系统；在保有强烈民族认同感的同时向世界开放。萨非王朝的沙王们发起的正是对这多元的挑战，而他们也在一定程度上获得了成功，特别是阿拔斯一世，他凭借其治国天赋，以及其（偶尔借由暴力）建立的"萨非治世"，在一段时期内保证了与外界的政治、商贸、宗教和艺术交流。事实上，当西方将自己的霸权向新的疆域扩张时，伊朗正投入到君主制国家的建设中，在此情况下，它已无法继续漠视这些新兴的权力方的地缘政治背景。

然而，萨非王朝坚实而强大的力量是在建朝之前的三个世纪中逐渐形成的。在这一过程中，教权慢慢让位于俗权或与之结合，禁欲主义等清规戒律在积聚的大量财富面前不断退却，意识形态慢慢成形，王朝的疆域和边界日趋清晰。

第十四章

一个新王朝的崛起：从宗教到政治

从 1501 至 1722 年，同一家族的九位沙王相继登上萨非王朝的王位：伊斯玛仪一世（1501—1524 年在位）、塔赫玛斯普一世（1524—1576 年在位）、伊斯玛仪二世（1576—1577 年在位）、穆罕默德·科达班达（1577—1587 年在位）、阿拔斯一世（1587—1629 年在位）、萨非一世（1629—1642 年在位）、阿拔斯二世（1642—1666 年在位）、苏莱曼一世（1666—1694 年在位）和素丹·侯赛因（1694—1722 年在位）。前期的帝王仗剑创立帝国，后期的帝王坐享其成，任其由盛转衰。

在伊斯玛仪一世——这些被欧洲人称为的苏非大帝中的第一位——君临天下以前，伊朗走过了漫长的道路。事实上，在数个世纪中，特别是在帖木儿的帝国崩溃以后，整个国家陷入一片混乱，贫困凄惨的景象随处可见，于是在破败萧瑟中迷失方向的人们想要寻找一个精神领袖，而该族系正是在这样的背景下一步步实施其征服蓝图的。

他们的故事始于 13 世纪中叶。当时，一位苏非派"长老"吸引着众多信徒——有些甚至来自远东，他叫谢赫扎希德·吉拉尼（约 1216—1301 年）[1]。他住在里海岸边的拉希詹树木繁茂的高地上，并在吉兰省一座名为伊利亚－吉兰的小村庄创建了一个苏非兄弟会。根据他身后的传说，一天一个名叫萨非·丁[2] 的人来到他的"哈纳卡"（苏非教士活动中心）拜访他。

生于 1252 年的萨非·丁来自阿塞拜疆阿尔达比勒附近的卡尔呼兰，他那富有的家族已经在那里生活了七代[3]。在信仰的召唤下，他从小就时常前往当地的两大神秘主义长老的墓地瞻仰，二者都曾师从一位苏非派大师，先知的后代，死于910年的谢赫巴格达的祝奈德。据说，萨非·丁曾梦见自己坐在传说中的卡夫山巅——"距离地球最远的点"上，头戴一顶裘皮帽，一侧佩剑，凝视着初升旭日的光辉洒满大地。他是否从中窥见他教团的远大前途呢[4]？无论如何，他在闻听另一位神秘主义者谢赫纳杰布·丁·巴兹古什·设拉子的盛名后，前往设拉子寻访。但为时已晚，后者刚刚过世。但他还是在这座城市停留了数年，来往于不同宗教团体，研修《古兰经》。确定在这里待下去已无助于自己的进益之后，他回到了阿尔达比勒，并在多年以后三十岁时，加入了谢赫扎希德·吉拉尼在吉兰省高地的教团。

一见面，萨非·丁就凭借其博学广识、领袖魅力、严谨的道德准则、对禁欲的坚守博得"长老"的赏识。他从此成为长老的弟子，在他门下求学十七年。长老对他的偏爱超过自己亲生儿子贾迈勒·丁·阿里。他随后与长老之女比比·法特梅成婚。于是，当谢赫扎希德·吉拉尼于1301年去世时，萨非·丁便成为谢赫。苏非派门下的一部分信徒认为他获得了长老衣钵的真传，决定跟随他。萨非·丁从此回到了阿尔达比勒，并在此创立了一个全新的苏非教团：萨非教团。

他的圣人之名直到他1334年去世以前为他吸引了从阿塞拜疆到安纳托利亚的大批信众，他们中以农民居多。甚至有人说，曾经仅仅三个月中就有一万六千名信徒从小亚细亚远道而来拜访他，蒙古的达官贵人也在他的崇拜者之列：比如成吉思汗的后代——完者都皇帝的丞相拉施德丁曾在先知诞辰纪念日派人给他送来食品、银钱和香料。他的崇高声誉也保护了阿尔达比勒及其居民，使其没有遭受蒙古执政者的种种暴行摧残。他于1334年9月12日离世时，被民众当作圣人一样敬仰。他的人生为他的后代赋予了神圣的光环，而他的后代注定改变伊朗的命运。

此时，萨非教派尚且不具有政治色彩，仅限于神秘主义，其体系建立在对长老的尊崇，对其思想和抉择的服从上。尽管萨非·丁从各方面看来极有可能不是什叶派信徒[5]，但他的教团却归入了什叶派，因为扎希德·吉拉尼就像他家乡的大多数人一样信奉什叶派。这一选择使他们从一开始就与包括奥斯曼帝国在内的主流穆斯林——逊尼派有所差异[6]。

萨德尔·丁继承了他父亲的教主位置。在他掌权的五十九年间，该教派在当地小王朝混战的乱局下稳固发展。尽管他的举措并不引人注意，却卓有成效。他在阿尔达比勒为纪念其父兴建的一座陵墓使这座城市成为该教派的权力核心，并吸引了越来越多的信徒。此外，1372年札剌亦儿王朝的艾哈迈德苏丹对其领土和收入免除一切赋税，使得教团的财力大增。于是，"萨非教团"在教权和俗权方面的实力均有提升。它与一些兄弟会——如突厥"阿克希（兄弟）"——和一个苏非"富图瓦"骑士团之间的结盟也成为它发展道路上的一个意识形态转折点：从沉思冥想转入扶弱济贫的实用主义道路。这是它朝政治斗争迈进的第一步。

当他于1391年去世时，他的儿子赫瓦贾·阿里继位，其统治持续到1427年。赫瓦贾·阿里因其一成不变的象征虔诚的黑色装束被称为"希亚·朴师（黑衣人）"。他在传承萨非·丁的基本训导的同时，更着重寻求教团的繁荣强盛。他一改祖先的作风，公开宣布教团为什叶派，这也成为教团历史上的一个重要决定。他将教团转变为某种近乎神权政体的组织，也就是说，他们需要军队。赫瓦贾·阿里与帖木儿之间可能存在的友好关系以及在后者的安卡拉之战（1402年7月20日）他对其提供的支援将有助于赫瓦贾·阿里对神权政治的构建，并"使那位以凶残著称的蒙古征服者释放了众多土库曼战犯——非奥斯曼人的突厥牧民[7]"。

这些来自安纳托利亚的土库曼人分布于众多亦敌亦友的部落中——罗姆鲁、沙姆鲁、斯塔吉鲁、乌斯塔吉鲁、塔克鲁、佐格哈达尔、阿夫沙尔、卡扎尔、瓦萨赫……他们对赫瓦贾·阿里感恩戴德，其子孙后代除在安纳托利亚霸权争夺之中与奥斯曼政权开战以外，还向萨非政权提供所需的军力。他们中某些信徒甚至为其牺牲性命也在所不惜，这令人不禁联想到哈桑·萨巴赫的"菲达延"。此外，如果相信葡萄牙作家若昂·德·巴罗斯的记述，"作为他的组织和新宗教的一个标识和象征，也为纪念霍森（侯赛因）的十二个儿子，他（赫瓦贾·阿里）佩戴一顶穆斯林平日时常佩戴的蘑菇形帽子，但帽子中央带有一个金字塔形的尖顶，并分为十二条竖向的褶皱。他的儿子祝奈德继承了他的这一习惯[8]"。于是，奇兹尔巴什（"红头"）诞生了[9]。他们将成为势力强大的封建领主，有时令中央政权不堪其扰，因为他们在萨非王朝内部形成了一股竞争力量，令王室在其统治的整个过程中常常难以驾驭。

在赫瓦贾·阿里于1427年去世时，他的儿子谢赫易卜拉欣（1427—1447年在位）接过了阿尔达比勒的权杖。他的举措少之又少，编年史作者鲜有提及。我们所知道的只有比起祷告他更偏爱战争，他曾借助部署在安纳托利亚的部队与统治着阿塞拜疆的强大兄弟会卡拉-科雍鲁（黑羊）[10]的头领杰汗·沙赫结盟，并于1439年陪同他远征达吉斯坦的切尔克斯基督徒，这一行动使他以残酷著称。

然而，正是他的长子祝奈德（1447—1460年在位）自15世纪中叶为教团打上了强烈的政治军事印记。作为第一任萨非君主，他自称"苏丹"，尽管这与苏非宗派的"谢赫"头衔不大和谐[11]。除了雄厚的财力，他还拥有大片地产，其教团的领土覆盖阿塞拜疆和伊斯法罕、哈马丹地区。祝奈德与日俱增的权力带有领袖崇拜色彩，且远非苏非长老本分的灵修。这一切都令黑羊王朝的杰汗·沙赫深感忧虑。于是，后者命他解散兵力。事实上杰汗·沙赫有意让祝奈德的弟弟——一心扑在宗教上的贾法尔取而代之。

祝奈德被迫屈从。他逃出阿尔达比勒，躲到伊拉克，接着又前往叙利亚、土耳其，最终在迪尔巴克尔与土库曼王朝阿克-科雍鲁（"白羊"）的首

居鲁士陵墓，位于伊朗法尔斯省的帕萨尔加德遗址。帕萨尔加德是阿契美尼德帝国的第一个首都。

居鲁士圆柱

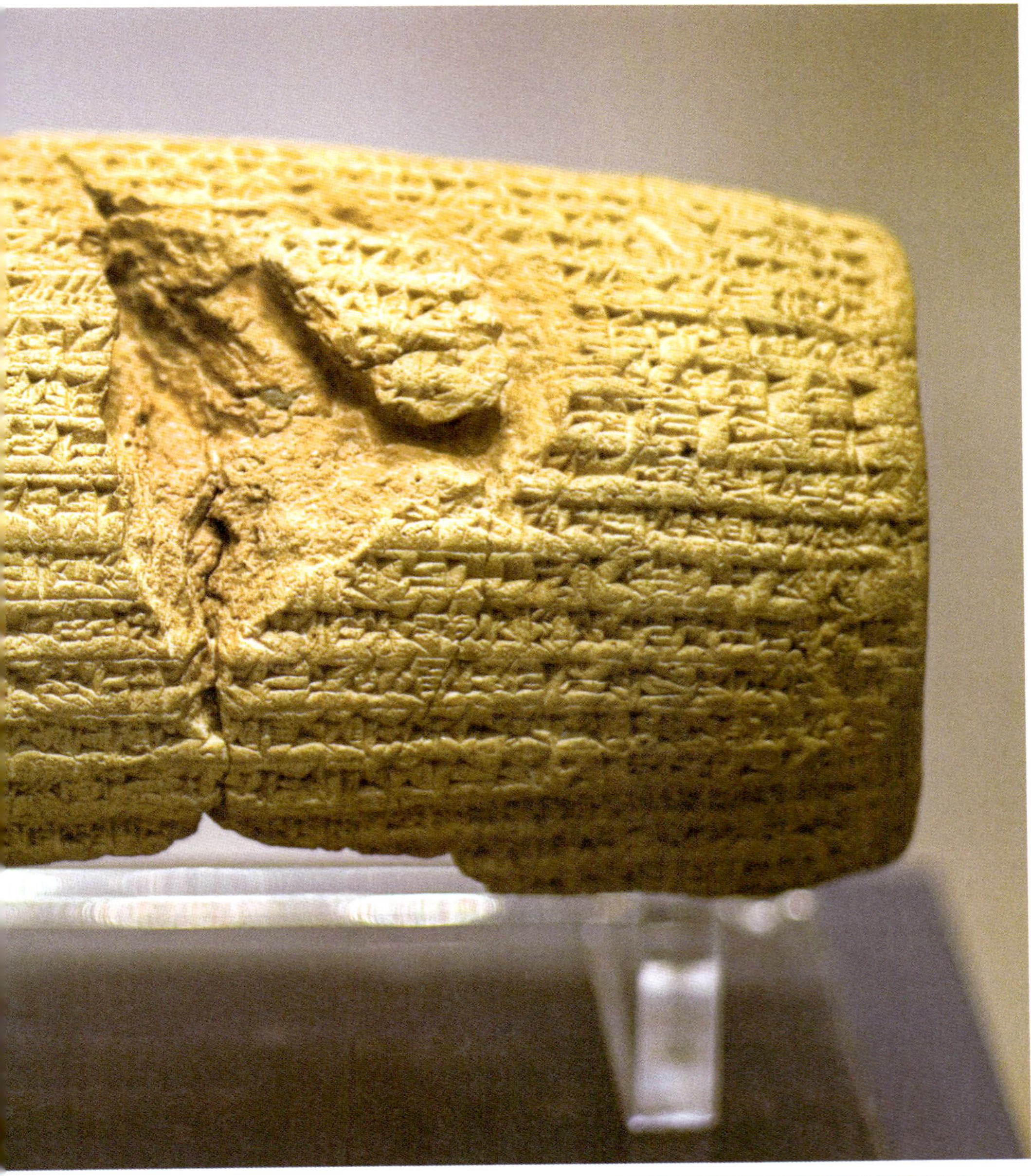

波斯波利斯的宫殿建筑群遗址，有阿帕达纳宫、百柱宫、塔查拉宫、万国门等。波斯波利斯为阿契美尼德帝国的首都之一，位于设拉子东北60公里左右。此图为万国门。

此图为阿帕达纳宫台阶侧壁上的浮雕。

波斯帝王谷（又译作"纳克什鲁斯坦"）在波斯波利斯古城遗址西北约 12 公里处，葬着阿契美尼德王朝的四位帝王，分别是：大流士一世，薛西斯一世，阿尔塔薛西斯一世，大流士二世。

贝希斯敦铭文，位于克尔曼沙阿省的贝希斯敦山上，使用了埃兰文、波斯文和阿卡德文三种文字。

贝希斯敦铭文（局部）

萨珊时期的银盘，萨珊王朝的金属工艺取得很大成就，国王狩猎是当时常见的主题。

萨珊时期的塔克基思拉宫的遗迹，位于巴格达以南约35公里处。此伊万高30多米。

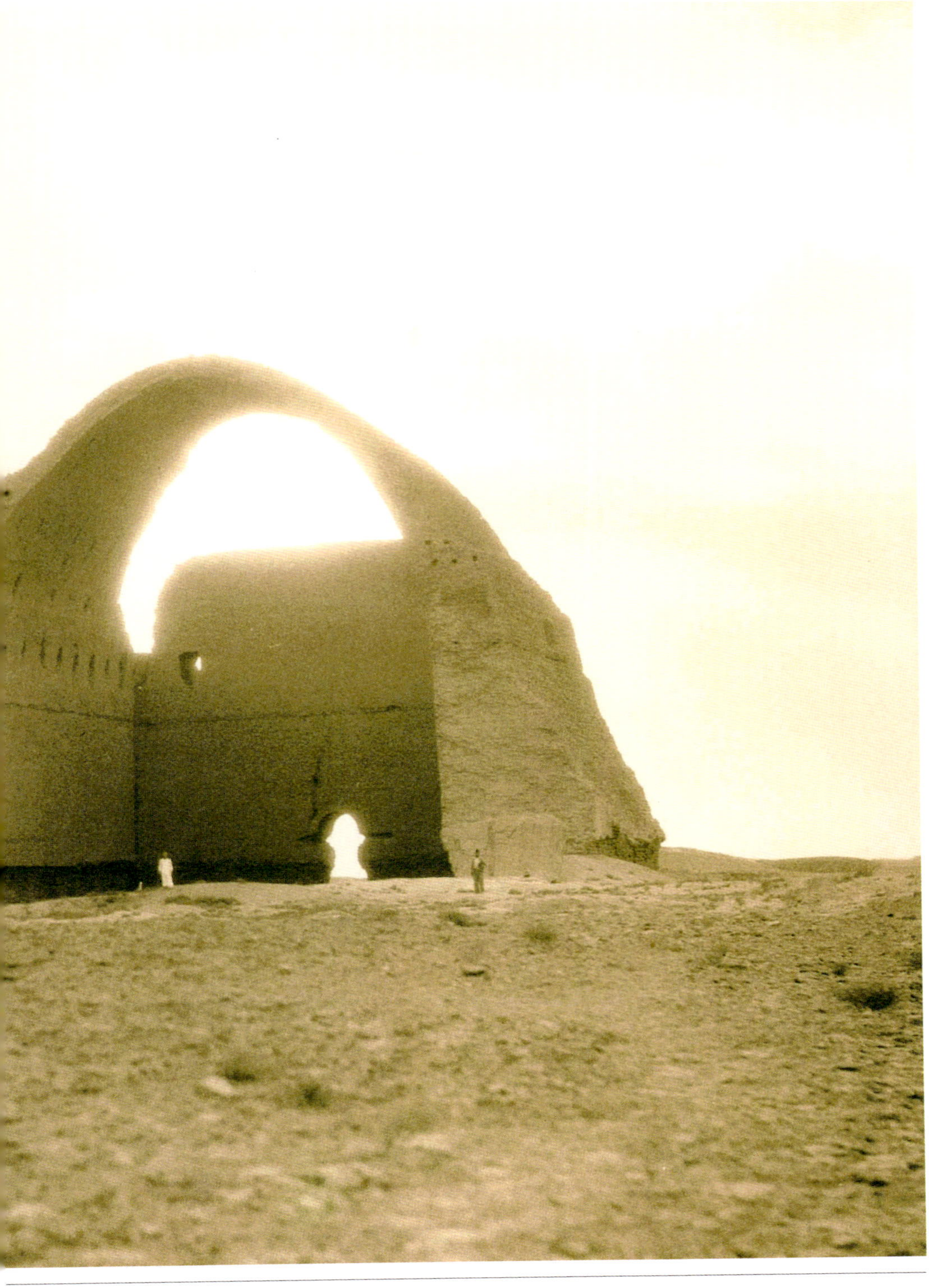

内扎米《五卷诗》的细密画配图,描绘的是霍斯劳与席琳初遇的场景。

礼萨·阿巴西的细密画《情人》。礼萨·阿巴西是阿拔斯一世时期的著名画家，他以独特的线条和色调应用极大地拓展了细密画的绘画方式。阿里卡普宫的壁画也有很多出自礼萨·阿巴西之手。

伊斯法罕的伊玛目广场和伊玛目清真寺

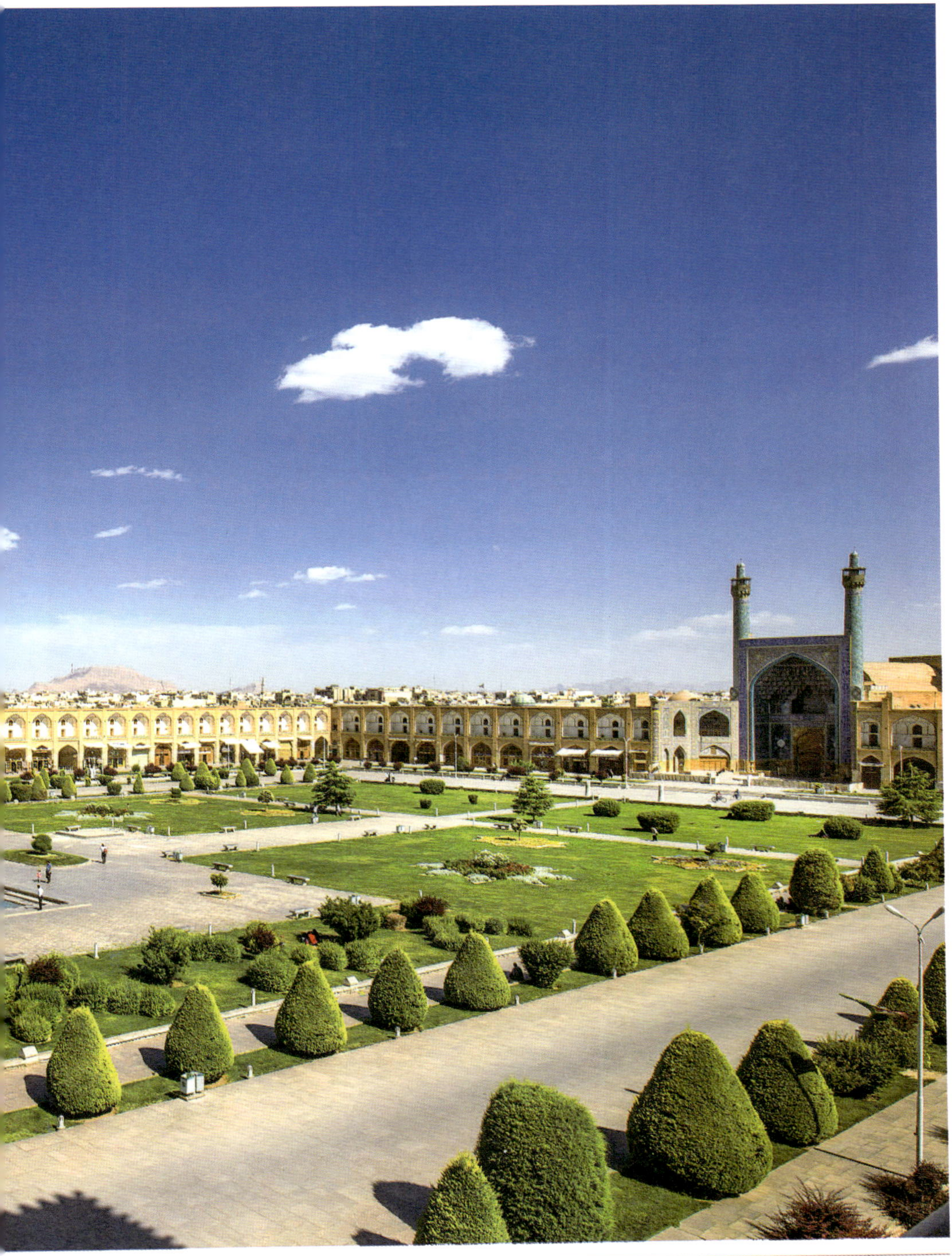

阿塔尔《百鸟朝凤》的细密画配图。

领乌宗·哈桑（1453—1478年在位）的妹妹赫蒂贾·贝格姆成婚，而白羊王朝正是黑羊王朝及其首领杰汗·沙赫的宿敌。对逊尼派的乌宗·哈桑来说，这真是天赐良机。因为他一直企图染指阿塞拜疆，并取代那里强大的黑羊王朝。虽然祝奈德属什叶派，但他完全可以从祝奈德那里获得对阿尔达比勒的控制权以及散布在这一宗教圣地周围、效忠萨非家族、反对杰汗·沙赫的那些信徒的支持。此时，白羊王朝尚且势单力薄，不具备征服阿塞拜疆的实力，于是祝奈德首选进攻切尔克斯的基督徒，以求征服哈利卢拉的领土希尔凡及其国都沙马基。他没理会哈利卢拉的再三警告，冲上阵地。这真是大错特错：他与妻子赫蒂贾·贝格姆于1460年在此双双殒命。他们的追随者也在惊慌无助中散去。与白羊王朝结盟的萨非运动与他们刚刚出世的儿子海达尔（1460—1488年在位）能否绝处逢生，再次壮大？

与此同时，在阿尔达比勒，海达尔的叔叔贾法尔继续在黑羊王朝的支持下掌握苏非教团的精神与财政领导权。他通过让自己的儿子谢赫卡西姆迎娶杰汗·沙赫之女，使双方关系日益紧密。

1467年，局势突变又起：乌宗·哈桑将黑羊王朝赶出阿塞拜疆，将祝奈德之子海达尔立为萨非教团首领，并将自己与黛丝比娜·卡顿育有的一个女儿玛莎许配给他。玛莎的另一个更为人所知的名字是阿兰莎·贝格姆，其母黛丝比娜·卡顿本身是特拉比松德帝国[12]皇帝约翰四世的女儿。于是，乌宗·哈桑成为当地霸主。他妄图控制安纳托利亚，却未能如愿，只因他于1473年在与奥斯曼帝国苏丹穆罕默德二世的战斗中一败涂地。

当1478年乌宗·哈桑去世时，海达尔巩固了萨非教团中教权与俗权之间的联系，为此他招募了安纳托利亚身经百战的兵将，其中多数是对奥斯曼苏丹的压迫感到不满的罗姆鲁人。这些新的奇兹尔巴什将进一步壮大萨非王朝已有的安纳托利亚盟友的支持，他们也将带有十二道褶皱的红帽子——从此被戏称为"海达尔王冠"——戴在头上，以此宣示他们对什叶派十二伊玛目的尊崇。

萨非教团向政治领域的挺进已经毫无悬念：宗教首领与领土征服者从此集于一身，且没有引起任何异议。就连白羊王朝的新晋首领，阿兰莎·贝格姆的哥哥雅古布，在面对自己妹夫的野心时也没敢在第一时间阻挠，直到阿兰莎为海达尔生下了三个儿子——阿里、易卜拉欣和伊斯玛仪，这令萨非王朝的前景初见端倪。白羊王朝一方则很快从中窥见对其来之不易的权力的威胁。

事实上，海达尔的霸权野心早已昭然若揭。以再次进攻切尔克斯人为名，他对希尔凡发起战争，并于1488年包围了沙马基城。然而，此时这里的统治者法鲁克·亚萨尔是雅古布的岳父。于是，当法鲁克·亚萨尔在萨非王朝的攻势下退守在自己的城堡中时，雅古布派出白羊王朝的军队前来解救他，并于1488年7月9日在塔巴萨兰击败萨非部队，海达尔也在战斗中丧生。如此，雅古布便没有对手了。1489年他命人将海达尔的几个儿子和他们的母亲——他的亲妹妹——流放到伊什塔克尔的堡垒中，这一远在法尔斯省的地区曾是萨珊王朝的发祥地。

翌年，雅古布死于鼠疫，随即一场继承权争夺战在白羊王朝内部展开，并持续十年之久。1493年，一个王位竞争者鲁斯塔姆·米尔扎想起伊什塔克尔的那几名囚徒，认为与海达尔的长子阿里结盟并释放他的家人是个好策略。他在这样做的同时，无意中唤醒了信徒对萨非教团的热情。重返自己的领地后，阿里很快就蜕变为战争统帅，号令所有奇兹尔巴什集结在他的麾下。见此情况，白羊王朝深感不安，这本已被打垮的力量死灰复燃。鲁斯塔姆此时意识到自己的战略错误，于1493年邀请阿里到他位于霍伊的营中做客，并借机刺杀他[13]。受伤逃走的阿里不久后死去，于是，奇兹尔巴什赶忙将阿里的两个弟弟从阿尔达比勒救出。就这样，易卜拉欣和伊斯玛仪来到了吉兰。易卜拉欣的命运几乎无迹可寻，但伊斯玛仪随后的生平却被编年史作者频频提及，因为他就是超凡力量——"萨非"的"继承人"，而教团大业的果实即将成熟。

在伊斯玛仪带着足以重建伊朗的强大力量重新出现在历史的聚光灯下之前，又过去了九年的时间。在这九年中，为保证教团的持续运作和维持"拯救者""唯一主人"的神话，包括伊斯玛仪母亲在内的七个人参与了必要的摄政或督政。除了巨大的财富和数量众多的信徒，伊斯玛仪还拥有三个坚实的支柱：圣人的光环、显赫的出身和世袭的权力。

第十五章

第一个什叶派国家的建立：权力间的艰难平衡

萨非政权对最高权力的征服是迅速的，不过绝非一段没有暴力的平和过渡。任何一个原有的势力，无论是白羊王朝、奥斯曼帝国，还是乌兹别克人，都不希望在自己的领土之上或近旁出现一个占穆斯林少数的什叶派对手。

自1499年8月开始，萨非王朝督政府便进入了攻击状态，但其初期行动尚且小心谨慎。伊斯玛仪当时年仅十二岁，但在接受了多位苏非长老的教导后，他已经准备好将其祖辈的征服计划付诸实施。伊斯玛仪首先前往阿尔达比勒——其家族的发祥地。为了在那里敬拜萨非·丁的圣庙，他随身带了（根据不同编年史作者的记述）二十到一百名随从。感觉到在这座城市驻留可能招致危险，他与位于安纳托利亚的支持者会合，并在乌斯塔吉鲁部落[1]度过了1500年的夏天。随着新的奇兹尔巴什队伍的融入，他的军力不断壮大，而他的策略也有所改变，当年秋季，他率领七千追随者以少胜多，夺取了希尔凡的领导权。几个月后（1501年），伊斯玛仪与白羊王朝在纳希切万附近的沙鲁尔对决并一举得胜，如此打开了阿塞拜疆的大门，并于1501年夏天攻占了他们高贵的都城大不里士[2]，这个曾被奥斯曼人围攻、遭受土耳其禁卫军残酷蹂躏的城市不战而降，因城内居民大多是逊尼派，城市此番再遭暴力与劫掠。此外，鉴于什叶派被宣布为国教（一项对伊朗日后的历史极其重要的政治举措），所有居民都被强制改宗。伊斯玛仪还从巴林、美索不达米亚和黎巴嫩召集众多神学家，会集在这个长期受到巴格达的哈里发、塞尔柱王朝和突厥蒙古王朝统治的城市，以期引导居民改宗什叶派。

这便是伊斯玛仪一世早期的政绩。1501 年 7 月，年满十四岁的他登基，自称"万王之王"，这一最初由居鲁士大帝所享有的称号反映出该国多元性、帝国性的架构。同时，他下令以他的形象铸造货币。通过这些政治－宗教举措，他展示出有别于邻国及其前辈统治者的独特性和自主性。萨非王朝的时代在他的统治下正式开始，四分五裂的伊朗也开始了统一的进程。一种号召沉静、禁欲的思想学派完成了它的变身：首先，以激进者的形象示人，在反对阿里及其两个儿子所遭受的不公正对待中独树一帜；以公开的什叶派身份示人，他现在已掌握了俗权的钥匙。他将如何加以使用呢？

伊斯玛仪新建的政权此时还很脆弱。尽管他的王朝已具备其所有表面的要素，但新任沙王仍需要其他胜利巩固其权力。他于 1502 年 5 月和 1503 年 6 月对他两个表弟（白羊王朝的王位竞争者）的胜仗来得很是时候。这令他重新夺取了他外祖父乌宗·哈桑的全部领土，为他随后的征战奠定了基础，因为此时仍有不少白羊王朝的埃米尔为他们的自治权而战。他们中的一个，侯赛因·基亚·楚拉维将伊斯玛仪的一位将军连同其所有部下全部屠杀。听闻这一罪恶行径，伊斯玛仪在 1503 年初以极端暴力予以回应。他下令将侯赛因·基亚·楚拉维的所有堡垒夷为平地，接着对他的军官施以酷刑，但没能擒获当时已经逃走的楚拉维，后者退避至呼罗珊的乌斯塔——一座以城墙保护且固若金汤的城市。为攻陷这座要塞，伊斯玛仪命人将河流改道，截断城市供水。在五周的围城后，1503 年 5 月 13 日，乌斯塔投降。随后居民遭到屠杀。至于守城总督，他被关进一只铁笼，在遭受酷刑折磨后趁施刑者疏忽自杀身亡。

这便是伊斯玛仪，这位"蓝眼睛沙王"极具反差的形象。一方面，他将传统的苏非派教义奉于至高之位，是一位勇于直面所有危险、具有领袖魅力和骑士风范的英雄豪杰；另一方面，他对白羊王朝及其埃米尔的镇压暴力血腥——当然，后者曾犯上作乱，但他对于另一些人，如大不里士被强制改宗什叶派的逊尼派民众，也同样凶残。

萨非王朝正是以这样的代价和如此严酷的手段建立起来的，它所依托的是鲜明的什叶派意识形态（必要时诉诸武力强制各民族改宗）、一个家族网络、一个可对其财富进行有效管理的行政系统和一支打击力量——奇兹尔巴什，后者作为它强大力量的引擎之一，也许就长远看来也是它的致命要害。

伊斯玛仪拥有精神领袖的地位，且迷恋祷告，钟爱宗教诗歌——其热情从《卡泰诗集》（据说出自他手但并无确证[3]）中可见一斑，在书中他自诩为阿里后代之中"真主的奥秘"，无论如何，伊斯玛仪沙始终是一位仗剑缔造萨非帝国的尚武君主。

对阿塞拜疆的征服对他来说的确只是一个开始。他最重要的两个劲敌依旧是奥斯曼人和乌兹别克人。后者作为逊尼派的草原突厥游牧部族，自 15 世纪开始就掌控了河中地区、花剌子模和呼罗珊的一部分地区，其中包括赫拉特王国。伊斯玛仪怀疑其可汗——成吉思汗的后裔穆罕默德·昔班尼——对他的领土有所图谋，于是，他以将赫拉特王国最后一位王子巴迪欧兹·扎曼扶上王位为由，对昔班尼发起了突袭，并于 1510 年在梅尔夫战役中将其击败。事后，他不是让巴迪欧兹·扎曼返回自己的领地，而是将其流放至大不里士，并将赫拉特并入萨非王朝的领土中，通过这一门户城市他将遏制乌兹别克人卷土重来的企图。他预感到自己发起的军事政变可能引起奥斯曼人的不满，于是命人将昔班尼的头颅雕刻成骷髅杯，并将这恐怖的战利品送至奥斯曼帝国君主巴耶济德二世[4]面前，以示警告。

伊斯玛仪一世的担忧并非毫无理由。奥斯曼的国力蒸蒸日上，1512 年，塞利姆一世将自己的亲生父亲巴耶济德二世除掉，并依照惯例处死了所有兄弟和侄子。他胸中孕育着一个宏大的蓝图，这一蓝图将长久萦绕在奥斯曼各苏丹的心中：将整个穆斯林世界统一到他们旗下。然而，不久前在伊朗出现了在政治上选择什叶派而非逊尼派的异端，且已经对奥斯曼帝国的大伊斯兰梦想构成阻碍和侮辱，而且，帝国的崛起也宣示了地区政治光谱中一个旧势力的回归。此外，土库曼人在托罗斯山脉一带的活动是对奥斯曼权威的公然挑衅。这些土库曼部族因为信仰什叶派，都拥护萨非王朝。很可能是受到了伊斯玛仪一世的唆使，他们才在沙库里（沙王的奴隶）的鼓动下发起暴动，更糟的是，他们还于1511年7月屠杀了大维齐尔哈兹姆·阿里·帕夏的部队，进而对奥斯曼帝国在安纳托利亚的领土造成威胁。因此，两大势力之间的冲突已箭在弦上。

塞利姆首先公开进入了敌对状态，他封锁边界，冻结胡齐斯坦和阿塞拜疆各省的经济活动并阻止商队过境[5]。接着，他下令屠杀国内居住的所有四十万什叶派教徒。伊朗等待着毁灭。塞利姆利用众多不满伊斯玛仪一世重什叶政策的伊朗人对其的否定，自1514年7月1日发动了战争，派出大军直抵伊朗边界。双方的对决于8月22日在位于西阿塞拜疆的伊朗领土——查尔迪兰平原上展开。奥斯曼大军据伊朗史料记载共计四十万人，而土耳其史学家记载则只有十万人。与之相比，伊斯玛仪的部队则过于单薄：奥斯曼一方声称有四万人，而波斯人公布的则是三万人。除了在人数上对比悬殊，双方在战争理念上也大相径庭。战术上更为前沿的奥斯曼人直接将以铁链相连的三百门火炮及众多火枪置于战场，所有火器的火力点都集于一处。至于波斯人，他们选择以古旧的方式作战，推崇尊严和荣誉，着眼于调兵遣将而不是技术的应用。伊斯玛仪沙对此给出了明确的指示，他不顾手下一位指挥官的建议，命令部队等待敌军一切准备就绪以后再与之展开较量。"真主将做出裁决。"他说道。

真主的确做出了裁决……从8月22日下午开始，在难耐的暑热中，对骑士风范全无顾忌的塞利姆大军在萨非阵地中势如破竹，轻松碾压伊斯玛仪的所有弓箭手、步兵和骑兵。伊斯玛仪竭尽全力提振士气，对惊恐万状的士兵们喊道"不成功便成仁"，并冲到交锋最前线。在第一个交战日的晚间，双方各自清点死伤人数。

第二日一早，伊斯玛仪便再次冲向敌军大炮组成的不可逾越的火力屏障。他高举军刀，带领一小队人马意图砍杀炮兵。他英勇的姿态鼓舞了幸存者的士气……但仍是枉然。虽然伊朗人进行了数次突击，但在 8 月 23 日晚间，一切均告结束。沙王的人马在平原上逡巡不前，所有战俘悉数就戮。伊斯玛仪自己身负重伤，被护送到库尔德斯坦，随后陷入深深的绝望，断言自己已被真主遗弃。包括男人（其中大部分是奇兹尔巴什）和很多前来支援自己丈夫的女人在内，共计两万七千六百五十四名战士在这一战役中丧生。

胜利者没有宽恕战败者，大不里士于 9 月 5 日陷落，并为这场败仗付出了高昂的代价：整整一个星期，土耳其禁卫军持续屠杀什叶派民众，洗劫、焚烧房屋和宫殿。他们仅仅放过了这里的知名工匠，因为奥斯曼帝国的苏丹希望他们参与君士坦丁堡的翻新工程。

要为这一胜利添上一个完美结局，只差将伊朗帝国并入奥斯曼帝国了。但离家一年有余的土耳其禁卫军已无心恋战，甚至威胁要发动兵变，同时这一年的严冬也令塞利姆为后勤给养担忧，于是他决定班师回朝，如此伊朗帝国才免于亡国。

伊斯玛仪的梦想已经破碎，而雪上加霜的是此时葡萄牙人阿方索·德·阿尔布克尔克占领了波斯湾中的霍尔木兹岛，并在伊朗本土建立了多个贸易站。然而，在所有这些挫折中，他的梦想却以一种奇异的方式幸存下来。"查尔迪兰战役改变了波斯的未来。它成为伊朗历史上一个具有里程碑意义的事件，因为它很快被奉为与侯赛因伊玛目的自我牺牲一脉相承的至上牺牲壮举。侯赛因伊玛目曾于 680 年在卡尔巴拉一役中以一小队人马英勇对抗三万逊尼派士兵。而且，查尔迪兰战役弘扬了勇敢无畏的精神和菲尔多西的《列王纪》这一民族史诗中频繁歌颂的对自由的热爱。最后，通过这一战役，一个国家在抗击残暴侵略者的过程中被缔造。在强化萨非王朝这一民族身份的同时，它也使王朝的民族使命得到公众的认可，将人民团结于苦难中共同维护的价值观周围。在此意义上，查尔迪兰战役与法国的一场胜利十分近似，那就是1515年将四分五裂的法兰西联合在一起的马里尼亚诺战役。[6]"

查尔迪兰战役战败后的十年并没有被萨非王朝荒废。尽管沙王颓唐抑郁，甚至精神失常，但他利用这段战争不再是国家首要任务的时期加强王国内部行政权力之间的平衡。他担心奇兹尔巴什侵蚀权力，会将他挟持为人质，于是决定使两个官职的官员平起平坐：一个是瓦基尔，"通常只有奇兹尔巴什的埃米尔有权担任此职务并分派手下官职"，另一个是瓦兹尔－艾拉（"最高部长"），"一个此前一直被视为次要的职位[7]"，因为这一职位通常由出身一般的人担当，主要职责是建立国库。为抑制奇兹尔巴什对其权力缩减的不满，他继续重用衷心辅佐他的人，特别是乌斯塔吉鲁部族，伊斯玛仪甚至将他们置于自己政策的核心，但这并不能缓和瓦基尔与瓦兹尔－艾拉之间的紧张关系！

这个三百万平方公里的中央集权帝国本可能在伊斯玛仪一世于1524年5月23日去世时，在罗姆鲁和乌斯塔吉鲁等派系的相互倾轧和私人野心下岌岌可危[8]。事实上，新即位的沙王——生于1514年2月22日塔赫玛斯普一世当时只有十岁。于是，王朝授权摄政，被任命为国王导师的迪夫苏丹·罗姆鲁掌握了政权的钥匙。但好景不长，在内部政敌的联合以及呼罗珊被起义暴动的乌兹别克人围攻的情况下，他于1527年7月5日被处决。这时，塔卡鲁部族的奇兹尔巴什——科佩克苏丹成为伊朗一手遮天的权臣。

对于这个政局动荡、危机重重的萨非王朝，年仅十四岁的沙王能做些什么呢？诚然，他在继承王位的同时也继承了莫切德·卡梅尔（"完美宗师"）的头衔，因此俗权与教权集于一身的他在理论上应该可以依靠所有信徒的牺牲精神和他们的绝对忠诚。但这足够吗？无论如何，这一斗争都十分漫长。奇兹尔巴什的各派系交替掌权，直到塔赫玛斯普决定夺回权力。1533 年，尚不满二十岁的他力克当时朝中最具影响力的人物侯赛因汗·沙姆鲁。事实上，沙王越来越依赖他的贴身护卫队——克尔什的成员，后者将迅速形成他的第一亲信圈。沙王的官吏是时候该从个人利益为中心转而为国家服务了。因为当时的局面是，乌兹别克人在 1525 年卷土重来，重新占据了呼罗珊，并控制了马什哈德，伊朗因内部权力纷争的消耗再次陷入危难[9]。沙王从此在随后的四十二年中按照他自己的策略治理帝国，同时他深知各派势力对他有限的忠诚度，并与之谨慎周旋。

此时，因从未采取任何军事行动而备感沮丧的他决意收复自己的领土。1535 年，塔赫玛斯普重新占领了由一支突厥小部队驻守的大不里士，接着又于 1537 年将乌兹别克人赶出了呼罗珊。之后只剩下奥斯曼人了，但后者的胃口从未减小，特别是此时，他们的帝国如日中天。塞利姆一世之子，苏莱曼大帝（1520—1566 年在位）打算将他的统治扩展到欧洲、亚洲和非洲大陆，为此他拥有世界上最强大、技术遥遥领先的军队。而且，他还添置了一支称霸海上的舰队，并借此封锁了地中海的一大片区域。这个已经侵吞东欧的敌手凶悍威猛，甚至不可战胜[10]。此刻苏莱曼大帝将目光转向亚洲：他梦想像亚历山大大帝一般将他的征服战推进到印度，控制所有商路，并建立最大的穆斯林帝国。什叶派伊朗这只异端"小爬虫"将不会坚持太长时间。自 1534 年，他率领二十万兵马，携带三百门火炮，攻打萨非帝国，后者仅以七千名训练有素的士兵和几门大炮与之抗衡。

战事很快见了分晓。苏莱曼占领了大不里士这座永恒的殉难之城，接着是哈里发所在之地和美索不达米亚古都——巴格达。塔赫玛斯普自知无力击退苏莱曼，于是选择撤退，仅满足于对后者的部队进行"骚扰"，并通过焦土战术令他们粮草短缺。他的游击战取得了出乎意料的成功：苏莱曼从未能与敌军交战却在扎格罗斯山中折损了三万士兵、两万两千匹战马和骆驼，以及多门火炮；于是，他选择返回君士坦丁堡，并将征服的一部分领土留给了萨非王朝。

然而，他不打算就此认输。塔赫玛斯普有一个弟弟名叫埃尔卡斯，苏莱曼将后者引入他的宫中，盛情款待，并出资支持他起事谋反。苏莱曼派他洗劫伊朗西部地区，期望能扶植他登上王位。然而，埃尔卡斯还没能越过伊斯法罕就已被擒获。随后，他被关入阿剌模忒那座骇人的城堡，并在那里被处死。

阴谋搁浅后，苏莱曼于1548年重启战事，征服了东安纳托利亚和二十几个要塞。塔赫玛斯普再度采用游击战和焦土战术，令苏莱曼被迫与无形敌人作战。面对这胜负参半的窘境，苏莱曼又返回君士坦丁堡。1555年双方在阿马西亚签订了一份和约，承认奥斯曼帝国对美索不达米亚的主权和伊朗对阿塞拜疆的主权。然而，尽管这份协议熄灭了战火，却从没消除两大帝国之间的政治和宗教敌对。

在其统治期间，塔赫玛斯普还处理了一系列具有重大政治意义的事务。第一件涉及印度。1539年6月26日莫卧儿王朝继承人胡马雍在准备不足、仓促迎战的情况下，被突厥阿富汗领主舍尔沙在贝拿勒斯打得一败涂地，胜利者随即自行加冕为印度皇帝。胡马雍拒不投降，继续抵抗，于1540年5月在阿格拉附近再次与舍尔沙交锋，并在他的攻势下全军覆没。这位失去王位的莫卧儿王子为躲避篡位者军队的追杀，绝望无助中只得向其显赫的邻国——塔赫玛斯普的萨非帝国请求庇护。如此，胡马雍先后抵达了赫拉特、马什哈德和加兹温，并四处享受到了热情接待。塔赫玛斯普马上意识到他可以从中攫取的战略利益，他向胡马雍提供了一支一万四千人的部队。胡马雍在清除了阻挠他复辟的弟弟以后随即兴兵，鉴于在此期间舍尔沙已死，而其继承人正为王位争执不下，胡马雍一举歼灭了舍尔沙的后代。1555 年 7 月 25 日，在夺回王位后，他剩下的只有偿还欠塔赫玛斯普的债。他曾许诺将伊斯兰什叶派立为印度国教。但回到传统宗教根深蒂固的印度以后，他无法兑现诺言。塔赫玛斯普表示理解，也不再坚持：对他来说，关键利益在其他地方……胡马雍将位于今天阿富汗的坎大哈及其周边地区奉还波斯，这令萨非帝国的疆域得到了很大扩充。除此以外，印度还成为伊朗的亲密盟友。伊朗积极推动其文化在印度国内的传播，这里的宫廷语言变成了波斯语，伊朗的商业和政治影响力也得到进一步强化。塔赫玛斯普从这一军事行动中获得了前所未有的声望，从而使他在与奥斯曼帝国争夺中东政治优势地位的比赛中更具实力。

在忙于抗击奥斯曼人、监控其北部边界（特别是格鲁吉亚）、处理印度王朝问题的同时，塔赫玛斯普虽然较少关注其王朝内部事务，却实施了几项对未来几个世纪有深远影响的举措。

首先，考虑到都城大不里士遭到入侵的风险过大，他决定迁都加兹温，从此开启了帝国都城向中心地区转移的进程。塔赫玛斯普从 1548 年开始在加兹温安置他的住所和所有行政机构，并积极组织对其宫殿和整座城市的美化工程，建设了众多花园长廊、亭台楼阁。他大部分时间在此居住，并渐渐疏于政务，将治国事宜交予他的女儿帕里汗·哈努姆料理。

其次，在宗教方面，他明白要让伊朗人改宗什叶派光凭武力是不够的，于是大力兴建宗教学校，继续吸引国外的什叶派神学家来此教学。然而，他没有料到，在推动什叶派神职人员大规模掌握俗权的同时，他也促进了一支反对势力的崛起，而这将对后世产生巨大影响。据记载，当时一位"乌苏勒派[11] 名叫阿里·卡拉比"的神学家获得了两个头衔："穆智台希德之封印"和"伊玛目之特使"，而第二个头衔在此以前一直由君主独享。与此同时，一项真正的事业也在兴起——"圣训"的制造，而"圣训"将是什叶派神职人员参政的利器[12]。

　　塔赫玛斯普另一个标新立异的想法将令他的后代从中获利：倚仗其地理位置，他有意在外交上拉拢西方国家。因为遏制奥斯曼帝国的侵略势力也符合他们的利益，他们中包括威尼斯共和国和西班牙帝国。塔赫玛斯普知道西方国家正在寻找一条可以避开危险的好望角前往印度的新的香料商路，而伊朗具备了成为这条新商路的所有优势。为与印度和中国通商，英国1551年创建了一家隶属伦敦商人冒险家公司[13]的有限公司，正是他们令局势有了实质性进展。英国人于1553年进行了首次路线勘察，其行程最远达到了沙皇俄国，当时的君主伊凡四世同意给予他们商业特权。第二个探险家，安东尼·詹金森（1529—1611年）于1557年从莫斯科继续勘探直到里海[14]，发现大不里士集市上来自印度和中国的货品极为丰富齐全。他于1561年携带一封伊丽莎白一世女王的信函回到了大不里士，请求面见伊朗当局。曾一度深陷宗教狂热并拒绝与异教徒发生任何接触的塔赫玛斯普终于恢复理智，于1563年3月20日准许英国人在伊朗经商。这些特权在1570年得到了续展。然而，英国人与奥斯曼帝国缔结的互惠新盟约令其在伊朗的商贸活动退居次要，直到17世纪双方在商业和外交上一同遇冷中断。撇开这些挫败，伊朗在国际交往中的第一座里程碑已然奠定，它开始出现在欧洲的视野中。

　　在他五十年的统治（四十二年的实际统治）中，塔赫玛斯普开始着手搭建帝国的框架，并发展农业、手工业和商业，特别是在远离战场的地区。尽管伊朗在西侧丢失了一些领土，但它凭借与莫卧儿王朝的联盟和对乌兹别克人的镇压使疆域东扩。他在位时期，宗教诗歌成为一种传统，细密画艺术和音乐也得到了长足发展。

　　从这个意义上，我们可以大胆断言其创新为伊朗将要迎来的黄金世纪铺平了道路，而那将是使帝国在文化资助、各门类艺术[15]、机构院校以及经济上蓬勃发展、绽放异彩的一个世纪。塔赫玛斯普沙的节约俭省的声誉绝非虚名，他不是留给继承人一箱箱的财宝吗？诚然，人们指责他没有像奥斯曼人一样建设一支现代化的部队，面对劲敌仅满足于游击战术。此外，他连绵三十年的战争破坏了国家的基础设施，伊朗的道路坑洼泥泞，有些甚至无法通行，众多通商路线也失去了安全保障，商队时常遭到劫匪或是埃米尔们自己的袭击。在他执政时，社会矛盾日益尖锐，这一情况甚至蔓延至新都。市面上的钱财日渐稀少，因为钱财都被贪婪吝啬的塔赫玛斯普据为己有，且他对自己保有的财富几乎从不另行分配。他对一次危机的处理也饱受批评。在这一危机中，苏莱曼的宠妃许莱姆的三子巴耶济德扮演了主要角色。1559年，巴耶济德因反抗未来的塞利姆二世，被迫逃至塔赫玛斯普的宫中躲避为他设置的死刑。尽管表面上给予他殷勤奢华的款待，塔赫玛斯普却最终于1561年用他的性命换取了苏莱曼的四十万枚金币[16]。除去这些颇有争议的决策，塔赫玛斯普仍旧为帝国奠定了令后继者可以倚仗的稳固基础。

他于1576年5月14日亡故，此后是持续数年的王位争夺战。在阿拔斯一世大帝登基以前，共有两位沙王先后即位：伊斯玛仪二世（1576—1577年在位）和穆罕默德·科达班达（1577—1587年在位）。历史文献将前者丢弃至遗忘的阴影，并对后者的角色轻描淡写。然而，他们是否对阿拔斯沙最终实现的君主专制起到了推动作用呢？

塔赫玛斯普的次子，伊斯玛仪·米尔扎（后来的伊斯玛仪二世）生于1533年。他的父亲因对他乖戾狂暴的性情担忧，于1556年将他囚禁。如此，他在阿尔达比勒西部的加卡哈城堡中度过了十九年，其间鸦片侵蚀了他的心灵。当伊斯玛仪出狱时，他让人谋杀了他同父异母的弟弟海达尔·米尔扎，后者曾在乌斯塔吉鲁的奇兹尔巴什的协助下短期称王；伊斯玛仪还在他同父异母的妹妹帕里汗·哈努姆的支持下，将他几乎失明的哥哥穆罕默德·科达班达排挤到权力以外。他希望毫无牵绊地实施统治。伊斯玛仪二世无视反对者的抗议，采用了最为暴力的手段重建君主权威，并启动了一系列改革，他深知一个政权需要有力的象征性事件才能得到广泛的认可。于是，他设计导演了自己 1576 年 8 月 22 日的加冕典礼。伊斯玛仪邀请了所有"幸存的"伊朗精英，并以外国使节作为点缀，对于后者他按照每个人的位阶制定了严格的外交礼仪。如此，当天在他面前列队致敬的有伊朗王公（所有的"赛义德"和"乌理玛"），接着是格鲁吉亚王公、大埃米尔、重要的奇兹尔巴什、行政机构要员、知名文人、各国使节[17]……总之，一场萨非王朝前所未有的盛典呈现在眼前，其形式随着时间的流逝变成其他加冕典礼的模仿范本。在加冕典礼映衬出的重归和平的国家形象中，所有反对派出于对不容置疑的最高政权的恐惧而被迫保持沉默。事实上，伊斯玛仪二世对主宰本国政治、经济、宗教、社会纷争并令国家瘫痪的两方权力都进行了深入了解。他将擅于权谋的帕里汗·哈努姆、奇兹尔巴什关系网中最突出的反对者、诸多宗教网络（特别是乌苏勒派的宗教网络，尽管他们曾助他建立王朝）排出权力圈，这种做法足以体现他破除陈规旧制的意志。如此，伊朗渐渐走上了另一种治国道路，被历史遗忘的伊斯玛仪二世势必参与进这一进程，但他为此采取的残暴手段也令他付出了生命的代价。事实上，在获悉谋反传闻后，他于 1577 年再次以严酷手段针对自己的家族。伊斯玛仪二世的凌厉反扑致使其多名亲兄弟、堂兄弟、侄子（他的大哥穆罕默德及其子除外）未经审判即遭处决，从而令寄希望于这些人的维齐尔的势力大减。但伊斯玛仪二世于 1577 年 11 月 24 日的猝死[18]结束了这一大屠杀，并将国家重又抛入治国变局的不确定中。

他的死讯令奇兹尔巴什的大维齐尔们喜不自胜，深信他们分享权力的时刻就要到来。1577 年 11 月，他们创立了一个白胡子委员会，又名智者委员会，由重返政治角力场的帕里汗·哈努姆在背后操纵。委员会提名伊斯玛仪二世的哥哥，几乎失明的穆罕默德继承王位。帕里汗·哈努姆对此表示赞成：相对于宫廷权谋，穆罕默德更偏爱神秘主义对话，这个对执政没有任何欲望的人成为帕里汗·哈努姆行使王权的理想傀儡。

1577 年 11 月 24 日穆罕默德·科达班达刚刚登基，帕里汗·哈努姆便急不可待地提出让奇兹尔巴什各大部落和王室显贵组成政府。随之而来的是向新沙王的所有人情网慷慨分配朝中官职和钱财。接着，作为对他们支持的报答，政权允许白胡子委员会的所有成员瓜分阿塞拜疆、希尔凡、法尔斯、呼罗珊的大片国土……而宗教人士则享受免税的特权。

就这样，新沙王一点点地将塔赫玛斯普沙大量积攒的财富挥霍殆尽。但这一切所带来的并非对他的长久感激，而是新一轮的结党营私，在这持续数月的乱局中，各派系之间在利益分配上相互嫉妒、攀比……而此时敌人也探出头来：乌兹别克人再次洗劫呼罗珊；奥斯曼人也不顾《阿马西亚和约》，支持库尔德领主自治。

王后海尔·妮萨·贝加姆——更以马赫德·乌莉娅（"最高摇篮"）著称——因其出生于马赞德兰省，也有"马赞德兰母狮"的绰号。面对奇兹尔巴什维齐尔们的权力倾轧和帕里汗·哈努姆的阴谋诡计，她挺进政坛，意欲制止小姑子对权位的霸占。1578年2月11日，王后命人将帕里汗·哈努姆绞死在加兹温，并没收其财产。在这一某种意义上的政变之后，她取代丈夫，执掌国家大权，并命人将她的长子哈姆扎·米尔扎立为王储。她四周集结了一批奇兹尔巴什，其中多数为沙姆鲁部族，这些人一直都是她坚定的支持者。与此同时，她尤其重用自己的家族成员。这一切都令其他部族的奇兹尔巴什遭到冷遇，并对此深感不满。她希望凭借这些决策，倚仗可信赖的人，重建国家权威，与此同时为她的儿子引入一批新生代"君主制的仆人"。

是到了该重新掌控局面的时候了，因为伊朗政权显而易见的混乱已经激起奥斯曼帝国的征服欲。穆拉德三世（1574—1595年在位）不顾已缔结的和约，借口为伊斯玛仪二世复仇，召集了（根据他自己的估算[19]）三十万人马，装备六百门大炮，并任命拉拉·穆斯塔法帕夏为统帅。当前他们已经进入亚美尼亚、高加索和格鲁吉亚。大不里士也没能抵御他们的攻势。

面对这迫在眉睫的灾难，王后在她十三岁的儿子哈姆扎·米尔扎的支持下决定发起军事行动。她不顾战争惯例和女性不应在任何场合下公开领衔的伊斯兰观念，掌握了军权，亲自带兵打击入侵者。这真是大错特错。奇兹尔巴什军官们对一个女性竟敢指挥他们感到怒不可遏，纷纷起义，令出征以失败告终。不仅如此，他们还决定绕过王权，自行任命希尔凡省新总督。

兵变持续了数月，王后决意展开严厉惩处，叛乱者闻讯强迫沙王出面亲政。王后在顽强抵抗的同时也将自己带入了绝路，1579年7月26日，一些愤怒的奇兹尔巴什在她丈夫的床前将她绞杀。穆罕默德连续三天悲痛地蜷伏在后宫。走出后宫时，他接受了七名主谋苍白的道歉，后者借口说这是一场"误会"。

局部混乱逐渐演变成全帝国范围的无政府状态，盗窃与谋杀案件的数量激增。乌兹别克人和奥斯曼人卷土重来，围攻他们共同的敌人——大逆不道的伊朗。年仅十八岁的哈姆扎·米尔扎在努力阻止他们进犯的同时，还要竭力遏制内部党派斗争。然而，他也很不明智地宣称要让谋杀他母亲的凶手受到最严厉的惩罚。这些人于是买通了一名年轻理发师，指使其于1586年12月6日夜间将哈姆扎·米尔扎杀害[20]。

听闻噩耗，悲痛欲绝的穆罕默德沙命人将儿子的尸身葬在阿尔达比勒的家族陵寝中。此时，他只得只身面对朝中虎视眈眈的各大派系。他决定首先号召上下一心，面对奥斯曼帝国的入侵威胁。在众人的抵制下，本身几近失明的他同意将自己的三子阿布·塔利布·米尔扎而不是生活在呼罗珊的二子阿拔斯立为新王储。在这一决定的背后是奇兹尔巴什派系间的政治游戏，他们早已在宫中自行分配各种封赏和头衔。自1587年，这些派系开始为哈马丹总督的职位任命剑拔弩张。

与此同时，鉴于呼罗珊自1581年成为自治省，阿拔斯被当地埃米尔推举为"苏丹"。而沙王"被遗忘"的这个二儿子的所在地成为一个新的权力中心。当前，哈姆扎·米尔扎之死使王位空悬，年轻的阿拔斯王子以顺次排列比弟弟阿布·塔利布·米尔扎更有资格成为继承人，他昂首阔步地进入政治角斗场中。

呼罗珊的两个奇兹尔巴什派系（赫拉特的沙姆鲁和马什哈德的乌斯塔吉鲁）为争夺监护权针锋相对。最终乌斯塔吉鲁胜出：他们的首领——马什哈德总督莫切德·戈利汗借此包揽所有利益。事实上，年轻的阿拔斯尽管聪慧，但因远离政治核心而不为人所知，莫切德·戈利汗自忖通过加入合法继承人的阵营，便可因对年轻的阿拔斯的支持从地方层级跃入国家层级的政治跳板。于是他充分利用了国家的混乱状态、众多城市的反叛、推选王储的不合法性，以及国王的懦弱无能，后者此时在其余党的怂恿下，带领三万人马前往伊斯法罕，企图展开一次冒险的军事行动。莫切德·戈利汗自拟了一道圣旨，使自己成为阿拔斯的唯一代理人，之后在区区两千人的跟随下朝加兹温进发。沿途他颂扬呼罗珊苏丹的美德，令他的队伍不断壮大，在没有遇到抵抗的情况下便进驻王宫。莫切德·戈利汗向穆罕默德沙的支持者派出信使，敦促他们与自己联合，却遭到拒绝。此时，国王的军队自信满满，为歼灭反叛者浩浩荡荡朝加兹温挺进，却没有察觉他们正渐失民心。中途，他们因士兵潜逃，倒戈向阿拔斯阵营而流失了半数人马。在距离都城几个帕勒桑[21]的地方，国王所剩不多的信徒也弃他而去，与阿拔斯的支持者会合。穆罕默德·科达班达的统治就此落幕。

　　宽厚仁慈的阿拔斯到他父亲的营帐中探望了他，以平和的方式在加兹温向他致以敬意。这个少不更事的阿拔斯是否将采取一种全新的治国策略呢？

　　当前国家在对立集团的撕扯下已四分五裂，并承受多重压力，面对被奥斯曼人与乌兹别克人征服的威胁。即便宗教人士没有直接参与权谋角力，那些能够废立国王的奇兹尔巴什却依旧大权在握，甚至公然行使王权。莫切德·戈利汗会轻易将权力让给一个孱弱的少年吗？

第十六章

一种全新治国方略的问世：
沙王阿拔斯一世的君主专制

奇兹尔巴什埃米尔们将自己的权势视为天经地义，极力反对任何对他们影响力存在潜在威胁的改革。面对这循环往复、一再上演的历史情境，被人们看作柔弱可欺的阿拔斯该何去何从呢？在国王专制的中央集权与氏族派系及其关系网代理君权之间，他是否真的有选择的权利？进行实质性改革的时机是否已经到来？沙王是否终于可以让伊朗向这个对它不甚了解的新世界敞开大门？

1587年10月1日，当阿拔斯一世沙在莫切德·戈利汗警觉、僭越的目光下登基时，这位被遗忘的呼罗珊年轻王子尚不满十七岁。他如囚徒一般，没有任何权力，仅有的盟友便是被莫切德·戈利汗姑且容留的几个沙姆鲁族人，他能做的只有忍气吞声，保持沉默，在伪装自己情感的过程中学习为君之道。

当前，莫切德·戈利汗在乌斯塔吉鲁部族的支持下实行最高统治，他甚至住进了旧王储的宫殿。为了可以更好地给自己的盟友分封官爵，他决定圣旨上不仅要盖国王的印玺，还要盖他自己的印章。他自信能将这个无足轻重的青年永远拘禁在傀儡的位置上，他肆无忌惮，为所欲为，甚至当众驳斥沙王。一晚，因他点名的一名萨非公主被阿拔斯拒绝，莫切德·戈利汗扬言称："萨非王子多的是。如果阿拔斯不合适，可以另择他人！"阿拔斯听说了这些话，丝毫没有公开回应，而当他的"恩人"无视他的意见，命令逊位的沙王及其一家返回加兹温以备不测时，他也没有表示质疑。

乌兹别克人对呼罗珊的入侵将加速事态的发展。阿拔斯一世对这个行省怀有深厚的感情，而且在赫拉特还居住着对他来说亲如骨肉的人，那便是要塞总督阿里·戈利汗·沙姆鲁一家，因为他们曾在阿拔斯一世被人弃之不顾的少年岁月对他悉心照料。因此，阿拔斯敦促莫切德·戈利汗尽快御敌。然而，后者却在城市被围的十一个月中按兵不动……直到听说要塞陷落，他的潜在对手——阿里·戈利汗·沙姆鲁总督也因此丧命，他才同意出兵援助幸存者。

意识到莫切德·戈利汗的见死不救是有意为之，阿拔斯便下定决心要除掉他。他与四位奇兹尔巴什领袖联手，邀请莫切德·戈利汗参加一场纵酒狂欢的晚宴。第二天，1589 年 7 月 23 日，莫切德·戈利汗的尸首被发现，他是在国王营帐中被杀死的[1]。阿拔斯以这样的方式得以自由起飞，并成为后世著称的阿拔斯大帝——一个融强烈救世主色彩的宗教与政治方略于一身的三百年苏非教会的"第十一代完美宗师"[2]。

获悉莫切德·戈利汗的死讯，克尔曼、法尔斯和其他几个地区行省纷纷骚动。那些早已习惯于无视中央权力的总督只有在获得更多好处的前提下才愿意归顺王权，当前他们策划谋反。与此同时，乌兹别克人采取了更猛烈的攻势，继续出征赫拉特已不可避免。而奥斯曼一侧，借高加索地区掌权者的反叛活动，他们大胆进犯，攻进了这一地区。如此，他们占领了洛雷斯坦省的门户城市哈马丹和纳哈万德，并朝都城加兹温逼近。

面对无法同时招架的多重危机，年仅十八岁的阿拔斯毫不畏缩。他力排众议，决定在平定内乱之前，首先要不惜代价扫除外忧，而其中奥斯曼的问题更是刻不容缓。为此，他派出了一队由阿尔达比勒总督带领的使团前往君士坦丁堡。这位总督的使命是与对方协商拟订一份可持续的和约，即便条款对伊朗极为不利。在为期一年的和谈后，阿拔斯沙于1590年3月21日依照制定的《君士坦丁堡和约》向奥斯曼帝国出让包括大不里士在内的阿塞拜疆西部地区、亚美尼亚、格鲁吉亚、众多高加索城市、库尔德斯坦一部分地区和包括纳哈万德要塞在内的洛雷斯坦一部分地区。在这之后他宣布："我们今天被迫后退，但这些行省不会永远丧失。在全能真主的帮助下，它们将在不久的将来重回吾辈之手。"

军事行动可以暂且放一放了。当前他需要对处于革命边缘的内部进行整饬。正是在这种情况下，他具有前瞻性的治国天赋得以充分展现。

他心如明镜：各个派别意图分散中央权力，从而削弱君主权威，乃至威胁国家的存续。一名颇具影响力、毛遂自荐接替莫切德·戈利汗的土库曼人穆罕默德汗·土库曼为此付出了代价，阿拔斯利用各个派别之间的争斗将其处决。这是他在击破奇兹尔巴什豪门势力的道路上迈出的决定性的一步——穆罕默德汗·土库曼的头颅被插在一根竹竿上在皇家营地中巡游示众，这便是这一步的绝佳象征。

同样是为了应对这种状况，沙王提拔了一批至少会忠于自己的人在身边。与此同时，他贬黜、疏远了莫切德·戈利汗的旧部。一些年轻的埃米尔成了他的追随者，比如出身于一个名不见经传的奇兹尔巴什家族的法尔哈德·贝格·卡拉曼鲁，还有格鲁吉亚人阿拉威尔迪汗，后者从属于一个新兴派系——主要由基督徒士兵组成的古拉姆。阿拔斯在1595至1596年间擢升阿拉威尔迪汗为法尔斯省兼多个波斯湾行省总督，使他成为自己最重要的亲信之一。对于这些任命，即便他征求多方意见，最终的决定却都是由他个人做出的，这令惯于与国王谈判协商的王公贵族错愕不安。而阿拔斯心之所向的专制统治前景已初现雏形。

然而，国家仍旧掌控在大埃米尔的手中，他们丝毫不将王权放在眼里。

这一情势与法国曾经历的针对路易十四的投石党动乱有诸多相似之处。为此，沙王发起了一场全面清剿反叛者的激进运动，直到1598年才逐渐平息。其间，法尔哈德·贝格·卡拉曼鲁对沙王提供了有力的支持[3]。他为阿拔斯"收复了"此前由阿夫沙尔军官控制的克尔曼，然后是吉兰、马赞德兰和呼罗珊。为回报他的热忱，并借此突出重功劳轻门第的用人理念，阿拔斯将他提拔为马赞德兰这一抢手的行省中的阿斯塔拉巴德的总督。他并不是个例，阿拔斯有意向他的信徒表明他很重视他们对其事业的作用，并以此敦促那些仍摇摆不定的奇兹尔巴什尽快归顺王权。那些此时仍未看清他才是国家之主的人都被边缘化、刺杀或流放。这些人中最典型的几个就是曾参与杀害他母亲马赫德·乌莉娅并谋害他哥哥哈姆扎·米尔扎的那些人。

这一针对过度强大的奇兹尔巴什实施的有力的、带有镇压性的甚或说有些血腥的政策带来了显著的成效：大埃米尔们意识到支持沙王比反对沙王更有利，因此开始各归各位，尽忠职守。沙王阿拔斯却并不满足于此，他担心自己的家族成员与反叛分子暗通款曲，于是下令将自己的父亲和弟弟关进阿剌模忒城堡——位于里海以南加兹温附近，哈桑·萨巴赫[4]曾经的避难所，并对两个弟弟阿布·塔利布和易卜拉欣施以盲刑，因为这一残疾将令他们在"理论上"永远不可能登上王位。接着，他继续提拔重用更年轻、更顺从、更远离封建领主性质的新精英，同时将某些奇兹尔巴什首领拉拢回王权的怀抱中。如此，一个名副其实的论功排位并可按需罢免的精英群体诞生了。

在这些极富专制色彩的政策基础上，他沿着前辈的足迹继续创新，建立他的帝国。首先，他于1598年迁都。加兹温在他看来就像之前的大不里士一样，过于靠近边界，他选择位于国家中心的伊斯法罕作为权力的基地。这一战略决策不仅释放出国家复兴的强大信号，也令他可以借机展示他在建筑和整个艺术方面的品位。

此外，考虑到人民大众需要高大的形象和鲜明的符号，他重新审视了对他权力基础和展示都十分必要的服装礼制。曾几何时，那个呼罗珊的窄额头、蓝眼睛、鹰钩鼻、身材瘦长的内向少年已经被忘得一干二净，他一手打造的新形象出现在人们面前：现在的他是一个拥有光荣历史的国家的君主——手扶剑柄，身着混合了金银线的华丽丝质服装，头戴一顶嵌有祖母绿、红宝石和钻石别针的沉重包头，腰带上插着一把闪烁着珠宝光芒的弯刀。然而，随着年岁渐长，再加上军营里简陋的生活条件，当他既不需要接见外国使节也不必彰显尊贵时，他会首选最平常的棉麻服装，宽松的长裤和夹袄。他也偶尔如此穿着微服私访，前往小酒馆直接倾听民意，体察民情。可以说，针对权贵阶层，他美化自己的官方形象，展示奢侈豪华的一面，而对于其他人，则展示自己平凡、谦卑的一面。他的大胆求新也渗入这一看似肤浅的形象塑造中来。他一反当时的流行时尚，将自己下巴上的胡须剃掉，只留下嘴唇上方向上翘起的髭须——这成为他特有的标志。作为潮流引领者，他很快被宫中群臣仿效，并受到诗人的歌颂，他们还称羡他的眉毛——男子气概的新象征，也是获得慷慨赏赐的新希望！

　　皇家的形象并非他唯一关心的事情，他也希望在地区列强的野心面前伊朗能树起一个强大鲜明的形象。他选择太阳与狮子作为旗帜的徽标，在菲尔多西的《列王纪》中，太阳与执剑的狮子正是英雄力量的化身。他也没有忘记什叶派是伊朗的支柱之一，而他对国教的态度是众人关注的焦点。即便他继承了居鲁士大帝的宗教宽容，并对所有宗教都保持好奇，他依旧是个虔诚礼拜的穆斯林。除了对先知和阿里的尊崇，他也赞颂侯赛因（在卡尔巴拉殉教的什叶派第三任伊玛目）和第八任伊玛目礼萨，他于1601年在众人的跟随下，徒步前往后者位于马什哈德的陵墓朝拜。

　　接下来的一段时间他专注于体制改革。鉴于奇兹尔巴什大封建领主对他中央集权的威胁已经清除，阿拔斯组建了一个金字塔形的国家结构，并雄踞其顶端。除了自己的良心以外，他无须对任何存在负责，他对所有决策都拥有最终裁定权。为了让人民，这一财富创造群体不受专横行为的侵扰，他亲自挑选高层官员，向其组成的新精英群体授权在他的监督下进行公正的管理。

他将这一金字塔结构应用到国家的每个管理层，从而使所有行政人员都持续相互监督，这一结构又与原则上的连带责任制和各方的普遍责任制相结合。在中央行政的最高层，他任命一位被萨非宫廷称为埃特马德·道莱（"国之信心"）的大维齐尔作为国家税收、费用支出和官方会议准备工作的负责人，在他身边还设置了一名大财务总管协助其工作。在省一级，各省总督同样也由一名负责管理监督的维齐尔辅佐。在市一级，国王任命的一名卡兰塔尔（市长）也得到维护人身财产安全的达鲁盖（警察副官）的支持。各个市区和村镇的组织结构也与之别无二致：由每家每户的户主推选的卡德霍达行使中央赋予的权力，而各行各业也选出各自的领导，负责各自经营领域的事务。

然而，这一理应"完美"的系统并不能免除沙王的疑虑。深知掌权之人易腐败，他设立了一个巨大的信息网络，借此获悉在都城加兹温各个角落发生的各种事件，随后自1598年该网络更涵盖了伊斯法罕及各个行省，甚至更偏远的地区。此外，鉴于"东方"因商路治安不力而饱受批评，他组建了一套交通网络的治安系统。于是，人们看到道路沿途出现了一些被称为拉赫达尔的警卫[5]。"特别是水源附近的商队必经之地，"让-巴蒂斯特·塔维涅曾如此记述，他还补充道，"……而且，只要听闻一丝涉及偷盗的风声，他们就会立刻追查，盘问所有过路人从何处来，往哪里去。"诚然，这是一种严格的审问机制，但在当时被视为国家治安的重大进步，并受到包括外国旅行者在内的广泛欢迎。它也的确对商贸的发展起到了推动作用。在这一方面，沙王阿拔斯别具一格地在每座城市任命一名所谓警务法官（莫赫塔塞布），其职责是每周为日常生活物品定价。随后，他所确定的物价由宣读人向公众宣布，从而使生活成本得到一定程度的控制。对于违规商贩……国王的措施也配合了对私抬物价的严厉惩罚。

说到治安与惩罚，就不得不解决司法系统的问题。旧司法系统一般倚仗本地长官和总督的权力，如果某一案件具有宗教属性，则由什叶派等级最高的领袖"萨德尔"在各地的"伊斯兰谢赫[6]"的协助下做出判断。然而这一系统使各个省份的司法裁决带有极大差异，而且在沙王看来，它阻碍着现代伊朗的建设进程。阿拔斯渴望在全国推行一种平等的司法系统，并借此削弱神职人员四通八达的势力，而这将在司法界引起一场名副其实的革命。如此，他建立了"底万内－艾达拉特"（法院），并命其每周开庭四次。一名类似司法总监的"底万－贝基"作为法院上级领导将参与庭审，确认司法审理是正规的。此外，底万－贝基每周两次独自开庭审案。对于宗教问题，他可以征求萨德尔的意见，但保有对案件的最终裁定权，即使宗教机构已经按照伊斯兰教法下达了判决，他也可以驳回重判。沙王阿拔斯坚持让中央政权主导司法系统，并限制宗教权力，这便是伊朗各机构首次"世俗化"的努力。权杖要主宰包头巾。

国内局势渐趋平稳，封建领主的体系也一点点让位给一种由沙王执掌实权的全新体制，阿拔斯终于可以投入到他曾对人民承诺并令他期待已久的计划中去：收复沦丧的国土。实现这个目标只有一条路：重建军队，使之成为一个有效的战略工具。面对奥斯曼帝国"世界上最强大的军队"，阿拔斯只有他的禁卫军（加伐洛尔），其他军力都属于奇兹尔巴什领主，不受王权直接指挥。为与奥斯曼帝国分庭抗礼，并摆脱对埃米尔们的依赖，他决定建立一支由他直接支付军饷的常规军。英国人安东尼·雪利和罗伯特·雪利兄弟二人带领五十几个英国人进入伊朗宫廷，在这一领域为阿拔斯献计献策。借助他们的专业指导，阿拔斯很快拥有了一支一万五千骑兵、一万两千步兵、三千帝国护卫的军队，并在一开始就装备了五百门火炮。雪利兄弟还为部队组织"欧式"教学，每支队伍都必须接受严格的培训和军事训练，服从铁的纪律。此外，罗伯特在伊斯法罕、加兹温、马什哈德和设拉子建立了火炮铸造厂。这些努力迅速收效：沙王的军队很快成长为一支由四万训练有素的战士组成的武装力量，此外还有可根据需要由各地领主征集的部队。

继不久以前萨非军队在圣城马什哈德遭到挫败后，完成军队重组的阿拔斯决意起兵反击乌兹别克可汗阿卜杜勒·莫门。1598年7月29日，马什哈德回归伊朗，接着1598年8月8日，乌兹别克可汗避难的城市赫拉特也被收复。按照双方签订的和约，萨非帝国的边界在长时间内得到稳定，中亚各属国都接受新复兴的伊朗帝国的管控。

在伊朗最终制服这一强敌的几次决定性战役中，法尔哈德·贝格·卡拉曼鲁在很多人眼中发挥了关键作用。虽然他获得了赫拉特总督的官衔和国家军事指挥部的丰厚奖赏，却不知功高盖主将为他引来杀身之祸。这位在奇兹尔巴什的埃米尔中一呼百应的统帅、手眼通天的权臣、沙王的"兄弟"，被阿拉威尔迪汗奉阿拔斯之命刺杀。尽管这一对其旧日宠臣的谋杀行径可能招致埃米尔们针对沙王的联合攻击，中央政权却也以此向所有权贵表明，无论其官阶门第，任何人都不得与萨非中央政权争锋，更别想着令它黯然失色。

这重重敲打了那些对自治尚存一息之念的人。而当前他重建的强大军力及其对乌兹别克人取得的胜利令沙王感到对战奥斯曼人的时刻已经到来，这一期待已久的对决将不仅能够洗刷《君士坦丁堡和约》签订后苏丹穆罕默德三世施与他的一系列羞辱，而且能为他的祖父伊斯玛仪一世在查尔迪兰战役的惨败——伊朗人难忘的伤痛——雪耻。他等到1602年才将军事计划付诸实施。这一年，奥斯曼帝国的使节穆罕默德·阿加提出重新确认令伊朗丧失一部分领土的旧和约。他还要求伊朗遣返因不愿受控于土耳其人而逃至伊朗的两千个库尔德家庭，并将沙王的储君送至君士坦丁堡作为人质。阿拔斯从中看到了对宿敌开战的天赐良机，准备借此一扫伊朗被视为他国附庸的观念。他命人擒住使节，剪下他的胡子，并将这一战利品送至苏丹面前，表示向奥斯曼帝国宣战！

伊朗人同时在多个方面对奥斯曼帝国发起攻势。洛雷斯坦省的纳哈万德（其要塞已遭捣毁）迅速被伊朗军队收复。1603年9月，位于阿塞拜疆的大不里士也回归伊朗怀抱。尽管在十八年的占领中城市已破败颓废，大不里士人仍为其解放和穆罕默德三世的死讯而欣喜若狂。这一胜利恰巧发生在土耳其军队人心惶惶的脆弱时期，鉴于未来的苏丹艾哈迈德一世（1603—1617年在位）年仅十四岁，人们都深为君士坦丁堡微妙而时常血腥的政权过渡感到担忧。于是，沙王趁机挥师北上，进攻以坚不可摧著称的亚美尼亚要塞——埃里温。1604年6月埃里温被攻陷，这导致亚美尼亚领主们纷纷加入伊朗阵营，格鲁吉亚和高加索的领主们紧随其后。

这一役的胜利影响巨大。为对奥斯曼帝国反击做好准备，阿拔斯决定将亚美尼亚居民迁至伊朗内地，以便在两个帝国之间建立一个缓冲带。为此，村庄被放火焚烧，各种野蛮行径层出不穷，在一片末日灾难的气氛中，五万亚美尼亚人在冰冷的寒风中朝伊斯法罕迁移，其中只有两至三万人活着到达目的地——新焦勒法城区，沙王为他们预备的居住地。从此他们落户伊朗中心地区，贴近中央政权的位置，而这将从深层改变整个国家的经济格局[7]。与此同时，在伊奥边界上，两国陷入对峙：二者都在观察对方，沙王阿拔斯返回伊斯法罕。

一年以后，被任命为大军统帅的阿拉威尔迪汗再次出征。他带领一万多士兵袭击了凡湖附近一处要塞（奥斯曼边疆前哨站）的驻军。在进行了一定的抵抗后，要塞被占领：五千土耳其人被杀或跟随他们的统帅逃亡。后者带领一支新队伍企图发起反击，却于大不里士与阿拉斯河之间的小城索菲安被再次击败并自杀。

对沙王阿拔斯来说这是一个庄严的时刻，因为他在多年等待后终于圆了报仇雪恨之梦。为了庆贺这一胜利，他将凯旋的将士召集到查尔迪兰这个具有象征意义的地点，命人效仿成吉思汗和帖木儿，用数千个土耳其士兵的头骨堆起一座污浊的金字塔，同时让土耳其战俘排成一支绵长的队伍。他宣布道："我的祖先战败时，在此地被杀害的伊朗人终于可以瞑目了。"

尽管他已收复了一个世纪以来失去的所有领土，但鉴于两大帝国之间尚未签订任何和约，当前的局势依然危机四伏。事实上，奥斯曼人并不打算善罢甘休，他们制定了各种策略，计划对伊朗发起新一轮的进攻。沙王阿拔斯从他派出的间谍那里获得消息，决定设下一个圈套。从1618年冬季开始，他将主力部队派至大不里士和加兹温之间，并要求大不里士居民准备好腾空整座城市。他的判断是准确的：1618年夏初，十万奥斯曼士兵越过伊朗边界，捣毁了一座了无人烟的大不里士。自以为获得了胜利，他们的将领向沙王提出签订和约，为此伊朗必须交还收复的领土。对自己的策略满怀自信的阿拔斯反驳道："等我把奥斯曼苏丹的巴格达和阿勒颇抢到手再谈和约不迟。"接下来的数月间，宗教势力竭尽全力试图让国王妥协，声称穆斯林不该打穆斯林。但不过是白费口舌，这些话无论是对波斯一方还是奥斯曼一方都没有起到任何作用。

9月初，对伊朗的劣势深信不疑的五万奥斯曼大军从大不里士开拔，直奔阿尔达比勒。9月9日，伊朗部队的指挥官加拉奇盖汗将奥斯曼大军引至珀雷-切卡斯泰平原中央，四万伊朗士兵正埋伏在此。当一千五百名奇兹尔巴什高举军刀，挡住他们的去路时，他们便成了瓮中之鳖。七千奥斯曼人横尸沙场，伊朗获胜，奥斯曼人终于签订和约，返回家乡……直到1623年。

这一年，轮到阿拔斯出兵进攻了。在间接收到遭受奥斯曼人压迫的巴格达向他发出的求助信号后，阿拔斯趁每次新苏丹——这次是穆拉德四世（1623—1640年在位）——登基后都会出现的混乱，潜入美索不达米亚。他兵临巴格达城下，令其投诚。1624年1月14日，在他祖父塔赫玛斯普在此战败的九十年后，他胜利进入巴格达。留下驻军后，他赶赴格鲁吉亚，平息那里的叛乱。趁他离开，奥斯曼人重又于1625年底占领该城，迫使沙王重返巴格达。经过几番苦战，他的部队再次控制了该地区。1626年7月4日，在一场郑重的会谈中，奥斯曼帝国同意放弃对美索不达米亚的控制权。伊朗国旗从此飘扬在巴格达以及卡尔巴拉和纳杰夫等什叶派圣城的上空……但这能持续多久呢？

在这一系列大胜仗以外还要加上1622年5月3日从西班牙国王腓力三世手中收复霍尔木兹——波斯湾的门户，如此沙王阿拔斯便恢复了伊朗昔日的疆域范围，令它重新在世界博弈的角力场中占据一席之地。他从伊斯玛仪一世手中继承的三百万平方公里领土，当前已扩展至四百万。而且，阿拔斯还为伊朗人赋予了民族自信，并令其历史重放光彩。

伴随着这一复兴政策的是一种宗教意识形态，令奥斯曼人和乌兹别克人困惑不解之余只能再次将伊朗人斥为异端。一如其他领域，阿拔斯在宗教方面也进行了创新。尽管他本人是虔诚的什叶派穆斯林，但他一直将宗教宽容置于他政治思想的核心地带，尤其继承了居鲁士大帝在著名的居鲁士圆柱[8]上所申明的宗教宽容传统。阿拔斯的言论既带有人文主义的属性，也是一种政治上的考量。鉴于伊朗从古至今都是一个多信仰国家，琐罗亚斯德教、犹太教、基督教和伊斯兰教信徒比邻共存，在他看来宗教应为政权服务，而不是刚好相反。他对亚美尼亚社群命运的改变就是很好的证明。在伊朗与奥斯曼帝国之间建设缓冲带并将当地的亚美尼亚人大量迁走的举措使得新焦勒法——以亚美尼亚被牺牲的城市焦勒法得名——和伊斯法罕涌入数千基督徒。惶恐不安的难民居住的凌乱营地在亚美尼亚人勤劳智慧的经营下渐渐变为一座井然有序、商业繁荣、自信张扬的小城，进而成为伊朗的经济中心之一。作为不同文化间的桥梁，亚美尼亚人带给伊朗一种全新的思维方式、不同的艺术品位[9]、第一所新闻通讯社……沙王阿拔斯看出整个国家都可以从中获益，于是大力提倡宗教自由，于1614年下达命令批准建设一座大教堂，以替代亚美尼亚埃里温的大教堂："我们希望我们的首都能有一座华丽的基督教堂，它将是我们修建的最美、最高大的建筑，为的是让所有基督徒都可以在此按照他们的宗教仪式进行祈祷。"第一座亚美尼亚大教堂就这样在阿拔斯亲自出资的情况下于1606年诞生了[10]。不仅如此，他本人还在1606年和 1620 年两次参加基督教新年庆祝活动，以此向亚美尼亚社群致敬。因国王的庇护，新焦勒法在他统治结束时已拥有十座教堂。

　　国王的宗教宽容并非全无功利色彩。在这一切的背后，阿拔斯期望借由自己对基督徒的宽容态度吸引西方国家与他一同抗击奥斯曼帝国——鉴于后者是他们共同的潜在威胁，他们应该联手对付奥斯曼帝国。在他看来，新焦勒法的亚美尼亚人就是向西方开放的一条通道[11]，也是他诚意的担保。他允许基督教传教士在伊朗定居并传教，只要他们保证不强制人民改宗。作为交换，他希望得到基督教会，特别是西班牙国王腓力三世（1598—1621 年在位）和教宗克莱孟八世[12]（1592—1605 年在位）的支持，以组成对付那个逊尼阵营主导国的联合战线。更有甚者，为了体面地接待外国使节，他不惜打破自己宗教的禁忌，特许在伊斯法罕和法拉德-阿巴德修建了两座养猪场。逊尼派世界（主要是奥斯曼人和乌兹别克人）对他开此先例进行了声讨，但沙王阿拔斯无视他们的反应，在他看来最大的敌人是穆斯林而不是基督徒。

　　尽管这一政策在他统治期内没有收获直接的成果，但它向外国使节打开了伊朗的大门，而这些人在返回自己国家时便化身为萨非王朝最好的宣传者。

　　伊斯法罕迅速成为西方人趋之若鹜的时尚之都，所有前来拜会的使节都被视为沙王的私人朋友。这令所有外国使团都得到周到殷勤的接待，却也意味着他们都受到严密的监视。从进入国境开始，会有一位大臣（"梅曼达尔"）迎接他们的到来，并陪同他们前往都城。在那里，他们将按照官阶等级被安排下榻于一所事先布置好的优美宅邸或宫殿，国库会承担他们的所有食宿开支。根据与萨非权力层交往中一项十分重要的礼仪，每位大使都必须在其寓所内等待，直到他的召见日期和时间得到确定为止。

　　沙王阿拔斯自 1599 年起就对欧洲——更确切地说是对西班牙——展开

了一轮强大的诱惑攻势。他的使节侯赛因·阿里·贝格及其随行人员经过三年的长途跋涉才到达腓力三世位于巴利亚多利德的宫廷，在那个宗教审判正在全国横行肆虐的时期，这些迈上基督教土地的什叶派穆斯林令西班牙人满腹狐疑。协商从一开始就显得十分艰难。此外，伊朗使团还经历了一系列挫折：三名伊朗人改宗了基督教，并决定从此留在西班牙；一位伊朗使节被杀；腓力三世为他们提供的返程轮船在好望角带着所有乘客一同沉没。可以说，这一出使活动表面上几乎没有收获外交成果。

不过从深层次来看，阿拔斯的举措开启了欧洲与伊朗之间的交流。1609年，安东尼奥·德古韦阿（1575—1628年）率领的一队西班牙使团和一名代表教宗的教士来到伊斯法罕。他们与伊朗当局建立的对话尽管冠冕堂皇，却缺乏实质内容：阿拔斯本来期待西班牙将霍尔木兹归还给他，因为这一地区自伊斯玛仪一世统治时期开始便由葡萄牙人占领，而葡萄牙自1580年由西班牙托管。同时，腓力三世一方则希望伊朗首先将不久前获得经营权的英国东印度公司赶出它的国土。一场聋子间的对话就此展开：阿拔斯谴责西班牙对奥斯曼帝国不作为，而他早已允许基督徒在他的国土上自由往来和经商；腓力三世则怀疑萨非国王对霍尔木兹怀有非分之想，因为法尔斯总督阿拉威尔迪汗于1602年夺取了巴林。西班牙国王没有看错：阿拔斯借助英国人的支持于1622年5月3日从西班牙人手中夺回霍尔木兹这一波斯湾的门户和战略要地；作为回报，英国东印度公司获准建立多个商栈。

在与教宗的对话方面，沙王在想象中高估了教宗在欧洲的影响力，尽管新十字军东征的想法在西方逐渐赢得共识，但在互换礼物后，除了承认伊朗的几个基督教修道会以外，教廷与伊朗在外交方面的收效甚微。事实上，阿拔斯很晚才获悉，教宗并不被所有基督徒承认，这使他明白自己对教廷所做的努力可能效用有限。

伊朗与日耳曼民族神圣罗马帝国之间的关系也是如此。鲁道夫二世未与阿拔斯协商就同奥斯曼帝国私下签订了和约。这令两个帝国之间的信任关系

215

在此后长期陷于僵局。

在与荷兰及荷兰东印度公司关系方面，交流主要集中在商务领域。沙王批准该公司在伊斯法罕、大不里士、克尔曼、阿拔斯港建立商业特区，他们在那里遇到的最大对手是英国人。通过 1623 年的协议，阿拔斯确保他们的财产安全、信仰自由和在帝国国土上自由通行的权利。伊朗凭借新焦勒法亚美尼亚人的商业网络和这些新的商业伙伴，在里海周边地区大规模发展蚕丝贸易，其行情之高，使得这一市场达到了空前繁荣，蚕丝商人也因此发迹。伊朗的蚕丝一部分用来换取铜、锡或西方布匹，一部分则以生丝出口，剩下的部分在伊斯法罕或卡尚加工后，被制成锦缎、珍贵的绢纱、宫廷朝服，供伊朗贵族使用。

然而，对阿拔斯的开放提议欧洲各国的反应冷热不一，这令沙王渐渐意识到西方世界的复杂性和各王国间存在的分歧。比如，他在世时从法国一无所获。与其和萨非国王建立一种不稳定的伙伴关系，路易十三和黎塞留公爵宁愿维持与黎凡特和奥斯曼帝国的联盟。然而，他们对这一东方新兴市场并非毫无兴趣。1626 年，他们派路易·德赛·德库梅南出使伊朗，期待凭借这一举措在奥斯曼与伊朗之间斡旋，"化解他们之间的分歧"，以便使商品可以在两国之间自由流通。意识到这一想法过于天真之后，他们被迫放弃了计划的调解和谈[13]。但沙王阿拔斯于 1628 年 10 月重启对话，他给路易十三寄去了一封信，信中他提议两国建立长期稳固的关系，主张削弱奥斯曼帝国的国力并夺取阿勒颇及其周边地区，以获得地中海这一重要出海口。然而，信函到得太迟了，信中提出的开放建议将在数年后令路易十四和柯尔培尔受益，而阿拔斯却没能亲眼见到其成果。事实上，他于 1629 年 1 月 19 日辞世，他胸怀的基督教西方与什叶派东方联手对抗逊尼派奥斯曼帝国的伟大梦想在欧洲分裂的现实面前被撞得粉碎。1628 年抵达伊斯法罕的法国嘉布遣会传教士帕西菲克·德普罗万在阿拔斯死前向他指明了这一点[14]。

阿拔斯的外交尝试尽管成效有限，却结束了伊朗的封闭状态，令它进入了国际外交界，开始与他国建立政治、经济关系，其治国之道引来欣赏的目光，其创新举措也最终得到欧洲人的赞扬。这些外交尝试的一系列场景和规定的服饰礼制被频繁展现在各个宫廷的壁画上；它使国家之间通过互换奢华考究的礼品，衡量彼此的国力，建立了令萨非帝国屹立于大国之林的礼宾次序和礼仪规范。最后，这些外交尝试也使经济和商贸往来上升为世界的关注中心。

伊朗的确在阿拔斯的统治下得到了深层改变。所有看似偶然的事都是他悉心经营的结果：如果外国使节盛赞他城市的优美、艺术家的才华，这是因为他不仅善于"公关宣传"，而且也热衷于城市建设和艺术资助。在他的新都，比加兹温更接近帝国中心的伊斯法罕，他建立了一所图书馆工坊（齐塔博－哈内），负责皇家书籍的编辑。这一机构聘用了当时最杰出的书法家、书籍装帧家、画家和细密画家。此外，在伊斯法罕、卡尚、设拉子、大不里士都诞生了皇家地毯工坊，其作品被贵族居所争相抢购。除了工艺美术，沙王还大力支持最知名的科学家、哲学家、神学家和数学家的研究工作，他们中包括谢赫·巴哈伊（1547—1621年）和穆拉·萨德拉（1572—1640年）。

这一切举措都促进了萨非建筑的珍宝，有"半天下"之称的伊斯法罕的重建工程。这座城市依照传统设计，围绕一个宗教、王权、商业皆得其位的大广场组建，新筑起的皇宫绵延八公里，举行宴会和节庆活动的华美的阿里卡普宫闪耀其间，它面对的伊玛目广场又被誉为"世界之镜"，偶尔被用作马球场。四周两层的拱形门廊开着商店、咖啡厅和妓院。皇宫对面是礼萨·阿巴西亦贡献了其不世才华的精美非凡的希克斯罗图福拉清真寺，不过仅供国王及其随从使用。最后不得不提起的是为第十二位伊玛目（隐遁的马赫迪）而建的雄伟伊玛目清真寺，它半围着广场，门庭流光溢彩，伊万铺以彩色瓷砖，中央庭院的喷泉池倒映着蓝天，一对穹顶和宣礼塔指引着穿越沙漠而来的大篷车商队。这里的一切都深具象征意味，每个造访之人都得到了精神的升华。在这些稀世杰作的四周，那些石桥、政府建筑和私人宫殿……都享受着扎因代河带来的徐徐清风。伊斯法罕在当时被视为世界最美的城市，吸引了众多旅行者，其中包括 18 世纪让－雅克·卢梭的哥哥。伊朗也成为不可忽视的东西方交汇点[15]。

沙王阿拔斯，作为"他那个时代最为精明睿智的君主[16]"，在其将近四十年的统治中，令他的国家通过行政结构、权力网络和政策上的革新迈向现代化，从而在这个国家留下了自己深深的印记。在此意义上，他可以与法王路易十四和礼萨·巴列维相比，后者尽管与阿拔斯的命运截然不同，却也在 20 世纪引领伊朗走上了制度世俗化的道路。

他本应带着不朽的荣耀光环退出历史舞台，让人们遗忘他在统治时期做出的血腥决策。然而不幸的是，在权力所导致的疲劳和纵酒贪食的损耗下，他的晚年悲剧不断。阿拔斯渐渐落入受害妄想的深渊，因害怕刺杀而每晚更换寝室。他坚信自己的王储谋划篡位，下令将其处决，事后却后悔不已，但接着又对两个小儿子施以盲刑。他的心时刻被内疚占据，别无他法下，只能将孙子指定为王位继承人和萨非派第十二代宗师，而后者却极其厌恶这个杀父仇人。当 1629 年 1 月 21 日他离世时，这个心怀仇恨、藏匿于后宫、精神不健全的子嗣以沙王萨非之名继位，并将摧毁阿拔斯的部分基业。不过，这一悲剧的结局无法掩盖阿拔斯的国际威望。伟大的旅行家、珠宝师和作家让·夏尔丹（1643—1713 年）曾说过："当这位伟大的君主停止呼吸时，波斯也不复存在。"一些伊朗史学家对阿拔斯的评价则更为谨慎公允，他们大多指出阿拔斯残忍的一面，"而这也最终导致了王朝的衰落[17]"。

诚然，根据最近的研究[18]，这一衰落[19]是一个相对且缓慢的过程，但隐患是否已然埋下？王权的专制主义加上年老昏聩的国王的受害妄想，是否破坏了一种趋向于权力制衡的全新国家体制的构建？如果从长期来看，这种权力制衡对抑制专制王权的过火行为与中和其不良影响是必要的，阿拔斯的继承者们是否有智慧与魄力采用这种制度，即便这种体制意味着对自身权力的限制？鉴于王室领地过度膨胀使得国有土地大幅缩减，进而使税收减少，他们是否拥有足够的财政资源以推行此类改革呢？此外，手握大权的君主一死，那些曾遭严酷镇压的各个党派和宗教势力难道不会萌生反攻报复的念头吗？那些曾被政权冷落的人是否会利用新沙王对他祖父的敌意，让旧日的封建领主阶层和地下宗教势力重新浮出水面？在中央集权政府试图统一管理的一个政治、民族、语言、经济、宗教方面都如此碎裂的社会，又有什么是不可能的呢[20]？最后，由阿拔斯和雪利兄弟一手打造的这支精锐的职业军队能否与时俱进，保持其强大的战斗力？在这位勇于创新的沙王死后，其继承者有诸多问题都有待解答。

第十七章

萨非王朝的传承、没落和覆灭

在 1722 年阿富汗人夺取伊斯法罕和萨非王朝覆灭之前，共有四位沙王于阿拔斯之后掌权：萨非一世（1629—1642 年在位）、阿拔斯二世（1642—1666 年在位）、萨非二世/苏莱曼一世（1666—1694 年在位）、素丹·侯赛因（1694—1722 年在位）。阿拔斯沙在文治武功方面都成就斐然，使得这些继承者也面临更加巨大的挑战。所有治国方针路线已然清晰划定。要贯彻既定的方针政策，他们必须与时俱进勇于创新，联合相互对立的民间、军事和宗教力量。但他们完全没能做到，因为他们或无忧患意识，或残忍暴戾，或缺乏对公众利益的关切，高枕无忧享受这太平盛世，以至于将其荒废甚至葬送。

沙王萨非一世在继承王位时本应胜券在握：当前奇兹尔巴什群体已变为国家的公仆而不再一味追求一己私利；各个部长不再因利益集团的更替而遭罢黜，而是可以拥有较长的职业生涯；高级官员凭能力得到录用。中央集权使以前受到当地法律、风俗管理的行省现在都能受到中央政府的统一管理。在这样一个多元文化主义和宗教宽容盛行的国家，司法权力也在全国范围内趋向公平。此外，与奥斯曼人和乌兹别克人签订的和约保证了不一定持久但至少切实有效的和平。因此，萨非一世的统治本应是轻松自如的。

然而，他十三年的统治却绝非如此。新登基的沙王冥顽不灵，沉溺于酒精和鸦片，且嫉妒心极强，他以饮酒作乐而非务本勤政著称。他在1633至1642年间更是将朝中政务悉数交予一名宦官——大维齐尔萨鲁·塔基打理。萨非一世最为关注的就是他出席的官方活动必须沿用前朝的礼制和礼仪规范。在他身边按照官阶依次排列的是瓦基里阿拉（最高部长）[1]、几位军事指挥官、库尔奇巴斯（国王护卫队长官），以及王室的多位军官。更远处站立的是高级宗教人士，其中包括主持沙王清真寺祷告仪式的谢赫伊斯兰。

萨非一世尤其以他对王位竞争者的残暴被记入史册，他将这些人一个接一个全部清除。他甚至动辄砍头、割耳，所表现的暴虐近乎变态。正如德国人亚当·欧莱利乌斯[2]所写的：他拥有"对其臣民生杀予夺的绝对权力，在严酷的管制下人民只能道路以目，而国王常常不经任何形式的审判就将国家重臣任意处死"。由祖父确立的专制集权在孙子身上衍生出暴政和残杀之风，且没有任何权力可以对之约束。

对国家来说幸运的是萨鲁·塔基这位颇有谋略的政治家谨慎操持内政外交，竭尽所能将王室的残暴降至最小。然而他面对1638年入侵巴格达和美索不达米亚其他领土的奥斯曼人束手无策，无奈投降。战败的萨非一世于1639年5月17日签署了一份众人期待能够正式持续到"最终审判日"的和约。凭借这一《席林堡和约》（又名《佐哈布和约》），穆拉德四世收复了包括巴格达和摩苏尔在内的伊拉克和亚美尼亚的凡省及卡尔斯地区；伊朗一方则满足于保有埃里温和今天的阿塞拜疆。这一和约的漏洞在于没有划定两国的准确领土界线，并将因此带来灾难性的后果，导致帝国军事力量的削弱。两国潜在的对立一直持续到1843年边界确定为止。[3]

在此期间，另一起战事也突然爆发：1622年沙王阿拔斯夺回的坎大哈一直由阿里·马尔丹汗将军领导下的政府管理，后者于1632至1633年将这一地区从伊朗分裂出来，并入沙贾汗的莫卧儿帝国。有些评论家认为，这是面对萨鲁·塔基态度的无奈之举，因为萨鲁·塔基为逼他辞职，向他索要一笔巨款；在另一些人看来，他这么做是因为怀疑沙王想要谋害他的性命。

这一叛变的结果是坎大哈及周边地区再次落入了莫卧儿帝国皇帝的手中。

1642年5月12日萨非一世之死对很多人来说都是一种解脱。在他的统治下，官僚权势日趋强大，导致部长和普通公职人员之间出现内部纷争以及腐败之风。行政系统为了维持现有的运作需要越来越多的财力支持。此外，沙王精神紊乱的消息早已穿越疆界，与领土的渐次丢失一起让伊朗在国际上逐显暗淡。

伊朗的新任君主穆罕默德·米尔扎，1632年8月30日生于加兹温，时年九岁的这个孩子便是阿拔斯二世。据我们所知，他的童年在后宫度过，在宫女和太监的环绕中长大。他的老师是拉贾布－阿里·塔布里兹，这位曾得到拉斐尔·杜芒[4]赞许的什叶派哲学家和神学家在阿拔斯二世的整个统治时期始终辅佐他，为他建言献策。阿拔斯二世还曾得到王室总管穆罕默德－阿里·贝格和担任王室护卫队长官的奇兹尔巴什贾尼汗·沙姆鲁的教导。

在萨鲁·塔基主持召开了一次委员会会议后，阿拔斯二世于1642年5月15日在卡尚加冕登基。加冕典礼盛大恢宏，典礼上新国王下达五十万托曼的退税令，并迫于出席典礼的"赛义德"和"乌理玛"的压力，颁布禁酒令[5]。他统治初期政局平稳，各部门官员均留任原职。

在阿拔斯二世继续接受教育、学习骑术射艺的这段时间，国家政务主要由他的母亲安娜·哈努姆临朝监理，这个切尔克斯女人得到了萨鲁·塔基和贾尼汗·沙姆鲁的支持。他们三人既平息了1644年南部巴赫蒂亚里部族的反叛，也阻止了小沙王的对手夺权。其中一个王位争夺者，阿塞拜疆军队统帅兼总督鲁斯塔姆汗曾策划废黜国王，但在马什哈德被及时清除[6]。

十三岁的年轻沙王没有长时间忍受母亲的监护。为了摆脱这一束缚，他命人谋杀了她的两个后盾：1645年10月11日，萨鲁·塔基在自己家中遇害，接着贾尼汗也遭谋杀[7]。自此，哈利法·素丹成为他的大维齐尔，这是史无前例的，因为从未有过毛拉担任如此尊贵的职务，而且他还是个"嗜酒"的毛拉。哈利法·素丹的家族是 14 至 15 世纪一位著名苏非宗师的后代，这位宗师创立了名为"尼玛图拉希[8]"的苏非教团。通过这一人选，阿拔斯二世显示了他对王朝根基之一的苏非教派的支持。

这一系列具有象征性的铁腕政治举措令他得以在政府中扮演独立、主动的角色。他希望重建由他曾祖父阿拔斯一世创立，遭他父亲萨非一世践踏的价值观和治国大业。为使公平公正的原则在全国得到普遍落实，他宣布自己每周两次开庭，公开审案，并允许喊冤者拉住他马匹的辔头，以便向他直接呈递诉状。

在他的统治时期，帝国疆域逐渐恢复和平。为击退 1650 至 1660 年间乌兹别克人的侵袭，他向边疆的部落下发多笔补助金，连位于格鲁吉亚附近的达吉斯坦国的列兹金人也得到了此类资助[9]。鉴于和平是他的首要目标，当荷兰东印度公司封锁了阿拔斯港周边地区时，他有力平息了波斯湾的这一冲突。1652 年，他与该公司签署了一项关于蚕丝贸易的新协定，重振该地区的海上贸易。控制坎大哈的莫卧儿皇帝则更为棘手，尤其是萨鲁·塔基在遇害前曾为暂时缓和国库的资金缺口而决定减少军费开支。在多次兴兵受挫后，沙王召集五万人马，于 1649 年 1 月御驾亲征，包围了坎大哈，并于 2 月 22 日将其攻陷。由此，该地区将留在萨非王朝的势力范围内，直到 1722 年。

自从战胜莫卧儿皇帝，十七岁的沙王一改其作风。他不再关注政务，将治国大权交予大维齐尔。这一职务直到 1654 年由哈利法·素丹担任，随后接替他的是深受后宫宦官影响的穆罕默德·贝格，接着米尔扎·穆罕默德·马赫迪于 1661 年至 1666 年出任这一职务[10]。这几任大臣忘记了沙王对不同见解、不同宗教的宽容态度，以及他对苏非教派的青睐——阿拔斯二世曾为此获得"钟爱托钵僧的君主"的称号，任由最强硬的什叶派宗教人士大行其道。对王朝来说不幸的是，这一趋势随后愈演愈烈。什叶派教徒在广场上贴满反非什叶派穆斯林和反海兰达里耶派[11]（最离经叛道）的苏非托钵僧的标语。接着，酒精饮料在 1645 年和 1653 年遭禁售；1657 年，亚美尼亚人被"请出"伊斯法罕，其生活区域仅限于新焦勒法，而犹太人和基督徒都被迫改宗伊斯兰。阿拔斯二世只求那些日益严苛的宗教人士对其荒淫无度的生活不予干涉，于是也对手下官员的那些粗暴行径听之任之。

他在位期间，西方旅行家看到的都只是浮华的表象，其中包括法国人让-巴蒂斯特·塔维涅（1605—1689）和让·夏尔丹他们所记述的故事令东方主义越发成为一种受人追捧的时尚，进一步激发了欧洲对东方的幻想。他们颂扬萨非王朝的奢华，视其为伊朗全新的黄金时代的写照。伊斯法罕，这座人间天堂，的确以其恢宏的建筑令人目眩。这些建筑中包括 1642 年为阿里卡普宫新建的会议厅，以及建于 1647 到 1648 年的装饰着炫目壁画的四十柱宫，这座宫殿主要用于迎接外国使节，后也作为加冕典礼的举办地。

阿拔斯二世于 1666 年 9 月 25 日在马赞德兰省阿什拉夫逝世，享年三十三岁。他被葬在库姆的陵墓中，萨非一世的旁边。一些人声称他是被毒死的，另一些人断言是某种性病夺去了他的生命，还有一些人则认为他死于酗酒，这一"萨非之恶"。他死前没有指定继承人。于是，后宫宦官们在讨论后决定推选国王的长子，十九岁的萨姆·米尔扎继位。

人们虽担心萨姆·米尔扎少不更事，却也期待他会温顺驯服。他在伊斯法罕后宫的孤独中长大，一直由一位宦官教授阿塞拜疆语而不是波斯语。他于 1666 年 10 月 1 日以萨非二世之名登基，而其统治时代以不祥之兆开启。一场严酷的旱灾降临在帝国土地上，同时希尔凡发生了地震，三万人因此丧命。而且，沙王也一病不起。所有医疗手段、祈祷和为防止饥荒施放的银钱都不见成效。人们将这一切归于上天的愤怒，甚至指责是伊斯法罕犹太人招来了厄运[12]。很快，人们推测是占星师们挑选的加冕日不吉利，并决定另择他日进行二次加冕，这在伊朗历史上是前所未有的。于是，1668 年 3 月 20 日——纳吾肉孜节当天，在辉煌的四十柱宫中，萨非二世变成了苏莱曼一世。不久，一颗彗星划过夜空：皇家占星师们预言将有更多的灾难降临[13]。

面对这些考验，沙王没有像一个真正的君主那样做出回应。事实上，他对国家政务没有兴趣；相比之下，他更热爱后宫享乐，还新招募了五百多名妃嫔，大多数是焦勒法的亚美尼亚人。他一开始将政务交予精英射手指挥官和他的护卫队长官，然后他改让几任维齐尔——幸运的是，这些维齐尔都具有很高的素养——负责遏制在他二次加冕后肆虐全国的粮食危机，并在1691年重振贸易，以及推行货币改革[14]。

不爱征战的苏莱曼一世从不亲自领兵打仗，1676年他指定一位沙姆鲁可汗担任皇家军队统帅，前往阿斯塔拉巴德和达姆甘周围平定叛乱。然而，这一时期却是打击其宿敌的最佳时机。奥斯曼帝国在1683年维也纳之战后元气大伤，沙王面对西方国家的敦促却无意起兵，此时的西方十分倾向于与伊朗结盟对抗共同的敌人，而这一联盟却正是沙王阿拔斯曾几何时极其渴望并数次强烈要求的。作为自我辩护，苏莱曼说出了这一名言："伊斯法罕于我足矣！"

这一与前朝形成鲜明对比的军事不作为主要是因为国库空虚。在大维齐尔的支持下，苏莱曼一世对开支进行了多次大幅削减：皇家护卫队的人员压缩了三分之二，军队指挥官离职后不任命继任者。当他的大维齐尔谢赫·阿里汗于1689年去世时，他也没有指定新人。为开辟财源，他对民众强征苛捐杂税，特别是对亚美尼亚人，除其他税费外后者甚至需要缴纳选举税。经济因此一蹶不振，国家越发贫困。

在宗教方面，苏莱曼是一个从不错过一次祷告的极其虔诚的什叶派穆斯林。他对基督徒既没有表现出太多关注，也没有施加迫害。他非常宠信什叶派的高层教士，对他们的角色和建议都十分重视。

事实上，苏莱曼既没有其父的能量也没有其父的英明，他二十八年的统治因其政治上的选择、心理的复杂、对宗教的过度虔诚，为他留下的是一副昏庸甚至堕落的形象。这一形象也源于他宫廷的颓败，宫中的每个人都只想

225

着维护自己的既得利益，为取悦一个善变易怒的沙王，他们极尽阿谀奉承、虚伪谄媚、腐化败坏之能事。

苏莱曼一世于1694年7月29日逝世。弥留之际，他在伊斯法罕的后宫内让太监们在他的两个儿子之间选出继承人。然而，他似乎说道："如果你们想要安静祥和，就选择我的长子（素丹·侯赛因）；如果你们想要见到帝国的辉煌、实力和繁荣，就选择阿拔斯·米尔扎。"前者时年二十六岁，后者二十三岁。这句遗言只有在他身边的姐姐听到。作为宫廷权谋的核心人物，她宣称国王将素丹·侯赛因指定为王位继承人。他们听从了她的意见——他们想要一个容易操纵的国王。他们将看到这一灾难性的选择在整个伊朗引发的所有后果。

素丹·侯赛因生于1668年，作为萨非王朝第九任沙王，他于1694年8月7日在扎因代河南岸的阿延纳－卡娜宫中举办的奢华典礼上加冕登基。他继承的遗产是一个越发贫困、野心全无、继《席林堡和约》以来被划走一部分领土、军队战斗力薄弱、宗教团体和宦官当权的国家——一个日趋衰败的国家。

素丹·侯赛因像他父亲一样在后宫中长大，完全没有迎接这些挑战、重建萨非统治系统的能力，而这一系统自阿拔斯一世死后也每况愈下。从素丹·侯赛因登基伊始，他就将政权引上了一条具有强烈宗教色彩的道路。与一直以来的惯例不同，他没有让苏非长老主持加冕礼，而将这一任务交给了伊斯法罕的"谢赫－伊斯兰"——穆罕默德·巴吉尔·马杰莱西（1627—1699年）。后者，以其书写的文章可以断定，从属于"乌苏勒"的政治宗教学派。该学派"尽管承认任何人都无法拥有接近伊玛目的权威和合法性，但仍认为最优秀的什叶派学者在对宗教文献进行了长久的分析后，能够借助于自己的判断（伊智提哈德）解决所有问题，且什叶派穆斯林信徒可以仰仗他的意见，就像他是伊玛目本人的化身一样[15]"。这一做法事实上令最极端的教团渗入政权核心，甚至由它独揽大权。而这正是接下来所发生的事。作为自己为政府背书的回报，马杰莱西要求加强"杰哈德"（圣战）的教法法规。素丹·侯赛因为了展示诚意做出表率，决定将皇宫酒窖清空，并将酒窖内的六千瓶酒倾倒在公共广场上。马杰莱西很快宣布禁止女性在没有男性陪同的情况下出行和在皇家庆祝仪式上跳舞，禁止年轻人出入咖啡馆，任何人都不得饮酒、吸食鸦片或迷恋养鸽子一类的娱乐性活动，因为所有这些活动都与伊斯兰相悖。

沙王尽管自己嗜酒成性，却对这些法规不予干涉，并像他父亲一样，对国事兴趣索然。他如此笃信宗教以至于有人称他为"侯赛因毛拉"，而作为一个虔诚的什叶派穆斯林，令所有人大为震惊的是，他挑选了坦承自己是逊尼派信徒的法特阿里汗·达戈斯塔尼担任大维齐尔长达五年[16]。鉴于穆罕默德·巴吉尔·马杰莱西公开镇压非什叶派宗教社群，如被视为有悖伊斯兰的苏非派和其他神秘主义哲学宗派，这一大维齐尔人选就愈发矛盾而令人费解。

素丹·侯赛因以其温良的天性、善意、仁慈和他无心的挥霍为人所知，但在很多人看来，他面对顽固狭隘的宗教思潮所表现出的善变和软弱都加速了王朝的衰败。苏格兰外交家和史学家约翰·马尔科姆（1769—1833 年）认为，素丹·侯赛因既没有"他父亲的粗暴，也没有他的残忍"，但他的"过度虔诚对国家来说比苏莱曼的坏脾气更具有毁灭性"。[17]

1699 年穆罕默德·巴吉尔·马杰莱西的离世令权力对比发生了些许变化。沙王长期不予过问的政务被他的大姑玛利亚姆·贝格姆、后宫宦官和几任大维齐尔接管。在这个时期，伊朗与奥斯曼和莫卧儿帝国的外交关系进展良好，令政府更为忧虑的是阿曼的阿拉伯人为获得波斯湾控制权而发动袭击的威胁。帝国在中途放弃了与葡萄牙建交的尝试后，从 1699 年开始派出多支使团前往路易十四的宫廷，以期在向法国提供商业优待的同时获得法国海军的支援。如此，双方缔结了一项协议，法国会支持波斯人在波斯湾地区的立场，以换取波斯对其境内基督徒的保护和传教士的自由通行。

沙王最后十年的统治更加混乱，人民因生活贫困而频繁起义。在伊斯法罕，宗教强硬派穆罕默德·巴吉尔·马杰莱西的宅邸于1715年遭纵火焚毁。两年后，食品匮乏和物价上涨导致了新一轮的动乱。和平已变为虚假的幻景。

最严重的情况出现在远离伊斯法罕的地方。从1709年起，两个最具影响力的阿富汗部族之一——坎大哈的吉尔查伊人反抗萨非统治，于1709年和1711年杀死中央政府派出平叛的两名亲王，并宣布独立。1716年，另一个阿富汗大部族——赫拉特的阿卜达里人也步其后尘。

1722年无疑是素丹·侯赛因当政期内最糟糕的一年。其间，两条战线被打开。第一条是6月间打开的沙俄战线，沙皇彼得一世此举旨在遏制奥斯曼帝国对里海周边领土的野心。这一战事以1723年——在萨非王朝崩溃后——的《圣彼得堡和约》落幕，根据这一和约的规定，伊朗将其北高加索和南高加索包括打耳班和巴库在内的国土，以及吉兰省、希尔凡省、马赞德兰省和阿斯塔拉巴德省让与沙俄。

然而，致命的一击来自坎大哈地区的逊尼派阿富汗吉尔查伊人。统治这一部族的是时年十八九岁的马哈茂德·霍塔克。从1719年开始，他自视已有足够实力反抗萨非王朝的统治。马哈茂德·霍塔克从坎大哈出发，率军围困克尔曼但没能攻陷，随后又包围亚兹德。他从亚兹德收获了一笔可观的赎金后才开拔离去。1721年，在发觉萨非王朝军队无力调集援军对其各部分领土施救后，他决定征讨伊斯法罕。1722年3月，马哈茂德·霍塔克行至戈纳巴德，距离他的目的地仅二十公里。沙王派出一支四万人的军队前去抗击。两军于3月8日交锋。尽管人数只是伊朗军队的四分之一，阿富汗人却占了上风，这主要是因为伊朗指挥缺乏统一性，且伊朗人引入了一种无用的新武器——"架在骆驼背上的轻型火炮'赞布拉克'[18]"。就这样，帝国军队这次不是在边界而是在本国境内被打败。

几天后，马哈茂德·霍塔克包围伊斯法罕。都城的防御工事因缺乏养护而状况不佳。此外，不知什么原因，城内的神职人员反对使用火炮。当新焦勒法城区遭到烧杀劫掠时，宗教团体反对"伊斯兰的军队"对非信徒施救，如此萨非都城的核心区域开始反抗。为扭转命运，人们在各大清真寺举行祷告仪式，在街道上开展宗教游行；进一步强化反饮酒措施以赢得安拉的恩宠；人们甚至向马哈茂德献上一笔重金，以求他离开。但一切都无济于事。

6月7日和8日，素丹·侯赛因之子塔赫玛斯普-米尔扎带领一千骑兵成功突围，试图集结传统上效忠王朝的各省总督、巴赫蒂亚里各部族和洛雷斯坦各部族的武装力量，但徒劳无功。

皇城与世隔绝，供应匮乏，乃至于人们开始吃草，吃马肉、骆驼肉、狗肉、猫肉……一些编年史作家甚至提到吃人肉的现象……那些毛拉则用稻草和土击打自己的头，以求驱除厄运……与此同时，某些权臣则暗地里向马哈茂德派出信使，询问他的意图，提出和谈。他们甚至主张以一种新办法驱敌：王室后宫斋戒祷告三天！至于宫廷侍臣，他们建议送一位王室公主给马哈茂德和亲。于是，人们严守斋戒，并将公主送至马哈茂德军营，后者即刻与之完婚，但他的征服计划丝毫没有被动摇。

伊斯法罕在七个月的围困后陷落，而素丹·侯赛因不顾人民的多次请愿，自始至终都未曾下决心亲自带兵征讨入侵者。近八万居民丧命，数十万人逃亡。围城之前伊斯法罕共计五十万人，此时仅剩十万。

1722年10月22日，素丹·侯赛因投降。他自行前往位于法拉德-阿巴德的阿富汗军营，宣布退位，将帝国权力的象征——苍鹭羽毛装饰插在他称为"兄弟"的马哈茂德的包头上。屹立了两个多世纪的萨非王朝就这样像纸牌城堡一样轰然倒塌。

胜利者对王室成员（被关押在伊斯法罕）的仁慈宽容将持续到1725年2月。在谋反的传言下，心志涣散的马哈茂德很快决定除沙王以外，将王室全部清除，沙王竭尽全力阻止屠杀，并成功救下了他其中两个儿子。他其他家人几乎都被列队斩首[19]。

伊朗日益动乱的局势引发了新一轮的起义，马哈茂德疲于招架，于是向坎大哈的总督——他的侄子阿什拉夫求援，并将后者指定为他的王储，而这也令他于不久以后的 1725 年 4 月 25 日遭到暗杀。当前掌权的阿什拉夫更加用心地对待废黜的沙王，甚至娶了沙王的女儿，以提升他登基的合法性。然而，1726 年秋，奥斯曼帝国的巴格达总督对他掌权提出质疑，并威胁他要协助素丹·侯赛因重回王位。阿什拉夫毫不迟疑地给出答复：他将自己新"岳父"的人头送到了奥斯曼总督的面前。

这就是素丹·侯赛因的悲惨结局，他以一种诡异的方式留名后世，在生活常用语中以近乎形容词的形式出现：对于一个对危险视而不见、对毛拉言听计从的软弱君主或政府，人们有时会说这是个"素丹·侯赛因沙"。

那么萨非王朝开国的几位皇帝耐心构思，又在阿拔斯一世统治下实现的国家体制还剩下些什么呢？这一体制建立在几个必不可少的前提和价值观上：中央集权，对权贵的监控以保证人民不受侵害，对违规者严厉乃至残忍的执法，疏离传统精英和宗教权臣，亲近论功提拔的新贵族，稳定边疆，努力通过现代化、强有力、可依赖的军队保证持久和平，而所有这一切的控制权都要掌握在沙王自己手中。

要维持这一极其苛刻、繁重的体制需要坚定的意志、长期而有效的跟踪核查、钢铁的纪律和健康的财政。它无法运行于最后几任沙王的权力代理、他们荒淫无度的生活方式、宦官和教士当权的状况之下。尽管其间出现过几位——在历史长河中屡见不鲜的——杰出公仆，但它还是不可挽回地走向衰亡。

民族国家的理念在这一体制中已隐约可见，但在帝国四方的巨大差异和传统习俗的阻碍下没能成为现实。然而，朝向民族国家迈进的一步已经跨出，并将在日后再度上路。

第十八章

"剑之子"和"好国王"

在伊斯法罕之围中,素丹·侯赛因的一个儿子塔赫玛斯普-米尔扎成功突围,并在马赞德兰省的法拉哈巴德定居,住进了由他的高祖阿拔斯一世建造的皇宫中。闻听他的父亲被阿什拉夫杀死的消息,他以塔赫玛斯普二世之名自称沙王。

然而,他的统治希望将被一个至此都默默无闻的人摧毁——纳迪尔。此人很快将被人们誉为"亚洲最后一位征服者",拿破仑一世称其为"成功掌权、令暴动者惊恐、令邻国畏惧、降伏所有敌人并在荣光中一统天下的伟大战士"[1]。这位纳迪尔不久后将宣布:"所有人都知道,伟大的人物从宫殿的废墟中走出,心中只想着报复,报复那些破坏和毁灭。我心中一个声音对我说:'起来,伊朗在召唤你。'于是我便起身反抗。"

1688年10月21日[2]在呼罗珊省小城市达斯盖得,纳迪尔生于阿夫沙尔部族的一个平民家庭。在乌兹别克人实施的一次劫掠中,他被掳走并贩卖为奴。十七岁时,他逃了出来,像9世纪的叶尔孤白[3]一样,加入了他家乡的一支绿林好汉团体——"艾亚尔"。作为一名天生的领袖,他将自己的"艾亚尔"队伍重新整编,对自己和所有士兵实施铁的纪律。他的目标与传奇的叶尔孤白有几分相似:保证自己地区内的治安,保护本地区免受外敌入侵,袭击骆驼商队,并将大部分战利品分给居民。他的部队迅速成长为拥有三百多勇猛善战的"艾亚尔"的力量。位于今天呼罗珊一片高地上的卡拉特城堡成为他的权力基地。这个冒险家和他的追随者们在短时间内名声大噪，并控制了该地区的一部分领土，形成一支不可忽视的战斗力量，其视野也放眼整个伊朗。

在呼罗珊首府马什哈德，当时的施政者是马利克·马哈茂德·西斯塔尼。在乌兹别克人和阿富汗人的侵略威胁下，他请求纳迪尔提供援助，后者及时退敌。为向纳迪尔表达感谢，他向他授予高级指挥官的头衔，使纳迪尔成为正规编制。与此同时，作为合法的王位继承人，塔赫玛斯普二世留守在法拉哈巴德，其唯一保护人是一名卡扎尔首领法特赫·阿里汗。虽是名正言顺的国王，但他既没有王权，也几乎没有王国。在纳迪尔赫赫大名的吸引下，塔赫玛斯普二世与他取得了联系。后者没有犹豫太久：在一位合法国王和一位地区小权贵之间，他很快便做出了选择。不知是诡异的巧合还是蓄意策划，纳迪尔投奔塔赫玛斯普二世的同时法特赫·阿里汗遭到了谋杀。

1726年，这个昔日的"艾亚尔"向马利克·马哈茂德·西斯塔尼展开进攻，夺取了马什哈德后将便在此安家，接着身为逊尼派的纳迪尔为第八任什叶派伊玛目礼萨的圣陵圆顶重新镶金——一个极富政治含义的举动。作为报答，塔赫玛斯普二世任命他为呼罗珊、克尔曼、马赞德兰和锡斯坦省的总督。此外，国王还将自己的亲妹妹许配给了纳迪尔的长子礼萨·库里汗，年近三十九岁的纳迪尔凭借这一联姻成了王室成员。

伊斯法罕此时的政治气氛与马什哈德截然不同。为获得邻国的认可，阿富汗人阿什拉夫同意将胡齐斯坦、库尔德斯坦、阿塞拜疆，甚至德黑兰地区出让给奥斯曼帝国，并承认奥斯曼苏丹对伊朗的宗主权。此外，他还将吉兰省和伊朗在高加索的一部分领土送给了沙俄。伊朗已不再属于伊朗，这令此时渴望将祖国从外国枷锁中解放出来的纳迪尔所领导的讨伐军更具号召力。

1729年9月29日，纳迪尔在达姆甘附近将阿富汗"篡位者"派出迎击他的军队全面粉碎。他还趁势向奥斯曼帝国追索阿什拉夫向他们出让的领土。11月12日，纳迪尔在伊斯法罕附近的莫切霍特将阿什拉夫的余部一举歼灭，阿什拉夫本人仓皇逃往设拉子。纳迪尔凯旋进入备受蹂躏但欢欣鼓舞的伊斯法罕。被人民大众视为"救星"的纳迪尔将塔赫玛斯普二世请回他的都城。于是，沙王迁回了自己祖先的宫殿，并在此举办了多次欢庆活动。活动现场上只少了一个人的身影：纳迪尔自己，他此刻更想要全力追踪阿什拉夫。他于1729年12月30日在距离设拉子三十公里的扎尔汗将其再次击败[4]。狼狈溃退的阿富汗人试图返回坎大哈。沿途，他们遭到当地部族的袭击，阿什拉夫被俾路支人杀死，首级被送到纳迪尔面前。

这便是这位阿富汗首领的结局，与亚历山大大帝、阿拉伯人和蒙古人的入侵不同，他的悲剧只持续了八年。塔赫玛斯普二世为酬谢纳迪尔，给他送去了一顶镶嵌宝石的王冠，并将他册封为多个行省的总督，其领地绵延至伊朗与奥斯曼帝国的边界，此外塔赫玛斯普二世还将自己的一个妹妹拉兹耶·哈努姆许配给纳迪尔，如此纳迪尔与显赫的萨非王朝便亲上加亲了。

然而，这位"解放者"还怀有其他志向：恢复伊朗帝国在沙王阿拔斯统治下的疆界……甚至扩展得更远。为此，他提醒奥斯曼人，阿什拉夫向他们出让领土的行为是非法的。在对方不予理睬的情况下，他发起进攻并克敌制胜，先后收复了库尔德斯坦和阿塞拜疆，接着他横渡阿拉斯河，夺取数个高加索行省。纳迪尔还没来得及庆功，帝国东侧的阿富汗部族便伺机作乱。凭借快速反应——他特有的"用兵之道"，纳迪尔奔赴呼罗珊和阿富汗，并镇压了骚乱，让和平光景持续了一年。

在此期间，依旧留守伊斯法罕进行"统治"的塔赫玛斯普二世因纳迪尔日益高涨的威望心生妒忌。他决意通过完成纳迪尔中途搁置的奥斯曼讨伐战，遏制他的影响力。1730年12月底，塔赫玛斯普二世从大不里士着手，罢免了纳迪尔任命的总督，因为他认为这一任命有悖道德。接着，他率领一万八千人和一个炮兵小队与奥斯曼帝国展开战斗。尽管在亚美尼亚取得了几次胜利，他却在阿塞拜疆的苏丹尼耶一败涂地，损失四五千人，并被迫逃回伊斯法罕。奥斯曼帝国担心纳迪尔重返战争舞台，急忙于 1732 年签订和约：沙王向他们割让出高加索和亚美尼亚一部分领土。奥斯曼部队的指挥官艾哈迈德·帕夏甚至收到了九门火炮作为礼物！塔赫玛斯普二世在政治上昏着频出。1732 年 2 月 7 日，他在拉什特又与沙俄签订了一项和约，其中他将里海南岸的部分行省割让给沙俄，使彼得大帝对该地区的占领正式化。这便是塔赫玛斯普二世的投降策略和对纳迪尔的宣战。

纳迪尔是在赫拉特收到这些和约条款的。面对萨非国王的这一"叛国"行为，他公开谴责塔赫玛斯普二世，并即刻向奥斯曼帝国苏丹派出了一队使团，以向他宣布这些和约无效。还没等到后者给出可想而知的否定答复，纳迪尔便下令军队整装待发，讨伐奥斯曼苏丹。

然后他邀请塔赫玛斯普二世与他在位于赫拉特和伊斯法罕中间的库姆或德黑兰会面。由于沙王的回绝，他便亲自前往都城。皇宫当晚举办了纵酒狂欢的聚会，纳迪尔设法让当朝权贵获悉，以便让他们中一些人能够到现场亲眼见证[5]。面对这样的丑闻，他召集了一场会议。在会上亦真亦假的群情激愤中，他大声疾呼："你们真想要这样的人做你们的君主吗？"

众权贵决定即刻废黜沙王，并将其遣送至呼罗珊的萨卜泽瓦尔。沙王当时身在加兹温的八个月的儿子以阿拔斯三世的头衔接替了他；而纳迪尔得到了帝国的摄政权，距离王位仅一步之遥。

故事本可以这样结束，深受人民爱戴的纳迪尔掌控了实权。然而，当人们请他主持内政时，他拒绝了。"我喜欢征战。"他直言。于是他再次出发，征讨奥斯曼帝国，一心渴望夺下巴格达总督艾哈迈德·帕夏手中的美索不达米亚，从而进一步向地中海迈进。

1732 年 12 月 8 日，纳迪尔占领了重要的库尔德城市基尔库克。艾哈迈德·帕夏则退守在阿拔斯王朝的古都内，面对围城的纳迪尔发出的最后通牒仍拒不出城。奥斯曼帝国公认的最有统兵天赋的将军托帕尔·奥斯曼·帕夏领导的大军赶来救援巴格达。两军在萨迈拉交锋。在此役中纳迪尔败北，于是他退守哈马丹，随后抵达伊斯法罕，并在那里庆贺了纳吾肉孜节。重整部队后，纳迪尔返回阵地，再次迎战托帕尔·奥斯曼·帕夏。这一次，胜利向他露出了微笑，土耳其将军战死。两国启动了新一轮的前期和谈。纳迪尔如愿以偿，让所有伊朗战犯重获自由，他也向奥斯曼人交还了奥斯曼·帕夏的遗骸。但战争并未因此而结束。在几轮军事活动后，纳迪尔迫使对手承认了伊朗对亚美尼亚和格鲁吉亚的宗主权。

纳迪尔成功地从沙俄方面获得了一项非常有利的和约。俄军不仅从被占领区撤出，而且，凭借沙俄驻伊斯法罕的戈利岑王子的游说，奥斯曼帝国向克里米亚请求的援军被沙俄阻止过境。最后，他在达吉斯坦也得以重建和平……尽管是暂时的。至于波斯湾南部，在其附属国的协助下，摄政王纳迪尔成功树立伊朗对巴林群岛的统治权，并控制了马斯喀特、阿曼和也门的一部分。

他的战绩令人难以置信：伊朗帝国恢复了阿拔斯时代的疆界。他功劳甚至可以与最伟大的君王媲美……只不过他不是君王。

1736年的纳吾肉孜节到了。当时驻扎在阿拉斯河南岸穆甘平原的纳迪尔召集了所有名流显贵，据说他们中包括了国家官员和禁卫军，共计十万人。他谦卑地提出，鉴于他的使命已经完成，他已经恢复了伊朗往日的疆界和荣耀，他也该就此隐退至呼罗珊的卡拉特城堡了。此时，塔赫玛斯普二世住在萨卜泽瓦尔，而在位的国王——年幼的阿拔斯三世现居加兹温。

众人的回答是：请他加冕称王。他拒绝了。在人们再三坚持下，他终于"迫于压力"接受了这一推举。从这一刻起，一连串的庆祝活动和狂欢宴会开始了。不好此类场合的纳迪尔也顺从地加入其中。

按照占星师选定的日期，纳迪尔于1736年3月18日加冕登基。纳迪尔之子礼萨·库里·米尔扎也同时被封为王储。阿夫沙尔王朝就此建立，并将统治伊朗至1749年。年幼的阿拔斯三世将在他即位几个月后死亡，卒年四岁。一些人将他的死归罪于纳迪尔，但这似乎可能性不大，因为与他的父亲不同，小国王其实不会对纳迪尔造成任何威胁，然而他父亲依然在世。

征服者的脚步没有止于已获得的荣誉和皇家的浮华享乐。他尚未夺取志在必得的坎大哈地区。1738年3月13日的一场血腥战役令他得偿所愿。坎大哈城堡被摧毁，驻守该省的两名亲王总督被俘并携他们的随从和家眷被发配到遥远的马赞德兰。

令局势复杂的是众多叛军逃亡至印度境内，甚至躲到莫卧儿宫廷中避难。于是纳迪尔向莫卧儿皇帝穆罕默德·沙（1719—1748年在位）派出了三名使节，要他拒绝对这些人提供庇护和援助。然而，印度国王不仅无视他的要求，还处决了他的使臣。这一挑衅点燃了战争的火药桶。纳迪尔召集了手下的将领，对他们说："我们要向印度河进发，我们要征服印度。"1738年5月19日，在大军启程前夕，他像以往一样对兵将们做动员讲话："我们面前困难重重……但我们的胜利将是所有伊朗人民的骄傲和光荣，而你们的失败将带来屈辱和苦难。等待你们的是荣耀和财富。我将一马当先，为你们引路。真主与我们同在。"后来，他宣称："印度征服战对我来说不是一种荣誉；对我来说重要的是，捉拿那些二十年间在我祖国领土上肆虐、对我人民犯下各种抢劫暴力罪行的匪徒。如果我追求的是声誉和虚荣，那么我就该擒拿欧洲君主。然而，这样的行为与我所受到的伊朗行侠仗义的教导相去甚远。"

这些宣言自相矛盾，含糊不清，与史实也颇有出入。事实上，纳迪尔梦寐以求的是建立包括大流士和亚历山大大帝在内的任何人都没能实现过的功绩。此外，莫卧儿皇帝的财富也吸引着他，而他也深知其政权颓败、衰落的境况。于是，他的战争机器启动运行。6月30日，喀布尔陷落；贾拉拉巴德也于9月18日被攻破。但为进入印度内地，他们必须穿过开伯尔山口，而这条海拔1700米、蜿蜒58公里的通道是所有征服者的噩梦。纳迪尔从他的密探那里获知白沙瓦的总督纳萨尔汗派出两千人携带数门火炮驻守在那里。在手下几位将军向他表达了担忧后，他决定从一条狭窄的山路绕行——这一战绩堪比迦太基汉尼拔的壮举，汉尼拔于公元前218年为攻打罗马让自己的部队携战象翻越白雪皑皑的阿尔卑斯山。纳迪尔凭借这一策略攻陷了白沙瓦和拉合尔。1739年2月6日，通向德里的道路已经畅通无阻。

莫卧儿皇帝任命海得拉巴土邦的穆斯林邦主尼扎姆·穆尔克为印度大军的统帅。在遭到拒绝之后，他决定亲自领兵迎战纳迪尔。鉴于他的兵将人数远超对手，他自认为胜券在握。

这一正在筹备中的战役因交战双方人数之众而被视为军事史上最伟大的战役之一。印度一方拥有三十万人、两千门火炮和两千头战象，而伊朗一方则只有八万九千人，其中包括两万步兵、五万骑兵、两千骆驼兵、配备了一百门火炮的五千炮手，以及五千皇家禁卫军[6]。除了上述人数差异，两军的战争理念也颇为不同。印度一方，莫卧儿皇帝大张旗鼓地炫耀奢华：他的旅行帐篷是一座名副其实的宫殿，他周围有数十名身着绫罗绸缎的仆从服侍，美味佳肴都盛放在金器中，但他手下的士兵却因为疏于管理而军纪涣散。伊朗一方，各个层面都透露出朴实无华：沙王的营帐朴素低调；管理层与各级官兵的餐食差别不大，都丰富而足量，但既不精致也不讲究；至于士兵，他们军纪严明、训练有素，与他们的首领朝夕相处并充满信任。所有这些迹象和它们所反映的现实将影响从1739年2月22日开始的战争走向。

纳迪尔首先对前来支援的奥德土邦部队进行了闪电突袭，后者在惊慌失措中溃散，其首领萨阿达·阿里汗带领为数不多的残余人马与莫卧儿皇帝会合。从第二天开始，纳迪尔便在距离卡尔纳尔110公里的地方切断了通往德里的道路，如此几乎将对手全面包围。2月24日下午一点，印度一方开始炮击，伊朗军队因此后撤。印度人以为已经取胜，便将战象赶到阵地最前端，让他们踩踏敌军。而这正是纳迪尔所等待的。他其实早已在阵地后方聚集了众多骆驼，将它们用堆满稻草包的平板两两相连。突然，他发出信号，打响了"骆驼左大象"之战[7]。稻草包被点燃后，骆驼变成了一个个运动的火把，在疯狂中它们惊叫着冲向绵延三公里紧凑排列的战象阵地。这些骆驼冲断了敌人和战象队列，战象在恐惧中掉头朝印度大军冲去。

无比的混乱转变为血腥地狱般的场景。随后而来的是又一波骆驼阵，纳迪尔在每头骆驼背上都装置了一门轻型火炮，骆驼兵借此向惊恐万状的印度士兵开火。大将军汗·杜兰身负重伤，萨阿达·阿里汗被擒。根据不同史料，印度人死伤了一万至七万，伊朗人死伤七千。

伊朗人仅用三个小时便打赢了这场战役。双方剩下的就是清点死者，救护数千伤者。纳迪尔像以往一样，先人一步前去照料受害者，而莫卧儿皇帝则满足于躲在自己的营帐内发号施令。

这天晚上，死伤惨重的印度军队只剩下两天的给养了，士兵们纷纷脱逃，景象凄凉。在这颓丧的溃败中坚持留守的只有莫卧儿皇帝的营帐和他的亲属。此刻他们孤独无助，为什么纳迪尔没有给他致命一击，将他们全部俘虏呢？事实上，在纳迪尔看来这一渐渐脱离莫卧儿皇帝专制统治的印度领土过于辽阔，他的军队将难以驾驭，因此他寻求的是一种政治解决方案。另一边，穆罕默德·沙指望凭借自己的财力退敌。于是，三天后，莫卧儿皇帝令尼扎姆·穆尔克作为使臣，向纳迪尔提出用两千万卢比的战争赔款换取其撤兵。当时身为纳迪尔战俘的萨阿达·阿里汗以中间人自居，他劝纳迪尔拒绝这一提议，因为他在德里将找到比这多得多的财富！

赔款提议遭拒，对萨阿达·阿里汗的叛徒行为也毫无察觉，穆罕默德·沙正式承认战败，并请求纳迪尔接见。隆重的欢迎仪式后，纳迪尔在自己的营帐前接待了他。经过几轮礼仪性的拥抱，他们开始用双方都会的土耳其语（无须翻译）进行交谈。纳迪尔以一段尖锐的批评作为开场白，列举了自己对印度皇帝的各种不满，而最终总结道：如果你们以诚相待，我们也将宽容大度。

根据他们缔结的第一项协议，穆罕默德·沙将他的重型火炮和战象交给纳迪尔。纳迪尔还想以征服者的身份进入德里城，穆罕默德虽然极不情愿也只好屈从。随后开始了进城仪式的谈判。谈判后双方同意由印度皇帝骑马陪在伊朗征服者的旁边。于是，纳迪尔即刻派使节到德里，以便使人将封条布置在王室金库和火炮存储地，因为根据战争法则，这一切都归他所有。

1739年3月20日，两位皇帝一同朝都城进发。在进入德里之前，纳迪尔在一座皇家宅邸中收到了穆罕默德·沙敬献的皇冠。作为印度的新主人，他希望这一进城仪式是喜庆的或至少是隆重的。为了赢得他新"臣民"的支持，纳迪尔从马鞍上悬挂的一只口袋中掏出一把把混有金银币的钱币，向民众抛撒，同时他禁卫军的士兵们也按照伊朗习俗向人群分发糖果。节庆活动看似进行得如火如荼。但在这表面背后，众多印度高官因恐惧民愤而请求伊朗兵将的保护。纳迪尔听取了他们的意见，命令两千武装人员负责警戒。但这一必要的预防措施接下来将会引起祸端。

3月21日，又是一年一度的纳吾肉孜节——伊朗新年，穆罕默德·沙以声势浩大的仪式向纳迪尔献上祝福。下午，纳迪尔也按照伊朗习俗向前者回访拜年。他在皇宫的礼堂得到接见，四周的桌子上都摆满了珠宝珍玩、名贵丝绸，穆罕默德宣布这是献给征服者的礼品。纳迪尔拒绝道："印度的行省和领土对我来说就够了。"之前已将自己帝国的一大部分割让给纳迪尔的莫卧儿皇帝表示赞同。但这一具有东方特色的角色游戏并未就此结束，在几番礼貌的请求、推让之后，纳迪尔最终"勉为其难"接受了印度皇帝的礼物。出于谨慎，纳迪尔在仪式结束后立刻命人将所有物品清点登记后装箱。

这是否像印度和其他一些国家的史学家所记述的是一场"变相抢劫"？我们可以这样认为。无论如何，这一消息很快传出宫殿，两名与宫廷过往密切的印度士绅挑头号召民众起义反抗伊朗占领军——莫卧儿皇帝对此不可能一无所知。另有纳迪尔已被谋杀的谣言推波助澜。分散在城中或应印度权贵要求驻扎在他们宅邸前守卫的伊朗士兵成为暴动的第一批受害者。

傍晚时分，纳迪尔收到了有关这一情况和受害人数的完整报告。他如往常一样迅速做出反应。鉴于他的住所受到他禁卫军的保护，纳迪尔所做的第一件事是辟谣，并让为他赢得胜利的资本——他的士兵们——放心，为此他在火把的照明下出现在阳台上。但这不足以令事态平息，起义者趁乱继续杀戮伊朗士兵。两位发起叛乱的印度士绅一度以为胜算在握——被吓怕了的纳迪尔将收拾行装离去。但他们实在太不了解纳迪尔了。天刚亮，他便在禁卫军的保护下来到德里市中心。当他站在大清真寺宽阔的阶梯上时，人们向他投掷石块并向他开火。受了轻伤的纳迪尔立刻下令予以还击，首先打了几声火炮，随后他准许伊朗士兵砍杀市民、焚烧民宅。这就像是将饥饿难耐的野兽放出牢笼，让它们肆意捕食鲜活的猎物。三千伊朗士兵冲向他们所见的一切活物，并将整座城市点燃。屠杀残忍可怖，莫卧儿皇帝惊惶之下奔向纳迪尔，请求他宽恕市民，后者应准。半小时后，杀戮停止，城市恢复平静。这一次，伊朗士兵又反过来参加灭火行动。两名暴动主谋被带到皇宫斩首。据史书记载，这一暴力篇章共造成四千至七千伊朗人和约三万印度人死亡。

莫卧儿皇帝留在自己的皇宫，处境尴尬：作为一位被废黜的君主，他最多只能当个进贡的附属国国王。另一边，纳迪尔在这次血腥事件后，想要向众人显示自己才是无可争辩的主人。如此，周五的祷告以向他致敬的方式进行，货币也以他的形象被铸造出来，甚至连收税也由他指派的人员参与监督。

收获战利品后，纳迪尔慷慨地赏赐了自己的军官和士兵。他还下达谕旨，对所有伊朗人免除三年赋税。借此，他笼络了人心。

作为印度战利品的缩影，纳迪尔带回宝物的一小部分今天被收藏在位于伊朗国家银行地下室的皇家珍宝展览馆，因为其中大部分都随着时间流逝被偷窃、挥霍或遗失了。直到巴列维统治时期（1925年）才将这些珍宝申报为国家财产，并进行了清点登记和严格管控。仅存的这部分财宝已令人叹为观止，这还没有算上"象征波斯王权的孔雀宝座[8]"。

最后一个轰动一时的举动，纳迪尔为他的儿子，参加了此次远征的纳斯罗拉·米尔扎向一位印度公主求婚，印度一方接受了请求。婚礼庆典当日发生了一件流传后世的事件。婚礼上，主婚人宣布新娘是帖木儿的后代，并询问新郎一方该如何在结婚证明上填写其七代祖先族谱（很可能意欲借此贬低纳迪尔的身份）。纳迪尔能找到什么与之相配呢？面对主婚人"陛下，我们该填什么呢"这一问题，他答道："你们就填，纳斯罗拉·米尔扎王子——纳迪尔之子，纳迪尔——剑之子，如此这般直到第七代。"

婚礼庆贺完，为消除民众对屠杀的记忆，纳迪尔下令举办七天的全民庆祝活动。其中一个晚上还曾有五万人前来参加庆典，活动期间向民众散发了不计其数的礼物和钱币。

期待已久的日子终于到来了。1739年5月12日，在一场盛大的典礼上，纳迪尔将自己佩戴的印度皇冠还给了穆罕默德，恢复了后者印度皇帝的身份。接着，他用波斯语——德里宫廷所有人都使用的语言——对在场的众人说："如果我在世界的另一端听说你们之中有人对你们的皇帝不敬，我会毫不犹豫地赶来，对那名罪犯施以应有的惩罚。"然后他私下向莫卧儿皇帝建议，应从严治国，为自己配备一支真正的常规军，以摆脱对地方权贵的依赖。然而，对印度或战后剩下的印度来说不幸的是，这些建议都被忽视了。

5月17日，他在喧天的鼓乐中离开德里，兴高采烈欢送的民众为他的离去感到释然。

他的返程用了两年零七天，因占领了印度都城并在那里驻扎了五十七天，纳迪尔带着伊朗历史上绝无仅有的辉煌战绩从印度凯旋。在返回的途中，他还顺便镇压了新占领地区的几波骚乱，接着他抵达喀布尔，并在那里庆祝了1740年的纳吾肉孜节。5月7日，纳迪尔回到赫拉特，在那里展示了他惊人的战利品。

此时，他决定重组行政系统，在里海和波斯湾创建一支海军，让自己远征时带回的印度工匠修葺翻新卡拉特城堡，以便匹配他将储藏在那里的财宝，并让自己在必要时可以在那里舒适地退隐。在此期间，他还平息了中亚的一场叛乱，解放并遣返了数千俄国战俘。也正是在这一时期，人们在他身上发现了一些水肿的迹象，并诊断出肾衰竭——因糟糕的饮食和极度疲劳导致的疾病。巴赞神甫——他的"法国医生"嘱咐他要平衡饮食，静养三个月，但他对此置若罔闻。

鉴于帝国西北边陲的达吉斯坦出现骚动，他决定亲自领兵，在必要时甚至可以在担架上指挥军队。

然而在穿越里海南岸的密林时，他遭到袭击，受了轻伤。怀疑的焦点立即聚集在王储礼萨·库里·米尔扎身上，后者的行径在印度远征过程中就已经显露出卑鄙可耻。在德里，礼萨·库里·米尔扎在听闻纳迪尔的死讯时，丝毫不予核实便立刻命人以自己之名铸造新币。更恶劣的是，因害怕一直被软禁在萨卜泽瓦尔的塔赫玛斯普二世对自己的新"统治"造成威胁，他违背父命，将其杀害。他甚至下令处死了他自己的妻子——塔赫玛斯普的妹妹。纳迪尔怒发冲冠，迅速召集了四十几名要员，组成了一个貌似公正的法庭。王储给出的解释模糊混乱，乃至于法庭对他的判决莫衷一是。一些人建议处死，另一些人主张流放，另外的多数人认为应该施以盲刑。第三种判决被立即执行，但纳迪尔第二天就后悔了。

他性格的转变也是从这一时期开始的。他从此更加残暴，人们甚至推测他疯了[9]。对那些反抗当地总督无缘无故提高税收的起义，纳迪尔进行了盲目镇压。他苦心经营的"救星"形象渐渐在民众心目中支离破碎，变成了远离民心的"暴君"。然而，他的志向并没有就此终结。在为他已经娶了一位印度公主的儿子（新王储纳斯罗拉·米尔扎）向沙俄公主——未来的伊丽莎白女沙皇求婚后，他再次对奥斯曼帝国开战，并取得几次胜利。

然而，伊朗国内民怨沸腾，长年的征战令人民疲惫不堪。此外，旱灾和生产力的下降加剧了贫困。于是，每当沙王在一座城市驻足，人们因为惧怕他的残暴和他停留所带来的花销，便会首先询问他离去的日期。恶果已经种下。尽管纳斯罗拉·米尔扎在美索不达米亚对奥斯曼人节节胜利，人们却只把纳迪尔看作一个独裁者。一些人图谋将他除掉。纳迪尔开始为此担忧，他在进一步加强自身保护的同时，出于疑虑，也越发倚重"外国"军力。

1747年6月19日至20日夜里，在今天呼罗珊的古昌，他手下的七十名军官潜入他的营帐。尽管一个二十五岁的阿富汗人艾哈迈德汗·多兰尼警觉地发现了情况，但他被人在营帐门口杀害。被谋反分子的动静吵醒后，纳迪尔边呼救边拼死抵抗。但他的一位卡扎尔将军给了他致命一击。这位一生与鲜血为伴的伟大征服者最终也倒在了鲜血之中！

"我的君主腰带象征着我对我国家的服从。以前曾出过很多纳迪尔，日后还会有更多纳迪尔涌现，但伊朗和伊朗人将永远存于辉煌和强大之中。"他说道。伊朗人将他的这番话和"救星"形象保留在他们记忆之中，在一定程度上忘却了这个野心勃勃的男人不大体面的结局，而更为强调他曾在危难时刻的力挽狂澜。在马什哈德，竖立着他立于马上的塑像的纳迪尔陵墓已成为一个朝圣之地。他的命途实在非凡离奇。

他死后，他的侄子阿里·库里汗以阿迪尔沙之名称帝，残暴贪婪的他无法驾驭所继承的领土。于是，伊朗再次陷入短暂的分裂。一些卡扎尔和阿夫沙尔的将领在马赞德兰和阿斯塔拉巴德地区、阿塞拜疆、吉兰省以及格鲁吉亚割据称王。

而纳迪尔的另一位将军——1705年生于马拉耶尔的赞德部族的卡里姆汗，意想不到地重建了往日的平静。他成功平叛几乎全国的领土，遏制了卡扎尔人和阿夫沙尔人的野心，战胜了奥斯曼人，于1776年夺回巴士拉，并通过他最后几年的行动统治了波斯湾地区。

然而，他拒绝王位，甚至不想当摄政王。一个出人意料的十七岁萨非王子——居住在伊斯法罕的阿布·图拉布·米尔扎于1750年6月28日以伊斯玛仪三世[10]的名号即位，而卡里姆仅满足于"瓦齐尔·罗阿亚"（可以翻译为"国民的代表"）这一称号。

在基督教的焦勒法做了短暂停留后，卡里姆汗将设拉子当作自己的省会[11]，并从1756年开始启动了大型改造、美化工程。宏伟的瓦齐尔清真寺、被视为新萨非建筑杰作的华美的瓦齐尔集市、位于设拉子市中心的卡里姆汗城堡、二十世纪被变为博物馆的休闲楼阁，都是对他改造工程的见证。设拉子也成为继阿拔斯沙统治下的伊斯法罕之后又一举足轻重的城市。

所有信仰都可以在此建立维护自身的宗教场所，而这些场所都得到人们的保护和尊重。无论是犹太人、基督教徒还是穆斯林（什叶派或逊尼派），所有人都积极参与到城市生活中来。英国和印度的商代处也陆续在赞德家族管理下的伊朗领土上落脚。在这里，贸易活动又开始蓬勃发展，人们终于又能够休养生息，发财致富。治安得到恢复，信心也由此重生。亲民的卡里姆汗每周举办一次"巴雷阿姆"——公众见面会，人们可以借机与他会面、向他喊冤或提出请求，这引得各省总督纷纷效仿。因司法系统受到严格管理，其公信力得到重建，设拉子成为各省争相借鉴的榜样。

诗人之城设拉子的著名花园中再次绽放出朵朵玫瑰。在这座都城和其他地方，一些华美的住宅拔地而起。至于卡里姆汗，他带着自己的小型后宫，依旧过着朴实无华的生活。

  卡里姆汗七十四岁时离世，他当政的时期在伊朗历史上被视为一个人民普遍安居乐业的和平时代。设拉子人称之为"阿斯雷-卡里姆汗尼"。

  他在世时为伊朗南部的领土打造了一片和平的绿洲，然而他的死又开启了一个混乱时代。

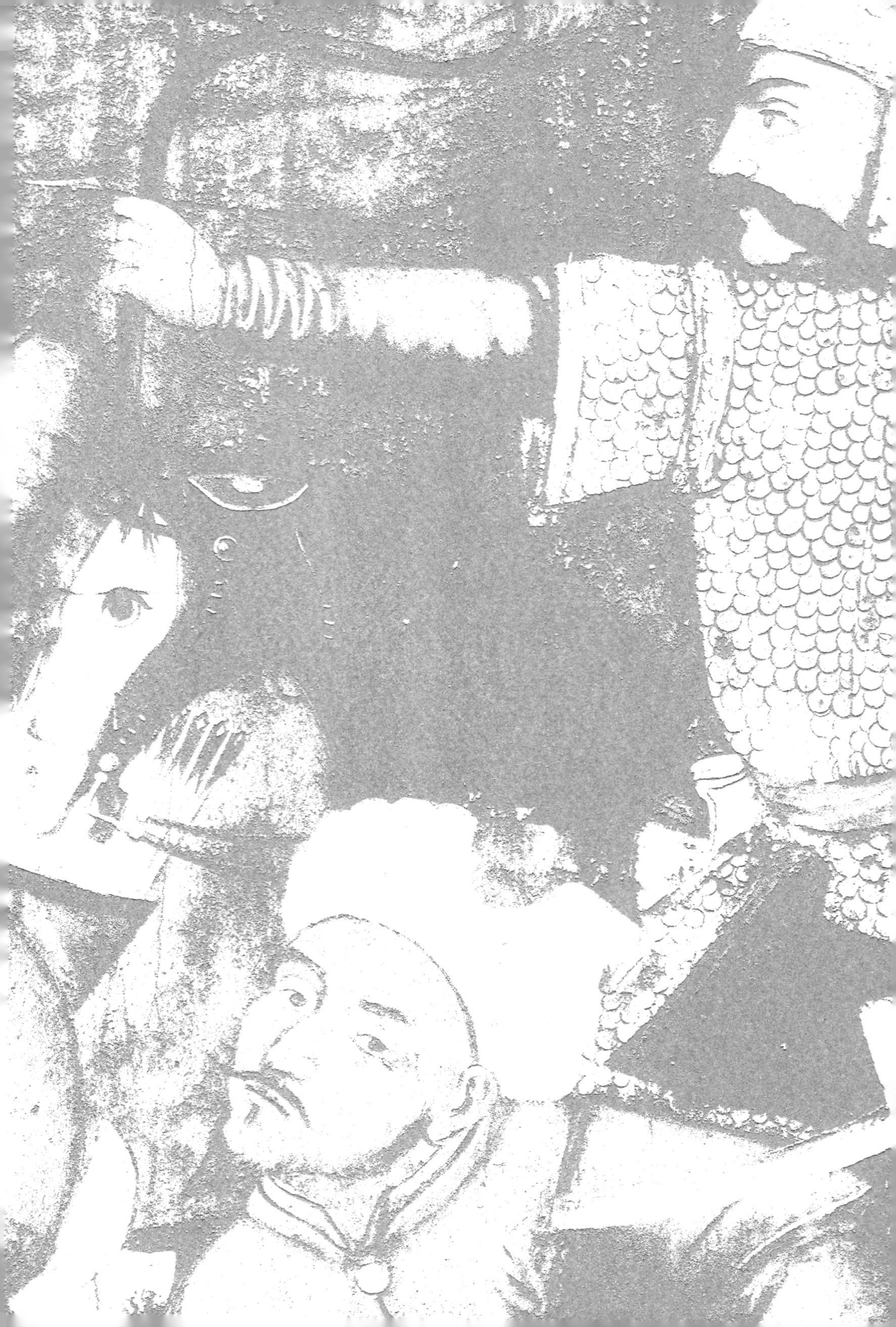

第五卷

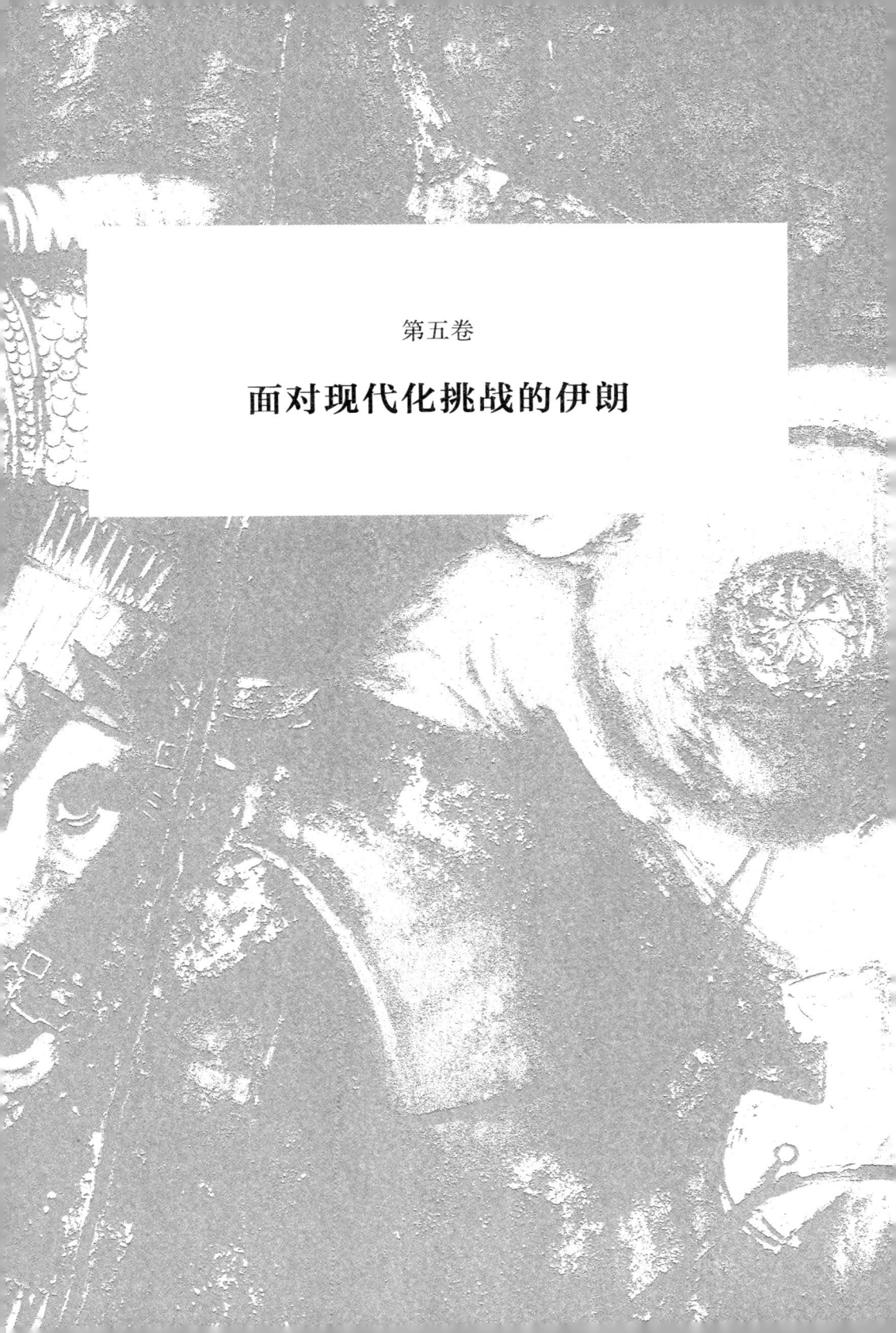

面对现代化挑战的伊朗

伊朗似乎在卡里姆汗的赞德王朝的统治下恢复了某种稳定。但事实上，帝国南部领土面积锐减，周围的列强也都虎视眈眈盯着伊朗的边界，鉴于其地理位置的战略意义，这已屡见不鲜。但这还不是最要命的。当西方世界步入了一场名副其实的文化、经济、政治革命时，历史上诞生过如此之多杰出文人和艺术家、如此光辉灿烂文化的伊朗帝国却在整个18世纪沉睡不醒。萨非时代的繁华盛世早已成为遥远的记忆，而它凭借创新的行政系统成功统一的疆域也再次落入久远之前的分裂状态。它曾经在世人眼中的东方灯塔的形象也化为缥缈的幻影。长年的战争令人民陷入贫困，他们只求在艰难中勉强度日，已不再想卷入任何宏伟的计划……事实上，连宏伟计划本身也早已不复存在。这个国家再一次等待重建。这就是伊朗新王朝——卡扎尔王朝夺权时身处的严峻形势[1]。

各个派别的史学家都一致鄙视这个源自土库曼的王朝，但它在伊朗的统治却为时不短，从1786年一直持续至1925年。我们不打算为它正名——鉴于它最终的失败，这种企图于事无补，但对它的研究使我们拥有更加清晰、中肯的视角，推断出它为什么、在哪些方面没有赶上在它周围势不可当、蒸蒸日上的现代化进程，以及它为使伊朗走出封闭状态都做出了哪些贡献。

第十九章

在鲜血中重建的帝国：
卡扎尔王朝的阿迦·穆罕默德汗

卡扎尔王朝在 18 世纪最后二十五年的强势崛起源于一个出乎意料的人物的勇猛史诗，这个人就是阿迦·穆罕默德汗。他从属于一个奇兹尔巴什[1]部族：卡扎尔部族。

这个原本粗野的游牧民族是土库曼人的一支，他们早期生活在里海东岸的草原，以畜牧养殖业为生。在 13 世纪蒙古成吉思汗的进击下，他们向西退至阿勒颇。两个世纪后，在帖木儿的驱赶下，他们重又回到里海沿岸，但这次是在猎物聚集的马赞德兰。这个被希罗多德称为"希尔卡尼亚"的地区是伊朗的一个隘口，它凭借自身高山密林的险要环境，为卡扎尔部族的政治力量和独立提供了关键优势。

从 16 世纪开始，卡扎尔人像很多组成奇兹尔巴什的土库曼部族一样，也为萨非王朝效力。他们固然没能跻身权力上层的奇兹尔巴什之列，但他们在担任卡拉巴赫[2]、埃里温和阿斯塔拉巴德总督时以其向连续几任沙王提供的殷勤服务成功获利。其中位于马赞德兰的"明星城市"——阿斯塔拉巴德成为他们的重镇[3]，而其河畔的莫巴雷卡巴德城堡成为他们的领地。领导卡扎尔人的两支对立派别正居住在这里，他们是"牧羊人（科雍鲁）"和"牧骆驼人（达瓦鲁）"，前者占据城堡的上部，后者盘踞在城堡下部。萨非王朝十分倚重他们的忠诚度和战斗力，屡次派他们出兵抗击突袭帝国边陲的奥斯曼人、乌兹别克人和鞑靼人。如此，这些卡扎尔可汗势力逐渐强大并成为政权需要笼络的支持者，他们名下富丽堂皇的住宅甚至出现在皇城伊斯法罕。

然而萨非帝国以1722年素丹·侯赛因和1726年塔赫玛斯普二世的垮台而灭亡。事实上，"牧羊人"一族的头领法特赫·阿里汗早已多次向统治者提出警示，他甚至因为他的远见卓识获赐王室后宫中的一位嫔妃艾米内，尽管那些沙王始终对他的劝诫充耳不闻。于是，这对夫妇所养育的三个孩子中的长子——穆罕默德·哈桑汗很有可能是在艾米内尚未离开后宫前萨非沙王自己的激情果实。

这个家庭的故事很悲惨。1726年10月11日，法特赫·阿里汗被"牧骆驼人"一派杀害，后者随后掌控了阿斯塔拉巴德及其周边地区，令"牧羊人"一派销声匿迹。艾米内携子向东逃到土库曼的另一支游牧部族亚木特人之中避风头。1739年，穆罕默德·哈桑汗迎娶了她母亲的一个侄女，同为"牧羊人"一族的法特梅。他们结婚三年后，阿迦·穆罕默德汗[4]于1742年2月14日诞生，他的弟弟侯赛因·戈利汗也在下一年出世。

1744年，穆罕默德·哈桑汗在从"牧骆驼人"派系手中夺回阿斯塔拉巴德后，迷上了战败可汗派来的美女奸细扎拉。他们婚后生下了莫尔塔扎和穆斯塔法——阿迦·穆罕默德汗的两个同父异母的弟弟。

凭借扎拉对丈夫的背叛和阿夫沙尔王朝纳迪尔沙的支持，"牧骆驼人"的可汗夺回了阿斯塔拉巴德。"牧羊人"头领穆罕默德·哈桑汗则开始了针对"阿夫沙尔篡权者"（他喜欢这样称呼纳迪尔沙）的游击战。在事先策划好的阴谋中，他们于1747年6月19日成功刺杀了纳迪尔沙。这一事件开启了阿夫沙尔内部长达十三年的对继承权的血腥争夺。纳迪尔之后又有三位沙王登上宝座。"第一位王位继承人是纳迪尔的侄子阿迪尔沙，他命人斩杀了所有表亲，只留下一个活口——纳迪尔的孙子，十四岁[5]的沙鲁克·米尔扎·阿夫沙尔，后者被囚禁在马什哈德的王宫里[6]"，我们在下文将再次提到他。

1794 年，阿迦·穆罕默德汗将在五十二岁高龄加冕为沙王，而当前的他年仅七岁。他的父亲因纳迪尔沙的死而备受鼓舞，先后光复了阿斯塔拉巴德和马赞德兰省，于是阿迦陪同父亲远征阿夫沙尔人位于呼罗珊的领地。尽管这里的阿夫沙尔人溃不成军，阿迦却被阿迪尔沙俘获，并作为人质押送至马什哈德王宫的城堡中。为使阿迦日后在王位争夺中绝无任何可乘之机，他们残忍地将阿迦阉割，如此他便无法生育后代[7]。如此的伤痛将复仇的欲望深烙在这个孩子的心里，并在他的一生中指引着他的决定。

1748 年 7 月 6 日阿迪尔沙在统治一年后被他的亲弟弟易卜拉欣推翻，阿迦的囚徒生活也因此发生了改变。易卜拉欣在对阿迪尔沙施以盲刑[8]后，自立为沙王并释放了阿迦。随后易卜拉欣于 9 月 24 日被马什哈德王宫的囚徒——纳迪尔的孙子沙鲁克·米尔扎杀死并取代。后者以沙鲁克沙之名即位，时年十六岁。阿迦的父亲——穆罕默德·哈桑汗与新沙王联合，并获得众人梦寐以求的阿斯塔拉巴德总督一职作为犒赏，这也进一步巩固了他在这一地区的权势。

局势风云变幻。沙鲁克于 1749 年被推翻，并于这一年的 12 月 21 日被米尔·赛义德·穆罕默德·马拉希——通常也称为米尔扎·穆罕默德[9]——施以盲刑并取而代之，后者因其母曾是萨非沙王苏莱曼一世的嫔妃，他便以苏莱曼二世的名号即位。几星期后，一位将军无视残障者不能统治的惯例，重将沙鲁克扶上王位……并弄盲了苏莱曼二世。

穆罕默德·哈桑汗趁着国家权力顶端因混战而自顾不暇的乱局，自行加冕为所有卡扎尔人之王，并将阿斯塔拉巴德和戈尔甘归入其国土。当前他必须挑选一位继承人：在法特梅的儿子——残疾的阿迦·穆罕默德汗与扎拉

251

的儿子——阳刚的莫尔塔扎之间，他会选谁呢？出乎所有人的意料，前者胜出。于是，一个问题出现了：他将要统治的是什么王国呢？

随后的几年时局依旧风云诡谲，暗流涌动。阿富汗的阿扎德汗和巴赫蒂亚里将军阿里·马尔丹汗占据伊朗的野心在搁浅一时后卷土重来。然而，最终纳迪尔沙的旧部卡里姆汗·赞德[10]克敌制胜。为保证自己权力的合法性，他扶植了一个萨非继承人——伊斯玛仪三世，让他于1750年6月28日登基，如此卡里姆便在这一傀儡背后以瓦齐尔（"摄政王"）身份自居[11]。凭借自己强大的军力，卡里姆围困了阿斯塔拉巴德城堡，穆罕默德·哈桑·卡扎尔此时轻率地与不幸的阿里·马尔丹汗结盟。战局经历了多次逆转后，赞德一方最终取胜，而穆罕默德·哈桑汗随即被"牧骆驼人"的可汗杀害[12]。

如此，1759年对卡扎尔家族掌权的希望按下了暂停键，揭开了阿迦·穆罕默德汗第二次囚徒生涯的序幕。这次他作为人质与父亲的首级一同被送至设拉子。此次软禁将持续十六年。当然，这次比马什哈德的待遇要更加温和宽松，因为"瓦齐尔·罗阿亚"——卡里姆汗·赞德的新头衔——据说是一位公正、开明、温厚的王公。

在几名家庭成员的陪伴下，阿迦在享受瓦齐尔的善意、不时结伴到围墙之外狩猎的同时，一刻也没有忘记令自己伤残、父亲丧命、族人忍饥挨饿的仇恨，并感应到一个伟大使命的召唤：重建萨非皇帝阿拔斯一世的伊朗。

当前，他必须保证他的势力网络不受伤害，而这个网络由他的胞弟侯赛因·戈利汗在帮他维护。而且1769年，卡里姆汗·赞德将后者委任为塞姆南省达姆甘城的总督，这一伊朗北部的省份海拔超过1100米。正是在这座城市，加汗·苏兹的长子巴巴汗于1772年降生，他将成为卡扎尔王朝的第二任沙王——法特赫·阿里沙[13]。然而，加汗·苏兹为人狂躁易怒、急功近利，且不甘于在家族中屈居第二。于是，他公开对抗赞德政权，并于1777

年被杀。当他的尸首被送回达姆甘时，阿迦·穆罕默德汗报仇雪恨、让卡扎尔家族重返政治舞台的希望再次化为泡影。

1779年3月1日，卡里姆汗·赞德逝世，一系列继承权之战随之点燃。在狩猎出游途中听说这一消息，阿迦·穆罕默德汗与他的同伴们没有返回设拉子，而是一路向北疾驰，逃至在他父亲第二任妻子扎拉操纵下的阿斯塔拉巴德。在扫除了原有的卡扎尔势力，并夺取了这一城市的控制权后，他与他弟弟的遗孀结亲[14]，而这使他喜出望外地得到了一个继承人——年幼的巴巴汗。

在无所依恃的情况下，他开始筹划一个颇具野心的计划：鉴于赞德王朝占据着伊朗南部，伊朗北部便成为他的首选战略目标，从长远角度看，这可以成为他征服整个伊朗的跳板。但这里的情况十分复杂：除了长久以来有意染指这一地区的奥斯曼人和乌兹别克人、控制着马什哈德地区的阿富汗人以外，沙俄也在里海周边财富的吸引下对此地表现出强烈的兴趣，而实用主义的英国人则在此看到了通往他们的殖民地印度的便捷商路。这一地区在18世纪末的地缘政治图景已经预示出19世纪西方列强在此的战略博弈。

凭借这些观察，阿迦于1782年3月21日纳吾肉孜节这天宣布定都马赞德兰省的萨里。这个城市因为较少暴露在入侵风险之下而被阿迦视为符合他扩张计划的理想都城。然而，在他面前仍有两个巨大障碍阻挡着他的去路：一方面，卡扎尔部族内有相当一部分人并不听从他的号令；另一方面，就是扎拉的儿子——他的同父异母弟弟莫尔塔扎。他努力让前者归顺，而且他简朴的生活和漠视钱财的态度赢得了民心，并亲赴各个社区，向他们解释协调治理可以令当地居民获得的益处。但莫尔塔扎及其兄弟对此百般阻挠，无意让他轻松掌握权力。在几回合的较量之后，阿迦最终战胜莫尔塔扎。这场胜利来得很及时，因为眼看卡扎尔势力崛起，赞德王朝决意出手。

在设拉子，自从卡里姆汗·赞德死后，政权一直不稳。从 1779 年至 1782 年的三年中，先后有四任赞德国王继位。一个名叫阿里·穆拉德汗的人将他们都赶下了王位，并自行加冕。阿里·穆拉德汗的一个妻子是阿迦·穆罕默德汗的姑姑。他不顾这位妻子的劝解，执意要与这个阻碍他将领土从现有的南部扩张到整个伊朗的卡扎尔争权者进行一场殊死搏斗，并为此派遣自己的儿子谢赫·维斯到马赞德兰对其进行围剿。尽管初期战事对谢赫·维斯十分有利，但他不慎被阿迦引入密林之中。他没意识到敌人对本地地况了如指掌，于是阿迦反败为胜，将赞德军队杀得片甲不留。

但战事并未就此结束。阿里·穆拉德在获得了莫尔塔扎的支持后，赶去增援他的儿子，并将卡扎尔人围困在阿斯塔拉巴德城堡中，只等饥荒将他们全部结果。面对在他的阵营造成大量死亡甚至夺走他母亲法特梅生命的鼠疫，阿迦·穆罕默德汗毫不气馁，尝试突围。里海的湿气将助他一臂之力。疲惫的赞德军队出现大量逃兵，其统帅决定撤退。从后赶上的阿迦部队将敌军一举歼灭，留在萨里的谢赫·维斯赶忙与逃回德黑兰的父亲会合。他出征大败的消息立刻传到南部，让赞德家族中的王位觊觎者更添一丝底气。阿里·穆拉德的一个同父异母的弟弟贾法尔汗已经开始进军伊斯法罕，年老病衰的阿里·穆拉德本想抵挡，却在伊斯法罕城墙下丧命。从此，他的儿子失去了赞德王权，并被战胜者施以盲刑。贾法尔汗毫不掩饰自己对财富和女色的迷恋，他将在伊朗南部统治四年。

阿迦趁这一王权过渡的时机于下一年 1786 年 3 月 12 日进入德黑兰，并定都于此。这座位于丝绸和香料贸易必经之路上的城市成为伊朗第三十二个都城，阿迦也借此进一步深入国家的腹地[15]。察觉到赞德国王对此置若罔闻，阿迦·穆罕默德汗招募了一支小部队，令其日渐壮大，并攻打伊斯法罕。完全出人意料的是，贾法尔汗带上了所有家当（孩子、床铺、贵重餐具），逃往赞德的权力中心——设拉子。但他吃了闭门羹，因为这座城市早已厌倦了赞德王朝长年的内乱。幸而有设拉子最重要街区的犹太裔"卡兰塔尔"哈吉·易卜拉欣[16]相助，他才得以进入城市，以国王的身份重建军队，以扭转败局。

阿迦·穆罕默德汗没有围攻设拉子，他选择先集中力量打击他的同父异母弟弟莫尔塔扎，后者试图在吉兰省建立新政权。而在阿迦击退莫尔塔扎时，贾法尔汗在伊朗中部高原的亚兹德和伊斯法罕城前连续两次战败，并退守设拉子城内。此时，阿迦·穆罕默德汗才决定对他进行一次大规模征讨。他召集了三万人马，围困设拉子，但不见成效。对峙陷入僵局，而高原上的天气转寒，他无奈返回了马赞德兰，丝毫没有料到设拉子城内的变数。事实上，设拉子居民对于赞德政权早已不堪其扰。那位"卡兰塔尔"不但没有被贾法尔汗当作恩人善待，反而被贬斥为"改宗的犹太商人[17]"。于是，当故去的阿里·穆拉德的一位亲属赛义德·穆拉德策划一起针对贾法尔汗的阴谋时，所有人都绝口不提。而当贾法尔汗的头颅滚到尘土中时，据说一名司书拾起人头，砍下耳朵，忙着将这个礼物送给自己的女儿，因为后者曾被赞德家拒婚羞辱，认为她不配嫁入他们家门！

然而，那位卡兰塔尔无意推举赛义德·穆拉德为王，他宁可将贾法尔汗的一个儿子卢图夫·阿里汗扶上王位。这位英俊的十八岁少年闲暇时间喜爱作诗，据说他时常骑上他的那匹名为"戈兰"的黑亮宝马，带着他美丽的妻子玛丽亚姆[18]远行。当时，卢图夫·阿里汗正在围攻被14世纪苏非派诗人沙·尼玛图拉·瓦里[19]推崇为"世界之心"的富丽繁华的克尔曼，但徒劳无果。闻听贾法尔汗的死讯，他的部队作鸟兽散，他本人逃至布什尔后又回到设拉子的城门前。卡兰塔尔为他打开了大门，期望他能够成为比他的父亲更为合作的盟友。从1789年冬季开始，他在这座城市最初的举措便令设拉子人大失所望。这个少年重蹈前任赞德国王的覆辙，即位后立刻将对手赛义德·穆拉德绞死，并拒绝对助其上位的卡兰塔尔给予任何优待。面对一次又

255

一次的忘恩负义，卡兰塔尔变得满腹怨气，他开始思量，也许那位已经统治伊朗北部的卡扎尔领袖才是统治南部的最佳人选。

阿迦·穆罕默德汗见到南部政权再次从自己掌心溜掉，气恼不已……而且，赢取政权的人还如此俊美，让本就丑陋的他更加相形见绌。从派出的密探那里获知卡兰塔尔的不满，阿迦决定展示其军力，于是率部在设拉子城墙下驻守了一个月。1791年春，他觉得自己已准备好与卢图夫·阿里汗对决。这位英姿飒爽的赞德王子集结了两万人马，然而在出城时，他犯下了三个重大错误：将城市的管理权留给了两个极不称职的家庭成员，将卡兰塔尔的儿子扣为人质，将他部队的一部分指挥权委托给卡兰塔尔的一个弟弟阿卜杜拉希姆。

他显然没有料到这位卡兰塔尔对他的仇恨已如此之深。卢图夫·阿里汗刚一出城，卡兰塔尔便将赞德的将军都替换成他自己的心腹，并向阿迦·穆罕默德汗通报了赞德国王的军队组成和作战计划，与此同时，他的弟弟则暗地里向各部族领袖鼓吹卡扎尔国王的美德，煽动他们背叛赞德王朝。

这些投敌行为很快就显露成果：赞德军队叛逃者众多，而卢图夫·阿里汗被迫向设拉子后撤时城内守军拒绝给他开门。于是，他从此漂泊，辗转于他以为忠实可靠的盟友之间。里格港的城主同意收留他，并为他招募了一支二百骑兵的队伍。卢图夫决定孤注一掷，与卡扎尔国王决一死战。但后者却先行回到德黑兰，稳固他的权力，然后于1792年7月命人将对手的后宫和家人押至德黑兰，将南部的军事行动交给自己的一个弟弟指挥。

这边的冲突进入白热化阶段。在他勇猛的妻子玛丽亚姆的陪伴下，骑在黑色的戈兰背上，赞德国王先下手为强，成功拦截了一队负责将赞德王室珠宝运往德黑兰的车队。阿迦·穆罕默德汗获悉此消息后几乎气疯，多日失语失明。经过可谓"神奇"的治疗，他决定亲自与咄咄逼人的赞德国王交手。于是，他率领三至四万大军，在波斯波利斯附近扎营。1793年在遭到一次突袭并冷静抗击后，他察觉到其实对手兵微将寡。这一小"胜利"为阿迦赢得了更多支援，其中设拉子的卡兰塔尔为他敞开了城门。阿迦手下的士兵涌入城内，所到之处肆意抢掠赞德财富。至于阿迦·穆罕默德汗，他终于可以享用王宫内数之不尽的美女，并坐上他梦寐以求的新王位了。眼下仍美中不足的是，他的敌人尚未受到惩罚——赞德国王仍逍遥自在，并对他造成一定的威胁。

事实上，后者的境况堪忧。在试图撤退至坎大哈后，他于1794年攻入坚不可摧的克尔曼，以巩固自己的防御能力……在随后的四个月里，他过着阔绰奢侈的生活，下令铸造金币银币……似乎大局已定。面对他的大肆炫耀，阿迦·穆罕默德汗只渴望一件事：以最凶残的方式打败傲慢的赞德国王。史书以黑暗得出乎想象的文字记录了这一篇章。在阿迦出征克尔曼期间，他对所有不发誓效忠他的人格杀勿论，恐怖气氛达到顶点。而当阿迦·穆罕默德汗不择手段围困克尔曼并最终将其攻陷后，残忍暴行更是令人发指。夺取了卢图夫·阿里汗的最后领地并不能使他心满意足，他对城内居民、赞德国王、他的妻子和女儿所施的暴行已经泯灭人性……且持续了长达九十天[20]。

阿迦·穆罕默德汗就是以这样的代价从王位争夺者变成了一国之君。然而，他并不急于加冕。他的当务之急是在稳固领土的基础上重建伊朗，让具有威胁性的邻国与伊朗保持距离，以建立一个可以永葆其大业昌盛的王朝。然而，上百年的战争早已摧毁了萨非王朝的组织系统，令良莠不齐的地方政权复苏，道路和坎儿井破败荒废，全国治安情况恶劣，这一切都不利于恢复商业交流和经济繁荣。

带着这些印象，阿迦回到了德黑兰这座与整个帝国一样被赤贫笼罩的城市。然而随着人们的生活逐渐恢复平静，皇城"阿尔戈"周围变得喧嚣热闹起来。德黑兰已经不再是萨非时代那座卑微的小镇，也不再是卡里姆汗·赞德于 1755 年开始以一座狩猎行宫和花园装点的那座小县城。在卡扎尔王朝定都于此以后，皇城南侧的大小集市和各种商队旅行客栈扩大了城市的外延。城市边沿曾经鳞次栉比的土坯房很快就被精致的房屋所取代。城外的村庄也从自身的颓废中崛起，令沙漠逐渐退却。阿迦·穆罕默德汗在这一地区推行铁一般的纪律，使这里的治安得到恢复，使这一地区重新吸引了商人的到来，再现繁荣景象。与此同时，某种紧张、肃穆的空气侵入了这座灰色的城市，正如这位备受折磨的君主一般没有欢乐——后者以其极端的残暴和病态的贪婪力图重建一个强大而统一的伊朗。

他的任务并不轻松。事实上，早在萨非王朝时期，周围的列强就已经趁王朝内战开始蚕食伊朗领土。如此，沙俄女皇叶卡捷琳娜二世表示对格鲁吉亚七十四岁国王希拉克略二世（1721—1798 年）的支持。在他们于 1783 年 7 月 24 日缔结的《乔治亚夫斯克条约》中，沙俄将这个小国作为其保护国，使其不受奥斯曼帝国和伊朗帝国的侵犯。然而，此前自萨非王朝伊斯玛仪一世开始，直到 1747 年纳迪尔沙去世时，格鲁吉亚始终都是伊朗的附属国。因此，作为其收复高加索计划的一部分，卡扎尔王朝在某种意义上有权要求格鲁吉亚放弃这一保护国条约，回到条约之前的状态。1795 年希拉克略二世在收到上述要求后犹豫不决，期待获得叶卡捷琳娜二世的帮助，但后者没有回应[21]。

不等沙俄与格鲁吉亚之间的谈判结果，阿迦·穆罕默德汗便在阿尔达比勒集了六万兵马。而且他一如既往，直接进攻。这场人数对比悬殊的战役（希拉克略二世只有两千兵将）于 9 月 9 日到 11 日在克尔塔尼西的空旷平原上进行。战争起初局势胶着，但卡扎尔军队最终取胜。格鲁吉亚国王带着一百五十人逃走，将第比利斯留给获胜军队肆意蹂躏：他们焚烧基督教堂，屠戮教士，强奸妇女，滥杀无辜。此外，另有一万五千名男女俘虏[22]被贩卖为奴或敬献给高官要员[23]。

阿迦·穆罕默德汗是否已经是不可战胜的？在他最忠实的将领的敦促下，他最终同意加冕称王，但有几个条件："真主可以见证，不是我要获得这顶多年没有戴在任何人头上的王冠。但既然我已称王，我将令所有叛乱者屈服，对所有侵犯王权者施以无情的惩罚；我将是伊朗从古至今最专制的国王。"

占星师择定的日子到了，卡扎尔王朝开国君主的头上戴着一顶镶嵌珍珠的黄金冕状小王冠，这比曾戴在纳迪尔沙头上的那顶以翎毛装饰的大王冠要卑微得多，以阿迦·穆罕默德孱弱的体形，那顶大王冠只怕会让他消失不见了。他没有忘记在绸缎和金丝制成的王袍上佩戴从卢图夫·阿里汗胸前扯下的月之冠和光之海两颗钻石，这突显出他对宝石的挚爱，据说，某些夜晚，他会偷偷睡在这些宝石上，以充分体验它们的能量。

对于他的王朝计划，还剩下继承人这个问题。侄子巴巴汗自从父亲死后便被阿迦领养，而他似乎在享乐与政务之间更倾心于前者。于是，阿迦决定要锤炼他的意志。为迫使流放到马什哈德的失明的沙鲁克供出德里之劫财宝的藏匿处所，阿迦不惜对其女儿施以酷刑。面对如此残忍的手段，巴巴汗惊恐万状，对这样的教育和他导师的训练课程表现出极度不适和困惑。

阿迦·穆罕默德沙还没来得及享受自己的新财富，失去了格鲁吉亚的女沙皇叶卡捷琳娜二世便突然向他宣战，并派出一支由祖波夫将军指挥的部队前来进犯。鉴于这年冬天尤其寒冷，回到都城的阿迦决定等待一段时间再考虑兴兵。在此期间，沙俄大军在没有遭到抵抗的情况下长驱直入，重新占领了高加索的大片地区。

1796年11月17日女沙皇的死救了沙王。沙俄的王位继承人保罗一世提醒他的手下，要收复高加索的土地有更加简捷的方法。他深知阿塞拜疆西北部的库尔德的强大首领萨迪克汗·沙贾齐作为沙王幕僚的成员，有意争夺王位。于是保罗一世便许诺向他提供支持，以此交换里海周边的郡县[24]。

阿迦·穆罕默德沙对他们暗通款曲的行径一无所知，照旧召集部队，过完纳吾肉孜节后便出发远征格鲁吉亚。尽管气候条件十分恶劣，他还是让部队赶着背负行装的骆驼穿越了阿拉斯河[25]，他命令士兵们跳入冰冷的河水中游过河去。军队的人员损失巨大，但他最终到达了舒沙，这座城市随即为他敞开城门。

悲剧将在这里上演。发现部队的军需储备出现失窃现象——两名仆人偷了几个甜瓜，他下令将偷窃者在次日，即星期五处决。萨迪克汗·沙贾齐见机向他建议应将死刑延至星期六早晨，因为星期五是做礼拜的日子。沙王同意，于是两名犯罪人照旧在他身边服侍。在他们被处决的前一晚，沙王召见他们说："你们看见这些星星了吗？用你们将死的眼睛好好看看吧。因为明天的同一时刻，你们将无法再看到它们了！"两名罪犯本以为自己的罪行不大，有希望得到赦免，但听闻此话便彻底绝望了。萨迪克汗·沙贾齐只等着这一时刻收买他二人，提出只要他们刺杀沙王便可留他们一条生路。1797年6月17日深夜，谋杀在绝对的静谧中完成，两名杀人犯带上主人的珠宝逃之夭夭。

这位自以为"筑起一座王宫并用鲜血加固[26]"的卡扎尔王朝开国君主最终以他自己践行一生的暴力被清除。尽管他尚未改革、重组他的国家，建立起其经济繁荣和地区影响力，但鉴于成就他传奇一生的残暴，可以将艾米内·帕克拉万所说的"重建和维护了令人们开始新生活的古老习俗法权，并在破碎的瓦砾中重建国家"这一点归功于他。从此一个新时代将会开启，一个建设现代伊朗的时代。

第二十章

卡扎尔王朝的兴衰

法特赫·阿里沙的长期统治

对于1772年生于达姆甘的这位新沙王，他面前的任务十分艰巨。此时，阿迦的这位侄子和养子，二十五岁的巴巴汗已经在法尔斯、亚兹德和克尔曼担任了四年的总督，并有了五个孩子[1]。收到阿迦·穆罕默德沙去世的消息，他自称王位继承人并急速离开设拉子赶往德黑兰，米尔扎·穆罕默德汗·卡扎尔正在那里维持秩序，以保证令众人垂涎的王位不会旁落。

1797年7月28日登基后，他立刻命人在设拉子和德黑兰以素丹·巴巴汗之名铸币，随后他改号为法特赫·阿里沙。他于1798年3月19日——纳吾肉孜节两天前——在都城以第二个名号[2]完成了加冕仪式，揭开了一段长达三十七年统治的序幕，一些人将其统治评价为帝国衰败的开始[3]。在加冕仪式上，他让易卜拉欣汗官复原职，重新担任大维齐尔，并让他主管行政和军队事务。

除了盯着伯父的残忍暴行及其发动的战争，法特赫·阿里沙对行使王权准备并不充分，他继承的是一个只有部分重建、政治强大但总体仍旧贫困、行政组织残缺的国家。阿迦·穆罕默德沙这位专制君主生前将所有权力集于一身，并以独裁的方式行事；但他没来得及像阿拔斯沙在17世纪初所做的那样，为他的新帝国建起一个行政架构。此外，他在高加索地区问题中体现出的强硬立场在帝国之内留下了深深的裂痕，并在当地人心中埋下了复仇的种子，驱使他们与邻国沙俄结成了反伊朗联盟。诚然，建立此联盟的图谋被暂时压制，但绝非被彻底扼杀。

1798年，年轻的沙王开始了稳固其权力的第一场战斗，对手是在沙俄支持下参与了阿迦·穆罕默德沙谋杀案并意欲夺取王权的萨迪克汗·沙贾齐。沙王集结了七千人，而对方则有两万人之多，尽管在人数方面占下风，法特赫·阿里沙却打击了胆敢劫掠王室珠宝（其中包括那颗著名的"光之海"钻石）并意图占领都城的反叛者的进犯势头。他在第二次出击中就收回了所有失窃的珠宝，其中包括国王的王冠。稍后，萨迪克汗·沙贾齐在1799年呼罗珊之战中被生擒并押至德黑兰，并依照沙王之命被饿死[4]。另有一些王位争夺者也在做了一番尝试后落得同样下场[5]。

最沉重的打击来自沙王的弟弟，二十一岁的侯赛因·戈利汗。作为法尔斯总督，他宣布独立，并对反对他这一立场的设拉子三名权臣施以盲刑。在众多卡扎尔将领的支持下，他获得了法尔斯和克尔曼的总督头衔。但贪婪的侯赛因·戈利汗变本加厉，要求将国土的一部分划归于他名下。对伊朗领土完整性来说幸运的是，他的母亲于1798年8月出面干预，让野心勃勃的儿子冷静下来。为了对他的失望予以补偿，王朝将富足的卡尚也交给他管辖[6]。

兄弟二人之间的敌意在三年后重燃。借助卡尚附近的一名有预言能力的托钵僧，侯赛因·戈利汗于1801年8月控制了伊斯法罕，下令铸币并以他的名义进行周五的礼拜。但法特赫·阿里沙兵不血刃地将他赶出伊斯法罕，他被迫逃往洛雷斯坦，接着又在库姆的法蒂玛圣陵[7]找到了藏身之所。尽管在一位有影响力的宗教领袖的游说下第二次得到宽恕，侯赛因·戈利汗还是被送到德黑兰北部的一个村庄，随后被施以盲刑，并于1803年他母亲死后被秘密处死。在他之后又有多人被处决。其中，大维齐尔易卜拉欣汗在遭到贬黜后被施以盲刑且割掉舌头，最终与其全家一同被处死[8]。这便是法特赫·阿里沙，这位以其喜怒无常，甚至受害妄想知名的君主为使卡扎尔王朝在伊朗实现长久统治,让异见者和竞争者付出的代价。

掌控了南方,沙王接下来就要巩固在北方的统治了,特别是对呼罗珊,因为这一地区仍由阿夫沙尔王朝纳迪尔沙的后代支配。尽管在1798年6月和1800年6月的两次征讨中,马什哈德及其周边地区被大肆洗劫破坏,两次行动却均以失败告终。1802年5月的第三次征讨带来了相对喜人的成果:在擒获了"萨达尔"[9]且马什哈德最高宗教领袖转投卡扎尔阵营后,纳迪尔沙的孙子素丹·纳迪尔·米尔扎被俘并于1803年3月在德黑兰被处决。随后阿夫沙尔家族的所有幸存者或被处死,或被施以盲刑,或被送到后宫[10]。凭借这些残忍的举动,法特赫·阿里沙进一步提升自己的威望,令他可以在反叛的行省任命自己的儿子执掌权力,以替代那些与王室分庭抗礼的地方权贵,同时他也派去忠实的卡扎尔精英辅佐他的儿子们理政,并努力将南北方都统一在他的大旗之下。每个新上任的领主虽然都拥有一定程度的自治权,却都有遵照德黑兰树立的榜样建立统一行政和司法规程的义务。

随着这一系列"胜利",沙王的四个儿子以其行动推展一项扩张计划。王储兼阿塞拜疆总督阿拔斯·米尔扎亲自带队进入高加索地区,并在此遭遇到地方可汗和随后赶到的沙俄和奥斯曼人的抵抗。二王子主攻库尔德斯坦和奥斯曼帝国控制下的伊拉克多个行省。三王子向南讨伐波斯湾,四王子则率军与阿富汗和土库曼人作战。在这位似乎恢复实力的"万王之王"的统领下,伊朗的全面觉醒不会让邻国和欧洲列强漠然置之——特别是在19世纪的西方世界,殖民主义的尚武精神盛行之时。如果说伊朗人对中东列强的政治角逐十分了解,那么他们对基督教列强,特别是沙俄和英国的博弈却可说知之寥寥。这一认知不清将令沙王陷入困境。

伊朗宫廷内曾掀起一波外交活动,但随后于1713年彼得大帝的特使得到伊斯法罕政权的接见后中止。这一时期,沙俄于1800年将格鲁吉亚吞并。英国方面，因其在印度的利益见涨，他们将伊朗视为一座具有战略意义的桥梁，于是成为最早与卡扎尔新国都接触的访客。1800 年 12 月，约翰·马尔科姆[11]上尉受他的朋友——孟加拉总督[12]理查德·韦尔斯利勋爵与极具影响力的东印度公司的委托来到德黑兰。马尔科姆的金发和高傲的姿态吸引了所有人好奇的目光，他一开场就提出了一项双重联盟：一面共同对抗喀布尔总督扎曼沙王——因为扎曼一直以来支持呼罗珊的反叛可汗，这对法特赫·阿里沙很有吸引力；一面共同对抗法国人。上述两个敌人都对英国的印度企图造成威胁。伊朗沙王为马尔科姆举办了堪比萨非王朝排场的奢华招待会并交换了阔绰的礼品，借机显示其强盛的国力，英国一方的礼品是由东印度公司出资置办的。尽管马尔科姆很讨沙王的欢心，伊朗宫廷的一些大臣却对他保持警惕，他们怀疑这位大使已经被东印度公司收买，想要让"波斯成为东印度公司的大客户"，"而且，他也想找一个对抗扎曼沙王的挡箭牌，因为后者威胁到东印度公司的利益"[13]。随后双方的谈判陷入僵局，直到 1801 年，生意至上的英国人提出，英国可以向其提供军事援助，只要伊朗出资[14]。

1804 年是法特赫·阿里沙统治中的关键一年。面对沙俄与日俱增的野心，沙王自信与之对决的时机已经到来。凭借与英国人缔结的联盟，他命王储阿拔斯·米尔扎率领六万人马作战。但令他始料未及的是，英国人临阵退缩了，因为在英国看来他们（更确切地说是以马尔科姆作为使节的东印度公司）与沙皇的利益高于与伊朗沙王的联盟。但这场伊朗史学家笔下的"十年战争"已经打响了。

之后沙王发现他的预判错了：沙俄很快占了上风，于 1806 年夺取了巴库等一系列地区。法特赫·阿里沙于是转向拿破仑一世——后者在伊朗声望很高，并向他发出结盟之邀[15]。当时拿破仑刚刚从一场埃及的远征中凯旋，并于 1804 年 12 月 2 日加冕称帝。正如爱德华·德里奥指出的，拿破仑胸怀某种"东方梦"，或伊拉杰·阿米尼提出的"东方诱惑"，即沿着亚历山大大帝的传奇足迹前进。此外，看到英国和沙俄联手对付他，还将奥地利和瑞典拉进他们的反法同盟，他必须做出回应，为此他决定出手遏制英、俄在高加索和印度的扩张计划。与"波斯"（以及奥斯曼帝国）结成的联盟在拿破仑看来显然是对抗沙俄最有效的手段，与此同时这将为他打开通往印度的道路，而英国将通过其东印度公司——这匹"特洛伊木马"，长期维护它在该地区的利益并对拿破仑的前进造成阻碍。

1807年5月4日，法国和伊朗之间签署了一项协议，协议复述了双方4月间在普鲁士的芬肯施泰因城堡的协商内容。根据这十六条协议的规定，法国保证向伊朗提供为一致对抗沙俄和英国所需的武器和军事、后勤支援；作为交换，伊朗要断绝与大英帝国的一切政治和商业往来。于是，一项共同讨伐英国印度殖民地的计划初现雏形。

1807年5月10日，拿破仑新任命的全权公使加尔达纳将军被派往伊朗，以落实两国之间的合作，包括让法特赫·阿里沙对《芬肯施泰因协议》批准生效，参与波斯军队的现代化改革，并对即将协同启动的反英印度远征进行相关筹备工作[16]。对加尔达纳将军的使命来说不幸的是，他1807年12月才到达德黑兰，而在此之前，拿破仑已经改变了主意，因为他在弗里德兰战役中打败沙俄（1807年6月14日）后于7月7日和9日分别与沙皇亚历山大一世和普鲁士国王弗里德里希·威廉三世签署了《提尔西特条约》。这两项条约终结了从1806年在法国与英国、沙俄、瑞典、普鲁士之间开始的第四次反法同盟战争。

如此，法特赫·阿里沙意识到依靠旨在对抗英国与沙俄的同盟的希望已经破灭。尽管借助《芬肯施泰因协议》从法国方面获取的军事培训和武器装备促进了军队的现代化，但这毕竟与拿破仑直接干预沙俄进犯无法相比。于是，因对法国的不作为大失所望，沙王在朝中一些很有影响力的亲英派的敦促下，于1809年2月同意在德黑兰接见伦敦派遣的一位特使哈福德·琼斯·布里奇斯。1809年2月13日，在伊英会谈的前一天，加尔达纳将军满怀遗憾地离开了德黑兰。他的使命以无可争辩的失败告终，却也将伊朗展现在法国东方学家充满好奇的目光下。这些人通过参与该使团的行程，充分利用了他们停留的一年时间，完善他们的东方语言，深入了解这一文化，并在返回法国后在他们一篇接一篇的游记中加以详细阐述。伊朗与法国之间的关系勉强维持到1810年，沙王与拿破仑之间的通信于这一年终止。两国联盟的失败标志着法国从此退出"大博弈"[17]，留下英国与沙俄的势力在伊朗持续对峙。

法国让伊朗的期待落空了，但哈福德·琼斯·布里奇斯带给沙王一个强国的支持，特别是这使伊朗得以远离英国在波斯湾进犯的威胁。在伊朗明确提出的军事和经济援助要求下，伦敦再次向德黑兰派出了一位特别使节戈尔·乌斯利爵士，后者于1811年11月10日到达。他的使命是确定一项伊英条约，并促成沙俄与伊朗之间的停战妥协。法特赫·阿里沙觉得应为这一联盟做出辩解，便在同一时期给拿破仑寄去一封信，信中他毫不掩饰地指出法国那么多年始终没对他的主动示好做出适当回应[18]。

于是，一项初步和约于1809年在伊朗和英国之间签署，并于1812年修改后确定了最终版本[19]。根据这项于1814年正式定名的《德黑兰协议》[20]，伊朗须准许英国穿过其国土，前往印度，并切断与法国的一切政治关系；英国一方则保证如有某一欧洲国家企图侵犯伊朗领土，将向伊朗提供所需的军事和经济援助。这一协议将在随后的半个世纪间决定两国关系，使英国商务涌入伊朗的同时也推动了它在印度的殖民发展。伊朗一方从中获得的只是一个变相的保护国身份，当然还有它急需的财源。

在此期间，戈尔·乌斯利爵士努力促成了《古利斯坦条约》的签署，它标志着伊朗与沙俄围绕里海周边地区的长年冲突于1813年10月24日结束[21]。事实上，伊朗从没在这一冲突中占过上风。而且，面对皮特·科特利亚列夫斯基将军率领的小部队，阿拔斯·米尔扎以其三万大军分别于

1812年10月31日在阿拉斯河上的阿斯兰杜兹战役和1813年阿塞拜疆的连科兰战役中两次遭遇惨败[22]。

根据这一协议第十一章的条款，伊朗在阿拉斯河北部的所有领土均由沙皇接管，其中包括：达吉斯坦、格鲁吉亚、萨梅格列罗、巴库汗国、希尔凡汗国、卡拉巴赫汗国、占贾汗国、舍基汗国等。此外，伊朗军舰被禁止在里海航行，而沙俄却获得在整个伊朗帝国境内经商的权利，以及对其王朝继承权变相监控的权力，因为该协议中的一条规定，沙俄将承认并支持法特赫·阿里沙的合法继承人。这一协议将与日后于1828年2月21日签署的《土库曼恰伊条约》一同被伊朗人民视为他们有史以来最屈辱的条约之一。

除这些割地丧权的条件外，伊朗在伊俄冲突之后，面对沙俄的胁迫和英国的进犯（虽不是那么直接但依旧充满帝国主义色彩）变得更加脆弱，且在政治和经济方面日益依赖西方。王储阿拔斯·米尔扎及其幕僚想要总结这一时期的教训，他们通过观察得出确定无疑的论断：伊朗在军事方面远远落后于他国，它仅能借助各个部族提供的兵力，组建一支训练不足、装备不良、指挥不利的军队。如果伊朗打算收复其已经严重缩水的领土的主权，它必须建立一支非部族的、中央的职业正规军，并不惜一切代价完成现代化改造。因此，他们决定派遣数十名伊朗青年前往欧洲（主要是奥地利和英国）学校学习。而这些人回国时带来的民主理想将对这个国家19世纪后半叶的局势走向产生巨大影响。

于是，伊朗启动了大规模现代化运动。阿拔斯·米尔扎是这一运动的主要发起人之一，他期望借此让伊朗成为一个现代国家。除按照欧洲模式重组军队外，他还主导开采阿塞拜疆的铜矿和铁矿，为广大民众接种天花疫苗，进口梳理羊毛的现代机床，建立公有和私有土地的地籍管理，组建持续、定期的邮政服务，并打击公职人员中的权钱交易。对此，他得到的是宗教人士和权贵的抗议，因为前者认为他的大部分举措都大逆不道，而后者则被迫尽忠职守、清廉为官。这些得到实施的法规随后被陆续废止，接着又在1850

年代由阿米尔·卡比尔[23]再次启用并增补充实，在经历了又一次失败后，于20世纪礼萨沙掌权时期再次成为国家的优先任务。然而，伊朗因为这一时期没能真正施行王储的理念，而错过了它历史上的重要转机。

法特赫·阿里沙此时急切地想要在军事领域找回他认为自己理应得到的荣光。尽管在沙俄战线上失利，他对其他战线上获得胜利仍抱有希望。如此，法特赫·阿里沙欣喜地看到哈桑·阿里·米尔扎于1816年攻占了赫拉特，1819至1823年之间穆罕默德·阿里·米尔扎和阿拔斯·米尔扎针对奥斯曼帝国在伊拉克取得了领土和外交上的进展，并就此使双方签订了第一份《埃尔祖鲁姆协议》，将伊朗与奥斯曼帝国之间的边界确定了下来[24]。两位王子还在东安纳托利亚征服了一些地区，并派了几个小部队驻守于此，然而这些阵地因兄弟二人的不和以及变化莫测的国际环境而脆弱不堪，只是昙花一现。

沙俄一方无论如何也不希望看到一个强大的伊朗，乃至于它坚持在里海沿岸和中亚推行霸权以保持对伊朗的绝对优势。而伊朗方面则渴望复仇，并因乌理玛和一部分朝臣的鼓动而更加群情激昂。1825年12月12日亚历山大一世沙皇去世，伊朗人期待沙俄会因此出现政策转变，德黑兰的一位大毛拉赛义德·穆罕默德·塔巴塔巴伊抓住这一时机宣布对沙俄发起"圣战"，以收复丧失的领土。法特赫·阿里沙虽不情愿，但无奈屈从。他毫无亲自指挥作战的欲望，于是不顾王储身患重病，且厌恶来自教权方面的压力，坚持指定阿拔斯·米尔扎带兵出征。

持续两年的战争于1826年7月16日打响，当日阿拔斯·米尔扎率三万五千人侵入阿塞拜疆的卡拉巴赫和塔雷什汗国。在短暂的胜利后，因为沙王拒绝为军队现代化改造再次拨款，伊朗人于9月间被八千装备比他们精良的沙俄兵将击退。双方从1827年春重新开战，沙俄于10月1日攻占了亚美尼亚的埃里温。很快，大不里士也被攻陷，这使得沙王被迫求和，并于

1828年2月2日匆忙签署了《土库曼恰伊条约》[25]。

这份被伊朗民众视为"可耻"的条约承认了伊朗的战败，除了已经于1812年割让的行省外，伊朗又失去了亚美尼亚东南部的埃里温汗国和纳希切万汗国。面对沙俄踏平德黑兰的威胁，伊朗被迫向其支付两千万卢布的战争赔款。沙俄成为这次冲突的最大赢家，亚美尼亚也因新沙皇尼古拉一世的指令成为沙俄帝国的一个行省，这个省将吸引众多伊朗的亚美尼亚人来此定居，形成未来亚美尼亚共和国的前身。在沙王无力反抗的情况下，曾令伊朗与奥斯曼帝国持续三个世纪争执不休的这片地区从此脱离了伊朗的控制。此外，为了支付沙皇责令的赋税，这位以悭吝出名的法特赫·阿里沙无奈拿出了自己的一部分财宝，并强迫当时身体已十分虚弱的阿拔斯·米尔扎自行筹措剩余的赔款。俄国人则趁机攫取了位于阿尔达比勒的萨非王朝的陵墓中储藏的艺术品，今天它们被陈列在圣彼得堡博物馆之中。

除此以外，沙皇还派出一支俄国使团驻守在德黑兰。普希金的一位密友，会说波斯语的诗人和剧作家亚历山大·格里博也多夫[26]领导了这支使团。这个自满的大使对待沙王就好像后者"只是一个突厥斯坦的可汗一样[27]"，因此，伊朗政权与沙俄使团之间的关系迅速紧张起来。一件牵涉使团的风化事件成为潜在敌意最终爆发的导火索，城中的毛拉和巴扎商人也都参与其中，在使团面前掀起了一场暴动。哥萨克人朝人群开火，民众持续三天疯狂报复。格里博也多夫使团几乎所有成员均遭屠杀。对这一屠杀起因的解释有俄国、伊朗和英国等不同版本[28]。但无论如何，不久之后，沙皇的一位使节——多尔戈鲁科夫亲王要求伊朗做出道歉和赔偿。对法特赫·阿里来说，绝不能冒再次挑起伊俄之战的风险。而沙俄方面，尼古拉一世这时因接连不断的欧洲危机无暇顾及伊朗问题。双方就此仅做了最低级别的处理：伊朗对圣彼得堡郑重道歉，同时也将考虑惩办主使者[29]。阿拔斯·米尔扎之子，年轻的霍斯劳－米尔扎王子率领一队使团被派往莫斯科，作为保证伊朗诚信的人质。一个名叫米尔扎·塔吉汗·法拉哈尼的二十一二岁的青年作为伊朗使团秘书在出使的十一个月向在大不里士的阿拔斯·米尔扎起草了一系列报告。他借机用心观察周围的事物，学习新鲜的礼仪惯例。多年以后，正是他以阿米尔·卡比尔（"总理大臣"）的名字，尝试了对自己的国家进行改革。

1830 年代初，伊朗贫困落后，国运衰微。年事已高的法特赫·阿里沙日日躲在他位于德黑兰的内贾雷斯坦夏季别墅[30]中，让妻妾们围绕左右，聊以自慰。幸而阿拔斯·米尔扎，这位公认具有杰出能力的王储不顾自己疾病缠身，坚持守护国家利益。他的城市大不里士成为一个交流的门户，聚集着伺机攫取伊朗财富的沙俄和英国使团。另外，1830 年夏，霍乱肆虐大不里士，阿拔斯·米尔扎焦虑地发现其长子穆罕默德·米尔扎已被其家庭教师，阴暗的哈吉·米尔扎·阿加西所操控，后者断言这场灾难是上天降至人间，以惩罚那些崇尚西方、背叛伊斯兰的人。

沙王不顾王储日渐衰弱的病体，继续将他派往亚兹德、克尔曼和呼罗珊最艰苦的战线，以平息不断兴起的叛乱。1833 年 10 月 25 日，阿拔斯·米尔扎心力交瘁，于马什哈德溘然长逝。享年四十四岁。

法特赫·阿里沙失去了他身边唯一一位不仅有志于让伊朗重振雄风而且具备他所缺乏的优点的继承人。法特赫·阿里沙因缺乏判断力而将饱受后世诟病。难道不是他，以其战略上的随意轻慢，使西方列强得以蚕食伊朗领土，并巩固了其优势地位，从而使国家失去了中期的政治和经济独立？对他统治失败的这一笃定判断，尽管正当，实为过度苛责，因其忽略了法特赫·阿里沙，这个有着艺术情怀而不是尚武之心的君主在其他领域做出的成绩，我们今天开始逐渐承认他对艺术、文学的关注和支持。他渴望将他的国家和自己本人以华丽甚至"复兴"的形象展现在来访者面前。

事实上，在法特赫·阿里沙的统治时期，德黑兰周围的山丘上都装点着豪华的度假别墅，如沙王每到风和日丽的春季便将其宫廷和家眷一并迁入的卡扎尔堡。至于德黑兰的皇家居所古利斯坦，又称"花园"或"玫瑰园"[31]，他将其作为中央政府的所在地，并将其打造成一个融合了萨非、莫卧儿文化遗产以及欧洲风潮的独具匠心的卡扎尔艺术展示窗[32]。此外，为了在所有皇宫中展示自己王朝未来的长久统治，他命人将自己在儿子们簇拥下的形象描绘在所有壁画上。以其特有的（如寇松侯爵所说）"蜂腰""仿若豚草的美髯"以及流光溢彩的宝石点缀的服饰，法特赫·阿里沙在画卷中的辨识度很高，并象征着中央集权的庄重威严。在他以前，罕有像他这样喜欢通过艺术作品展示自己权威形象的伊朗君主。已知在画布上创作的他的肖像共有二十五幅，均由当时最负盛名的画家完成，包括米尔扎·巴巴·设拉子和米赫尔·阿里。这在当时是一种创新，因为一直以来的主流艺术是细密画。如此，法特赫·阿里沙在伊朗开创了个人崇拜之风，并高调弘扬权力形象，为此他常常将自己呈现在一种反射前伊斯兰伊朗帝国（即萨珊帝国）恢宏气势的背景中，从而暗示自己的统治与之相关。在这样的国家这一偏好可谓奇特，因为此类仿真尺寸肖像触及了伊斯兰人像创作的禁戒。

除了钟情于建筑和绘画，诗歌和散文在他的艺术资助中也占有重要位置。尽管在过去两个世纪中，诗人和散文家大多流亡到莫卧儿王朝和奥斯曼帝国的宫中，法特赫·阿里沙却促进了这些文学形式在伊朗的复兴。他曾保护大诗人哈特夫的儿子萨哈勃，并让后者成为他的颂词作者，萨哈勃模仿12世纪诗人创作盖绥达，又模仿13和14世纪的风格创作嘎扎勒。除他以外，诗人梅杰马尔从萨迪身上汲取灵感，也以其嘎扎勒著称；狂放的萨巴被封为宫廷诗人，其多篇长诗主要以法赫特的统治以及穆圣和阿里为主题；内沙特擅长神秘主义双行诗和抒情诗；维萨勒也创作出非同凡响的诗集……

除了这些也在一定程度上满足他外在表现欲的文艺资助活动以外，沙王为自己后宫的日常关系建立了一套以等级为基础的固定礼仪。在"安德荣"——沙王度过大部分时间的封闭私有空间中，皇太后主事；紧随其后的是给沙王生下王储阿拔斯·米尔扎的正室卡扎尔妻子；然后是其他有封号的贵族妻子。沙王的女儿、姐妹和女性长辈组成了第四阶层；在她们之下的是出身平民的妃子。随后一层是服务的女官，其中品尝御膳并盖上封印的女官比晚间护送沙王回到寝室的女奴地位更高。国王用过膳后剩下的菜品都以上述等级顺序分配给他周围的人。在这些常住"安德荣"内，总是珠光宝气的贵妇之下，还有位列第七等级的舞女——她们只为沙王献舞，任何其他男性都不能观赏这些表演，位列在她们之下的那些使女只有凭借美貌才有得到在"安德荣"晋升机会的可能，而这也是她们全力以赴追求的目标。

在宗教方面，法特赫·阿里沙作为一名恭敬的什叶派穆斯林的同时，在面对乌理玛在民众中与日俱增的影响力也竭力保持着国王的特权。"穆智台希德"从统治初期便受到王权的仰仗，法特赫·阿里沙为了得到他们的支持给予他们不少优待：慷慨的捐赠，特殊的土地政策（图于勒），以及对慈善捐赠（瓦克夫）、司法程序和清真寺领导权的直接控制。同时沙王也允许他们不时镇压和清除苏非派反对者和他们眼中的异端。此外，法特赫·阿里沙还经常邀请最显赫的伊朗或阿拉伯穆智台希德进宫，如在库姆进行了教学改革的乌苏勒派[33]教法学家米尔扎·阿布-卡西姆·库米（以米尔扎·库米的名字更为世人所知），财雄势大的"霍贾特伊斯兰"——伊斯法罕的赛义德·穆罕默德-巴克尔·萨弗提、法学家谢赫·贾法尔·纳贾菲以及赛义德·穆罕默德·塔巴塔巴伊。

为什么法特赫·阿里沙以及更普遍的卡扎尔的国王对这些宗教人士表现得如此尊敬和慷慨？对这个问题有多种推测。一些人认为，"前朝萨非王室以伊玛目卡齐姆的后代自居，什叶派也由他们立为国教。而与之不同的是，卡扎尔家族并非'赛义德*'，并因此与前朝王室对比其王权显得缺乏宗教合法性。因此，阿迦·穆罕默德沙及其继承人法特赫·阿里沙不断向什叶派宗教人士表示敬意[34]"。在另一些人看来，他们主要出于对内乱甚至内战的恐

---

* "赛义德"一词用于表示先知的后裔。

惧才顺从主流民意和有影响力的毛拉的意志。但这并不妨碍沙王也听取神秘主义者、诺斯替主义者、哲学家，甚至一些反乌苏勒派的主张。某些正统宗教人士对沙王的这种思想开放予以谴责，特别是当他对他们的慷慨恩赐越来越少的时候。

英国外交官詹姆斯·莫里耶在其 1824 年的小说《伊斯法罕的哈吉巴巴历险记》中曾对沙王法特赫·阿里写下了浓墨重彩的一笔，而这位沙王生前的所作所为在他 1834 年 10 月 23 日去世后都剩下什么呢？他的统治本可以将卡扎尔王朝引入一个创新的 19 世纪，但与此相反，他却向外国（沙俄和英国）愈演愈烈的政治和经济干预敞开国门，同时他让伊朗丧失了阿迦·穆罕默德沙收复的一部分领土，并赋予教权重要的地位，损害了沙王阿拔斯建立的国王权威。法特赫·阿里沙可能想要以另一种方式，即通过伊朗的艺术复兴和他的文化资助和建设项目续写萨非王朝、萨珊王朝和阿契美尼德王朝的光辉历史，但他缺乏才干、全局视野和战略胆识。

将权力建立在一个看似强大的君主专制基础上，法特赫·阿里沙没能使伊朗变得强大也因为他无意听取他的儿子阿拔斯·米尔扎的意见（尽管他在后者去世时赞颂其才能），因为他的吝啬而没有在最佳时机对军队进行现代化改造，还因为他对国家急需的深层次改革兴味索然，与此相比，他更偏好沉湎于文艺和后宫稍纵即逝的享乐。可以说，他的统治过度专注于自我，即便他有时挥霍无度，那也是为了获得自身的愉悦与个人享受。事实上，与阿拔斯·米尔扎相反，他心中并无国家，这也导致伊朗步上一条预设的没落之路。这一没落也源于法特赫·阿里沙在后宫孕育并将在随后的几十年中持续内斗的众多王子[35]。这就是法特赫·阿里沙富有争议的政治遗产，而继承他这笔遗产的孙子穆罕默德·米尔扎，其 1834 至 1848 年的统治也乏善可陈。

273

十四年的停滞

一听说祖父的死讯，穆罕默德·米尔扎就戴上了饰有翎毛的卷羊皮帽冠——卡扎尔王朝的王权象征，并成为穆罕默德·卡扎尔沙。他的加冕仪式由伊玛目乔梅在国都主持完成，后者将"塔基先"戴在了他的头上——而这顶三层珍珠宝石王冠还是纳迪尔沙于一个世纪以前从德里之围带回的战利品。

穆罕默德沙的第一个政治举措是派一队伊朗和英国人组成的代表团前往法尔斯，以平息他的两个叔叔法尔曼-法尔玛·侯赛因·阿里·米尔扎和哈桑·阿里策动的叛乱，他们二人之前在克尔曼就曾进行过此类反叛活动。穆罕默德沙再度控制了这方局势，并重拾他曾祖父阿迦·穆罕默德沙的行事方法：虽然他将侯赛因·阿里持续拘禁到侯赛因于 1835 年 7 月 22 日死去，他却命人将哈桑·阿里刺瞎眼并投入阿尔达比勒的监狱，因为这是后者第二次侵害国家权力。随后，另一些王子也被投入阿尔达比勒的监狱，还有一些选择流亡。沙王的家庭教师哈吉·米尔扎·阿加西从穆罕默德沙登基伊始就主张一种铁腕策略，将沙王推上了这条残酷镇压之路。尽管他本人作风远非无可指摘，哈吉·米尔扎·阿加西却极力推崇道德纯洁性，并公开反对从先皇朝中留任的大维齐尔戈海姆-马格汉姆，指控后者有贪腐行为。笃信苏非神秘主义的沙王听到民众中传出的闲言碎语，于 1835 年 6 月 26 日将戈海姆-马格汉姆以叛国罪处死。随后他让哈吉·米尔扎·阿加西接任大维齐尔一职，并让其成为他某种程度上的精神导师和"灰衣主教"直到他去世为止。

灾难性的选择。这位大维齐尔唆使他拒绝了包括 1834 年从印度到来的英国军事使团提出的继续对伊朗军队进行现代化重组的建议，因为在哈吉·米尔扎·阿加西看来所有来自西方的东西都是邪恶的。因此，新沙王在其统治时期，伊朗原有的落后差距进一步拉大，丧失的领土没有得到收复，他父亲阿拔斯·米尔扎的改革计划也无疾而终。

在这国力衰退的背景下，穆罕默德沙为了逃避与沙皇尼古拉一世的正式会晤，派自己于 1835 年定立的王储——年仅四岁的纳赛尔丁前去赴约，处理 1823 年签订《埃尔祖鲁姆协议》后与奥斯曼帝国之间遗留的令人担忧的边界问题。事实上，从 1833 年开始，两国边境就冲突频发。1837 年巴格达帕夏火烧巴士拉南部的一个港口城市，距离阿巴丹十公里的莫哈马雷赫（今天的霍拉姆沙赫尔），令冲突升级；伊朗于 1840 年做出回击，占领偏北的苏莱曼尼亚。一场战争已经不可避免。沙俄和英国鉴于本国利益与这两国的命运紧密联系，便于 1843 年提出调停，它们的斡旋努力险些因奥斯曼人在卡尔巴拉对什叶派朝觐者的屠杀而付之东流。

伊奥两国终于在 1843 年 2 月第二次在埃尔祖鲁姆举行会谈。伊朗方面，那个曾于 1829 年在年轻王子霍斯劳-米尔扎带领下前往莫斯科面见沙皇的使团中表现出非凡才华的外交官米尔扎·塔吉汗·法拉哈尼也参加了本次谈判。会谈的重点在于划定伊朗与奥斯曼帝国之间的边界，解决这个令两国自 16 世纪战火频仍的棘手问题[36]。诚然，在伊朗惨败后于 1639 年签署的《席林堡和约》曾宣布和平将持续到"最终审判日"；然而，与其说它解决了争端，不如说那只是为随后的一系列和约树立了一个临时标杆[37]。伊拉克境内拥有包括卡尔巴拉在内的太多重要的什叶派穆斯林圣地和伊朗裔人口，使伊朗无法对其漠然置之。此外，这份由奥斯曼帝国提出的和约语焉不详，在将近两千公里长的边境上只划定了一片边界区域而不是精确的界线[38]。

因此，各方代表团会聚在埃尔祖鲁姆以解决这一混乱的局面，而在这一时期西方列强也想要拥有发言权，以避免在该地区出现任何紧张局势。大会开幕时，只有伦敦和莫斯科作为"合作方"派出高层"监察员"出席了会议，法国虽然在埃尔祖鲁姆设有领事馆，却只有权派出一名"观察员"。鉴于伊朗和奥斯曼帝国双方都无法提供和约原本作为和谈参考，作为《席林堡和约》的更新版本,《库尔旦公约》(1746年)被当作和谈初期的基础文件[39]。伊朗人认为,应该以一部18世纪的地理文献中复制的公约版本和1808年的地图册为谈判参照,但奥斯曼人质疑前者的真实性;奥斯曼人认为,应该以他们档案中的一个版本作为依据展开谈判,但他们从未能提供。鉴于情况的复杂性、重要性和必要的多语言翻译,会谈共持续了四年(其间只出现了一次短暂间歇)才达成一项协议。在和谈的第一阶段(直到1844年5月2日),共召开了十八次全体会议。第二阶段持续到1847年5月31日,会上讨论了阿拉伯河[40]这一争论最激烈的问题之一。最终协议规定,"佐哈布的低地划给土耳其,高地则划给波斯。波斯放弃追究对苏莱曼尼亚的任何权利,而奥斯曼帝国承认波斯对莫哈马雷赫的主权[41]"和它对阿拉伯河左岸的主权,这也导致了20世纪伊拉克和伊朗之间发生的一系列严重冲突。

在即将签字认可之际,6月18日的一个事件几乎将一切都葬送了。城里爆发动乱:一名男孩据传被米尔扎·塔吉汗的一个卫兵强奸。米尔扎·塔吉汗负伤,他的住所遭袭,同时城内伊朗居民和商户也被抢掠。直到城市恢复平静,伊朗人被洗除犯罪嫌疑并得到赔偿后,会议才得以重启,共计两页九条的协议最终得到签署,"在原则上解决了最富争议的问题,并建立了一支联合定界委员会。然而在实际操作中,委员会在识别主权,将主权与某块土地相连,在现场让双方达成一致方面困难重重。在克里米亚战争和1878年的巴尔干大危机造成的几次中断后,划界工作到1913年始终进展不利,直到'调解人'的'仲裁人'地位得到了各方承认。在十个月后,他们成功在现场标定了一条边界线,时至今日除了些许修改,它仍是伊朗与伊拉克之间的国境线[42]"。

在埃尔祖鲁姆大会结束时,米尔扎·塔吉汗为他在大会讨论中的积极行动收到了全体与会者的一致赞扬。罗伯特·寇松作为大英帝国的代表,事后写道:"值得一提的是,米尔扎·塔吉汗是四个参与国中最出色的代表。[43]"

人们不久以后将会想起这句话。

当前边界问题大致得到解决,伊朗却因其陈旧的国防和混乱的经济依旧脆弱。它与英国之间的关系也自 1839 年因赫拉特城的分歧而恶化,这致使英国撤出其外交和军事使团,占领了波斯湾的哈尔克岛,并攻打了对面的港口城市布什尔,以占据一个令人垂涎的战略要地。[44]

为了应对这一新危机,穆罕默德沙尝试与法国交好。在两国于 1844 年正式重建外交关系、法国向德黑兰派出大使萨提芝伯爵以前,沙王从法王路易-菲利普方面已经获得了武器和军事指导员,以取代英国的支援。1840 年,随着伊朗授权在其领土内开设遣使会神学院,两国的关系迈入了一个新阶段。从 1844 年起,曾在加尔达纳的使命失败导致其一度消失的法国科学和考古探险队重新在伊朗现身。伊朗与法国之间的合作通过"对遣使会神学院实施保护措施,以及 1846 年欧内斯特·克洛盖被委任为沙王的私人医生(伊朗宫廷的法国医生传统将被长期保持)[45]"而进一步得到加强。

穆罕默德沙从 1842 年开始因严重的痛风导致健康情况恶化。有人预言他去日无多,他的一个弟弟巴赫曼·米尔扎表明要与十一岁的王储纳赛尔丁·米尔扎角逐王位。但沙王这次有惊无险……直到 1845 年,沙王再次病倒。在此期间,巴赫曼·米尔扎已经在阿塞拜疆站稳脚跟,他在那里已经被视为"准国王"。然而,沙王再次"起死回生",只是更加瘦弱了。他将主要权力委托给大维齐尔,阴暗的哈吉·米尔扎·阿加西,但后者的宗派主义行事方法正在民众中引起越来越强烈的不满。

在日益高涨的愤懑情绪中,从 1844 年起诞生了一场重要的宗教运动,这一运动的领导者是设拉子人赛义德·阿里·穆罕默德。赛义德·阿里·穆罕默德 1819 年生于一个商人家庭,在二十岁时曾在伊拉克的卡尔巴拉居住，在那里结识并师从众多杰出宗教人士。他出色的表现使包括什叶派谢赫学派[46]神学院院长赛义德·卡齐姆·拉什提(1793—1843年)在内的一些人相信在他身上看到了巴布[47]（通往真理之"门"，只有通过它才能接近上帝）的特质。这一"认可"启动了新一轮预言周期，在1844年5月23日——第十二任伊玛目隐遁近一千年之后。这一具有高度象征意义的日子为巴布教[48]的诞生提供了合法性。

巴布在全波斯宣布他的使命，并最终自称为"马赫迪"——众人企盼的隐遁的伊玛目，这位被誉为"起点"或"最高存在"的宗教领袖赢得了众多信徒，他反对毛拉的腐败和对社会生活森严管束的言论甚至令统治阶层的人士所信服。他是否曾得到英国特工的帮助或资助，以破坏伊朗的国家统一？他的批判者[49]日后将如此说。无论如何，巴布很快就引起了宗教和民事权力——乌理玛和卡扎尔王室的担忧。

更严重的是，在他一部重要著作——被视为该运动主要圣书的《默示录》(字面意思为"宣言"或"诠释")中，他虽然承认先知穆罕默德使命的真实性，但他宣称其使命已于1844年结束，此外他还废止众多《古兰经》法规，并做出了与正统什叶派教义大相径庭的灵性解释[50]。红线被跨越了。正如理查德·佛兹[51]所说的，"在什叶派下的十二伊玛目派社会中，自称'马赫迪'可能导致严重的后果。在9世纪隐遁的这位第十二任伊玛目缺席的情况下，什叶派信徒被迫接受他们君主的俗权，而什叶派乌理玛则作为第十二任伊玛目的'代理执政者'掌握着教权。如果第十二任伊玛目返回世间，那么乌理玛和君主的权力都将过期作废"。因此，感到民间与日俱增的起事危险，当权者们一致决定严厉镇压巴布的运动。巴布1848年在大不里士被逮捕，但继续坚称自己是"马赫迪"，他受到穆智台希德（教法博士）组成的委员会的审判，并以亵渎神圣的罪名被关入俄土边境上的马库城堡，随后又转至奇赫里特，他在全国各地的信徒都遭到追捕。在这些无情打击下，巴布运动并没有就此消失。事实是，它回应了人民对毛拉控制社会生活的反抗诉求，这也是它从一开始就具备的成功要素之一。

美貌非常的女诗人，被誉为"阔拉特恩"（纯洁者、眼睛的安慰）的塔荷蕾[52]成为这一运动最为活跃的杰出人物之一。1817年生于加兹温一个神学家家庭，她作为巴布教的传教者被派往南部传教，并在卡尔巴拉的多次布道中公开支持巴的立场。回到伊朗后，在巴布教一部分信徒和集市商人的鼓励下，她出席了1848年巴达什特大会，其间她通过一个史无前例的举动点燃了民众的热情，并且在今天看来是饱含意义的：除了手举一把宝剑，她还揭掉了自己的头巾。她因为这一玷污现行教法的行为遭到囚禁。

政权对巴布运动的担忧并没有减少，因为尽管遭到镇压，它仍集结了近十万坚持要让自己的信仰得到承认的民众。巴布的追随者曾试图对他施救，却无功而返。接着在亚兹德、赞詹等地都发生了对信众的大屠杀。然而，巴布运动却以燎原之势蔓延至整个伊朗，伊朗传统政权的动摇风险已经不仅限于一种假设。

沙王穆罕默德于1848年9月5日在内贾雷斯坦皇宫死于痛风。像他祖父一样，他也疏于政务，将治国大任交予他阴暗的大维齐尔。然而，他十分热衷于炫耀奢华，向外国使节大量赠送昂贵礼品，以高额的费用保有一支近百人的乐队和十一人的舞蹈团，并令他们在其每次出行时伴随左右，乐队指挥还被赐予"皇家私享豪华阁下[53]"这一夸张的头衔。最令人吃惊的是，宫廷中还有一群清心寡欲的苏非派托钵僧，他们放弃舒适享乐的精神令沙王非常欣赏。这一品味上的含糊暧昧和这显而易见的富足之下，是否像前任君主一样，掩藏着统治者在一个经历变化的现代世界，一个伊朗几乎缺席，且越发依赖外国列强的世界中的某种退避，某种不愿面对现实和拒绝革新的态度？

他的儿子纳赛尔丁是否能清楚地认识到自己所处的时代背景，在国库空虚的情况下令王朝与时俱进，得到稳固？尽管在国际关系上取得了些许进展，但王朝在所有方面都显出颓势。

黑暗中的曙光

时年十七岁的王储此时正在阿塞拜疆担任总督，但无论他的权力还是财力都无法让他体面地在都城加冕。然而，他必须先发制人，抢在那些威胁王位的争权者[54]之前行动。他的母亲，玛利克·贾汉王后重新启用"马赫德·乌莉娅（最高摇篮）"的称号，并在德黑兰向他发出催促，因为她的摄政环境危机四伏。那位早已脱颖而出，现任阿塞拜疆军事部长的米尔扎·塔吉汗此时出手相助。他说服曾回绝王储的大不里士商人将钱借给王储，为此他亲自签字作保。如此，他召集了一大队人马陪伴王储前往德黑兰。1848年9月13日，卡扎尔第四任沙王纳赛尔丁在隆重的典礼中加冕称王。为了嘉奖他的功劳，沙王纳赛尔丁将米尔扎·塔吉汗擢升为国家的阿米尔·内扎姆（军队元帅），接着又封他为阿米尔·卡比尔（总理大臣），他将以这一称呼留名后世[55]。

这是对此人功勋的最大褒奖，因为他的出身本不利于他出人头地。在1802至1804年之间生于伊朗中部阿拉克附近法拉汗地区的一个名叫哈扎维的小村庄，他的父亲卡尔巴拉依·高尔班曾是阿拔斯·米尔扎的重臣戈海姆-马格汉姆的厨师。按照当时贵族家庭的普遍习俗，他享受到了与戈海姆-马格汉姆的孩子们一同接受教育的权利，而他显现的非凡天赋也得到了戈海姆-马格汉姆的赏识。十五六岁时，米尔扎[56]·塔吉·法拉哈尼已经会读会写，领会了伊斯兰教法、历史、地理方面的基础知识，并熟练掌握了波斯语的微妙表达。

他就这样进入了国家的统治高层，在二十年间学习行政管理之道，特别是三次出使任务令他成为一个更加成熟干练的政治家——其中前两次是出使沙俄，当时的他在圣彼得堡就引起了沙皇尼古拉一世的注意，第三次是在卡帕多西亚的埃尔祖鲁姆。所有这些出使经历不仅让他有机会结识外国外交官，更令他将国际上的操作方法与伊朗的进行对比，并向最初落实这些操作方法的人士咨询取经。米尔扎·塔吉汗还让他的翻译（一个名叫米尔扎·达乌德的法国人）从法国订购了一百多部"基本书籍"，以及众多奥地利著作。最后，他还主动接近奥斯曼人，了解他们当时正在进行的改革（"坦志麦特[57]"）。于是，他的思想逐渐向伊朗急切呼唤的改革敞开。当前，阿米尔·卡比尔已经准备好要将他的所见、所闻、阅读到的与计划的一切付诸行动。他留给后世的形象，或是一个立宪运动的久远的先驱，或是一个独裁者，但无论如何，他继承了阿拔斯·米尔扎的遗志，努力实现伊朗的现代化，从 1848 年 9 月至 1851 年 12 月的短短三年间，他取得的成绩颇为丰硕。

眼下的首要任务是重建首都和众多行省的社会秩序，他对多股起义力量进行了严酷镇压。还有因 1848 年巴布被捕而导致的巴布教信徒骚乱。对这一运动的处理较为棘手，因为它遍布全国，且涉及所有阶层的民众，而这一新兴宗教的立场与什叶派下的十二伊玛目派针锋相对。事实上，巴布自称收到了神明启示的五十万条诗句，且他已将这些诗句用阿拉伯文和波斯文书写在他的两部圣书《加尧穆勒·阿斯玛》（"名字的复活"）和《默示录》中，这也使他与乌理玛出现了严重的冲突，因为在后者看来，穆罕默德是最后一位先知。如此，什叶派社会的平衡从根本上受到了威胁。

两起事件加剧了巴布教徒与非巴布教徒之间的紧张关系。第一起围绕着巴布的一位早期的同伴——库杜斯，他在马赞德兰省的萨里被捕入狱。他的信徒前去解救他，却被迫藏身在谢赫·塔巴尔西[58]的陵墓中，在 1848 年 10 月至 1849 年 5 月间持续被围，以至于最后不得不食用自己鞋子上的皮革充饥。在相信了政府军对他们做出的宽大处理的承诺后，他们走出了藏身之所。但政府军随后食言，库杜斯被一位高层乌理玛交予暴民，被群殴致死[59]。第二起事件有关巴布的另一位门徒——穆拉·侯赛因·布切里,他拿起武器反抗政府军,然后退守他的要塞之中。在多次战斗和围剿后,他伤重而死,他的追随者也都被残忍屠戮。

自此,巴布运动被视为恐怖主义运动,并遭到无情迫害。1850 年 7 月 9 日,因其不断积聚的影响力,巴布被枪决。他的信徒在亚兹德、赞詹、内里兹等地以起义发起反击……

一些人认为,阿米尔·卡比尔在对巴布运动的镇压中应与什叶派宗教集团承担同等责任。他的处理方法无疑是专制的,而他的手段——在毛拉们的怂恿下——也是暴力的。这些行动也令他树敌众多。而且,巴布运动也没有因此而消亡,巴布被视为殉教的死更加激励了追随的信徒。第二个巴布,生于德黑兰的米尔扎·侯赛因·阿里·努里揭竿而起,离开德黑兰后定居巴格达[60]。一股反对势力就此崛起,"并宣称,很快,阿米尔·卡比尔将会死去[61]"。一个新宗教——巴哈伊教[62] 即将诞生。

当前中央政权已经重新掌控了局势,改革的时机再次到来。但国库空虚,无力资助伊朗的改革,更不能保证它独立于外部干涉势力。阿米尔·卡比尔的首要任务是找到补救的办法,甚至让朝中权臣与之反目也在所不惜,这些人其实已经在窥视他的一举一动,只等他马失前蹄。此时,总理大臣委任一个专家团体("莫斯托非")负责重组公共财政。于是,国王与太后的内务开支[63],以及宫廷多项费用,都赫然出现在开支削减项目之列,而这些极具风险的标志性举措已经让他的导师戈海姆-马格汉姆付出了生命代价。另有其他不合理的支出也将被裁撤,其中包括令人借机中饱私囊的虚构支出项目,以及在神秘转账操作中消失的公务员补贴……而这些举措无一例外地引起强烈抗议。为了让自己的决策得到切实执行,阿米尔·卡比尔还创建了一个情报机构,用来监视王子、王室和各国使节。无论如何,他毫不动摇:各项税款开始流入国库,鉴于支出大幅削减,国家很快具备了实现他改革梦想的条件。

在各项要务中，他首选重组军队，或者说建立军队——因为在与沙俄的战争中伊朗国防部队表现得如此不堪一击。伊朗需要一支非部族的常规军，它应该以西方模式管理，装备精良，定期放饷。伊朗军人没有接受过新式战争的培训，于是为了指导他们，政府聘请了奥地利和意大利军事指导员，令英国人和俄国人着实恼火。与此同时，为了不再依赖外国军火市场，政府在伊朗境内创建了多座军工厂。在这些措施实施一年后，根据一项英国报告，伊朗已拥有包括后勤在内的常规军十三万两千人。此外，新建的一支四百人的国王禁卫军像阿契美尼德时期的"长生军"一般将负责保护沙王的安全。

即便伊朗当前已经拥有了一支陆军，它仍旧缺乏守护波斯湾的海军，而英国人始终出于自身利益反对伊朗组建海军舰队[64]。对此，阿米尔·卡比尔通过亲身尝试进一步得到了确认，因为他在向大英帝国全权公使询问，英国是否可以向他出售四艘军舰，其中两艘装备25门火炮的时候，得到的是否定的答复。面对这一拒绝，伊朗总理大臣决定在全球寻找与"第三方结盟"的可能性，尝试这一法特赫·阿里沙在位时期未能实现的政策，并成功与奥地利、普鲁士、法国建立合作，甚至与遥远的美国签订了两项友好商业协议。

他的举措对伊朗国内经济产生了巨大影响。于是，昨日的胜者——英国和沙俄尽管通过协议享有进口和流通税方面的极大优惠，阿米尔·卡比尔却重新设置了关税，以保护伊朗国内生产，并启动了雄心勃勃的铁路建设工程。

其他大型改革项目也将改变伊朗人的日常生活：推行天花疫苗的强制接种[65]，设置邮局，在伊朗成立了第一家现代医院。1847年，总理大臣还支持创建了伊朗的第一份报纸——《事件报》，纳赛尔丁沙对此颁布的一项法令描述了报纸的功用："帝国的所有居民都必须知悉，国王已表明教育其子民的愿望，鉴于教育包含了对这个世界事物的认知，陛下决定从今以后将印刷一份涵盖东西方新闻的纸质信息。这一报纸将被发放到帝国的所有省份……这一报纸将按月出版……"通过这篇文字，面向全国人民的扫盲运动和对其他文化的开放态度都被正式宣布。与此同时，曾在戈海姆－马格汉姆领导下开始筹备，在他死后搁浅的项目——公共翻译局诞生了。在埃尔祖鲁姆参加大会期间从法国和奥地利订购的书籍都成为这里最早翻译的资料：一部国际法著作、两卷拿破仑一世传记、一部法国历史……并组成了一套"参考性藏书"。

清醒意识到这些深层结构性变化需要高质量教育的支持，阿米尔·卡比尔在伊朗创立了第一所西式大学"达尔·弗农"。这一类似皇家军事学院的王牌机构被他视为全新政府体系的核心，以及国家进步和强盛的推动力[66]。为办学成功，他专门派人去欧洲招募教师队伍，这些教师的首要任务是为军队培养专业干部。于是，七个奥地利人、两个意大利人、一个法国人和一个荷兰人都受聘赴德黑兰任职。

"达尔·弗农[67]"带着它的教室、图书馆、戏院、餐厅拔地而起，它设有七个系，其中包括民用工程系、科学系、医学系、外语系、"兵法"系和"防御工事技术"系。所有课程均以法语教授。每位教师开始时都配有一名翻译，直到伊朗学生在一定程度上掌握法语为止。第一届五百名学生都有奖学金资助，并穿着军装。1851年12月30日，学校由沙王亲自揭幕，但阿米尔·卡比尔不在场，因为他当时已经被流放了！

他的敌人们的确成功将其清除出政权。宗教人士除了不愿看到社会变化以外，还反对阿米尔·卡比尔最有抱负的革新举措：建立民事法庭。宗教团体因此丧失一部分特权，这使得总理大臣的政敌名单不断拉长。毛拉们沮丧地看到与他们相关的诉讼案件被从宗教法庭的管辖权中撤出，转而送交新设立的民事法庭审理。他们无力地见证他们与官方少数派宗教（犹太教、基督教、琐罗亚斯德教，但巴布教除外）之间的关系被重新定义。通过这一改革，这些社群被强制缴纳的特殊赋税——"齐米税[68]"——被取消，伊斯兰叛教罪也被废除，而这些宗教的学校也得到保护。

如此，伊朗人经历了一场名副其实的道德和宗教变革，并应邀以"强制高速"——阿米尔·卡比尔也因此被流放，像后来的其他一些人一样——迈入现代化社会。如果传统势力和私人野心没有联合起来反对他，凭借他的勇气，阿米尔·卡比尔的改革本该在伊朗获得成功。他很可能过于仰仗年轻的沙王纳赛尔丁的保护（他娶了沙王的姐姐埃扎特·道莱公主），而低估了被削减了内务开支而怒气难平的太后、被检举过高俸禄的朝臣、被取消某些传统特权的宗教人士，以及英国的影响力。后者通过精心策划让一个名为米尔扎·阿迦汗·努里的人取代他，因为英国与沙俄一致认为伊朗最好只是个遍地文盲、技术落后的缓冲国。

被流放卡尚的阿米尔·卡比尔居住在最美的波斯花园之一的菲恩花园[69]中间的朴素宅邸内。然而，他游离于政权之外并不能让他的诽谤者安心，他们向沙王施压，使其下达了一份死刑命令。1852年1月10日，总理大臣阿米尔·卡比尔被迫在其居所的浴室中割腕自杀。

如此，伊朗错过了这位伟大的国家公仆，这个正直、革新，但同时也非常——甚至过于——专制[70]的总理大臣将它引向的现代化之约。他在短短三年——可能过快、过猛——实施的改革本可以让伊朗从19世纪就成为一个影响力可观的现代化强国。

珀西·塞克斯爵士后来于1915年在他的《波斯史》一书中写道："我们都说，有什么样的人民，就有什么样的政府。倘若果真是这样，那么伊朗是值得同情的，因为它就像中世纪的欧洲一样被一群一心只想聚敛财富的人管理着。然而，当一个旅行者在探访了优美的菲恩花园（位于卡尚郊外，米尔扎·塔吉汗遇害的地方）及其宫殿以后，他所感到的惋惜就更令人痛心，因为他会想到，如果当初这位大臣能治国二十年的话，他将可以培养出几个诚实胜任的人继承他的职位。阿米尔·卡比尔的处决对波斯来说不亚于一场灾难。它让千辛万苦实现的进步戛然而止。"公正的赞许，犀利的分析[71]。

破灭的希望

阿米尔·卡比尔被清除后，伊朗是否会重拾流行了半个世纪的被动、腐败的旧习？沙俄和英国是否会让纳赛尔丁，这位将统治到1896年的沙王对他们言听计从？

将米尔扎·阿迦汗·努里这个英国人的傀儡任命为总理大臣不是个好兆头。阿里·卡扎尔亲王[72]将他描述成"一个半呆半傻的二十二岁男孩，像个幼儿一样整日以木偶戏为乐，狼吞虎咽地吃哈尔瓦酥糖"。此外，沙王责令自己的姐姐，阿米尔·卡比尔的遗孀埃扎特·道莱公主嫁给他。她于1852年遵旨就范，但又随即离婚并从此过着自由的生活，这令国王十分恼火。

当前政权掌握在这个庸庸碌碌的总理大臣和太后手中，他们都希望一切如常，毫无改变。正是在这一背景下，表面上处于休眠的巴布运动再度觉醒，三名园丁于1852年8月15日在尼亚瓦兰皇宫的小路上刺杀沙王未遂。沙王仅负轻伤，而众多巴布教徒因此遭到逮捕，因拒绝放弃信仰而被处决。刺杀主谋在遭受了残忍的酷刑后被杀，全伊朗共有两万巴布信徒被屠戮。巴布教徒的骚动就这样被镇压下去。

在同一时期，曾因在1848年巴达什特大会上揭掉头巾而一举扬名的女诗人和女先知塔荷蕾仍身陷囹圄[73]。被她的美貌、才学和活力所触动的沙王向她求婚，并承诺只要她"停止疯狂的举动"就将她立为宠妃。这个一举两得的办法既可以将塔荷蕾关在后宫，让她永远噤声，从而解决一个政治难题，还可以满足沙王的性欲。塔荷蕾以一篇美妙的诗文拒绝了这个"慷慨"的提议。不久后，又有人于1852年承诺可以让她保住性命，只要她不再宣称自己是巴布教徒。鉴于她拒绝说出违心的话，塔荷蕾被判处火刑。他们强行遮盖她的脸，并用布塞住她的嘴，然后让她坐在一捆稻草上，再将稻草点燃。然而，她的传奇并没有就此结束：时至今日，塔荷蕾仍以一个引领伊朗抗议的鲜活形象留存于人民心中[74]。针对巴布教的恐怖行径继续铺天盖地地进行着，众多什叶派对立者得以展示他们所能达到的残忍极限。所有巴布教徒都被割喉，没有人再敢自称巴布教徒。然而此后，一些宗教秘密团体开始形成。

尽管"解决了"宗教问题，即将出现的其他问题将进一步削弱卡扎尔政权。除了准确划定奥斯曼帝国与伊朗帝国之间边界这一难题[75]，对赫拉特的支配权再次成为伊朗与英国之间的重要焦点。两国早在1833年和1839年就已经因这座城市争端频发。事实上，英国将赫拉特看作通往其印度殖民地的门户，不希望看到沙俄在此扩展其干涉势力，而强大的东印度公司在这一点上也与英国保持高度一致。此外，英国最终认为让阿富汗成为一个在他们控制之下的自治国家应该是对英国最有利的方案。而在伊朗人看来，这片土地自古就是他们领土的一部分，沙王一直都怀有重建伊朗大帝国的梦想。

冲突于1852年重启，起因是纳赛尔丁沙于1851年底违反之前签订的协议，派一支远征军进入赫拉特并攻占其要塞。查士丁·希尔上校作为当时英国驻德黑兰的全权公使，责令伊朗立即撤军，以避免沙俄趁机介入该地区事务，从而威胁其印度殖民地。伊朗尝试抵挡来自英国的压力，但总理大臣米尔扎·阿迦汗·努里被迫下令于1852年1月撤军，只是仍拒绝宣布赫拉特已脱离伊朗的势力范围。两国之间再次展开了艰难的谈判，并于1853年1月达成了名为"希尔-努里"的协议。协议规定，伊朗保证"除非以抵御外国入侵赫拉特为目的，否则不会向赫拉特派兵……立刻撤出所有武装力量……绝不干涉该地区的内部事务……且不再要求赫拉特宣布效忠伊朗"。作为回报，如果大英帝国自己干涉赫拉特内政，伊朗将有权将上述条款视为无效[76]。然而，这并不妨碍英国借由东印度公司间接于1853年3月18日签订《白沙瓦条约》，并借此资助自1842年成为喀布尔埃米尔的多斯特-穆罕默德将其权力扩展到整个阿富汗。

伊朗这一边并没有等闲视之。沙俄与英、土、法联军之间爆发的克里米亚战争重新带给沙王与亚历山大二世沙皇结盟，从而夺回赫拉特，终止英国殖民野心的希望。担心在英国庇护下，一个统一的阿富汗可能会结束伊朗东扩的计划，纳赛尔丁于1855年与英国断交，并派他的叔叔——阿拔斯·米尔扎的儿子穆拉德·米尔扎·赫萨姆·萨尔塔内带领政府军，在沙俄的背后支持下，发起对赫拉特的围攻，并于1856年10月25日迫使该城投降。1856年11月1日，印度总督向伊朗宣战，12月4日夺取哈尔克岛，12月10日攻陷布什尔，紧接着他们在阿拉伯河登陆，沿卡伦河溯流而上，于1857年3月26日占领了霍拉姆沙赫尔，随后又炮击阿瓦士城，使其于4月1日投降[77]。伊朗人则在博拉兹詹实施了报复，他们手举刺刀发起突袭，致使两千英国人丧命。

与此同时，在多方特别是由拿破仑三世、法国大使普罗斯佩·布雷及其使馆秘书戈比诺伯爵主导的调停努力下，两国在巴黎和伊斯坦布尔启动和谈。1857年3月4日，达成了巴黎协定。伊朗人再次被迫屈服于英国意志之下。他们同意，除了重建与大英帝国的外交关系以外，"在三个月内"从赫拉特撤军（协定第五条），放弃日后对这一领土的任何主权要求并承认阿富汗独立（第六条）。伊朗为自己争取到的是（第七条）在本国边界受到攻击时自我防卫的权利！如此，对伊朗人来说，"大博弈"以重建伊朗大帝国梦想的破灭和外部势力对其政策直接或间接的控制而告终。

除了战败的羞辱，已将国库耗费一空的纳赛尔丁沙从此放弃针对周围强势帝国的任何军事行动。赫拉特的丧失成为一个象征：它将一个疲弱无力、腐朽没落的卡扎尔王朝形象植入人心。

1857年5月10日印度爆发了针对英国东印度公司的印度民族起义，这一运动直到1858年6月20日瓜廖尔陷落才被平定。险些丢失印度殖民地的英国人不得不解散东印度公司，重组他们的行政和财务，使印度从此由英国君主直接管理。纳赛尔丁沙本可以利用这一时机挽回局面，但他却没能如愿，因为他自己也因东部边陲再次遭到来自河中地区（今天的哈萨克斯坦西南部和乌兹别克斯坦）的乌兹别克可汗骚扰而狼狈不堪。他派去征讨其中最猖獗的西瓦可汗的军队很快就被打得七零八落。1869年与沙皇签订的一份协议将注入里海的阿特拉克河定为伊朗新国界。1881年的一份公约使这一边界划定正式生效：伊朗从中失去了塔吉克斯坦和作为卡扎尔王朝摇篮的土库曼领土的一大部分，以及它在中亚的疆域，这些领土全部由沙皇俄国接管。同时，伦敦将其霸权强加于巴林群岛和俾路支斯坦的一大部分，并将后者并入印度帝国。如此，伊朗的疆界被削减到我们今天所知道的样子。

这些军事行动令国库透支，国家机器现代化的可能也化为泡影。然而，对这个在先锋思想者、亲俄和亲英游说者、保守宗教集团之间撕裂的国家，沙王是否真心想要实施改革呢？

纳赛尔丁沙陷入这种被动挨打状态，于是他将所有责任推到总理大臣身上，在将其罢免后于1858年8月29日决定独自治国。对国事漠不关心且疏于政务的他建立了几个权限和职责模糊不清的部门，以及一个由25人组成的咨询委员会，其成员均从他的亲信中挑选并被授予浮夸、带有吹捧意味的头衔[78]。在遭受了一次他本该有所预料的重大失败后，沙王又恢复了先前的体制，选定了一个新总理大臣，米尔扎·侯赛因汗·西帕·萨拉·阿扎姆，而这个经验丰富的大臣对阿米尔·卡比尔曾筹备并实行的改革十分推崇。在1871至1873年他任职期间，米尔扎·侯赛因汗很快明白在伊朗，即使加倍谨慎小心也难以在做出些许改变的情况下不招致某一派别的抵制，以及贪腐和放任势力的阻挠。

他励精图治，坚持组织国家现代化进程，于1872年说服沙王将修建铁路、电车、灌溉系统以及开采矿山和森林的独家权利授予保罗·朱利斯·路透男爵。此外，路透男爵受命执行的首要任务还包括建立一所国家银行，以及包括公路和电报在内的各种公共事业建设企业。这时，批评声四起，沙俄揭露英国对伊朗经济的控制，而宗教团体和一部分政治阶层也纷纷表示不满。面对强烈的反弹，独家特许经营权被废止，总理大臣遭罢免，并被贬黜到加兹温的宅邸，随后在那里猝死。有人推断，他是在纳赛尔丁沙的命令或默许下被谋杀的。在他生前的成就中，今天还剩下的是他的私人宫殿——巴哈雷斯坦，直到伊斯兰革命前一直作为伊朗议会（马吉利斯）的所在地，以及蓝色圆顶的西帕·萨拉大清真寺，这座卡扎尔风格的建筑瑰宝今天已经不再以他的名字命名，而是代之以霍梅尼一位亲信的名字。

至于授予路透男爵的特许权，在稍做修改后又于1889年1月被授予一家英国公司，其股票二十四小时内就在伦敦证交所被抢购一空。这家获得了六十年独家发行纸币、经营银行信贷和兑换业务的银行取名为波斯帝国银行。与此同时，为了取悦俄国沙皇，伊朗又将另一项特许权授予一位俄国公民，使其有权经营一家不动产抵押信贷银行，这家银行很快就变成俄国国家银行的一家分行。伊朗不可逆转地逐步丧失其财务主权，甚至丧失一部分政治主权。而这还只是伊朗财富被大规模廉价出售给外国的开始，伊朗将慢慢陷入债务泥潭。

1890年3月，纳赛尔丁沙在一次英国旅行中与英国人吉拉德·塔伯特签订了一项新的特许经营权，允许他垄断烟草的销售和出口。回到伊朗后，这一决定点燃了火药桶。宗教人士这次谴责授权基督徒经营的烟草是不纯之物，在他们强力施压下，沙王废除了这一特许权，并被迫支付一笔高额违约金，为此他从波斯帝国银行借贷了五十万英镑！

另一项于1890年与沙俄签订的协议将令伊朗遭受最大损失：该协议禁止他国在伊朗修筑铁路长达十年。因此，在纳赛尔丁沙的整个统治时期，只有一家比利时公司在德黑兰周边修建了几公里铁路。至于公路，1889年只有德黑兰—加兹温和德黑兰—库姆之间的路线可通车。除了这些乏善可陈的进展，有一项功绩不可不提：自 1863 年起，电报网络就已覆盖了整片国土。据说沙王接到的第一封电报是向他汇报甜瓜已经成熟，因为他对这一美食的喜爱人尽皆知！

尽管这些现代化进步是以其他帝国对伊朗的控制为代价的，却有一些进步应只归功于伊朗人：法院（艾达拉特－卡纳）的建立，以及对 1830 年代阿拔斯·米尔扎创举的延续，将"达尔·弗农"大学的毕业生派往海外留学。对于后一项，它将带来伊朗政权始料未及的后果。事实上，这一伊朗小精英群体带着他们留学期间在英国共济会内形成的新观念和新理想回到伊朗，并在他们自己创建的伊朗分会中展开热烈讨论。他们从西方引进的民主思想对传统的君主制和宗教势力的基础造成巨大威胁，伊朗权力机构本想对其严厉打压，却又忌惮共济会组织中众多"体面人家"的孩子和一些贵族人士，而没能真正动手。他们的担忧并非空穴来风，因为很快，这些共济会成员将出现在 1906 年的立宪改革中。

伊朗民意也随着几份新报纸的创建逐渐发生变化。事实上，至此在伊朗发行的只有阿米尔·卡比尔发起创立的一份国家报纸《官方报》。1876 年 2 月 5 日，德黑兰出现了第一份用法语出版的报纸《祖国》。但因为其主编，比利时男爵路易·德·诺曼的自由口吻令沙王不快，他的报纸仅出版一期便停发了。由一位法国医生莫雷尔创办的另一份法语报纸《波斯回声报》曾在 1885 年 3 月 21 日至 1888 年 2 月 15 日间持续传播。其他一些在国外出版的报纸也在沙王的准许下在伊朗发行。比如，《星报》就是由大不里士的阿卡·穆罕默德·塔希尔于 1875 年在伊斯坦布尔创立的，它在 1896 年被奥斯曼政府责令停刊。另一份 1890 年由米尔扎·马尔科姆汗[79]在伦敦创立的报纸《法律报》以其自然流畅的风格成为最好的波斯语报纸，并在民众中普及了很多全新词汇，如"改革""行政原则"等。最后，还有《坚固的纽带》和《睿智报》，它们分别于 1893 年在加尔各答和 1892 年在开罗创办。所有这些报刊让伊朗民众打开视野，看到不同的现实情况和其他社会制度、政治体制，并引发了最终颠覆社会的深层运动[80]。可惜的是，沙王的最后一任总理大臣，在 1883 至 1896 年履职的米尔扎·阿里·阿斯加尔汗·阿明·素丹虽有才干，却没能对这些民意指标给予足够重视，而是选择了保持现状，进而导致王朝的覆灭。

至于纳赛尔丁沙，他对西方的现代化进程十分好奇，但除了抵押国土以外，他无力将其引进伊朗。在他曾经的总理大臣米尔扎·侯赛因汗的鼓励下，他决定亲赴欧洲实地考察，他在 1873 年的 4 月 19 日至 9 月 23 日巡游了欧洲八国：俄国、德国、比利时、英国、法国、瑞士、意大利和奥地利。伊朗《官方报》对其旅行进行了记述，并指出此次访问的目的在于"亲自视察各国政府为确保其国民幸福、维护权利和繁荣所使用的有益方法"。他为电能、造船厂、军工厂、话剧和歌剧而欣喜——特别是芭蕾舞女演员，他甚至将芭蕾舞鞋引入了宫廷！他也为割草机和婴儿推车着迷。但令他反感的是他曾在凡尔赛宫亲历的波涛汹涌的议会辩论，这令他怀疑民主体制的益处[81]。

无论如何，这是伊朗沙王首次走出自己的国门，因此，他的到来引起了欧洲各大首都的追捧。如此，当他到巴黎参加世博会时，总统麦克马洪以"盛况空前的方式迎接了他。凯旋门用波斯国徽的帷幔装点，波斯的雄狮与太阳被制成雕塑，布置在凯旋门顶端……纳赛尔丁沙将在巴黎的 1878 和 1889 年世博会故地重游[82]"。1873 年，他满怀钦佩地参观了英国的造船厂，又为在沙俄观看的阅兵礼备受震撼，以至于他在 1879 年创建了波斯哥萨克旅，后者将在 1920 年代扮演重要角色。

纳赛尔丁沙的三次旅行将使他熟悉欧洲生活方式，但也让伊朗进一步向外国干涉势力敞开了大门，从而强化了国内的民族主义思潮。他的巡游也大幅增加了伊朗对西方列强的债务，这使沙王受到了严厉的指责。

在日渐高涨的社会和政治舆情中，什叶派受到了广泛质疑。尽管巴布教于 1850 年因巴布的处死被镇压，然而巴布的一名门徒，曾组织 1848 年巴达什特大会的米尔扎·侯赛因·阿里·努里自称"神将要显圣于他",尽管被迫流亡伊拉克,依旧赢得了大多数信徒的拥护。被称为"巴哈欧拉"(上帝的荣耀),这位多产的先知据说可以在一个小时内收到神启的上千诗句。他创立了一个新宗教:巴哈伊教。作为查拉图斯特拉、克利须那、亚伯拉罕、摩西、佛陀、耶稣、穆罕默德直到巴布这一长串的上帝显圣者中的最后一环,他宣布了一个世界文明的崛起,因为世界"只是一个国家,而全人类都是其国民"。尽管一开始他的布道受到奥斯曼和卡扎尔政权的欢迎,他对前来听他布道的群众所产生的诱惑力最终引起了这两个王朝的担忧。巴哈欧拉像巴布一样,但通过不同的方式,质疑现存的社会和宗教(不管是逊尼派还是什叶派)根基。他于1863年被流放至哈德良堡(今天的埃迪尔内),并在这里生活到1868年,随后他又流亡到大马士革,并于1912年死于他最终的流亡地阿卡。在他四处流亡期间,巴哈欧拉向当时世界的统治者们(教宗、沙皇、维多利亚女王、伊朗沙王等)发出了信息,敦促他们建立"人间的上帝之国"并会面以讨论相关事宜。在他超过一百卷的神启记述中,他通过宗教律法和社会律法两部分解释了宗教,其中宗教律法是恒久不变的,而社会律法则在不断变化中。他同时也十分关注科学,认为科学并不有悖于宗教,反而是促进社会凝聚和进步的要素。

除上述革命性观点外,他还像巴布教一样提倡男女更大程度的平等,推崇男女混合教育,一夫一妻制,以及为实现"全世界和平"而共同努力。然而,尽管巴哈欧拉从未煽动民众违抗本国法律,但这些思想在极其保守的伊朗社会环境中,难免让人怀疑他是在号召巴哈伊教徒起义[83]。他不是曾写过"宗教应该为世界人民的团结与和谐相处服务,而不应成为分歧和虚伪的起因"[84]吗?

在此情况下,纳赛尔丁沙虽然不具有萨非王朝的宗教合法性,却反而更加频繁地向什叶派教权示好,在他眼中,这些人是传统社会平衡与国内和平的保证。卡扎尔王室将家中的很多女孩嫁入大教士家族，此外，沙王向宗教机构提供津贴，推进神学院和宗教基金会的发展。当国家财政捉襟见肘时，仍有众多补助流往圣城，其中包括美索不达米亚的卡尔巴拉和纳杰夫，以及马什哈德和雷伊，如此使那些圣陵得以给砖砌的圆顶镶金，正如上一任沙王1835年为阿卜杜勒·阿齐姆沙阿圣陵所做的一样。

正是在这个地点，1896年5月1日，借即将举办的登基五十周年庆典之机，纳赛尔丁沙希望前往他的妻子洁然·卡努姆等人的墓前凭吊幽思。当时总理大臣想要清场，但早已习惯被人群围观的沙王坚决反对。当他穿过一个小院子时，一个陌生人一枪将他击毙。这个人名叫米尔扎·礼萨·凯尔马尼，是贾迈勒丁·阿富汗尼主张的追随者。贾迈勒丁·阿富汗尼这位穆斯林文人是泛伊斯兰主义的重要思想家之一，他"试图将宗教文本从它们陈旧刻板的枷锁中解放出来[85]"。凭借从英国人那里借来的钱，纳赛尔丁沙以盛大的丧礼被葬在阿卜杜勒·阿齐姆沙阿圣陵，刺客于1896年8月12日被绞死。

他将近五十年的统治都留下了什么成就呢？一些人会说，几乎什么也没有，并指出纳赛尔丁沉迷女色（他的后宫几乎可以与他的祖父——拥有四百嫔妃的法特赫·阿里相比），也热衷于狩猎和法国葡萄酒。作为一个享乐主义者，他学会了一点儿法语，且爱好诗歌、艺术和建筑。他的大臣穆罕默德·哈桑汗·艾特马德·萨坦纳曾长期跟随他并为他阅读书信文章，后者留下了一部关于1875年和1880至1896年的引人入胜的日记[86]。

诚然，他与父亲相似的兴趣爱好与同样的墨守成规，在很多人看来加速了伊朗国力的衰败，激化了持续的资金短缺问题，令外国势力得以掌控国家大部分命脉。而纳赛尔丁沙本有机会尝试恢复对局势的控制：几位优秀的大臣向他建议的一些改革全凭他自己做主，这些改革本可以对国家经济和财政提供所需的氧气。

伊朗的地理位置在一个尝试相互沟通的世界中也同样可以成为一个发

展优势。事实上，这个国家是中东核心位置上的一个交叉路口，周围环绕着多个繁荣的大帝国（沙俄、奥斯曼、印度），同时南临波斯湾、北临里海。在商贸频繁、消费激增的时代，伊朗可以从陆地和海上丝绸之路上中转的商品中获利。但问题在于，伊朗保留了从古代继承的沉重的三级社会结构，令其无法跃入现代社会。如此，伊朗牧民继续畜养大量牛羊，并在国内市场上出售。占全国人口一半的农民则仍旧种植小麦、大麦、番红花和鸦片，以满足国内需要。至于城市居民，他们从事纺织、冶金、建筑业，为手工艺作坊、皇家工坊、皇家图书馆和地毯工坊工作，与阿拔斯沙在位时一样。

以丝绸为例，丝绸作为奢侈品，其生产在里海周边发展起来，并通过奥斯曼帝国外销欧洲，但很快就遭遇了欧洲技术进步所带来的严酷国际竞争。此外，1864 年，一场传染病对养蚕业造成了毁灭性打击，与此同时蚕丝价格下跌了 70%。然而在南部地区，鸦片（此时占伊朗出口总额的 25%）生产者试图挽回损失。尽管付出了这些努力，但伊朗经济从整体上仍无法与国际大集团抗衡，后者掌控着伊朗商贸的支配权，而伊朗人大部分情况下仅扮演中间加工者的角色。剩下的就是地毯业，截至一战前夕它将占到伊朗外贸总量的 12%。茶叶的种植也在拉希詹附近起步发展，而在此以前，茶叶都是从中国和印度进口的。这一领域的先驱是一位名叫哈吉·穆罕默德·侯赛因·伊斯法罕尼的商人，他在 1881 年前往印度，并在三年后带回了珍贵的茶树种子和种植方法。最初的尝试因为缺乏王室的支持效果并不理想，直到世称"种茶人"的穆罕默德·米尔扎·卡谢夫·萨勒塔内出现。几十年后，在其前辈曾尝试的地区，他终于让茶叶种植业扎根伊朗。

然而，仅凭这些发展无法挽救这个国家垂垂老矣的经济，其现代化和竞争力的缺失带来了贸易逆差、失业等问题，人民生活水平下降，以及城市与乡村的普遍不满[87]。

这便是纳赛尔丁沙留给他儿子穆扎法尔丁的局面，后者从 1896 年 5 月 1 日至 1907 年 1 月 3 日统治伊朗。他父亲的长期——可能过长的——统治或许使他免于陷入兄弟相残的困境，却也让他接管了一个几近崩溃的国家，国中的某些人已经开始寄望于一种截然不同的道路，一种他们开始认识的世界已经采用的道路：西方的民主。

第二十一章

卡扎尔王朝的覆灭

1861年，四十三岁的穆扎法尔丁被定立为王储。作为一个委曲求全、生性平和的人，他虽然治理了阿塞拜疆三十五年，在政治上却很不成熟。就在穆扎法尔丁掌权的同时，国家再次爆发财政危机，鉴于政府一直入不敷出，这样的情况在所难免。此外还要加上他父亲在世时对英、俄、法欠下的债务。如何在这种条件下让一个国家焕然一新并且创造财富呢？

这位留着惊人八字须并因此时常见诸漫画的穆扎法尔丁沙继续他父亲开创的欧洲之旅，以便寻找新的理念。如此，1900年、1902年、1905年，他也三次出访欧洲。出行时他带着整个宫廷乘坐专列火车，且挥霍无度，这给这些巡游带来了高额费用。在巴黎，他为首次看到的电影拍摄和放映机而着迷，还在自己的日记中写道："它看上去非常有趣。我们让阿卡斯·巴什将全套必要装备都买到，再带回伊朗，在真主保佑下，他将向我们的臣民展示这一切。"于是，穆扎法尔丁沙在欧洲（圣彼得堡、卡罗维发利、巴黎、孔特雷克塞维尔、奥斯坦德、伦敦、罗马、柏林）的电影和照片成为最早展示中东首脑的珍贵影像资料之一。

这样的旅行需要再次借贷。鉴于英国当前面对他的请求有所保留，沙王便派出他的总理大臣（在他父亲遇刺后留任原职的阿斯加尔汗）向沙俄提出请求，并在协商后通过俄国贷款和贴现银行得到了借款。穆扎法尔丁沙在

1902年出访库尔斯克时，曾表示俄国人与伊朗人之间的友谊天长地久，从而从事实上确认伊朗对其强大邻国的依赖。

鉴于俄国人已经控制了伊朗海关，总理大臣任命一个亲沙俄的比利时人约瑟夫·瑙斯率领一支团队改革海关行政系统。后者筹备的海关协定向俄国商人提供了一系列优待，导致利益受损的伊朗人发起抗议。1903年，国内又因政府对英国人做出同样的政策倾斜而出现紧张局势。伊朗的财政收入如此被一次次攫取。

仿佛这还不够，穆扎法尔丁沙于1901年很短视地将伊朗石油开采权授予了一名澳大利亚工程师威廉·诺克斯·阿尔西，1908年石油被发现了[1]。沙王这一不慎之举将为伊朗整个20世纪引来争端，甚至一个国际间的战争借口。

面对这样的联盟或妥协，人民对政府的不信任达到了前所未有的高度，国内的文化精英、共济会成员和一些宗教人士目睹国家的财富（邮政、渔业、海关等）被外国势力攫取，越来越明确主张沙王不能或不再有能力领会这个崭新世界的利害关系。他们有时以半秘密的形式聚集在一起，以"文学社团"为名在全国范围内建立组织，并呼吁改革政府、创建议会、通过宪法。

人民的生活日益困顿，就连像面包这样的必需品也不断涨价。越来越明目张胆的外国干涉更激发了民族主义思潮的复兴。伊朗当前面对着一个抉择——"不是自由与独立，就是保持独裁并将不可避免地遭受外部势力的奴役。[2]"目标本不一致的各个反对派从1904年5月起开始搁置分歧，协调合作。

穆扎法尔丁沙无计可施，他的国库空虚，又有1900至1903年间欠下的一亿法郎的短期债务，而他的日常花销在他看来都不可削减。他在1905年进行的第三次欧洲之行能否为他纾困呢？他将在旅程中前往距离圣彼得堡

25公里的皇村，以便再次向沙皇尼古拉二世请求借款。但徒劳无果。

空手而归的他很快就要在1905年12月面对首次爆发的革命示威。游行有时会演变成骚乱，比如1906年6月的一次游行就造成了两人死亡。示威的人群聚集在各大使领馆的花园、清真寺里，集市关闭，学校停课。在国家停摆的情况下，所有人都等待政权做出改变。

温厚却身患疾病的穆扎法尔丁沙不可能对伊朗社会各界积聚的愤怒无动于衷。他感到自己大限将至，于1906年8月5日承诺将实行新政体。伊朗终于得以喘息了。伊朗首部宪法以比利时宪法为范本制定。它的主要起草人是皮尔尼亚兄弟——哈桑·皮尔尼亚（莫奇尔·道莱）和侯赛因·皮尔尼亚（莫塔门·穆勒克），他们二人的父亲是沙王的一位较为开明随和的总理大臣。另一位参与宪法起草的是年轻而渊博的学者穆罕默德-阿里·福鲁吉（佐卡·穆勒克），他们三人都是共济会成员，且都毕业于同一所政治学院。这所以巴黎政治学院为灵感创建的机构将在数年中为伊朗培养出众多外交官和政治家。一个名叫艾哈迈德·盖瓦姆（盖瓦姆·萨勒坦内）的人将完成宪法的格式编排，手书"赋予人民一部宪法并废除君权神授的君主专制"这一法令。这四个人物（特别是福鲁吉和盖瓦姆）将在伊朗未来的几十年中扮演重要角色。

9月9日颁布了《选举法》，12月30日颁布了确定制宪议会角色的《基本法》。尽管因尿蛋白而难以站立，穆扎法尔丁沙还是执意亲自宣读国王的讲稿。

伊朗从此成为穆斯林世界里首个自由的君主立宪制国家。"国家主权"从此属于伊朗人民，他们将通过他们"选出的代表"行使这一权利。只有人民有权将王位赋予沙王，他们自然也有权剥夺他的王位。

1907年1月3日，穆扎法尔丁沙在签署宪章和第一届民选议会开幕五天后逝世，他被安葬在古利斯坦宫毗邻的一座圆形建筑内。

他的儿子穆罕默德·阿里之前一直担任阿塞拜疆总督，以独断专行闻名。就在他去世的当天，三十五岁的穆罕默德·阿里戴上了沙王的翎羽帽冠。此时国家正在沸腾。君主立宪制的建立并没有在全国各地赢得一致的拥护，而且革命派本应在新政体下变为议员，组成政党，但他们并不都具有这样的意愿。议会同时具有制宪议会、立法议会、国务院、最高法院的职能，每个人都想在里面统领一切，于是造成了某种无政府状态。接着，意识形态上的严重分歧也暴露出来，表面上的共识转化成争取自己理念获胜的战斗。如此，有些宗教人士与立宪派分道扬镳。他们中的一个，曾强烈反对外国干涉的谢赫·法兹卢拉·努里，通过政治传单、伊斯兰教令打击议会成员、共济会成员、"秘密巴布教徒"和无宗教信仰者。他声明应该制定一部符合"伊斯兰教法"规定的宪法，并反对民主，因为它将毁灭伊朗文化和文明。此外，被反复流放和召回的首相[3] 米尔扎·阿里·阿斯加尔汗于 1907 年 8 月 31 日在议会外遇刺身亡，这也标志着各方纷争达到了顶峰。

国际危机将进一步令伊朗国内政治局势复杂化[4]。事实上，德国的崛起和威廉二世的野心令法国、英国和俄国忧心忡忡，而且俄国刚刚经历了一场革命，并在 1905 年被日本打败。英国人与俄国人此时决定捐弃前嫌，搁置双方在伊朗和阿富汗的商业敌对立场，在法国部长泰奥菲勒·德尔卡塞的支持下言归于好，后者希望结成三国同盟，以便在欧洲抵抗他们假定的德国扩张主义。于是，他们于 1907 年 8 月 31 日（伊朗首相遇刺当日）在圣彼得堡签订了一项协议，其中最重要的第一部分涉及伊朗，但他们却从没就此征求过伊朗政府的意见。该协议将伊朗国土分成两个势力范围——俄国在北部，英国在南部，德黑兰及其周边地区将成为缓冲区，继续作为伊朗政府的所在地。接着，俄国和英国军队便涌入"他们各自的"区域。沙皇的军队在从未请示当地政府（哪怕只是走个形式）的情况下开始大肆逮捕并处决当地人，事实上，当地政府已经没有任何权威了。

听到这些直接入侵的通告后，民众的反应是劫掠商队、袭击英国邮局……德黑兰在被包围的情况下城市之内仍可自由活动。在这一暴动的背景下，议会集中力量，于1907年10月7日起草了一份《基本法补充条例》，建立了《权利宪章》并阐明了治国体制。穆罕默德·阿里沙尽管一直以来都将1906年宪法的通过归罪于他父亲的懦弱，此刻却也签署了这一《补充条例》，但他绝不想再做任何让步。他甚至将全力以赴结束这一切，好回到更符合他独裁意愿的君主专制。此刻，他似乎面对宪法做出了妥协，组建了一个内阁，任命一位曾在牛津大学深造的亲英贵族纳赛尔·穆勒克领导内阁，然后又任凭内阁通过一项裁汰冗员、节约开支的平衡预算方案，而反对这一预算的同盟于12月12日将纳赛尔·穆勒克革职。无政府状态在国内成为常态，1908年2月沙王遇袭，"这也切断了国王与议会之间的所有桥梁。各个部门接连倒台，派系不断分裂，使任何行政管理都难以为继，混乱持续升级[5]"。

听凭局势一再失控之后，现在沙王决定收拾残局。1908年6月23日，在由他祖父创建、由多名俄国军官领导的精英部队——利亚霍夫上校的哥萨克师的支持下，他策划了一起政变。当议员们将自己反锁在议会里时，他对议会进行了炮轰[6]。议会被解散，众多自由派领袖及其同情者都遭到逮捕和处决。但沙王的独裁统治只维持了一年。1909年7月，立宪军从多个省份起事，重建宪法。1909年7月16日沙王被废，但他拒不妥协，逃至俄罗斯大使馆避难，随后在英军和俄军的保护下流亡到敖德萨、伊斯坦布尔，最终于1925年在圣雷莫去世，他也是被迫流亡、身死他乡的伊朗最后四位沙王中的第一位。

议会于1909年7月16日宣布将他尚不满十二岁的儿子素丹·艾哈迈德（1909—1925年在位）立为国王。这一举措虽有风险，但出于对祖先国土可能全面分裂的担忧，必须不惜代价维护伊朗的民族主义象征。于是，在小沙王成年以前，他的叔公阿里·礼萨汗·阿祖德·穆勒克被指定为摄政王。

随后的两年中，议会通过了一系列重要改革措施：废除按阶级划分的代表制度，为少数派宗教创建五个席位，将投票最低年龄从二十五岁降至二十岁，在首都和外省之间实现代表平衡……然而所有这些决定却无法扭转伊朗行将崩溃的趋势，其政局极其不稳，内阁频频更换却无实权，在1909至1920年间首相接连更换了二十次。至于首都，劫匪帮派在这里大行其道。中央政权已经名存实亡：伊朗在外国压力下分崩离析，以至于摄政王不得不在1911年一度中断宪法的实行。正当战争铁蹄在欧洲响起时，十六岁的艾哈迈德沙于1914年7月21日以盛大的典礼完成加冕。虽然伊朗宣布中立，但1914年夏季第一次世界大战的爆发令伊朗的局势雪上加霜。因为伊朗无力令他国尊重其中立地位，只能看着俄国、英国和奥斯曼军队纷纷占据其境内的多个省份而无计可施。

1916年初，随着俄国的几轮暴动和社会主义宣传，伊朗国内重又萌生了新的希望。沙俄占领军开始解体，这让王储——沙王的弟弟穆罕默德·哈桑·米尔扎得以无视沙俄的一贯反对，依照传统定居大不里士。当1917年2月至3月，俄国革命爆发的消息传到这座城市时，巴拉托夫将军的部队溃不成军，其中一部分返回家乡，另一部分像巴拉托夫本人一样在流亡一段时间后加入了白军。尽管莫斯科通过《布列斯特－立陶夫斯克条约》表示放弃沙皇俄国自1813年获得的所有利益和租借地，但对艾哈迈德沙来说，当务之急是如何抵挡红色热潮席卷伊朗。

一时间英国成为支配伊朗的唯一外部势力[7]，为遏制俄国的妄想，英国决定尝试在伊朗强行通过一项半保护国协定，从而将伊朗的财政、国防、公安和主要的公共服务置于英国控制之下。为此，英国人花高价收买了首相及其两位内阁成员[8]。但伊朗全国掀起了一致反对英国干涉的声浪，同时多个省份出现了离心运动。随后，内阁倒台。哈桑·皮尔尼亚被任命为新政府的首相，他宣布鉴于一直未能组织议会选举，与英国签订的协议因未经议会同意便投票通过，于是被认定无效。但瞻前顾后的艾哈迈德沙拒绝就此表态。此事的一个后果是，在艾哈迈德沙 1919 年夏访问伦敦期间，他被迫宣布该协定无法获准。这一外交困境使其不得不匆忙登上前来接他的法国军舰离开英国[9]。

如此的外交失败再次引起英国政府的忧虑，他们担心伊朗混乱动荡和濒临崩溃的态势可能进一步推动无政府主义和反殖民主义运动的发展。印度帝国是否也将陷入不稳定的风险呢？

伊朗历史的关键时刻到来了。卡扎尔王朝正无可挽回地走向终结，这个岌岌可危的国家难道就要从地图上被抹去了？

第二十二章

动荡的时代

从礼萨汗到礼萨沙·巴列维

俄国的十月革命使近东和中东的地缘政治局势重新洗牌。大英帝国与沙皇俄国多年来在伊朗的争霸令伊朗一直以来深受其苦,这其中一大部分原因当然是伊朗自身的国力衰弱和多位国家领导人的漫不经心。而这一局势即将让位于一种截然不同的危险。随着布尔什维克在俄国掌权,两个原本属于"同一世界"、拥有相似目标的旧帝国之间的关系发生根本改变,"另一个世界"崛起了。列宁将我们后来所谓"不发达"国家视为"他的"革命输出的理想阵地。而列夫·托洛茨基则首先寻求推动世界革命。对英国来说,保护印度这颗"皇冠上的宝石"仍是他们的首要任务,因此,作为缓冲国的伊朗是一个需要稳定,甚至受到支配的战略地区,因为它是阻止俄国革命出现地区性蔓延的一张王牌。

英国1919年变伊朗为半保护国策略的失败使其不得不急切地寻找一个新"方案",鉴于布尔什维克军队已经进入伊朗北部,而且吉兰省刚刚建立了一个具有共产主义色彩的政府。在这危急关头,伦敦决定首选"军事政变"手段,以便在伊朗建立一个强势政权。在政变领导的人选方面,他们接触了两个人:一个是善于蛊惑民心的毛拉赛义德·哈桑·摩达雷斯,另一个是一位卡扎尔亲王，曾被英国政府授勋的三位部长之一的菲鲁兹·努斯拉特·道莱，他毕业于牛津大学，且学识广博。几经思量后，前者被认为过于难以预料，由一位毛拉领导军事政变听上去不大实际，但后者又被大雪困在伊朗西部无法行动。然而，"他们"已经急不可待，于是"他们"转向一位精于论战的记者赛义德·焦尔丁·塔巴塔巴伊[1]，作为国王大使的亲信，赛义德·焦尔丁·塔巴塔巴伊十分钦佩墨索里尼，二十九岁的他展示出一个全新的政治家形象。

然而，要成功实现政变计划，"他们"还需要一个"武装臂膀"。此时，被派往高加索的英国远征军指挥官艾恩赛德将军正好途经伊朗首都。如及时雨一样降临的他接到命令寻找那个"武装臂膀"。而他很快意识到在这大混乱的时局下，伊朗只能仰仗其境内最后一支有组织的军力：纳赛尔丁沙统治时期创建的那支著名的"哥萨克旅"[2]。原本领导这支军队的俄罗斯人都在布尔什维克革命后作鸟兽散了，沙王被迫同意让多名军官推选的一名伊朗将军担任统帅，此时这支军队就由这位至此几乎默默无闻的礼萨汗将军指挥。艾恩赛德与他见了面，以确认他可以成为他们所策划的政变的理想工具。礼萨汗正是这样登上了历史舞台。

礼萨汗1878年3月16日生于马赞德兰省萨瓦库县的一个重要的村镇阿拉什特，其原生家庭是卡扎尔王朝一个平凡的军官世家。他1815年出生的父亲与他的母亲（在伊俄战争[3]后逃到这里避难的格鲁吉亚裔女人）年纪相差较大，礼萨的父亲在他刚降生不久便去世了。他的母亲因为是外国人而遭到婆家虐待，于是被迫徒步带着年幼的儿子前往德黑兰，投奔她两个做军医的哥哥。途中礼萨几乎丧命，这也在日后成就了他"神迹婴儿"的传奇。由于没有经济来源，这对母子在两个亲戚家寄人篱下的生活十分窘迫，这使得礼萨无法进入社区学校学习识字写字。而他的母亲于1885年积劳成疾，因病去世。

礼萨成了孤儿，既不识字又没有人生目标的他在街头长大。十四岁时，他长成一个高大（身高近1.90米）勇猛、桀骜不驯、爱寻衅斗殴的男孩。他舅舅担心他卷入少年犯罪或帮派暴力，并因此而葬送未来，于是动用自己的关系，将他送入了具有钢铁般纪律的哥萨克旅（未来的哥萨克师）。称帝以后，他曾在1936年的一次旅途中宣称："是生活中的艰难让我学会了生活。我决定不再畏惧，排除所有障碍，全力向未来前进。[4]"在哥萨克旅中，礼萨学会了识字写字。尽管他没有受过良好的教育，但他充满对知识的渴求，且记忆力超群[5]。礼萨的性格也逐渐发生了变化。他的上级军官注意到他严守军纪，衣着也无可挑剔，他在二十一岁时被升为"纳耶布"（中尉）。他参与了多次平叛行动，至少三次奉命带领一小队人马保护英国、荷兰和德国使团，而这些外国使团将他视作奴仆的态度也给他留下了很恶劣的印象。他不断在军队中晋升，在出征西部期间，他常常与沙俄和英国军官共进晚餐，他们在餐桌上粗野的举止令他愕然。此外，他还结识了从俄国帝国军事学院毕业、掌握多种语言的炮兵专家、陆军上校阿马努拉·贾汉巴尼亲王，并与之结下了深厚的友情[6]。

在西部执行了一段长期任务之后，他被召回德黑兰，并任命为哥萨克旅一支精锐力量——机枪分队的指挥官。此时，他难以抑制内心被非伊朗军官领导的痛苦以及眼看自己的国家和军队残破颓败的悲哀，开始憧憬另一个伊朗，一个强大而繁荣的伊朗。

1915年，三十七岁的他被任命为哥萨克师（已从哥萨克旅变为哥萨克师）上校，并于同一年迎娶了一位卡扎尔将军的女儿（据说是个并不美丽的悍妇，同他母亲一样也是格鲁吉亚裔），这是对这个"街头长大的孩子"[7]社会地位的真正提升。1917年10月18日，他们的第一个女儿莎姆斯出生；1919年10月26日，他的妻子又为他生下了一对双胞胎，未来的沙王穆罕默德·礼萨和他的妹妹阿什拉芙。

1920年10月，因哥萨克师的原俄国统帅加入了白军，这一职位突然空缺。艾哈迈德沙在英国使团的推荐下打算任命一位平庸顺从的公务员接手这一职务。但令所有人吃惊的是，伊朗军官一致反对。他们还得到了多名政要的支持，沙王迫于压力屈服[8]。礼萨升任为准将，并被授予哥萨克师司令一职，这个师当时拥有两千人、几门火炮和一支机枪分队。

这就是艾恩赛德将军会见的人。在两次面谈后，艾恩赛德相信自己已经找到了他们寻觅的"武装臂膀"。礼萨胸怀抱负，反对布尔什维克，廉洁正派，且备受军队下属的敬爱。对于这个人选，英国使团始终存疑……但时间不等人。

对礼萨来说，他人生的机会刚刚敲响了大门。他见过了赛义德·焦尔丁·塔巴塔巴伊，并很快发现后者完全不具备实现其野心的能力。在1921年2月20至21日的夜晚，他按计划完成了和平政变的任务，阻止了布尔什维克将影响力扩大到伊朗。英国部长随后如愿地让沙王将赛义德·焦尔丁·塔巴塔巴伊任命为首相。

第二天一早，人们就在德黑兰城墙上，在大集市、清真寺前和重要的交叉路口看到一张布告，它开头是这样写的：

我命令：
  所有德黑兰居民都保持平静，服从军队的指令。
  全城现已实施戒严。从晚八点起，除军人和警察外，任何人都不得出门上街。

国王陛下哥萨克师指挥官兼军队总指挥，礼萨

礼萨本无权以第二个头衔自诩，但这无关紧要！如果他想获得战争部长的职位，就得全力争取。然而，赛义德·焦尔丁·塔巴塔巴伊拒绝了他的任命，转而将这一职位授予了自己的一个亲信。礼萨咽下这口气，一句话也没说。艾哈迈德沙很快明白这两个人之间的矛盾可以让他从中渔利。两天以

后，他向礼萨授予大元帅（萨尔达尔·赛帕赫）军衔，然后静观其变。

由首相选定的新任战争部长没能撑过十天。至于赛义德自己，他命人逮捕了数百位知名人士、亲王和记者等，这些逮捕行动大多由礼萨的人完成，他们在执行命令的过程中，通常大事化小，并尽量让被捕者明白他们只是奉"赛义德"之命行事。于是，礼萨与继续偏袒首相的英国人之间的对立日益突出。双方各显神通：一位由伦敦表彰的亲王凭借赛义德的书面命令得到释放，在首都郊外一个街区实施治外法权，原本交由军队的各国公使团的安保任务被转交至警察手中……

当首相重新拿起论战的笔杆，每天刊登一篇耸动宣言的时候，治安问题继续在德黑兰肆虐。礼萨将出手治理：三天之中，几名军官击毙了在德黑兰为虎作伥的匪徒，居民们终于得以喘息。大小商铺重新开张营业，夜幕降临时，人们甚至可以在几条有照明的街道散步了。

民众明白了权力中心在哪里。赛义德·焦尔丁·塔巴塔巴伊是说话的，大元帅礼萨是做事的。没过多久，后者竟更得民心了。艾哈迈德沙抓住机会，于1921年5月25日摆脱了这个狂妄自大到未经允许就在沙王面前就座、抽烟的年轻首相……鉴于议会一直没有运作，宪法传统赋予沙王罢免首相并选择其接班人的权力。"请将他带到哈奈根[9]！"沙王对礼萨汗命令道。赛义德·焦尔丁·塔巴塔巴伊的政治生涯就这样结束了，他被发配到伊拉克边境。残暴之举是没有必要的，前首相叼着根香烟，离开沙王，钻进由两辆汽车护送的轿车。政变也随之告终。

这一事件中的功臣礼萨是否终于要被任命为首相了呢？然而，沙王选择了另一个人，一个精力充沛、野心勃勃的政治家：艾哈迈德·盖瓦姆。此人在政变前任呼罗珊总督，随后被赛义德·焦尔丁·塔巴塔巴伊下令逮捕，并被转移到德黑兰拘禁。至于礼萨汗，他被委任为盖瓦姆政府的战争部长，并在随后几任快速更迭的内阁中始终得到留用[10]。

政权稳定了，国家恢复平和，政府着手启动民众企盼已久的改革。如此,伊朗建立了国家文化遗产保护联合会、相当于红十字会的"红狮日"会、一个对宗教阶层的财力造成致命打击的中央房地产交易登记机构,并在法国人的帮助下建立了巴斯德研究院和一所农学院。

1923年10月20日,早已成为权力核心的礼萨汗终于被议会指定为首相。民意对他十分有利,人民将他比作纳迪尔沙和阿米尔·卡比尔。

新首相一上任就加速改革。礼萨汗创立了军队总司令部,将精心挑选的年轻军官送到法国枫丹白露的圣西尔军校、索米尔的骑兵军校、里昂的医学院和意大利的海军院校进行培训。他还建设了德黑兰军事学院,并委托法国军官进行学院的管理。

在这一短暂的过渡期,发生了两起重要事件。第一起是国民军队的建立,并辅之以普遍义务兵役的政策。除中学和大学毕业生只服役一年外,其他所有青年都将在军队服役两年。一些毛拉表示抗议,认为这一举措有悖伊斯兰教,但礼萨获得了民众的广泛支持。这是教士阶层与新晋强势元首的第一次交锋。

第二起是在英国人遥控下胡奇斯坦分离主义者的行动。当时,该省由一名本地权贵哈扎尔管理。他富可敌国,在该地区称霸一方,并与保护英国石油公司自1905年开采的南部油田并从中获得些许利益的巴赫蒂亚尔部族结盟。哈扎尔在从未请示中央政权的情况下擅自与伦敦签署了一份"保护国协议",又与德黑兰做了些场面上的妥协。但他并未就此收手。他一直梦想独立,于是在伦敦的公开支持下,于1924年发动起义,并获得了德黑兰一些人的支持,支持者中包括沙王的弟弟——艾哈迈德沙访问尼斯期间临时摄政的王储,以及极具影响力的毛拉赛义德·哈桑·摩达雷斯。在召集三万兵将(以骑兵为主)并配备了几门火炮后,他自以为所向无敌,并公开挑衅。

对礼萨来说,决策的时刻到来了。在伊朗最年轻将军法兹卢拉·扎赫迪的协助下,他调动了一万人和多门火炮。此外,他还首次部署了三架飞艇（其中两架由法国飞行员驾驶）——他的"空军"。从首都出发时他宣布："我去清除封建领主的余毒，恢复我们祖国的领土完整。"伦敦即刻提出抗议，在向德黑兰发出的最后通牒中提到与哈扎尔签订的保护国协议及其石油开采设施的安全保证。英国的特派员一路尾随礼萨到伊斯法罕，再到设拉子，只为劝阻他不要进攻，却是枉然。

交战于 1924 年 11 月 14 日在赛东展开。礼萨的"空军"对从未见过此类事物的部族骑兵产生了极大的威慑力，哈扎尔的军队四散奔逃。11 月 19 日，哈扎尔向礼萨发了一封电报请求宽恕，但实际上是为了争取时间。他仍期盼身在尼斯的沙王出手相助，或者伦敦特派员最终能够阻止礼萨的出击。然而，沙王保持沉默，英国人也被生生拒绝。礼萨胜利进入省会城市阿瓦士，并直奔哈扎尔的宫殿而去。这个梦想独立的人此刻逃往他停泊在阿拉伯河的游艇，鉴于这条河是两伊的边界，如此他自以为可以在国际水域高枕无忧了。然而，他在夜间遭到劫持，并被带到德黑兰高地的一栋寓所中软禁起来。这一事件就这样解决了，英国人从此对礼萨心生怨恨。他们是对的，因为事实上，礼萨汗打败的并非哈扎尔，他真正打败的是伦敦。

礼萨汗如民族英雄凯旋般回到德黑兰。与此同时，按照议会投票通过的一项法律，他选择"巴列维"——在阿拉伯入侵前伊朗通用语言的名字——作为自己的姓氏，这在某些人看来是一种回归前伊斯兰某种古老根源的象征。

正是在这一时期，一股废除君主制、建立共和制的运动在伊朗兴起，其目标包括让首相担任共和国领袖。这一运动令库姆和纳杰夫的高层宗教人士深感担忧，这些法律制定者和"效法的源泉"害怕伊朗受到新生的土耳其世俗共和国的影响。于是，宗教界对礼萨汗施压，使其终止这一运动并自立为"万王之王"。诚然，1906 年宪法遵循"伊朗人民意愿"将王冠授予卡扎尔王室，但信誉扫地的卡扎尔王室已经无人捍卫。因此，只要从他们头上"收回"王冠，再将其"授予"巴列维家族即可。

随着一场超出宗教界的民意运动，议会于 1925 年 10 月 31 日决定废黜卡扎尔王朝。同时，他们投票决定，礼萨汗被冠以"瓦拉·哈兹拉特·阿格达斯"（尊贵殿下）之头衔，并被指定为临时政府首相。随后伊朗召开修宪大会，当选的委员于 12 月 6 日出席会议。几名委员提出建立一个非世袭的君主制。但多数委员选择了世袭君主制。这难道不是新晋强势领袖所渴望的吗？12 月 12 日，修宪大会将王冠授予礼萨·巴列维陛下及其"子孙后代"，巴列维依照宪法宣誓，令英国人极为不快。

接着一切都加速进行。12 月 16 日，礼萨在格勒斯坦皇宫中接见了外交使团。命运的玩笑在于，英国全权公使作为外交使团团长，向沙王献上传统的祝福。1926 年 1 月 28 日，新沙王正式将自己的儿子穆罕默德·礼萨·巴列维指定为王储，4 月 25 日，他完成了正式加冕——那是一场以卡扎尔和萨非王朝的庄严肃穆为基调，具有伊朗传统特色的加冕典礼。就这样，伊朗加冕了一位新沙王，他在文化方面的不足被他对自己祖国的勃勃雄心和使其最终真正独立的抱负所弥补。

在此以前，他将"国家的荣耀"——穆罕默德-阿里·福鲁吉任命为首相，后者将在十六年后再次担任他最后一届政府的首相。

尽管最初的改革在新王朝建立前就已启动，但他的加冕还是在整个国家掀起了发展狂潮。礼萨因势利导，计划为伊朗建立一支海军，并向意大利订购了数艘军舰。这一举措加上之前聘请法国人协助对陆军进行现代化改造，都令英国十分不满，他们等待时机以中止这方面的进展。空军的建立也为伊朗引入了第一家飞机装配工厂。伊朗的天空中很快就能看到最早的沙巴兹（雄鹰）战机翱翔。制造轻型武器和弹药的工厂也将填补国防装备的不足。

在交通运输方面，国家的转型也加快脚步。一个长达八十年的伊朗梦想，伊朗所有改革家和 1906 年立宪革命的梦想，以及礼萨沙一生的功绩初见雏形：跨伊朗铁路的建设于 1926 年 2 月 9 日得到了议会批准。这一全长 1394 公里、连接了里海和波斯湾的铁路网由德国工程师设计，丹麦、德国和伊朗公司施工建设，且没有求助于任何外资借贷[11]；它于 1938 年 8 月 26 日在民众的欢呼声中启动运行。同年 10 月 30 日，第二条跨伊朗铁路也投入建设，这条东西走向的铁路连接了阿塞拜疆首都和马什哈德。12 月 4 日，连通德黑兰、伊斯法罕、克尔曼和霍尔木兹海峡边阿拔斯港的第三条铁路也破土动工，这一工程与其他几项工程在二战期间被迫中断，并在穆罕默德·礼萨·巴列维统治时期竣工。

除这些巨型工程以外，还有数千公里可通车公路的建设，这使得伊朗几乎各个城市及首都之间都得以相互连通。

城市化建设也没有缺席。在卡里姆·布扎焦梅利将军的指挥下，德黑兰的现代化变身令人叹为观止。所有城市都通了电力和电话，这个时代特有的建筑应运而生，今天被称为"礼萨沙式"的这种建筑风格像阿拔斯沙的风格一样将在伊朗名留史册。政府机关、各大部委、军队、银行、教学机构所用的建筑拔地而起，并几乎都在日后被伊斯兰政权列为国家历史遗产。

这一大型建设和国家现代化政策中还插入了一项经济独立政策。礼萨沙从金融这一长年被外国势力掌控的领域着手。1928 年，印发货币的特权从波斯帝国银行收回，这家如假包换的英国银行为此获得了二十万英镑的赔偿，上述特权从此被委托给新成立的伊朗国家银行。在此以前，伊朗还建立了另外三家银行：赛帕银行用于收集和管理军队养老金，它将很快发展成全国最大的银行之一；拉尼银行用于资助房屋建设；凯奇瓦兹银行主要支持农业领域。最后，扎拉伯哈内（造币厂）于 1932 年 3 月 1 日诞生，伊朗从此可以自行铸造金属货币了。

与此同时，礼萨计划以石油收入负担国家发展和军事装备支出，以平衡预算，并据此制定了一项政策。这方面情况比较复杂。1901 年，英裔人士威廉·诺克斯·阿尔西与伊朗签订合同，其中规定伊朗将其领土上一块 48 万平方公里区域的石油开采权租借给阿尔西六十年，而伊朗将获得勘探到的石油开采利润的 16%。找不到石油的阿尔西将他的大部分股权转让给了伯麦石油公司，后者比阿尔西更加幸运，他们在 1908 年发现了大型油田并创立了英波石油公司（APOC）。第一次世界大战期间，温斯顿·丘吉尔让他的政府购买了该公司的股权。其结果是，礼萨现在面对的这家私营公司实际上属于大英帝国政府！

1932 年 11 月 27 日，德黑兰决定单方面终止这些对伊朗不利的"租借"。两国言辞激烈，军队各就各位。12 月 16 日，伦敦提请位于日内瓦的国际联盟对这一事务做出处理，后者任命捷克斯洛伐克外交部长爱德华·贝奈斯博士（日后的捷克斯洛伐克总统）作为调停人协助处理这一争端。经过艰难的谈判[12]，26 条协议于 1933 年 5 月 14 日达成：伊朗的利润分成从原来的 16% 升至 20%，并辅以每年七十五万英镑的最低收入担保。此外，伊朗获准派出一名"账务审计员"常驻伦敦，但后者没什么机会履行其职责，因为这项条款在 1951 年 4 月摩萨台将石油国有化时失效。同时，英国的开采区域也从 48 万缩小到 26 万平方公里。英国人还丧失了在伊朗境内进行石油运输和分配的垄断。但相应地，石油开采权的租借从 1961 年延长到 1993 年。正是这一点令沙王及其财政部长饱受指责，后者很快就因此而丢了官，而这一点也成为伊朗与各个石油开采公司（先是英国公司，随后是一家国际财团）之间持续争议的关键因素，直到伊斯兰革命为止。

尽管礼萨沙仍无法摆脱英国的干涉，但他至少在短时间内使收入得到了实质性的增长，从而具备了加速实现发展计划的条件。

礼萨最具革命性的成就当属他对民法、刑法、商法和诉讼程序的制定、表决和实施，以及他创立的现代司法机构，这结束了伊斯兰教法的统治和什叶派宗教阶层对社会生活的残余影响力。这一革命是由司法部长阿里·阿赫

313

巴尔·达瓦尔经过多年的努力逐渐落实的，他得到了沙王无条件的支持。这也让伊朗人民的另一个夙愿得以实现：废除"领事裁判权"这一令西方人可以逃避伊朗当地法律管辖的特权。这些"领事裁判权条约"始于法特赫·阿里沙时期。废除这些条约标志着伊朗又向国家独立迈出了重要一步。

1920年为弘扬伊朗文化而创立的国家文化遗产保护联合会（安焦曼·阿萨尔·梅里）最早体现了增强国家自豪感、推崇为缔造"伊朗性"做出贡献的伟大历史人物的愿望。这一协会在新王朝中得到了前所未有的蓬勃发展。在礼萨沙作为荣誉主席期间，它的第一项工作是庆祝《列王纪》的作者菲尔多西的一千周年诞辰。这也给其他纪念性活动打下了基础，1934年菲尔多西陵墓在图斯建成，随后另一位诗人哈菲兹的陵墓也于1935在设拉子完工[13]。

1935年在同一方针的指导下创建了伊朗学术院，其功能与黎塞留于1635年建立的法兰西学术院相同。它承担着推广波斯语并使其与时俱进的职责。穆罕默德－阿里·福鲁吉任该院的第一任主席。

礼萨实施的具有强烈象征性的举措还包括1925年下达法令对伊朗历法进行现代化改革，通过恢复伊斯兰以前的古老名称，使之与阿拉伯－穆斯林国家的历法有所区别。这也是对这一历法的发明者欧玛尔·海亚姆[14]的致敬。另一个象征性举措是从1926年开始对国家精英的培养：每年公费派出一百多名学生前往法国继续高等教育深造。法语成为中学和大学的必修语言，这使得法国在数十年中对伊朗军队、司法，以及公共机构和知识精英层的组建发挥了主导影响，尽管伦敦很不受用。

礼萨还启动了德黑兰大学的重建工作。此时，阿米尔·卡比尔的"达尔·弗农"所激起的勃勃雄心早已退去，余下的只有无所事事的大学生、没有正式编制的教师、作为卡扎尔王朝末期伊朗缩影的破败校舍。1906年立宪革命后，皮尔尼亚兄弟和穆罕默德－阿里·福鲁吉在改革的跃进中创立了一所政治学院，1921年又修建了一所法学院，同时艾哈迈德·盖瓦姆也创办了一所农学院。礼萨登基后，办校之风更盛，在德国人的协助下伊朗政府又创建了一所商学院、一所高等师范学院和一所技术学院。随后，礼萨沙决定建立一所与他对伊朗的期许相配的综合性大学，并将上述学院汇集其中。为实现这一宏大目标，他选中一名法国人——建筑师兼博物馆学家安德烈·戈达尔，负责在首都以北一片占地30万平方米的区域上规划大学园区。安德烈·戈达尔同时设计了美术学院（他作为第一任校长）、德黑兰国家博物馆（灵感来自萨珊皇宫，他是第一任馆长）和国家图书馆。安德烈·戈达尔还主导了由福鲁吉提出并于1930年通过的一项法案的实施，这一法规旨在规范考古挖掘，终止文物偷盗。像曾任德黑兰医学院第一任院长的斯特拉斯堡教授夏尔·奥博陵一样，安德烈·戈达尔也对伊朗大学和伊朗文化做出了杰出贡献。

礼萨沙为让传统艺术焕发新生，在全国范围内创办了多个书法、细密画、珐琅艺术中心。此外，还要加上为使地毯这一数百年民族传统艺术发扬光大并不断创新而设立的国家地毯公司。

在文化复兴的这些年中，国家出资组织了伊朗千年文学遗产的搜集整理和出版工作。数百位几个世纪前的作家、哲学家、史学家、诗人的著作不再仅限于小众欣赏，而是大规模出版并让所有人都能获取。制作精良的课本和众多诗集都用于大中小学的教学。20世纪的伟大诗人和作家也没有被忽略。如此，很多新秀涌现出来：阿里·达什蒂、萨迪克·希达亚特、穆罕默德·赫加齐、赛义德·纳菲西、穆罕默德·塔基·巴哈尔、尼玛·尤什吉等人都看到自己的作品得到出版并获得广泛好评。有助于判断力形成的外国巨著也都被翻译发行。"翻译，翻译，再翻译。"礼萨不断重复着，并敦促各部门的领导积极推广这些译著。

除1934年对菲尔多西千年诞辰的隆重纪念，他的统治也因另一社会文化事件而影响深刻：1935年禁止妇女佩戴头巾。这一决定虽然生硬唐突，却显示了他想要将女性从宗教桎梏或对《古兰经》的某种解读中解放出来的意愿。一部分宗教人士对这一重大改革反应激烈，特别是在库姆和马什哈德。政府对此以迅速、果断的镇压作答。尽管生于穆斯林家庭，在伊斯兰传统中长大，并在一定程度上依靠宗教高层的支持得以夺取王权，礼萨（被一些人称为无神论者）却坚持宗教不可超越私人生活范围，侵入国家事务的领域。在这一点上，他与他十分钦佩的土耳其邻居凯末尔见解相同。为做出榜样，他要求王后塔吉·莫鲁克及其宫女出宫时都不戴头巾，当然这让她们开始时不免有些尴尬。

然而，在他的整个统治时期，形式民主和权力分立仅在一定程度上得到了遵守。虽然会集了众多大地主、老牌中产、著名知识分子和律师并将宗教成员排除在外的议会可以畅所欲言、投票立法，但所有议员都必须得到政权首肯才能获选，这让他们的行动自由受到限制。所以，这一以军方为支柱的政权是专制的——在那个时期，无论是西方还是东方，独裁专制政权都有抬头的趋势。尽管如此，这一政权从不血腥，除了在1921年政变后对一些部族首领通过军事法庭快速裁决与清除，以及屈指可数的几个令人遗憾的个案以外。需要强调的是，卡扎尔时代的政治人士和王公贵族，尽管其中有不少人公开与他保持距离，称他是暴发户，但沙王在他们面前却始终保持低调和对他们的尊敬。

然而，他于统治末期在自己家乡马赞德兰省购置大片地产时采用的多数不正当方式是理应遭到谴责的。当时礼萨以为提供新设备、进行土地清洁整治、兴建学校和诊所、强化扫盲运动可以让人们忽略他对权力的滥用。然而现实并非如此，因为虽然基层农民的生活有所改善，地主的利益却受到损害，他们在礼萨统治刚一完结便重新夺回了他们的土地。

二战前夕，当欧洲处于最后几个月的和平之中时，伊朗这个二十年前千疮百孔的国家已经实现了全面的蓬勃发展。它具备了工业架构，在主要日用品如纺织品、糖、其他加工食品等方面都做到了自给自足。每年，由沙王揭幕的"祖国物产"博览会吸引着全国各省的民众前来参观，一睹伊朗的进步成果。

当时伊朗在经济和对外贸易方面的最大合作伙伴是德国，法国主要在文化和教育方面对其给予支持。柏林当时向德黑兰供应铁路设备、军用装备、工业机床，并吸收伊朗大部分非石油类出口。五千德国工程师、商人、技师在伊朗国内工作。于是，在1939年8月23日《苏德互不侵犯条约》签订后，礼萨沙给世人一种更偏向轴心国甚至支持他们的印象。他是否相信轴心国会获胜呢？他是否像很多伊朗人一样，基于对大英帝国的历史仇恨而希望轴心国获胜呢？

1939年9月1日，随着德国入侵波兰和英法参战，第二次世界大战爆发，伊朗在这一变局下立刻宣布中立。随后沙王在9月12日新一届立法会开幕仪式上和11月24日接见向他递交国书的英国新任大使时重申了这一立场。

为了平衡他的内阁，1939年10月26日，著名的亲德派艾哈迈德·马田－达夫塔里被任命为首相，以接替极端保守的马哈茂德·贾姆，同时，以反英知名的阿里－阿萨格·赫克马特得到了非常敏感的内政部长一职。此外，卡扎尔时代的老政治家、资深外交家，时任议会主席的哈桑·埃斯凡迪亚里被沙王任命为特使派往柏林，并得到阿道夫·希特勒及其政府的高规格接见。他的使命到底是什么？他们都谈了些什么？没人知晓，据我们所知，伊朗的档案中对此也只字未提。

与此同时，德黑兰改善了与莫斯科和东京的关系，这必然惹恼伦敦，使英国广播公司反伊朗的宣传力度更大，并引发了几次外交事件，包括英国海军对红海上一艘载有德国机器的商务船进行登船检查，鉴于船上的机器是沙王为伊朗第一家钢厂订购的，这激起了热衷这一钢铁项目的伊朗民众的强烈不满。英国方面的批评很快集中到沙王个人身上[15]。不久前开始运行的德黑兰广播电台没有直接回击，只是着重强调伊朗的中立立场。

英国持续施压，礼萨改弦更张，他于 1940 年 6 月 26 日免去了艾哈迈德·马田－达夫塔里的职务，还将他非正式地关押了数日。任期届满内阁中任工商部长的高度亲英人士阿里·曼苏尔[16]接替前者，被任命为首相，而原内政部长阿里－阿萨格·赫克马特将不在新内阁中任职。此外，沙王还命人逮捕了知名的反英倡导者穆罕默德·摩萨台，并将其发送到德黑兰以外，虽然如此但全程仍以礼相待，发送时让他乘坐自己的轿车，并允许他的厨师和侍从陪同以便继续在监狱内服侍他———一种十分东方的处理方式[17]。

1941 年 6 月德国对苏联的入侵再次颠覆了力量对比。莫斯科加入伦敦的阵营之中。两国全权大使分别于 6 月 26 日、7 月 19 日、8 月 16 日向德黑兰发出近乎最后通牒的文书，敦促沙王改变其外交政策，因为尽管后者一再声明中立，其政策却始终被评价过于亲德。

英俄对伊朗的瓜分是否已经在筹备之中，正如他们 1907 年所做的那样？民意对此充满忧虑。鉴于英国空军已经不止一次侵入伊朗领空，伊朗北部省份的居民开始大批逃往被视为在此硝烟弥漫时期更为可靠的德黑兰。伊朗防空部队进行了几次警告性炮击，外交部也向伦敦发出了语气强硬的公文，这一切都令紧张局势加速升级。

莫斯科和伦敦首先要求，随后责令轴心国侨民撤出伊朗，并请求授予他们的辎重和部队穿过波斯湾前往苏联边界的权利。如此，伊朗成为一个极端的战略要地，德黑兰虽然采取了一些应对措施，但总体上仍置若罔闻。礼萨是否高估了自己的军力？他是否还在期盼德国的闪电胜利？法国（被他正当合理地视为拥有当时最强大陆军的国家）的战败更强化了他的这一预期。他希望伊朗能够处于战胜者的阵营中。在德黑兰，人们已经在私下里谈论如果德国获胜，伊朗收复高加索行省的可能性。

1941年8月25日凌晨4点，英国和苏联越线向伊朗宣战。伊朗主要用于国内治安的那支小军队面对两个世界超级大国的军队能做些什么呢？什么也做不了。英国人的首要目标是摧毁伊朗海军。他们的空军以密集轰炸在几分钟内击沉了伊朗的九艘战舰，致使五百多名海员死亡，其中包括他们的统帅，海军上将巴扬多尔。礼萨对身边的人哭诉道："那是我的心肝宝贝啊！"

西侧，享有盛名的老军官纳赛尔·道莱·穆加达姆成功阻挡了英军的进攻。但能坚持多久呢？另一侧阿瓦士的重炮对英印联军开火，但成效不大。这是不是他们的垂死挣扎？在北部，几个防卫阵地延缓了苏联军队的推进。然而同盟国的碾压机正无情地朝伊朗首都驶去。

礼萨做出反应。在多方征询后，他向他的第一位首相穆罕默德－阿里·福鲁吉求援。他们二人五年以来关系不睦，备受尊敬但深居简出的福鲁吉一直过着一种自我流放的生活，既没有社交也不追名逐利。他将这五年的政治隐退时间都投入到文学和学术生活上，并颇有建树。六十四岁[18]的他身患疾病，且从不进宫。

当礼萨请他当晚进宫面谈时，他猜到缘由。他向沙王提到自己的病情，并告诉他第二天再去会面，但鉴于事态紧迫，沙王向他派去了一辆宫廷轿车和自己的礼宾官。这位伟人终于在21时到达皇宫。二人的会面持续了将近两个小时，王储和多位政要都在外面的候见厅来回踱步。福鲁吉最终走了出来，他对王储说，"在这非常时刻，我也只能临危受命了"，接着便转身离开了。

第二天，他的任命就被正式公布。穆罕默德－阿里·福鲁吉是国家的荣耀，他以自身才干和大公无私的行事作风在所有官员中树立了极高的威信。福鲁吉曾两次出任首相，还是伊朗学术院的第一任院长、国家文化遗产保护联合会的创建者和第一任会长，他还编辑出版了菲尔多西、哈菲兹、萨迪、海亚姆的作品，自己也著述颇丰。这就是人们期盼此刻能够力挽狂澜的人。

礼萨清楚自己在位的日子已屈指可数，他也深知尽管新首相与自己仍有隔膜，但福鲁吉是个可以倚仗的人。礼萨相信福鲁吉可以应对这灾难性的局势。他没有看错。

8月29日，刚刚上任的福鲁吉就遇到一场严重的内部危机。战争部长艾哈迈德·纳赫贾万以几位高级军官的非正式会议决议为依据，下令解散陆军，让所有士兵复员返乡，而这一消息沙王、首相和总参谋长是从……广播中获知的。艾哈迈德·纳赫贾万是在苏联受训的空军准将，这一点很快让分析人士对他的态度产生了怀疑。仅仅几个小时后，德黑兰和军区城市就陷入全面混乱，数千应征入伍的青年在城中四散游荡，他们没有生活来源，很多衣衫褴褛，不知如何是好，因为他们大多是偏远地区来的农民。

在这危急关头，福鲁吉迅速反应。他将伊朗军队唯一的一级中将，数年来遭到雪藏但备受尊敬的阿米尔·艾哈马迪任命为首都军政长官。后者带领四百名士官（其中有些已经退休并被紧急召回）成功保证了德黑兰的城市治安。另一位也一直受到冷落的准将法兹卢拉·扎赫迪被指定为国家宪兵司令，负责维护全国治安并确保政府对局面的控制。

现在必须保住核心利益：8月30日，伊朗、英国、苏联三国政府签署了合作先决条件，并通过随后的一项正式协议使伊朗进入了同盟国阵营。福鲁吉和索赫伊利将胜利的赌注压在这一边，王储在某种程度上也持这种观点。伊朗持续关注的柏林电台从此开始对福鲁吉——这个犹太人（谬误）、这个共济会成员（事实）倾泻潮水般的声讨谩骂。无所谓，反正福鲁吉赌赢了。

同盟国还有另一个要求：终结巴列维王朝。自从军事政变以来，英国人一直对礼萨深恶痛绝，并计划让艾哈迈德沙的侄子，一名有才华的海军军官登上王位。但人们很快发现这名军官竟不会说波斯语！让一个不会说自己

"子民"语言的人登基称帝是不可想象的。他们于是提出让福鲁吉宣布成立共和国，由他担任共和国的首位总统，但福鲁吉一口回绝了。然后，他们又接触了尊贵显赫的外交官穆罕默德·萨艾德，希望这位驻莫斯科大使能充当帝国摄政王，后者也予以拒绝。

福鲁吉位于这些争论和混乱的中心，顶住了英苏两国的压力，劝说沙王退位。为了捍卫伊朗、维护他认为对国家统一不可或缺的君主制，必须牺牲父亲，保全儿子。

1941年9月16日，坐在沙王办公桌后，福鲁吉用他优美的散文和传统波斯文人的书法起草了沙王的退位文书。礼萨此时正在花园里散步，他说："我感到倦怠，是时候让年轻人接班了。"

礼萨回到办公室签署退位文书。他的统治结束了。深恐首都爆发革命，王储迷茫地走近父亲，礼萨说道："我与首相做了必要的安排。"他接着说道："我将我的儿子托付给你，我将你们两个托付给全能的主。"他紧紧拥抱了儿子，然后转过头不让儿子看见自己落泪。汽车已经在等他上路了。

他的流亡开始了：伊斯法罕、克尔曼、阿拔斯港。他登上了一艘很不舒适的英国轮船"班德拉"号，在几个家人和一些随从的陪伴下出发前往孟买。伊朗政府得到了一个泛泛的承诺：在孟买停留后，退位的沙王将可以到阿根廷去。一登陆孟买，礼萨就发现印度政府拒绝他入境。他写了几封电报抗议，但被禁止发出——他现在只是一个囚徒。他被人送上了另一艘船，"葩马"号，被告知航行目的地是毛里求斯，这个他闻所未闻的地方。他在1941年10月19日到达那里。岛上的总督体贴地在礼萨被指定居住的寓所楼上升起了伊朗国旗。六个月的时间过去了，德黑兰终于让伦敦同意将礼萨转至南非。1942年3月30日，他来到德班，随后又辗转到约翰内斯堡，他在那里获得一栋破旧但相对宽敞的别墅。礼萨从此过着足不出户的生活。他在这栋房子里日渐衰弱，于1944年7月26日离世。礼萨的尸骨被转运到开罗，并临时葬在瑞法伊清真寺。德黑兰只举办了一场朴素低调的葬礼，因为其他担忧正笼罩在人们心头。他的遗骸最终于1950年春声势浩大地回到伊朗。伊斯兰革命后，大阿亚图拉霍梅尼下令摧毁其陵墓，但人们在里面什么也没找到。事实上，礼萨的遗骸早已在他儿子的命令下被转移到一个至今不为人知的隐秘处所。

七十年过去了。伊朗人似乎对他不到二十年的统治所记取的只有他们的国家朝进步和繁荣迈出的一大步、良好的社会治安、妇女解放、政教分离，所有这一切都是他光辉业绩的成果。

注　释

第一卷
一个全新的政治、文化区域的形成

第一章
自古兵家必争之地

1 参阅 Roman Ghirshman, Vladimir Minorsky, Ramesh Sanghvi, *Persia, the immortal kingdom*, Londres, Orient Commerce Establishment, 1971, p.20。

2 参阅 http://archives-fig-st-die.cndp.fr/actes/actes_2005/cr/cr_hourcade.htm "为了回收这些'隐藏的水',伊朗人从远古时期(三千多年前)就手动挖掘了数十公里(亚兹德有60公里)的地下水渠(坎儿井),且每150米开通一口竖井……今天仍有20%的土地通过坎儿井灌溉,1900年时这个数字是60%。"

3 参阅 Jean Varenne, *Zarathustra*, Paris, Seuil, 1966, p.16。

4 参阅 Daniel T. Potts, *The Archaeology of Élam. Formation and Transformation of an Ancient Iranian State*, Cambridge, Cambridge University Press, coll. «Cambridge World Archaeology», 1999, p.1-4。

5 参阅 Roman Ghirshman, *L'Iran, des origines à l'Islam*, Paris, Albin Michel, 1976。

6 参阅 Roman Ghirshman, Vladimir Minorsky, Ramesh Sanghvi 上文引用著作,第20页。

7 但可能在阿万王朝以前就已经有其他王朝曾与苏美尔和阿卡德交战并取得胜利。

8 扎格罗斯山区和游牧民族。

9 参阅 *The Splendour of Iran*, vol. I: *Ancient Times*, Londres, Booth-Clibborn Editions, 2001 (réed. 2010), p.47; Pierre Briant, «Le tout premier empire», *Le Point*, «La Perse», n° 2364-2365, 21-28 décembre 2017, p.139。

第二章
雅利安移民

1 参阅 Roman Ghirshman 上文引用著作，从第 56 页开始。

2 从 14 世纪，特别是从 20 世纪开始纳粹在意识形态需要下发展出的"雅利安人"（北方白种人）的概念没有任何科学依据。这一概念在伊朗的传统和故事中没有任何种族或种族主义的暗示。（参考 Frouzandéh Brélian Djahanshahi，菲尔多西的《列王纪》和《维斯与朗明》的译者）。

3 山峰的主体位于今天塔吉克斯坦和吉尔吉斯斯坦境内。

4 位于今天阿富汗东南部的"水源丰沛"地区（即古时的阿拉霍西亚）。

5 参阅 Roman Ghirshman 上文引用著作，第 70 页。

6 这三支印欧人均保留了他们在社会组织和语言选择方面存在共同根源的痕迹——印欧语系的所有语言中在表达"父亲""母亲""房屋""两个"等基本概念时使用的词相同，同时也如乔治·杜梅吉尔分析的那样，划分为贵族武士、祭司和生产者三种社会功能（参阅 *L'Idéologie tripartite des Indo-Européens*, Bruxelles, éd. Latomus, 1958 与 *Les Dieux des Indo-Européens*, Paris, PUF, 1952）。

7 参阅 Jean Varenne, *Zarathushtra*, Paris, Seuil, 1966, p.19。

8 参阅 Roman Ghirshman 上文引用著作，第 70 页。

9 参阅 Hérodote, *Histoires*, IV, 11-12。希腊史学家和地理学家希罗多德生活的年代为公元前 484 至公元前 425 年。他的完整著作由哈迪·赫达亚提翻译成波斯语，并由德黑兰大学出版。

10 参阅 Jean-Paul Roux, *Histoire de l'Iran et des Iraniens, des origines à nos jours*, Paris, Fayard,

2006, p. 48; Iaroslav Lebedynsky, *Les Cimmériens: les premiers nomades des steppes européennes*, Paris, Errance, 2004。

11 参阅 Jean-Paul Roux 上文引用著作，第 48 页。

12 参阅 Jérémie XXV, 35。

13 参阅 Iaroslav Lebedynsky, *Les Saces, les Scythes d'Asie*, Paris, Errance, 2006 (2ᵉ éd. 2009); *Scythes, Sarmates et Slaves*, Paris, L'Harmattan, 2009; *Les Mystères de la steppe*, Éd. Lemme, 2015。

14 参阅 Homa Katouzian, *The Persians: Ancient, Medieval, and Modern Iran*, New Haven & Londres, Yale University Press, 2009, p.41; A. D. H. Bivar, *The Age of the Parthians: The Ideas of Iran*, vol. 2, Londres & New York, I. B. Tauris & Co Ltd., 与位于伦敦大学亚非学院的伦敦中东研究所和大英博物馆合作，2007。罗曼·葛施曼（Roman Ghirshman 上文引用著作，第 87 页）则提出是另一支印欧部落——巴塔哇人，在"里海门户"周边定居。

15 在罗曼·葛施曼看来（上文引用著作，第 87 页），这两个称呼对应的是"这些部落定居的地区"。

16 参阅 Roman Ghirshman, Vladimir Minorsky, Ramesh Sanghvi 上文引用著作，第 25 页。他们从这里扩张至安善，接着是法尔斯省。

17 参阅 http://1905.az/fr/royaume-de-manna/: *Les États historiques d'Azerbaïdjan*, Bakou, 2012, p.30："马纳王国在国王伊朗苏的统治下达到了国力的顶峰。在公元前 8 世纪末和公元前 7 世纪初，它成为古代东方的一个强国，其疆域覆盖乌尔米亚、萨非德河盆地一大部分及河流南侧周围的多个地区。公元前 7 世纪中叶，马纳王国日渐式微，并于公元前 590 年被米底人征服。其都城位于伊济儿图（济儿塔）。"

18 参阅 Roman Ghirshman 上文引用著作，第 112 页。

19 参阅 Roman Ghirshman, Vladimir Minorsky, Ramesh Sanghvi 上文引用著作，第 25 页。

20 在这些史实上我们遵从罗曼·葛施曼的结论。参阅 Roman Ghirshman 上文引用著作，从第 94 页开始。

21 参阅 Stefan Zawadski, *The Fall of Assyria and Median-Babylonian Relations in Light of the Nabopolassar Chronicle*, Poznań, Adam Mickiewicz University Press, 1988 - Delft, Eburon, 1988。

22 参阅《那鸿书》，那鸿，公元前 7 世纪末生活于犹太王国，是十二个小先知中的第七位。

23 史学家阿卜杜勒·侯赛因·扎林纳－库博（Abdul Hossein Zarine-Koub）、塔格西·纳西尔和语言学家易卜拉欣·普达沃德（参阅"参考书目"）。

24 参阅 Lester L. Grabbe, *Ancient Israel. What do we know and how do we know it ?*, Londres et New York, T&T Clark, 2007, p.207。

25 参阅 Charles Burney, «Avant les Arméniens : les Ouartéens, guerriers et bâtisseurs», in Gérard Dédéyan (dir.), *Histoire du peuple arménien*, Toulouse, Privat, 2007, p.67-99。

26 参阅 Yves Ternon, *Les Arméniens*, Paris, Seuil, coll. «Points», 1996, p.19，以及 note 7 p.360："亚美尼亚这一名称首次出现在大流士下令凿刻的贝希斯敦崖壁石刻铭文上。这一始于公元前521年的铭文以三种文字篆刻，并提到了对乌拉尔图起义者的镇压。"

27 美国国家航空和航天局将这一日食测定于公元前585年5月28日。

28《列王纪下》《耶利米书》《耶利米哀歌》和《以西结书》。根据弗拉维奥·约瑟夫斯的记载，另一位公元前3世纪的巴比伦史学家贝罗索斯也对这一历史做出了记述。

29 后来被居鲁士大帝解放的人中有一部分正是这些被流放人的后代（参阅下文）。

30 参阅 Henri Graetz, *Histoire des Juifs-Chute du royaume de Juda, Troisième époque - La marche en arrière. Chute du royaume de Juda (596-586)*. Chapitre X, Éd. Alicia, 2018。

31 也被称为"贝尔－马图克"或"巴力－马图克"。参阅 Takayoshi Oshima, «The Babylonian God Marduk», in Gwendolyn Leick (dir), *The Babylonian World*, New York, 2007, p. 348-360。

32 恩利尔也被认为是阿舒尔——亚述城和亚述王国的主神。

33 参阅 Francis Joannès, «Marduk», in *Dictionnaire de la civilisation mésopotamienne*, Paris, Robert Laffont, 2001, p.494。

34 查拉图斯特拉改革了米底人和波斯人的初始宗教：玛兹达教。

35 参阅 Clarisse Herrenschmidt, Jean Kellens, «La question du rituel: le mazdéisme ancien et achéménide/The Problem of the Ritual within Ancient and Achaemenidean Mazdaism», *Archives de sciences sociales des religions*, n° 85, 1994, p.48。

36 这日夜分割的传统观点认为："最初，真正的圣灵阿胡拉·玛兹达遇到了他的孪生兄弟，恶灵安格拉·曼纽（也称阿里曼）。前者选择了善，后者选择了恶。"（见 Jean Kellens, *in* Frédéric Lenoir, Ysé Tardan-Masquelier [dir.], *Encyclopédie des religions*, t. I, Paris, Bayard, coll. «Histoire», 2e édition, 1997, p.1275）。

37 参阅 Jean Kellens, *Langues et religions indo-iraniennes. Cours: Les Gâthâs dites de Zarathushtra et les origines du mazdéisme*, in https://www.college-de-france.fr/media/jean-kellens/UPL7569636461377020979_kellens.pdf。

38 参阅 Jean Kellens 上文引用文章，第 485—486 页："其他神祇如斯劳沙、阿希、威亚斯莱纳也加入他的天神队列之中，但似乎并无任何预示……阿婆姆·那婆特与他一起治理政治、社会动乱（Yt 13.95）。"

39 对于豪麻的复杂属性，请参阅 Jean Kellens, *Langues et religions indo-iraniennes. Cours: L'éloge mazdéen de l'ivresse*, https://www.college-de-france.fr/media/jean-kellens/UPL25196_jkellens.pdf, p. 815 sq。

40 参阅 Mary Boyce, «Anāhīd», *Encyclopædia Iranica*, I, New York, Routledge & Kegan Paul, 1983, p.1003-1009; *The splendour of Iran*, 上文引用著作，第一卷，第 161 页。

41 参阅 Abraham Hyacinthe Anquetil-Duperron, *Zend-Avesta*, Paris, 1771。《阿维斯陀》这部琐罗亚斯德的著作中包含这位法学家在神学、物质和道德上的观点，他所创立的宗教崇拜仪式，以及波斯古代历史的多个重要特征。

42 其中包括 18 世纪的约翰·弗里德里希·克洛伊克（Johann Friedrich Kleuker）、19 世纪的艾蒂安·比尔努夫（Étienne Burnouf）、马丁·欧格（Martin Haug）、弗雷德里希·冯斯皮格尔（Friedrich von Spiegel）、詹姆斯·达尔梅斯泰特（James Darmesteter），20 世纪的让·凯兰斯（Jean Kellens）、霍斯陆·卡扎伊·帕尔蒂斯（Khosro Khazai Pardis）等。

43 要进一步了解 18 世纪开始西方学者对此所做的研究，参阅 Yves Bomati, Houchang Nahavandi, «Zarathoustra», *Les Grandes Figures de l'Iran*, Paris, Perrin, 2017, p.21 sq。

44 参阅 Jacques Duchesne-Guillemin, *Zoroastre*, Paris, éd. J. Duchesne-Guillemin et éd. Robert Laffont SA., 1975, p.21。

45 参阅 Khosro Khazai Pardis, *Les Gathas, le livre sublime de Zarathoustra*, Paris, Albin Michel, coll. «Spiritualités vivantes», 2011。

46 参阅 Jean Varenne 上文引用著作。诚然，将查拉图斯特拉的话语与孔子、老子、佛陀、毕达哥拉斯、苏格拉底所有这些从公元前 7 世纪至公元前 5 世纪之间圣人的话语排列在一起是如此诱人，这样便可提出全世界的知识复兴几乎在同期爆发的论点。

47 参阅 Clarisse Herrenschmidt, Jean Kellens 上文引用著作，第 47 页。

48 参阅 Jean Kellens 上文引用著作，第 843 页。

49 参阅 Yves Bomati, Houchang Nahavandi 上文引用著作，第 25—26 页。

50 参阅 Clarisse Herrenschmidt, Jean Kellens 上文引用文章，第 48—53 页。

51 参阅 Johanna Narten, *Die Amesha Spenta im Avesta*, Wiesbaden, 1982。

52 参阅 Khosro Khazai Pardis 上文引用著作，47 页。

53 根据约翰娜·纳尔腾（Johanna Narten）的叙述（上文引用的著作），《偈颂》中展示了十几个实体，其中三个主要的有雷塔（公正与真理）、福胡·玛纳（善思）和阿尔迈蒂（平和或虔敬）。

54 参阅 Jean Kellens 上文引用著作，第 834 和 844 页。前文提到的福胡·玛纳（善思）是阿梅沙·斯彭塔之一。

55 "天堂（paradis）"一词来源于阿维斯陀语，意指"国王或贵族宫苑"。欧内斯特·勒南（《耶稣的生活》第一章第 11 段）提到，"正如所有东方语言一样，希伯来语从波斯语中借用了一个古词——天堂（paradis），这个词最初指的是阿契美尼德国王的宫苑"。

56 参阅 Franz Cumont, *Textes et documents figurés relatifs aux mystères de Mithra*, Bruxelles, 1896, 2 vol.，被霍斯陆·卡扎伊·帕尔蒂斯引用，上文引用的著作，第 107 页。

57 参阅 Roman Ghirshman 上文引用著作，第 115 页。阿萨姆斯继承了父亲阿里亚拉姆尼斯的王位，成为"伟大的国王，万王之王，波尔萨之王"，却让冈比西一世这一支夺走了王位。

58 对于这个超乎寻常的历史人物——未来的居鲁士二世大帝，希罗多德唯一的著作《历史》是我们主要的信息来源。色诺芬以他的《居鲁士的教育》一书也提供了宝贵的信息。这位苏格拉底的学生在希罗多德之后以颇具浪漫色彩的笔法讲述了这位伟大国王的一生，居鲁士所接受的教育令他可以描绘出一幅理想君主的肖像。

59 这个传奇故事令人想起罗慕洛与勒莫斯被一头母狼喂养的传说，以及宙斯由山羊阿玛耳忒亚哺育的神话……

60 图尔纳·巴泽（tourna bazi），可能源于联赛（tournoi）一词，取"每人轮流"之意，至今在斋月的晚宴上还会进行。

第二卷
一个横跨十二个世纪的帝国

第三章
"历史上第一份人权宣言"

1 他和他儿子冈比西都从未在此居住。首位在此长期居住的君主是大流士一世。

2 参阅 Abdul Hossein Zarine-Koub 上文引用著作，第 107 页。

3 参阅 Gérard israël, *Cyrus le Grand, fondateur de l'Empire perse*, Paris, Fayard, 1987, p.127-128。

4 梭伦（前 638—前 559 年），雅典政治家和立法者，常常被视为古希腊民主的建立者，与哲人和学者米利都的泰勒斯（约前 624—前 547 年）等并称为"希腊七贤"。

5 参阅 Yves Bomati et Houchang Nahavandi 上文引用著作，第 48 页。

6 参阅上条。

7 参阅 Kevin Leloux, «La bataille de (la) Ptérie. La Lydie face à la Perse (ca. 547 av. J.-C.) », *in* actes du 9ᵉ Congrès de l'Association des Cercles francophones d'histoire et d'archéologie de Belgique, Liège, 23-26 août 2012, t. III, vol. 2, 2017, p.407-415。

8 埃德加·富尔的提法。阿卜杜勒·侯赛因·扎林纳-库博（上文引用著作的第 116—121 页）对此做出了非常透彻的批评分析。

9 克罗伊斯作为备受倾听的参谋，在陪伴居鲁士近三十年后，到居鲁士死后冈比西统治时期才去世。

10 根据巴比伦的史料记载，这个想法于公元前 546 年萌生，并于公元前 539 年实现。

11 参阅下条。

12 参阅 Abdul Hossein Zarine-Koub 上文引用著作，第 124 页。

13 色诺芬在《居鲁士的教育》（第四章，第 6 节，1—11 段）中提到了戈比亚斯：那是一个渴望为自己儿子复仇的亚述人，那波尼德曾因嫉妒那个少年出色的狩猎成绩而将其杀害。

14 参阅史学家弗拉维奥·约瑟夫斯在《驳斥阿比安》(第一章,第 150—153 段)中对这一史实的叙述。

15 参阅希罗多德的《历史》(第一章,第 190 段)。要对这一战争的东方史料有更多了解,请参阅 W. W. How et J. Welles, *A Commentary on Herodotus*, Appendice IV, Oxford University Press, 1989。

16 参阅 Pierre Briant 上文引用著作。也可参阅 Dominique Briquel 的一篇文章 «Sur un passage d'Hérodote: prise de Babylone et prise de Véies», *Bulletin de l'association Guillaume-Budé*, Paris, 1981, p.293–306。

17 参阅 Gérard Israël 上文引用著作,第 241 页。

18 参阅《以赛亚书》第 44 章 28 段:"论塞鲁士(居鲁士)说:'他是我的牧人,必成就我所喜悦的,必下令建造耶路撒冷,发命立稳圣殿的根基。'"(……一个名叫居鲁士的人将征服巴比伦并解放犹太人。)《以赛亚书》第 44 章第 27 段:"对深渊说:'你干了吧!我也要使你的江河干涸。'"(……幼发拉底河将干涸,让居鲁士的军队得以通过。)《耶利米书》第 51 章第 30 段:"巴比伦的勇士止息争战。"

19 参阅《以赛亚书》第 45 章第 1 段:"我耶和华所膏的居鲁士,我搀扶他的右手,使列国降伏在他面前。我也要放松列王的腰带,使城门在他面前敞开,不得关闭。"

20 古希腊词,用于称呼从亚历山大大帝死后到公元前 1 世纪在地中海盆地周围形成的希腊化社区。

21 参阅 John Curtis, *The Cyrus Cylinder and Ancient Persia*,由 Neil MacGregor 作序,居鲁士圆柱由 Irving Kinkel 翻译,2013 年由大英博物馆授权于 2013 年 12 月 20 日至 2014 年 2 月 25 日在印度孟买希瓦吉国王博物馆展出,参阅 W. Eilers, «Le texte cunéiforme du cylindre de Cyrus», *Acta Iranica*, t. II, 1974。

22 "至于巴比伦的居民,他们受到并非天意的压迫,我已减轻了他们的疲劳,让他们摆脱了束缚。"(http://www.livius.org/a/1/mesopotamia/cyrus_cylinder_scan.pdf)。

23《汉穆拉比法典》是刻在多个石柱上的法律汇编,其中一个石柱被收藏在卢浮宫。该法典主要涉及私法与刑法问题,特别是"报复法"的执行问题。汉穆拉比是巴比伦第一帝国的创立者,其统治时期为公元前 1792 年至公元前 1750 年。

24 对于居鲁士大帝的死亡背景,某些史学家稍有不同看法。参阅在美国出版的波斯语文化月刊上刊登的 M. Bouroumand, «Regards sur les Achéménides, I, Le Règne de Cyrus le Grand et sa capitale, Pasargades», *Azadi*, n° 102, juillet 2018, p.251 sq。

25 参阅 Guy Rachet, *Le Soleil de la Perse*, Paris, La Table Ronde, 1992，题词部门。

26 参阅 D. Rochangar, 上文引用著作，第 191 页。

第四章
"古代最大的帝国"

1 参阅 Christiane et Jean Palou, *La Perse antique*, Paris, PUF, coll. «Que sais-je?», 3ᵉ édition, 1978, p.3。为了直观地展现自己的功绩，大流士以高大的形象出现，一只脚踏在"假冒的巴尔迪亚"身上，身后跟随着两名武装军官，周围另有九名俘虏。

2 在过去的欧洲君主制背景下，我们会说："君权神授。"

3 哈桑·克胡博-纳扎尔教授偏向于阿托莎。阿卜杜勒·侯赛因·扎林纳-库博则不做选择。但对于大流士是居鲁士的女婿以及其继承人是居鲁士外孙这一点不存在争议。

4 参阅 René Maheu et Jean Boissel, *L'Iran, pérennité et renaissance d'un empire*, Paris, Éd. Jeune Afrique, 1976, p.189。《以斯帖传》提到了帝国的一个首都苏萨曾有庞大而具有影响力的犹太社群存在的记忆。

5 参阅 Abdul Hossein Zarine-Koub（上文引用著作，第 26 页）提到了帝国的"自然边界"。

6 参阅 Pierre Briant, *Darius, les Perses et l'empire*, Paris, Gallimard, coll. «Découvertes», 1992, p.89-90。伊朗史学家（参阅 Abdollah Razi, *Histoire complète de l'Iran*, Téhéran, Éd. Eghbal, 1982, p.28; Abdul Hossein Zarine-Koub 上文引用著作，第 161 页）都赞同这一观点，一些欧洲学者因为受到欧洲神话传说影响太深，对此观点不以为然。

7 根据希罗多德的陈述，法老尼科二世曾有意在公元前 600 年间对运河进行修复，但鉴于成本过高而半途而废。

8 参阅 Pierre Briant 上文引用著作和 Abdollah Razi 上文引用著作。

9 参阅 William Matthew Flinders Petrie, *A History of Egypt*, vol. 3: *From the XIXth to*

the XXXth Dynasties, Boston, USA, Adamant Media Corporation, p.366; Barbara Watterson, *The Egyptians*, Oxford, Blackwell Publishing, 1997, p.186。

10 参阅 Armin Aréfi, «Quand Persépolis était le phare du monde», *Le Point*, 21–28 décembre 2017, n° 2364–2365; Frédéric Garnier, «Persépolis», *Géo-Histoire*, octobre–novembre 2017; Yves Bomati, «Persépolis retrouvée», *Revue Grands Reportages*, n° 206, mars 1999。

11 参阅 Pierre Briant, *Darius*…, p.140。

12 作为比较参考，凡尔赛宫的镜厅长 73 米，宽 10 米，高 12 米。

13 在阿富汗、塔吉克斯坦、巴基斯坦的一部分、库尔德地区也庆祝纳吾肉孜节……

14 在 1971 年 10 月 18 日的波斯帝国创建纪念活动中，伊朗士兵穿着古代王朝的服装在伊朗最后一位沙王和全世界国家领导人面前列队走过，以反映伊朗昔日的强盛。

15 这个词很明显是对他名字的呼应，但它也令人想起波斯语中"财富"和"财产"两个单词。大流克上铸有大流士的人像，像上他单膝跪地，手持一副弓箭。

16 参阅 John E. Curtis et Nigel Tallis (dir.), *Forgotten Empire: The World of Ancient Persia*, Berkeley, University of California Press, 2005。

17 参阅 Abdul Hossein Zarine-Koub，上文引用著作，第 171 页。

18 参阅 Pierre Briant, *Darius*…，上文引用著作，第 125–126 页。

19 参阅 Abdul Hossein Zarine-Koub，上文引用著作，第一卷，第 148—156 页。

20 1925 年 4 月 4 日，加州大学亚洲学院院长亚瑟·波普的主题演讲。

21 为保护国王而设立、拥有一万名精锐士兵的常备军。这一机构一直延续至阿契美尼德王朝结束，并在萨珊王朝统治下以另一种更小规模的形式重现。萨非王朝的阿拔斯大帝又重建这一部队，随后伊朗总理大臣阿米尔·卡比尔在 19 世纪为国王纳赛尔丁沙配备了一支类似的私人护卫队。在最后几任沙王的统治下重现后，这一机构被伊斯兰革命废除。

22 参阅 Abdul Hossein Zarine-Koub，上文引用著作，第 161 页。

23 从 1979 年 2 月 5 日至 1979 年 11 月 5 日任伊朗总理。

第五章
从"大帝"到"恶魔"

1 参阅 Abdul Hossein Zarine-Koub，上文引用著作，第 164 页。

2 在薛西斯的命令下，其腓尼基指挥官为此付出了生命的代价。

3 Siavach Bashiri (*Shah-in-Shahs de l'Iran*, Levallois, Éd. Parang, 1990) 没有提及这些史实，而 Abdul Hossein Zarine-Koub 则客观得多。

4 以斯帖和她父亲末底改的陵墓今天仍在哈马丹（埃克巴坦那）。

5 参阅 Plutarque, *Vies parallèles*, Cimon, XIII, 4,（翻译 Anne-Marie Ozanam）。

6 参阅 Jacques Lacarrière, *En cheminant avec Hérodote*, Paris, Fayard, 2011, p.62。

7 参阅 Gore Vidal 的历史小说 *Création*, Paris, Grasset, 1982（由 Brice Matthieussent 从英语翻译为法语）。

8 这位伊朗裔瑞士史学家是波斯与希腊关系研究方面的顶尖学者。他的著作包括 *Les Grecs et les Barbares*, Paris, Éd. Geuthner, 1990。

9 塞基狄亚努斯可能杀害了薛西斯二世，并被大流士二世杀死。

10 源于 anabasis 一词，意为"上行"。参阅 Xénophon, *L'Anabase ou l'Expédition des Dix-Mille*,（翻译与编辑注释 Denis Roussel 和 Roland Étienne），Paris, Classiques Garnier, 2016。

11 和约的名字源于斯巴达一方和约谈判者，安塔尔西德斯将军。

12 参阅 Frederick Fyvie Bruce, *The Acts of the Apostles: The Greek Text with Introduction and Commentary*, Wm. B. Eerdmans Publishing, 1990, p.117。

13 参阅 Pierre Briant, *From Cyrus to Alexander: A history of the Persian Empire*, Winona Lake (IN), Eienbrauns, 2002, p. 769。

14 参阅 Diodore de Sicile, *Bibliothèque historique*, XVII, 5。

15（上文引用著作，第 202—206 页）对伊朗国王军队的优势与弱点做出了如下总结：虽然他们的人数众多，但他们这个集体的效率是低下的。"亚洲的大门已经无人看守。"

16 其中包括他的母亲、妻子斯姐特拉、他的几个孩子，孩子中包括一个也叫斯姐特拉的女儿，以及阿尔塔薛西斯三世的一个女儿帕瑞萨娣丝。

17 这里的巴戈阿斯不是毒害阿尔塔薛西斯的巴戈阿斯，这个名字曾用于指称多名宦官。

18 参阅 Arrien, *Anabase*, VII, 4, 4–8。参阅 Pierre Briant, *Darius dans l'ombre d'Alexandre*, Paris, Fayard, 2003; Pierre Briant, *Alexandre le Grand, Paris*, PUF, coll. «Que sais-je?» n° 622, 2012。

19 最初为一千名战士的指挥官，其职权后来扩展到对帝国第二骑兵团的指挥权，该骑兵团又名"伙友骑兵"，其战士是从希腊贵族阶层招募的。

20 参阅 Abdul Hossein Zarine-Koub，上文引用著作，第 245 页。

21 参阅 Élien, *Histoires variées*, VII, 8,（翻译 A. Lukinovitch 和 A. F. Morand），Paris, Les Belles Lettres, 2004。

22 参阅 Pierre Briant, «Le tout premier empire», *Le Point*, 21–28 décembre 2017, n° 2364–2365, p.143–145。

23 还有几部前伊斯兰文本鉴于他的生活作风，将他说成是"patyareh"（浪子、娼妓）。

24 对此，请参阅研究著作 Hassan Safavi, *Alexandre et la littérature persane*, Téhéran, Éd. Amir Kabir, 1982, 和 Ali Mir Fetross, *L'Histoire dans la littérature*, Montréal, Éd. Farhang, 2006。

第六章

封建帝国

1 混合了古希腊神宙斯和古埃及神阿蒙各自特点的古希腊埃及神祇。

2 "阿里达乌斯"——腓力三世，是亚历山大大帝同父异母的哥哥。

3 参阅 Abdul Hossein Zarine-Koub，上文引用著作，第 266 页。

4 参阅 Igor Mikhaïlovitch Diakonoff, *Les Arsacides*, Téhéran, Payam, 1970（由 Karim Kéchavarz 从俄语翻译为波斯语）。

5 参阅 Édouard Will, *Histoire politique du monde hellénistique 323–30 av. J.-C.*, Paris, Seuil, coll. «Points Histoire», 2003, t.III, p.194–195。

6 粟特，位于中亚的巴克特里亚。

7 米特里达梯六世（本都）于公元前 111 至公元前 63 年统治小亚细亚的一大片地区和亚美尼亚。

8 参阅本书作者的另一著作 Les Grandes Figures de l'Iran（《伊朗历代伟人》），上文引用著作，第五章。

9 参阅 Igor Mikhaïlovitch Diakonoff，上文引用著作，第 61 页。

10 参阅 Anoushiravan Keyhanizadeh, in Chronologie de l'histoire de l'Iran, Washington, Iran Times。

11 参阅 Igor Mikhaïlovitch Diakonoff，上文引用著作，第 61—62 页。

12 德米特里二世（胜利者）曾于公元前 145 至公元前 139 年统治塞琉古帝国一段时间，后于公元前 129 至公元前 126 年又统治了一段。

13 参阅 Charlotte Lerouge-Cohen, «Les guerres parthiques de Démétrios II et Antiochos VII dans les sources gréco-romaines, de Posidonios à Trogue/Justin», Journal des savants, 2005, p.217-252。

14 参阅 René Maheu et Jean Boissel, Pérennité et renaissance d'un empire, Paris, Jeune Afrique, 1976。

15 参阅 Siavash Bashiri, Les Shahs-in-shahs d'Iran, Levallois, Éd. Parang, 1990, p.21。

16 参阅 René Maheu 和 Jean Boissel，上文引用著作，认为他们是"西方中世纪骑士的祖先"。参阅 Paul Arfeuilles, L'Épopée chevaleresque de l'ancien Iran aux Templiers, Paris, Bordas, coll. «Connaissance» n° 39, 1972。

17 又称弗拉特斯二世。

18 参阅 Gholam-Hossein Moghtader, Les Guerres de sept cents ans entre l'Iran et Rome, Téhéran, Éd. Chodjai Golestasneh, 1936。

19 古时对主要由今天亚美尼亚组成的小亚细亚一部分地区的称呼。

20 参阅 Plutarque, Vie de Pompée 和 Dion Cassius, Histoire romaine, livre 36-37。

21 参阅 Igor Mikhaïlovitch Diakonoff 上文引用著作，第 82 页。

22 参阅 Abdul Hossein Zarine-Koub 上文引用著作，第 368 页及后页。根据这一史学家的说法，奥罗德斯二世"在这段时间繁育了三十个儿子"，这还没有算上那些女儿，他补充道。

23 公元前 48 年法萨卢斯战役的胜利。

24 这一系列战争发生于公元前 40 至公元前 33 年。

25 不要与萨珊帝国的"正义者"霍斯劳一世混淆。

26 参阅 Dion Cassius，上文引用著作，第六十八卷，第十七章。

27 参阅 Dion Cassius，上文引用著作，第七十九卷。

28 参阅 Abdul Hossein Zarine-Koub，上文引用著作，第 406 页。

第七章
返本还源

1 本章大多数日期都摘自 Anouchiravan Keyhanizadeh 上文引用著作。

2 参阅 Hassan Khoub-Nazar，上文引用著作，第 45—56 页。

3 当前法尔斯省、波斯湾沿岸、波斯湾的岛屿、俾路支斯坦省、锡斯坦省、伊斯法罕省和阿富汗的一部分。

4 16 世纪初，萨非王朝的创立者伊斯玛仪一世采取了同样的宗教原则，只不过将琐罗亚斯德教替换为什叶派穆斯林。

5 有关这一问题的参考著作是穆罕默德·贾瓦德·玛什库尔（Mohammad-Djavâd Mashkour）教授的《萨珊政治史》(Histoire politique des Sassanides, Téhéran, Donyayé Kétab, 1987)。

6 其统治时期为 222 年至 235 年，是塞维鲁王朝的末代皇帝。

7 参阅 Mohammad-Djavâd Mashkour 上文引用著作，第一卷，第 89 页。在他看来这些源自古籍的数字有夸大之嫌。

8 班师回朝后，塞维鲁因被日耳曼人认为无力抵抗其军力，而被后者于 235 年杀害。

9 Mohammad-Djavâd Mashkour 上文引用著作中提供的数字，有被夸大之嫌。

10 参阅 Abdollah Razi 上文引用著作，第 57 页。

11 名为 Karnamak（《成就总结》或《良好办理国家事务的方法》）的一系列文本（由 Sadegh Hedayat 翻译成现代波斯语，Téhéran, 1963）。

12 被称为"阿拉伯人菲利普"，244 至 249 年在位的罗马皇帝。

13 他们占据着未来格鲁吉亚的南部和东部地区。

14 贵霜人居住在今天的塔吉克斯坦、阿富汗的一部分地区和里海东部的一些地区。

15 这些地区随后留在波斯境内，直到 256 年（参阅 Roman Ghirshman，上文引用文章）。

16 对此罗曼·葛施曼指出："尽管他们对叙利亚、奇里乞亚和卡帕多西亚实现了全面的胜利进军，但这些行动已经无法再令他们实现持久占领。"

17 据伊朗博物馆学家 Firouz Bagherzadeh 称，这座城市仍保存有那一时期的其他多座建筑，特别是萨珊时期的居民房屋。

18 上文引用著作，第 431 页。

19 参阅 *Histoire Auguste*, traduction d'André Chastagnol, Paris, Robert Laffont, 1994。

20 这些地域直到 651 年阿拉伯入侵之前都在伊朗版图内。

21 参阅 François Decret, *Mani et la tradition manichéenne*, Paris, Seuil, coll. «Points Sagesse», 1974, 2005, p.49。

22 参阅 Nahal Tajadod, *Les Porteurs de lumière. Péripéties de l'Église chrétienne de Perse IIIe-VIIe siècle*, Paris, Plon, 1993, p.41。

23 琐罗亚斯德教地位最高的教士，从祭司阶层中招募。

24 参阅 «Un traité manichéen retrouvé en Chine», traduction et annotation de Éd. Chavannes et P. Pelliot, dans *JA*, nov.-déc. 1911; et «Fragments Pelliot», *JA*, janv.-févr. 1913, p.114–116。

25 其遗址仍存在于今天的伊拉克。在礼萨沙·巴列维的统治下，法国建筑师安德烈·戈达尔（André Godard）从该遗址汲取灵感，缩小规模设计建设了伊朗国家博物馆。

26 一种顶级的祭司。

27 参阅 Nahal Tajadod，上文引用著作，第 67 页。

28 参阅 *Inscription de Kartêr*, 法语译者 Marie-Louise Chaumont，刊登在 *JA*, 1960, p.339–380。位于帝王谷考古遗址中的卡阿巴·扎杜什特东面墙上的铭文，在 Roman Ghirshman, *L'Iran des origines à l'Islam*, Paris, Albin Michel, p.307 一书中引用。

29 由 Jean-Paul Roux 引用，上文引用著作，第 213 页。从中我们可以看到后世伊斯兰教中的一种趋势，即什叶派的政治趋势。

30 密特拉神之母，与闪米特女神伊斯塔近似。

31 参阅 Nahal Tajadod，上文引用著作，第 90 页。

32 戴克里先的在位时间为 284 至 305 年。

33 参阅 Abdul Hossein Zarine-Koub，上文引用著作，第 449 页。

34 他首先在 355 至 361 年间以"副帝"头衔理政，随后在 361 至 363 年变为非正当皇帝。

35 参阅 Abdollah Razi，上文引用著作，第 64 页。

36 弗拉维乌斯·克劳狄乌斯·约维安努斯，363 至 364 年为罗马皇帝。

37 弗拉维乌斯·埃弗利乌斯·瓦伦斯，328 年出生，378 年战死，364 至 378 年在位的罗马共治皇帝。

38 参阅 Abdollah Razi，上文引用著作，第 126—127 页。

39 参阅 Abdul Hossein Zarine-Koub，上文引用著作，第 454 页。

40 狄奥多西一世从 379 年一直统治到 395 年他去世，是最后一个统治罗马帝国全境的君主，他将基督教定立为国教。

41 弗拉维乌斯·阿卡狄乌斯·奥古斯都是东罗马帝国的一位皇帝。他常被视为第一位拜占庭皇帝。

42 参阅 *Œuvres complètes de Nézami*，（由 Moïnfar 博士作序），Téhéran, Éd. Zarine，1130 页，无出版日期。《七美人》共有 5136 行诗句。

43 参阅 Abdul Hossein Zarine-Koub 上文引用著作，第 462 页。

44 基督二性论与一性论对立。

45 小亚细亚的弗里吉亚的都城。

46 波斯五大基督教中心城市之一。

47 即便如此，基督教二性论从没有成为伊朗的官方宗教。

48 参阅 Philippe Ouannès, «Mazdak (mort en 529 env.)», *Encyclopædia Universalis* [线上]，于 2015 年 4 月 24 日查阅。http://www.universalis.fr/encyclopedie/mazdak/。参阅 Chayan Afshar, *Iranshenasi*, vol. XXII, hiver 2011 和 vol. XXIII, printemps 2012，了解有关马兹达克和伊朗各种后伊斯兰思想运动。

49 参阅 Siavash Bashiri，上文引用著作，第 32 页；Abdollah Razi，上文引用著作，第 72 页。

50 参阅 Siavash Bashiri，同章，第 32 页；参阅 Abdollah Razi，同章，第 74 页。先知穆罕默德似乎也曾说过："我生于正义者国王的年代。"（《圣训》）

51 参阅 Mohammad Djâvâd Mashkour，上文引用著作，第 911 页。

52 他们中的一些人尽管得到舒适的生活和沙王的尊敬，却还是选择返乡，在宗教迫害和不宽容态度相对缓和的地域生活，以逃避伊朗帝国的某些规定和习俗，如一夫多妻和对尸体的处理。

53 参阅 Abdul Hossein Zarine-Koub, 上文引用著作, 第 505 页。

54 参阅上文引用著作同章第 500 页。

55 参阅上文引用著作同章第 498 页。

56 根据经济学家安德烈·皮耶特 (André Piettre) 的著作 Trois Âges de l'économie. Essai sur les relations de l'économie et de la civilisation, de l'Antiquité classique à nos jours, Paris, Fayard,1964 中阐释的理论, 规则过多的社会（伊朗当时就是这种情况）自身含有日后瓦解的种子, 并会产生其反命题。

57 参阅 Maryam Devolder, «Khosrow et Shirin», La Revue de Téhéran, n° 17, avril 2007。

58 参阅 Abdul Hossein Zarine-Koub, 上文引用著作, 第 514 页。

第三卷
文明的冲突

第八章
阿拉伯入侵

1 参阅 Abdul Hossein Zarine-Koub, 上文引用著作; Abdollah Razi, 上文引用著作; Taghi Nasr, 上文引用著作。

2 参阅 M. A. Taleghani, «Khosrô Parviz et sa fin, la reconstitution d'un procès historique», Iranshenasi, vol. XXVII, n° 2, été 2015, et n° 3, automne 2015。

3 参阅 Mohammad-Djavâd Mashkour, 上文引用著作, 第二卷, 第 1145 页。

4 参阅 Mohammad-Djavâd Mashkour, 上文引用著作, 第二卷, 第 1271 页; Saïd Nafissi, Histoire sociale de l'Iran de la chute des Sassanides à celle des Omeyyades, Téhéran, Presse de l'université de Téhéran, 1964, 16-18。

5 关于伊朗与阿拉伯的战争和伊朗被入侵的研究, 请参阅 M. A. Taleghani, «Rapport sur la bataille de Qadissiyé et l'influence des éléments naturels sur les événements historiques»,

Iranshenasi, vol. XXII, n° 4, hiver 2011; Rostam Farokhzad, «Le général qui croyait à l'astrologie», *Iranshenasi*, vol. XXV, n° 4, hiver 2014; Ebrāhim Pourdāvoud, *Pourquoi les Iraniens furent battus par les Arabes*, Téhéran, Anahita, 1965。

6 该日期在史学界尚有争论。在 Tabarî 看来（参阅 *La Chronique*, vol. II, «Omar, fils de Khattâb», Arles, Actes Sud, p.153）：那是"伊斯兰教历纪元的第十四年"，也就是 635 年或 636 年初。而在 J. et D. Sourdel 看来（参阅 *Le Dictionnaire historique de l'islam*, Paris, PUF）：那是"636 年 3 月或 637 年"。最后，史学家 Parvaneh Pourshariati 在最近提出 635 年。

7 曾领导米底和波斯人起义，对抗暴君查哈克的传奇铁匠。菲尔多西在 10 世纪撰写的《列王纪》中曾转述了他的英雄事迹。

8 参阅 Nahal Tadjadod, *Les Porteurs de lumière. Péripéties de l'église chrétienne de Perse IIIe-VIIe siècle*, Paris, Plon, 1993, p.345。

9 参阅 Mohammad-Djavâd Mashkour，上文引用著作，第二卷，第 1324—1330 页。

10 伊斯兰教地区齐米的社会和司法条件，所谓齐米指的是非穆斯林，但属于《圣经》某一宗教的信徒，参阅 P. J. Vatikiotis, *L'Islam et l'État, au milieu du XIIIe siècle*, Paris, Gallimard, coll. «Le Débat», 1992; Bat Ye'or, *Le Dhimmi. Profil de l'opprimé en Orient et en Afrique du Nord depuis la conquête arabe* (textes réunis et présentés par Bat Ye'or), Paris, Anthropos, 1980。

11 这一伊朗与阿拉伯人之间最重要的战役已被大量描述和分析，甚至有分小时的详细讲述。参阅 Mohammad-Djavâd Mashkour，上文引用著作，第二卷，第 1308—1339 页；Nahal Tadjadod，上文引用著作，第 344—356 页；Nour Mohamad Asgari，上文引用著作；Hézar Salle, *Mille ans de hauts et de bas*, Los Angeles, Ketab Corp., 2014; Ebrāhim Pourdāvoud，上文引用著作；M. H. Taleghani，上文引用著作，以及 Rostam Farokhzad，上文引用著作，第十五卷，第四章，2014 年冬。

12 很多史学家说是三天，但我们没有采信。

13 参阅 Mohammad-Djavâd Mashkour，上文引用著作，第二卷，第 1333 页。

14 参阅 M. H. Taleghani，上文引用著作。

15 参阅 Mohammad-Djavâd Mashkour，上文引用著作，第二卷，第 1331 页。

16 参阅 Mohammad-Djavâd Mashkour，上文引用著作，第二卷，第 1339 页。还需要注意的是，在卡迪西亚一役战败之前，在阿布·巴克尔及其继任者统治下已经有很多阿拉伯权力意志的预警事件。事实上，伊朗国土上阿拉伯的成功侵袭和劫掠事件层出不穷。此外，当时伊朗的一些阿拉伯移民社团定期向哈里发汇报伊朗局势："国家已经没有人管理，这里乱作一团，一切都可轻松夺取。"（参阅 E. Pourdāvoud, 上文引用著作，第 369 页）。

17 大量被称为"没爹"的孩子由沦为阿拉伯人奴隶的伊朗妇女生下，他们被视为私生子、下等公民。（参阅 D. Redjaï, in *Azadi, mensuel culturel publié aux États-Unis*, n° 91, 2017, p.36）。

18 参阅 Mostafa el-Abbadi et Omnia Mounir Fathallah, *What Happened to the Ancient Library of Alexandria ?*, Leyde, Brill, 2008, p.214-217。

19 参阅 Abdollah Razi, 上文引用著作，第 100 页。参阅 Ehsan Yarshater, *The History of al-Ṭabarī* (40 vol.), «Suny series», in Near Eastern studies, Albany, New York, State University of New York Press, 1985-2007; M. G. Morony, «Bahar-e-Kesra», *Encyclopœdia Iranica*, 1988, vol. III, fasc. 5, p.479。

20 参阅 Nahal Tadjadod, 上文引用著作，第 346—347 页。

21 参阅 Parvaneh Pourshariati, *Decline and Fall of the Sassanian Empire*, Londres, I. B. Taurus and Co Ltd, 2008, p.469。

22 参阅 *Histoire du peuple iranien*, t.II, p.26。

第九章
存活

1 这一表达来自伊朗史学家 Abdul Hossein Zarine-Koub。

2 对于这一相对混乱的时期，除了以上引用的个别文献资料以外，请参阅 Mohammad Djâvâd Mashkour, 上文引用著作，第二卷，第 1409—1455 页；Abdollah Razi, 上文引用著作，第 130—163 页；Abdul Hossein Zarine-Koub, 上文引用著作，第二卷，第 12—94 页……以及 Zabihollah Safa, *Histoire de la littérature iranienne*, 2ᵉ éd., Téhéran, Amir Kabir, 1978, p.4-9；Taghi Nasr, 上文引用著作，第 227—255 页。

3 这一阿拉伯王朝将都城迁至大马士革，并在 661 至 750 年间统治整个阿拉伯穆斯林世界，随后从 776 至 1031 年迁都至科尔多瓦并统治西班牙。该王朝的开国国王穆阿威叶拒绝承认先知穆罕默德的堂弟和女婿阿里为哈里发，并建立了一个专制、世袭的君主制度。

4 参阅 Tabari, *La Chronique*, vol. II, «L'Âge d'or des Abbassides», Arles, Actes Sud, 2001。

5 根据 Mashkour（上文引用著作，第 1433 至 1445 页）的研究，很多知名的伊朗家族或世系都是这些移民的后裔，如：Khazaï、Alam、Khozaymeh、Cheybani、Arabe-Cheybani、Ach'âri、Ghaffari、Basseri 等家族。

6 根据一个无法验证的传奇故事，他曾与伊嗣俟三世的女儿结亲，二者的后代产生了伊玛目的世系。

7 参阅 Yves Bomati, «La renaissance d'une nation», in *L'Iran, de la Perse des shahs à la république islamique, Le Figaro Histoire*, avril–mai 2018。

8 参阅 Hossein Ali Momtahem, *Néhzar Cho'oubieh, mouvement Cho'oubieh*, Téhéran, 1974。需要注意的一个很有趣的现象是，十四个世纪后，知识文化界对胜利的伊斯兰主义的众多反应都与这些文章的观点颇为相似。（参阅 Abdollah Razi 上文引用著作，第 154 页及后页；Nasr, 上文引用著作，第 241—251 页；Mohammad Djâvâd Mashkour, 上文引用著作，第 1453—1456 页；等等）。

9 关于这一思想运动，请参阅 Hossein Ali Momtahem, 上文引用著作。

10 参阅 Abdollah Razi, 上文引用著作，第 143 页及后页。

11 参阅上文，第七章"返本还源"。

12 在 Abdul Hossein Zarine-Koub 看来（上文引用著作，第二卷，第 65 页及后页），像哈希姆一样，他主要属于摩尼教。

第十章
伊朗的政治复兴

1 参阅 Zabihollah Safa, 上文引用著作，第 6 页。

2 参阅 William Muir, *The Caliphate, its rise, decline and fall*, The Elibron Classics, chap. LIX–LXII; Tabari, 上文引用著作。

3 参阅 Abdul Hossein Zarine-Koub 上文引用著作，第二卷，第 44 页。

4 参阅 James Darmesteter, *Le Mahdi, depuis les origines de l'islam jusqu'à nos jours*, Paris, Éd. Ernest Leroux, 1885, p.43。

5 这些自发、无组织的起义鲜为人知，古代编年史作者和史学家也仅做了简短叙述。

6 参阅上文，第七章"返本还源"。

7 哈伦·拉希德（Haroun-ar-Rachid 或 Haroun-al-Rachid）生卒年：766 至 809 年，于 786 年成为哈里发。

8 他的陵墓——一座较为宏大的建筑，仍留存于此地。

9 哈伦·拉希德于 781 年与曼苏尔的孙女左拜德结婚，在这位当时最有影响力的女人的推动下，阿明成为哈里发继承人，尽管他在马蒙之后出生。

10 她名叫玛拉吉尔，是一个伊朗女奴。

11 是否真如 Abdollah Razi（上文引用著作，第 164 页）所写，这是为了让他远离政权核心？

12 鉴于 Abdollah Razi（上文引用著作）没有排除这种可能性，史学家 Mohammad Ebrahim Bastani Parizi (*Yakoub Leyss*, Téhéran, Tchakameh, 4e éd., p. 247) 认为，他是被哈里发赐给他的一个美貌的女奴毒死的。

13 参阅下文，第十一章"伊朗的'文艺复兴'"。

14 参阅 Abdul Hossein Zarine-Koub, 上文引用著作，第二卷，第 103 页。

15 其父名叫莱伊斯，因此他的全名为叶尔孤白·伊本·莱伊斯·萨法尔（Ya'qûb ben Leyss as-Saffâr，其中莱伊斯也有 Layth 写法）。

16 参阅 Mohammad Ebrahim Bastani Parizi，上文引用著作，第 103—125 页，具有参考价值的叶尔孤白传记的作者。

17 有关这一时期，我们可以特意阅读 Hassan Khoub-Nazar 教授的著作（上文引用著作，第 65—101 页）。在这一章，作者不仅描述了叶尔孤白在省内的军事进展和他对设拉子的征服，还讲解了他的生平经历、艾亚尔的组织、他们的规章和他们的献身精神。其中还包括一份对此主题十分全面的参考书目。

18 参阅 Hassan Khoub-Nazar, 上文引用著作，第 77 页中没收财宝的完整清单。

19 参阅 Mohammad Ebrahim Bastani Parizi, 上文引用著作，第 200 页。

20 参阅 Zabihollah Safa, 上文引用著作，第 15 页。

21 他的坟墓很可能就是"但以理陵墓",位于阿瓦士附近,留存至今并受到朝圣者的探访。

22 参阅 Zabihollah Safa,上文引用著作,第 57 页。

23 参阅"返本还源"一章。

24 里海周围的地区。

25 位于厄尔布尔士山脉以北和里海以南的省。

26 参阅 Abdul Hossein Zarine-Koub,上文引用著作,第二卷,第 148 页。参阅 Janine 和 Dominique Sourdel, *Dictionnaire historique de l'islam*, Paris, PUF, 2004, article «Bouyides», p.166–168。

27 他于 950 年去世。

28 伊朗人习惯将白益王朝族人称为德莱木人,因他们来自德莱木地区。

29 他的名字有多种拼法,包括:Subuktugîn、Sabuktagin、Sebuk Tigin。他可能生于 942 年前后,死于 997 年。参阅下文详细描述。

30 根据其他资料,他可能于 936 年 9 月 24 日生于伊斯法罕(参阅 Ch. Bürgel 和 R. Mottahedeh, «ʿAzod-al-Dawla [archive]», 线上 *Encyclopædia Iranica*)。

31 参阅 Abdollah Razi,上文引用著作,第 187 页。

32 参阅 Abdul Hossein Zarine-Koub,上文引用著作,第二卷,第 433 页。

33 这一什叶派埃米尔王朝(890—1004 年)发祥于美索不达米亚东部,并曾统治从伊拉克北部至叙利亚的地区。其都城先后位于摩苏尔和阿勒颇。参阅 Thierry Bianquis, Pierre Guichard, Mathieu Tillier (dir.), *Les Débuts du monde musulman (VIIe–Xe siècle). De Muhammad aux dynasties autonomes*, Paris, PUF, coll. «Nouvelle Clio», 2012。

34 参阅下文,第十二章"政治恐怖主义的发明:哈桑·萨巴赫和'阿萨辛'"。

35 参阅上文"埃兰王国及其文明"。

36 根据一位伊朗史学家 Firishta 的论述,他可能死于 975 年,他的一个儿子随后继承了王位,统治至 977 年,随后苏布克特勤才继承王位,并创建了加兹尼王朝。

37 参阅上文。

38 参阅 Claude Cahen, «La campagne de Mantzikert d'après les sources musulmanes», dans *Byzantion* 9, 1934, p.613–642。

39 参阅 R. Scott Peoples, *Crusade of Kings*, Rockville, Maryland, Wildside Press LLC, 2008, p.13。

40 他的重要著作《政治之书》已翻译成法语：Nizam-Al-Mulk, *Traité de gouvernement*, 译者 Charles Schefer (1891)，由东方学家 J.-P. Roux 1984 年于巴黎 Sindbad 出版社再版。被视为那个时期波斯散文的杰作，这部书中还包含了对伊斯玛仪派意识形态和哈桑·萨巴赫所持立场的暗讽。

41 参阅"政治恐怖主义的发明"一章。

第十一章
伊朗的"文艺复兴"

1 参阅 Horace, *Lettres*, II, 1, v.156: «*Graecia capta ferum victorem cepit et artis intulit agresti Latio*»（"被征服的希腊征服了她粗野的战胜者，并向蛮荒的拉丁人之地送去了艺术"）。

2 参阅 Gilbert Lazard, «Les origines de la poésie persane», *Cahiers de civilisation médiévale*, 14ᵉ année (n° 56), octobre–décembre 1971, p.305–317; 参阅 Mohammad Taghi Bahar, Nalek-ol-Choara, *Histoire de l'évolution de la poésie persane (Sabk Chénassi)*, Téhéran, Éd. Parastoy, t. I, p.19–25。

3 达利（Dari）一词可能源于"dar（门）"，即都城或宫廷。

4 参阅 Gilbert Lazard，上文引用著作，第 308 页。

5 今天达利语主要在阿富汗使用。

6 参阅 Gilbert Lazard，上文引用著作，第 306 页："安息吟游诗人长期都保持着崇高的声誉。"

7 参阅 Gilbert Lazard，上文引用著作，第 310 页。

8 参阅 Marie Boyce, *The Manichaean Hymn-Cycles in Parthian*, Londres, Oxford University Press, 1954; «the Parthian *gosan* and Iranian Minstrel Tradition», *Journal Royal Asiatic Society*, 1957, p.10–45。

9 参阅 Ehsan Yarshater, «La renaissance iranienne et l'essor de la langue et de la littérature nationales», in La Commission internationale de l'histoire de l'humanité (éd.): *Histoire de l'humanité*, Paris, Unesco, 2008, p.652–665。

10 参阅 A. Keyhani-Zadeh，上文引用著作。

11 参阅 Jules Mohl, *Le Livre des Rois par Abu'l Kassim Firdousi*, Paris, Imprimerie nationale,

1876, t.I, Préface。

12 参阅 Émile Benveniste, *Journal asiatique*, t.I, 1932, p.293, 由 Gilbert Lazard 引用，上文引用文章，第 311 页。

13 阿拉伯以八音步组成的十六种音律中的一种，被伊朗人借鉴使用。

14 鲁拜（rubaï，四行诗）。

15 参阅 Abou'l Kasim Firdousi, *Le Livre de Feridoun et de Minoutchehr, rois de Perse d'après le Shâhnâmeh*,（序言与翻译 Jules Mohl），1876, p. 9–12. (https://fr.wikisource.org/wiki/Le_Livre_de_Feridoun_et_de_minoutchehr)。

16 关于菲尔多西的传记，请参阅 Yves Bomati 和 Houchang Nahavandi 所著《伊朗历代伟人》(*Les Grandes Figures de l'Iran*)，上文引用著作，"菲尔多西（930-1020），伊朗记忆中的诗人"一章，第 121—131 页。

17 也有少数例外，如古尔冈尼和内扎米的爱情小说，但这也进一步证实了文中的结论。

18 于是夺权篡位的恶魔佐哈克"必然"是阿拉伯人，伊朗民族对他的滔天罪恶奋起反抗，铁匠卡维扮演了人民领袖的角色……

19 参阅 Joseph Santa-Croce, *Courrier de l'Unesco*, 24e année, n° 10, octobre 1971。

20 参阅 Zabihollah Safâ, *Anthologie de la poésie persane*, Paris, Gallimard/Unesco, coll. «Connaissance de l'Orient», éd. 2003 (1re éd. 1964), p.70–83……

21 参阅 Farid od-din Attâr, *Le Cantique des oiseaux*，翻译 Leili Anvar, Paris, Diane de Selliers, 2016, 第 373 页。

22 参阅 Franz Toussaint, *Rubaiyat de Omar Khayyam*（由波斯语译成法语，Paris, L'édition d'art Henri Piazza, 1924）。

23 参阅 Zabihollah Safâ, «Égarement», 上文引用著作，第 198 页。

24 参阅 Al-Khwârizmî, *Le Commencement de l'algèbre*,（翻译 Roshdi Rashed），Paris, A. Blanchard, coll. «Sciences dans l'histoire», 2007。

25 法拉比是一位伟大的伊朗哲学家，生于伊朗西北部，卒于叙利亚大马士革。他曾对柏拉图的《理想国》撰写了一部论述，并著有《柏拉图法义概要》。

26 关于阿维森纳的生平传记和诸多成绩，请参阅 Yves Bomati 和 Houchang Nahavandi,《伊朗历代伟人》(*Les Grandes Figures de l'Iran*)，上文引用著作，"阿维

森纳,哲学家医师"一章,第133—149页。

27 参阅 Saïd Nafissi (*Pour-é-Sina. Sa vie, son œuvre, sa pensée et son temps*, Téhéran, Danéch, 1981, 3ᵉ édition),作者在书中将从书信、诗歌、说明书到《医典》这样的学科创立典籍在内的456件"作品"归于阿维森纳的名下。Zabihollah Safa 教授则在庆祝阿维森纳诞辰一千年之际盘点了238篇著作和长文,并趁此机会将清点结果出版(Téhéran, Association pour la protection du patrimoine national, 1954)。

28 参阅 Henry Corbin, *Avicenne et le récit visionnaire*, Paris, Verdier, coll. «Islam spirituel», 1999。

29 我们在这里并非是要讲述那一时期的波斯文学史。但我们还是在前述的诗人名单上加上伊拉基(Araghi)、雅米(Djami)、乌哈迪(Ohadi)、欧玛姆(Omam),以及乌贝德·查康尼(Obeyd Zakani)——众多讽刺诗人中的一个。还不应忘记最早以部长和政治家身份知名的阿巴·马利克·乔韦尼(Aba-Malek Djoveyni),身为史学家的拉施德丁(Rachid-ol-Din Fazlollah)和瓦萨夫(Vassaf),以及身为地理学家的哈马达拉·穆斯陶菲(Hamdollah Moostofi)等。

第十二章
政治恐怖主义的发明:哈桑·萨巴赫和"阿萨辛"

1 伊朗人称之为 Hassan-é-Sabbah。

2 参阅 Jafar Jamshidian, *The History of Ismailis, Assassin Hassan Sabbah*, en persan, 444 pages, publié aux États Unis, sans nom d'éditeur, 2014, p.14。

3 参阅上文,第九章"存活"。

4 原籍库尔德斯坦的撒拉丁曾协助他的叔叔夺取了埃及政权,并在三十二岁时继承叔叔王位成为维齐尔。在统一了埃及和叙利亚后,他向驻扎在巴勒斯坦的十字军发起进攻,并于1187年在对天主教徒的战斗中取得了决定性的胜利。他创建了阿尤布王朝。

5 我们在这里无法悉数列举有关伊斯玛仪运动及其教义的全部资料和研究著作。最新的研究成果中包括:Farhad Daftari, *Les Ismaéliens. Histoire et traditions d'une communauté musulmane*(由 Zarien Rajan-Badouraly 从英语译为法语), Paris, Fayard, 2003;Jafar

Jamshidian, 上文引用著作；Nour Mohammad Asgari, *La vie et l'humanité,Otages de l'idéologie*（波斯语）, Los Angeles, Éd. Ketab Co, 2016；Karim Kechavarz, *Hassan Sabbah*, Téhéran, Éd. Ebné-Sina, 1996。

6 我们这一段所阐释的内容汲取了 Jafar Jamshidian（上文引用著作，第 345 页及后续页）等人研究的一些观点。

7 根据某些作者的评述，德鲁兹派是伊斯玛仪教派的一个分支，除它以外还有卡尔玛特派、尼查里派等其他分支。德鲁兹派主要分布于黎巴嫩南部、叙利亚南部、戈兰高地和以色列。

8 参阅 Nour Mohammad Asgari, 上文引用著作，第 55—56 和 58—59 页。

9 参阅 Francisque Oeschger, *Géo-Histoire*, octobre-novembre 2017。

10 某些作者提出他生于更偏南边的库姆，这个什叶派的圣城。但据 Farhad Daftari 看来，这一观点没有得到史学界多数人的确证。

11 阿塔·马里克·志费尼和拉施丁德二人都是逊尼派，且非常反感伊斯玛仪派教义及其"渎神的学说"。两个世纪后，在攻占阿剌模式堡时，阿塔·马里克受蒙古可汗之命对城堡内的庞大图书馆进行盘点，并因此接触到了哈桑·萨巴赫亲笔撰写的传记笔记。

12 参阅 M. J. J. Marcel, *Égypte, depuis la conquête des Arabes jusqu'à la domination française*, Paris, Firmin Didot, 1848, p.108 sq。

13 参阅上文，第十一章"伊朗的'文艺复兴'"。

14 参阅 Mohammad Ali Foroughi 对海亚姆《鲁拜集》所作序言，*Rubaiyat Khayyâm*, Téhéran, Éd. Donyaye Kébab, 无日期，第 2—4 页；参阅 Karim Kechavarz（上文引用著作，第 54—57 页），书中对这段故事进行了叙述，但对真实性表达了较少的怀疑；参阅 Jafar Jamshidian（上文引用著作，第 186—188 页），本文则更偏重于指出这段故事的不可信之处，认为是为取悦读者而杜撰的。

15 参阅 Karim Kechavarz, 上文引用著作，第 82—86 页。

16 这一传奇在很大程度上是通过著名的威尼斯旅行家马可·波罗（1254—1324 年）于 1298 年口述的《马可·波罗游记》传到欧洲的。该书写于哈桑·萨巴赫历险开始的两个世纪以后，以当时伊朗流行的神话传说为素材。

17 参阅 Farhad Daftari 上文引用著作。

18 但在哈桑以后曾有过几次以占领战略要地为目的的传统战役。

19 该地区与加兹温城距离 35 公里。

20 该日期摘自 Jafar Jamshidian 的上文引用著作，第 193 页。

21 关于阿刺模忒城堡内部伊斯玛仪信徒的日常生活，参阅 Bernard Lewis, *Les Assassins. Terrorisme et politique dans l'islam médiéval*（由 Annick Pelissier 从英语译为法语）, Paris, Berger-Levrault, coll. «Stratégies», 1982；参阅 Vladimir Bartol, *Alamut*, 斯洛文尼亚语 – 法语翻译 Claude Vincenot, Paris, Phébus, 1988；参阅 Amin Maalouf, *Samarcande*, Paris, JC Lattès, 1988；参阅 Fereidoun Sahebjam, *Le Vieux de la montagne*, Paris, Grasset, 1995。

22 波斯语中"菲达伊（fedaï）"的复数形式。

23 也有人说这一情节发生在哈桑的一位继任者与前来拜访的十字军使者——香槟伯爵亨利二世（1192—1197 年耶路撒冷国王）见面时。但这种说法不太可能，因为与马立克沙相反，后者的信使并非以威胁的敌对身份前来。参阅 René Grousset, «Saint-Louis et les alliances orientales», Annexe, in *L'Épopée des croisades*, Paris, Perrin, coll. «Tempus», 2002, p.313。

24 我们翻译时尽量贴近这封信本来的风格。

25 参阅上文，第十章"伊朗的政治复兴"。

26 直译。这段波斯语的文字，用词精练，笔锋犀利，值得一提。

27 参阅 N. M. Asgari，上文引用著作，第 94 页，引用了多种文献资料。

28 参阅马可·波罗，上文引用著作，第 69—71 页。

29 有关十字军在中东活动的研究数勒内·格鲁塞（René Grousset）的最为全面系统，请参阅 René Grousset, *Histoire des croisades et du royaume franc de Jérusalem*, 3 tomes, 1934-1936, Paris, Plon, 1934；再版 Perrin, 1991；和 *L'Épopée des croisades*, Paris, Perrin, coll. «Tempus», 2002，这段引文从本书摘录而来，第 312 页。

30 参阅 Karim Kechavarz，上文引用著作，第 221—222 页。参阅 M. G. S. Hodgson, *The Order of Assassins*, La Hague, 1955, p.78, 99-120。

31 当驻守阿刺模忒的众人听说对该哈里发的袭击获得成功，他们的庆祝活动持续了七天。

32 参阅 René Grousset, *L'Épopée des croisades*，上文引用著作，第 230 页。

33 参阅 Francisque Oeschger，上文引用文章。

34 参阅 Nour Mohammad Asgari，上文引用著作，第 65 页。

35 参阅 Karim Kechavarz，上文引用著作，第 223—224 页。

36 人们传说并有记载他活到了一百岁。事实上，这只是一种修辞，一百岁表示极其高龄。

37 其王子的头衔（殿下）是由伊朗末代沙王穆罕默德·礼萨·巴列维授予他祖父的。阿迦汗家族同时拥有伊朗国籍，因为据推测，他们的家族源自伊朗。无论如何，当前阿迦汗的曾祖母是一位卡扎尔公主。

第十三章

蒙古"灾祸"

1 对于花剌子模沙王阿拉乌丁·摩诃末在蒙古灾祸的前因及其悲剧后果中所应承担的责任，最近两个世纪的伊朗史学家都没有掩盖，而是以一种谨慎的口吻进行讲述。

2 对于这一悲剧，我们掌握曾亲历这些事件或生活在事件发生之后几年的编年史作家的直接证词和讲述记录，他们中包括：阿塔·马里克·志费尼、雅古特·哈迈维……

3 他似乎是在狩猎时从马上跌下而死：参阅 Jean-Paul Roux, *Gengis Khan et l'Empire mongol*, Paris, Gallimard, coll. «Découvertes», 2002, chap.I. 西夏王朝起源于四川一带，在 1032 至 1227 年之间占据今天中国的一部分地区，随后在成吉思汗的绞杀下灭亡。

4 逊尼派穆斯林四大教法学中的两大学派。

5 参阅上文"政治恐怖主义的发明"。

6 参阅 Abdollah Razi，上文引用著作，第 320 页。

7 旭烈兀是佛教徒，他的第一位妻子（据称影响力很大）是基督徒。

8 多名幸存者得到了埃及马穆鲁克苏丹的收留。二十一位只拥有单纯荣誉身份和理论上宗教头衔的哈里发将相继继位，直到 1517 年该国被奥斯曼王朝所灭。

9 他的陵墓——一座设计新颖的宏伟穹顶建筑，位于德黑兰以西的加兹温与赞詹之间，作为那一时期的建筑杰作，始终是当地吸引游客的一个重要观光点。

10 参阅 Hassan Khoub-Nazar，上文引用著作，第 199—338 页。

11 关于这一段中的细节，请参阅 Hassan Khoub-Nazar 上文引用著作，第 495—499 页。

12 参阅 Hassan Khoub-Nazar，上文引用著作，第 496 页。

13 他曾居住过的那栋大别墅在伊斯兰革命前夕仍保存完好，在经过一些改造后，它变成了该省省长的府邸。

14 从 1368 至 1644 年统治中国的王朝，共有二十位皇帝。

15 哈萨克斯坦的南部城市，位于锡尔河畔。

16 参阅 Taghi Nasr 上文引用著作，第 333 页。

17 参阅下文，第十四章"一个新王朝的崛起：从宗教到政治"。

第四卷
萨非黄金时代

第十四章
一个新王朝的崛起：从宗教到政治

1 参阅 Jean Aubin, «Shaykh Ibrâhim Zâhid Gilâni (1218?-1301)», *Turcica*, 21-23, 1991, p.39-53。

2 对于萨菲·丁的社会出身和显赫祖先，请参阅 Ahmad Kasravi, *Sheikh Safi et son origine*, Téhéran, 1928; Matti Moosa, *Extremist Shiites. The Ghulat Sects*, New York, Syracuse University Press, 1988, le chapitre «The Safawis and Kizilbash», p.23 sq., 其中转述了另一位无名作家的著作 *History of Shah Ismaïl* 中的情节。

3 参阅 Ahmet Zeki Togan (*Sur l'origine des Safavides. Mélanges Massignon III*, Institut français de Damas, 1957, p.356), 该书将他的家世追溯到库尔德人卑路斯。

4 参阅 Matti Moosa 上文引用著作，第 23 页。

5 参阅 Ahmad Kasravi 上文引用著作；参阅 Matti Moosa 上文引用著作，第 25 页。

6 参阅 Yves Bomati, «En quoi la conversion au chi'isme est-elle déterminante pour le nouvel empire iranien?», *Le Figaro-Histoire*, avril-mai 2018, n° 37, 第 59 页："伊朗什叶派建立在对

十二伊玛目的信仰上，其'十二伊玛目派'便如此得名。一系列伊玛目的更替于873年因穆罕默德的消失（'隐遁'）中断，第十二位伊玛目仍然在世但隐藏起来，并将在某天重新降临，使和平与正义充满人间。这便是马赫迪，'隐遁的伊玛目'或时间之主。而占今天穆斯林世界85%的逊尼派则遵守《古兰经》和'圣行'的教导，后者指的是各个'圣训'中收录的传统习俗，其中记载了先知及其弟子的言论。在逊尼派看来，伊玛目不是什叶派眼中的向导，而仅是一个《古兰经》的诵读者和评论者。"

7 参阅 Yves Bomati et Houchang Nahavandi, *Shah Abbas, empereur de Perse, 1587-1629*, Paris, Perrin, 1998, Annexe 2, p.272。

8 德·巴罗斯（死于1570年）是《亚洲十年》的作者。他在这里犯了一个错误，伊玛目并不都是侯赛因的儿子，同样地，祝奈德也并非哈杰·阿里之子。

9 祝奈德——哈杰·阿里的曾孙而不是他的儿子，仅在他们标记性的帽子（塔基）上添加了红色，奇兹尔巴什（"红头"）便由此得名。

10 参阅上文，第十三章"蒙古灾祸"。参阅 Yves Bomati 和 Houchang Nahavandi，上文引用著作，附录2，第273页。

11 参阅 Matti Moosa，上文引用著作，第29页。

12 这一拜庭王朝从1057至1059年和1081至1185年统治君士坦丁堡。在拉丁人攻占该城市后，这一王朝创建了特拉比松德帝国，他们将在此统治到1461年突厥人征服该国。

13 参阅 Iskandar Beg Munchi, *Tarikhé, Alam Arayé Abbassi*, Téhéran, 1950（该版重现了阿拔斯沙同时代的这位作者的原文）。

第十五章

第一个什叶派国家的建立：权力间的艰难平衡

1 参阅 Hasan Beg Rumlou, *Ahsan al-tavarikh*, Téhéran, Éd. ʿAbd-al-Ḥosayn Navāʾi, 2 vol., 1349-57 Š./1970-78, t.II, p.12-13（编辑和翻译 C. N. Seddon: *A Chronicle of the Early Safawis*, Baroda, India, 1931-34）。

2 参阅 Ghulam Sarwar, *History of Shah Isma'il Safawi*, Aligarth, Muslim University, 1939;

AMS Press New York, 1975。

3 参阅 *Œuvres poétiques de Shah Ismaïl (Divan Esmail Katai)*, Naples, 1959, p.129。伊斯玛仪，"有罪之人"（卡泰）在七至十二岁间编写。

4 巴耶济德二世，1481 至 1512 年在位的奥斯曼帝国苏丹，他于 1512 年被他的儿子塞利姆一世的禁卫军废黜，后者是日后苏莱曼大帝的父亲。

5 参阅 Jean-Louis Bacqué-Grammont, «Études turco-safavides I: Notes sur le blocus du commerce iranien par Selim Ier», *Turcica*, 6, 1975, p.68-88。

6 参阅 Yves Bomati, «Le grand affrontement avec les sunnites», *Le Point*, n° 2364-2365, 21-28 décembre 2017, p.187。

7 参阅 Aurélie Chabrier, *La Monarchie safavide et la modernité européenne (XVIe-XVIIe siècle)*, Université Toulouse le Mirail-Toulouse II, coll. «Histoire», 2013, p.232。

8 在 Jean Aubin 上文引用文章，和 Aurélie Chabrier 上文引用著作第 233 页及后续页中，可以找到权力更迭之间的这一时期，有关奇兹尔巴什部落间斗争的所有信息。

9 参阅 Iskandar Beg Munshi，上文引用著作，第一卷，第 93 及随后页。

10 苏莱曼大帝控制了巴尔干各国，于 1521 年攻占贝尔格莱德，1522 年夺取罗得岛，1526 年大败匈牙利并进入都城布达。他在即将攻占维也纳城时收兵撤退。

11 参阅 Ferouzeh Nahavandi, *Apparition et évolution du chi'isme en Iran: la question de la sécularisation*, 25 septembre 2017："从宗教角度看，从 17 世纪起，宗教人员分为两派。一派是阿赫巴尔学派，他们主张神职人员的义务是传授先知和伊玛目的传统，不应加入个人的评论和解释；另一派乌苏勒学派则认为在隐遁的伊玛目缺席的情况下，最有资格的神职人员应该有权代表他。"

12 关于《圣训》及其制造，参阅 Ch. Chafa, *Tozinolmassail* (Explication des problèmes), Paris, 1983。《圣训》是对先知的事迹和传统的总结。根据《古兰经》的版本，共有 40 至 1,600,000 条。《圣训》的编写被称为"发现"，且是一种古老的传统。

13 该公司出现于 14 世纪。

14 参阅 Morgan Edward Delmar, Charles Henry Coote, *Early Voyages and Travels to Russia and Persia by A. Jenkinson and other Englishmen, with some Account of the First Intercourse of the English with Russia and Central Asia by Way of the Caspian Sea*, 2 vol., Londres, Hakluyt society, 1886。

15 塔赫玛斯普监督编辑了以诗人菲尔多西的作品《列王纪》为蓝本的一部举世闻名的波斯手抄本，其中包含 258 幅细密画插图。

16 参阅 Yves Bomati 和 Houchang Nahavandi，上文引用著作，附录 2，第 284—285 页。这一故事的真实经过与 17 世纪法国的让·拉辛改编的作品相去甚远。

17 参阅 Iskandar Beg Munshi，上文引用著作，第 307—308 页。

18 参阅 Manuchehr Parsadust («Parikan Khanom», *Encyclopædia Iranica*, 2009)，作者似乎认为他是被帕里汗·哈努姆毒死的。

19 他的军力更有可能为 60,000 人和 300 门火炮。

20 我们的信息来源是 Iskandar Beg Munshi（上文引用著作，第一卷，第 250 页）。

21 1 帕勒桑 =5.6 公里。

第十六章
一种全新治国方略的问世：沙王阿拔斯一世的君主专制

1 一些人提出谋杀是在 8 月 3 日于沙赫鲁德完成的。我们不禁将其与路易十三当政时期权倾朝野的康西诺·孔奇尼的谋杀相提并论。后者作为法国元帅，曾是临朝称制的玛丽·德·美第奇的宠臣。他对后者的巨大影响力为他引来年轻国王路易十三及其朝臣的敌视，并使其于 1617 年 4 月 24 日遇刺身亡。

2 他也是伊斯玛仪一世的曾孙，伊斯玛仪一世本身是白羊王朝一位首领和特拉比松德帝国皇帝的后代。至于他的外祖父，马赞德兰省势力强大的可汗，是阿里（穆罕默德的堂弟）战友的后代。如此，他体内流淌的是萨非王朝、库尔德与穆罕默德后人的血。

3 参阅 Aurélie Chabrier，上文引用著作，第 304 页。

4 参阅上文，"政治恐怖主义的发明"一章。

5 这个词在波斯语中的意思是"道路守护者"。参阅 Jean-Baptiste Tavernier (*Les Six voyages en Turquie et en Perse*, 2 vol., FM., Paris, La Découverte, 1981)，其中这个词的拼写是 *rhadar* 而不是 *rahdar*。

6 后者负责法庭的裁判权和宗教与学校财产的管理。

7 对于亚美尼亚人向伊朗迁居的历史，请参阅 Yves Bomati, Houchang Nahavandi,

上文引用著作，第 101—106 页。

8 参阅前文，第三章"'历史上第一份人权宣言'"。

9 参阅 Assadullah Souren Melikian-Chirvani, *Le Chant du monde. L'art de l'Iran safavide 1501-1736*, «Les Arméniens d'Ispahan», Paris, Musée du Louvre, 2007, p.140–141。

10 这座敬献给圣救世主的教堂名为"凡克（vank）"。

11 当亚美尼亚人于 1717 年在圣拉扎罗岛上建起一座迈奇塔尔会（迈奇塔·塞巴斯特）修道院时，他们将与威尼斯从 18 世纪开始建立特殊关系。

12 他将教宗的一位使节——达太神父视为亲信和朋友。

13 参阅 Gérard Tongas, *L'Ambassadeur Louis Deshayes de Courmenin (1600–1632). Les relations de la France avec l'Empire ottoman, le Danemark, la Suède, la Perse et la Russie*, Paris, Paul Geuthner, 1937。

14 参阅 *Relation du voyage de Perse*, Paris, Chez Nicolas et Jean de la Coste, 1631。

15 要获得对伊斯法罕更完整的描述，请参阅 Yves Bomati et Houchang Nahavandi, *Shah Abbas, empereur de Perse*，上文引用著作，第 184—226 页。还请参阅 Yves Bomati, «Shah Abbas», *Le Figaro-Histoire*, avril–mai 2018, n° 37，我们从中摘录了一些段落。

16 参阅 Abraham de Wicquefort, *L'Ambassadeur et ses fonctions*, La Haye, Veneur, 1682。

17 参阅 Taghi Nasr，上文引用著作。

18 参阅 Rudi Matthee, *Persia in Crisis, Safavid Decline and the Fall of Ispahan*, Londres, I. B. Tauris, «International Library of Iranian Studies», 17, 2011。

19 这个当前受到质疑的词是由 Laurence Lockhart (*The Fall of the Safavid Dynasty and the Afghan Occupation of Persia*, Cambridge, Cambridge University Press, 1958) 提出的。

20 正如 Rudi Matthee 在上文引用著作第 13 页写道："将伊朗首个现代民族国家套用这个词今天的意思去理解显然是不合时宜的。"

第十七章

萨非王朝的传承、没落和覆灭

1 瓦基里一职本已由沙王阿拔斯在 1587 年清除了莫切德·戈利汗后撤销。

2 参阅 Adam Olearius, *Relation du voyage de Moscovie, Tartarie et de Perse, fait à l'occasion d'une ambassade envoyée au Grand-Duc de Moscovie et au Roy de Perse, par le Duc de Holstein, depuis l'an 1633, jusques en l'an 1639*，由居住于勃兰登堡的亚伯拉罕·德·威克福（Abraham de Wicquefort）从德语翻译而来。两封曼德尔斯洛（Mandeslo）有关他印度之行的信函。出版：Paris, G. Clouzier, 1656。

3 参阅下文，第二十章第二节"十四年的停滞"。

4 参阅 *Raphaël du Mans, missionnaire en Perse au XVIIIe siècle*，拉丁语 – 法语翻译 Francis Richard, 2 vol., Société d'histoire de l'Orient, Paris, L'Harmattan, 1995。

5 参阅 Jean-Baptiste Tavernier 上文引用著作，第 576—577 页；参阅 Rudi Matthee, *The Pursuit of Pleasure. Drugs and Stimulants in Iranian History, 1500–1900*, Princeton University Press, 2005, p.54。

6 参阅 Willem M. Floor, «The Rise and Fall of Mirza Taqi, the Eunuch Grand Vizier (1043-55/1633-45) Makhdūm al-Omarā va Khādem al-Foqarā», *Studia Iranica*, 26, 1997, p.255。

7 参阅 Willem M. Floor 上文引用著作，第 258 页。

8 沙·尼玛图拉·瓦里（1330—1421 年）是苏非派一个重要教团"尼玛图拉希"的创立者。他的陵墓位于克尔曼几公里处，被当作伊朗后伊斯兰艺术最美的历史建筑之一。

9 参阅 Ch. de Tours Picault, *Histoire des révolutions de Perse pendant la durée du dixhuitième siècle de l'ère chrétienne*, 2 vol., Paris, 1810, vol.1, p.180。

10 米尔扎·穆罕默德·马赫迪留任此职直到 1669 年，即阿拔斯二世去世三年后。

11 这一苏非思潮推崇苦行和全面自由。它不承认教权和政权，也不遵守"伊斯兰教法"，且允许饮酒和吸食鸦片。

12 参阅 Nicolas Sanson, *Estat present du royaume de Perse*, Paris, 1694;（翻译 John Savage: *The Present State of Persia: A Faithful Account of the Manners, Religion and Government of that People*），Londres, 1695, p.5。

13 塔维涅（Tavernier）和夏尔丹（Chardin）提供的信息。

14 参阅 Anne Kroell (éd.), *Nouvelles d'Ispahan, 1665-1695*, Paris, 1979, p.30-31。

15 参阅 Yves Bomati, «Comment évoluent les rapports du souverain et du clergé?», *Le Figaro-Histoire*, avril-mai 2018, n° 37, p.60。当前伊朗的伊斯兰政府很大程度上源于

"乌苏勒派"；参阅第 374 页第 11 条注释。

16 参阅 Rudi Matthee, «Blinded by Power: The Rise and Fall of Fath 'Ali Khan Daghistani, Grand Vizier under Shah Soltan Hoseyn Safavi (1127/1715–1133/1720)», *Studia Iranica*, 33, 2004, p. 179–220。

17 参阅 John Malcolm, *A History of Persia: From the Most Early Period to the Present Time*, 2 vol., Londres, 1815, cité in http://www.iranicaonline.org/articles/soltan-hosayn。

18 参阅 Thierry Sarmant, *1715, La France et le monde*, «La chute d'Ispahan», Paris, Perrin, 2014。

19 今天我们还可以参观当年发生这一惨剧的地方——背靠伊斯法罕大酒店的神学院花园。参阅 Laurence Lockhart, *The Fall of the Safavi Dynasty and the Afghan Occupation of Persia*, Cambridge, Cambridge University Press, 1958。

第十八章
"剑之子"和"好国王"

1 在给卡扎尔国王法特赫·阿里的一封信中如此写道，由 Iradj Amini 根据法国档案资料引用，参阅 *Napoléon et la Perse*, préface de Jean Tulard, Fondation Napoléon, Paris, Éd. du Félin, 2013, p.73。

2 参阅 Anoushiravan Keyhanizadeh 上文引用著作；Vladimir Minorsky（*Esquisse d'une histoire de Nader Chah*, Société des études iraniennes et d'art persan, Paris, 1934）则提供了 11 月 22 日这一日期。

3 参阅上文，第十章"伊朗的政治复兴"。

4 参阅 Michael Axworthy, *The Sword of Persia: Nader Shah, from Tribal Warrior to Conquering Tyrant*, Londres, I. B. Tauris, 2006。

5 当时由 Mohammad Hachem 撰写、Mohammad Mochiri 编辑（海盗出版社）的一部著作 *Rostam-ol-Tavarikh* 详细描述了这一场景。

6 印度一方的估算数字由 Minorski（上文引用著作）提供。对于米尔扎·梅德西汗，他在该战役的官方史料中记载，有三十万兵将、三千门火炮和两千头战象，再加上仆人和后勤人员，印度一方动员了近一百万人。伊朗一方，在兵将估算数字的基础上还要加上五千后勤人员和两千负责军营治安的警察。

7 参阅 Bahram Afrassiabi，上文引用著作，第 487 页。

8 参阅 Afsaneh Pourmazaheri, «Le musée des joyaux nationaux d'Iran, témoins historiques et artistiques inestimables», *La Revue de Téhéran*, n° 69, août 2011。

9 参阅 Foad Sabéran, *Nader shah ou la folie au pouvoir dans l'Iran du XVIIIe siècle*, Paris, L'Harmattan, 2013。

10 生于 1733 年，他在位时期为 1750 年至 1773 年。

11 关于卡里姆汗，请参阅 Abdollah Razi 上文引用著作；Hadi Hédayati, *Histoire de la dynastie Zend*, Université de Téhéran, 1953; Houchang Nahavandi, «*Karim Khan Zand*», *Le Figaro-Histoire*, n° 37, avril-mai 2018。

第五卷
面对现代化挑战的伊朗

1 关于整个卡扎尔统治时期，请参阅 Medhi Heravi, *Qadjarieh*, Washington, Ibex, 2014。

第十九章
在鲜血中重建的帝国：卡扎尔王朝的阿迦·穆罕默德汗

1 土库曼奇兹尔巴什的势力在阿夫沙尔和赞德王朝期间受到打击而缩减，但他们克服了这些风暴，使他们的网络保持了影响力。

2 南高加索的一个地区：阿塞拜疆以西、亚美尼亚以南，自小高加索一直延伸至阿拉斯河。

3 这个位于今天德黑兰东北 400 公里的城市现在名叫戈尔甘，它从 1997 年从属于戈勒斯坦省。

4 在所有有关卡扎尔王朝创建者的书目中，请参阅 Emineh Pakravan, *Agha Mohammad Ghadjar. Essai biographique*, Institut franco-iranien, 1953（Nouvelles éditions Debresse, 1963）和

Prince Ali Kadjar, *Les Rois oubliés. L'épopée de la dynastie kadjare*, Paris, Éditions n° 1, 1992。参阅我们的著作《伊朗历代伟人》中专门讲述阿迦·穆罕默德沙·卡扎尔的一章，第237—274 页。

5 他生于 1730 年，死于 1796 年。

6 参阅 *Les Grandes Figures de l'Iran*, p.240。

7 参阅 Prince Ali Kadjar 上文引用著作，第 28 页。这一仅切除睾丸的阉割使他仍可以与女性发生关系。

8 阿迪尔沙于 1749 年 5 月 20 日被杀。

9 他是马什哈德一位名叫米尔扎·达乌德的毛拉的儿子。

10 参阅 Hadi Hédayati 上文引用著作；参阅 William Marsden, Stephen Album, *Marsden's Numismata orientalia illustrata*, Attic Books, 1977, p.158。

11 沙鲁克被释放并派往他在呼罗珊的领地，在那里继续统治到 1796 年。

12 参阅 Richard Tapper, *Frontier Nomads of Iran: A Political and Social History of the Shahsevan*, Cambridge University Press, 1997, p.112。

13 所以他是阿迦·穆罕默德汗的侄子。

14 这一婚姻对加汗·苏兹的遗孀马赫黛·欧丽雅来说是个严酷的经历，她在第二任丈夫死后才透露后者拥有明显虐待狂人格的这一秘密（参阅 Prince Ali Kadjar 上文引用著作，第 49 页）。

15 参阅 Mohammad Hassan Tabelian, *L'Empire des roses. Chefs-d'œuvre de l'art persan du XIXe siècle*, 序言和指导 Gwenaëlle Fellinger, 合作者 Carol Guillaume, Gand, Éd. Snoeck, 和 Lens, musée du Louvre-Lens, 2018，第 10 页："在萨非王朝建立（1553 年）以前，德黑兰还是一个村镇，随后它逐渐成为一个城市，四周修筑了防御工事和四扇城门，城内建有一百一十四座高塔，五个城区分别叫作'乌德拉扬''桑吉拉什''查莱赫梅伊丹''大巴扎'，以及最重要的政府行政区'阿尔戈'。"

16 参阅 Tristan Chalon, *L'Eunuque. Récit de la Perse ancienne au XVIIIe siècle*, Paris, L'Harmattan, 2008。

17 参阅 Prince Ali Kadjar 上文引用著作，第 63 页。

18 英国作家 Sir Harford Jones Brydges（*An Account of the Transactions of His Majesty's Mission to the Court of Persia in the Years 1807-11*, Londres, Éd. James Bohn, 1834）曾在 1789

年见过他，并将他评价为"最具骑士风度的波斯国王"。

19 参阅上文第 17 章，第 8 条注释。

20 对于这段晦暗的历史，请参阅 Les Grandes Figures de l'Iran，从第 259 页开始。

21 参阅 David Marshall Lang, A Modern History of Georgia, Londres, Weidenfeld and Nicolson, 1962, p.38。

22 据 A. A. Chamin (L'Iran à l'époque Qâdjâre, 2ᵉ éd., Téhéran, Elmi, 1991, p. 111) 称，有两万五千人。

23 参阅 Sir John Malcolm 上文引用著作，第 189—191 页。希拉克略二世随后回到第比利斯，重建这座备受摧残的城市。

24 参阅 Emineh Pakravan 上文引用著作，第 225 页；参阅 Prince Ali Kadjar 上文引用著作，从第 110 页开始。

25 这条河今天仍然是伊朗与沙俄帝国和随后的苏联解体后的各高加索共和国的边界。

26 参阅 John Malcolm, The History of Persia, 2 vol., Londres, 1815, II, p.216。

第二十章
卡扎尔王朝的兴衰

1 在他们父亲统治期间，他们中的三人将成为有权势的总督王子。

2 他选择的这个名号是为纪念他的显赫祖先，法特赫·阿里汗，后者于 1726 年被未来的纳迪尔沙清除。

3 参阅 Hassan Khoub-Nazar, Histoire de Shiraz, Téhéran, Sokhan, 1991。

4 参阅 Robert Grant Watson, A History of Persia, Londres, 1866, p.124–125。

5 参阅 Rezaqoli Khan Hedāyat, Rawżat al-ṣafā, IX, p.323–326, 330–335。

6 尽管法特赫·阿里沙无奈宽恕了他的弟弟，他对那些与之联合的同谋却没有同样的慈悲，这些人均遭处决。

7 法蒂玛·马苏玛是什叶派第七任伊玛目之女，第八任伊玛目之妹，死于 816 年，她以其虔诚受到尊崇。

8 参阅 John Malcolm 上文引用著作，第 222—223 页。有可能因为沙王认为他不知感恩而对他心生不满。

9 部落贵族、首领。

10 参阅 http://www.iranicaonline.org/articles/fath-ali-shah-qajar-2。

11 约翰·马尔科姆的成功一部分倚赖他对东方语言（包括波斯语）的掌握。

12 他在 1798 年 5 月 18 日至 1805 年 7 月 30 日担任这一职务。

13 参阅 Prince Ali Kadjar, *Les Rois oubliés*, Paris, Éditions n °1, 1992, p.118。

14 关于协议内容，请参阅 J. C. Hurewitz, *The Middle East and North Africa in World Politics*, 2 vol., New Haven, 1975, I, p.117–124。

15 参阅 Iradj Amini, *Napoléon et la Perse*, préface de Jean Tulard, Fondation Napoléon, 1995, Paris, Éd. du Félin, 2013; Édouard Driault, *La Politique orientale de Napoléon*, Paris, Alcan, 1904。

16 参阅 Ange de Gardane, *Journal d'un voyage dans la Turquie d'Asie et la Perse fait en 1807–1808*, Paris, Lenormant & Marseille, Jean Mossy, 1809。对于双方签署的协议，请参阅法国国家档案，AE/III/55。

17 1813 年至 1907 年的"大博弈"指的是沙俄与大英帝国于 19 世纪在亚洲的扩张和殖民冲突。它的其中一个后果是一个缓冲国家——今天的阿富汗的创建。参阅 P. Mojtahed Zadeh, *Small Players of the Great Game. The Settlement of Iran's Eastern Borderlands and the Creation of Afghanistan*, Londres, 2005。

18 参阅 M.-Ḥ. Kāvūsī et H. Aḥmadī (eds), *Asnād–ī az rawābeṭ–e Īrān o Farānsa*, Tehran, 1376 Š./1997, document 55, p.204。

19 参阅 J. C. Hurewitz, *The Middle East and North Africa in World Politics*, 2 vol., New Haven, 1975, vol. I, p.199–201。

20 参阅 Afsaneh Pourmazaheri, «Aperçu historique sur les relations anglo–iraniennes», *Revue de Téhéran*, n° 124, mars 2016。

21 这一冲突持续了十年，因为沙俄没能对这一战事投入大量军力。他们主要想靠伊朗方面陈旧的军械和短缺的指挥人才制胜。这一战略的确使他们取得了最终的胜利。

22 参阅 Serge Andolenko, *Histoire de l'armée russe*, Paris, Flammarion, 1967。

23 参阅"黑暗中的曙光"一节。

24 参阅 Soheila Ghaderi-Mameli, «L'histoire mouvementée des frontières orientales de la Turquie», *Confluences Méditerranée*, vol. 53, n° 2, 2005, p.91。

25 土库曼恰伊位于东阿塞拜疆。

26 他的作品中包括大获成功的喜剧《聪明误》。

27 "可汗"或"汗"是奥斯曼苏丹用于称呼一位氏族或部落首领的头衔。突厥斯坦是位于哈萨克斯坦草原、蒙古、中国、印度、巴基斯坦、阿富汗和伊朗之间的一个中亚地区。在这里，这个词表现了沙俄大使对沙王的轻蔑。

28 参阅 Laurence Kelly, *Diplomacy and Murder in Tehran: Alexander Griboyedov and Imperial Russia's Mission to the Shah of Persia*, Londres, Tauris Parke Paperbacks, 2006。

29 事实上，首都的大毛拉被赦免。只有一个主使者被定罪处决。

30 该宫殿在巴列维王朝时期变为德黑兰社会研究院。

31 2013 年被选入联合国教科文组织的世界遗产名录。

32 参阅 Mohammad Hassan Tabelian 上文引用文章，第 10 页。

33 参阅第十五章第 11 条注释和第十七章第 15 条注释。

34 参阅 Denis Hermann,«État et société sous les Qadjars», *L'Empire des roses*，上文引用著作，第 22 页。

35 根据 Heravi（上文引用著作，第 68—69 页）的研究，法特赫·阿里沙一生中有一千多名妻子（长期或临时婚姻），他与她们生下了 2000 个孩子。

36 巴格达在 1508 至 1638 年间三易其手，最终归属于奥斯曼帝国。

37 参阅 Mohammad-Reza Djalili, «L'Iran dans ses frontières et au-delà», *in* Pierre de Senarclens (dir.), *Les Frontières dans tous leurs états: les relations internationales au défi de la mondialisation*, Bruxelles, Bruylant, 2009。

38 和约中仅列出了地方和地区名字，却没有指明它们的边界轮廓。

39 参阅 Richard Schofield, «Observations sur le mémorandum de sir Stratford Canning, concernant les bases d'une solution arbitrale du litige turco-persan», *The Iran-Iraq Border, 1840-1958*, vol. 1, Slough, Archives Éd., 1989, p.391。

40 幼发拉底河和底格里斯河三角洲的主要航道，水流注入波斯湾。

41 参阅 Prince Ali Kadjar 上文引用著作，第 254 页。

42 参阅 Hassan Thuillard, «Entre l'Empire ottoman et la Perse, de la zone frontière vers la

ligne frontière», in *La Naissance du territoire de l'Irak, à l'origine d'un État frontière*, Cahiers de l'institut/12, Graduate Institute publications, Genève, 2012 – https://books.openedition.org/iheid/449?lang=fr#bodyftn37

43 参阅 Robert Curzon, *Armenia: A year in Erzeroom and on the Frontiers of Russia, Turkey and Persia*, Londres, 1854, p.55。

44 参阅 Cyrus Ghani, *Iran and the West*, Londres et NewYork, Kegan Paul International, 1987, p.302–303。

45 参阅 http://www.senat.fr/rap/r13-605/r13-605_mono.html#toc25。

46 作为什叶派下十二伊玛目派的重要学派，谢赫派是由谢赫·艾哈迈德于 19 世纪初创建的。它认为什叶派的某些传统元素已经丧失，或因受到逊尼派的影响而改变了。因此，他希望回归到最为纯粹的传统。

47 参阅 https://www.universalis.fr/encyclopedie/babisme/：" 根据曾于 19 世纪在波斯传播的谢赫派的教义，第十二任伊玛目隐遁（874 年）后，世间存在巴布（伊玛目之"门槛"）和纳艾布（代理、副神甫），但他们在马赫迪伊玛目再临人间之前会谨守其隐遁状态。"

48 正如 Ernest Renan（*Histoire des origines du christianisme*, livre 2: «Les Apôtres», Paris, Michel Lévy Frères, 1866, p.378）写道："巴布教在波斯曾是一场大规模现象级运动。一个温和质朴的男人，就像一个谦虚、虔诚的斯宾诺莎式的人物，被推举至魔法师或神圣化身的行列，不由自主地成为一个信徒众多、热忱、激进教派的领袖，险些掀起一场与伊斯兰革命体量相当的革命。"

49 参阅 Ali Asghar Chamin (*L'Iran à l'époque qâdjâre*) 和 Féreydoun Adamiat (*Amir Kabir*), Iran Bahaïgari, Ahmad Kasravi。这是两位作者的推测。

50 参阅 Georges Redard, Fulvio Roiter, *La Perse (Iran)*, Bruxelles, Éd. Artis, 1969, p.103："亚历桑德罗·博萨尼（A. Bausani）将他的教义总结为四点：1. 废止《古兰经》中关于祷告、斋戒、结婚、离婚、继承的多项法律和规定（巴布尤其宣扬对妇女的解放和废除休妻）；2. 对《古兰经》中的教义词语，如天堂、地狱、死亡、复活等做出了唯心解释，认为这些词语暗示的并非物质世界的尽头，而是预言世界的尽头；3. 建立新的机构团体；4. 从教义上着重强调对未来的预言。在某些层面，巴布的形而上学与伊斯玛仪派接近。"

51 参阅 Richard Foltz 上文引用著作，第 119 页。

52 她的真名是扎琳·塔志，法蒂玛，欧姆-萨乐美，又称扎奇荷。要了解这位写作颂歌和哀歌等诗作的女诗人的生平，请参考 Mohamad Hosseyni Nostatollah, *Hazrat Tahéreh*, Ontario, Canada, 2000（因为这部书中大量的新词和巴哈伊教派词汇，阅读起来并不容易，但它包含了对这一人物评价极其丰富的参考书目）；Abbas Amanat, *Ressurection and Renewal. The Making of the Babi Movement 1844-1850*, chap. 7 «Qurrat al-'Ayn, The Remover of the Veil», Cornell University Press, Yale University, 1989, p.295-333，很可能是有关这位女诗人生平的最佳文章；Moïn-ol-din Méhrabi, *Ghorat-ol-Eyn, la poétesse libérale et nationale de l'Iran*, Köln (Allemagne), Éd. Rouyech, 1989；«Khouchéhaï az adab va honar Iran» 系列年度出版物，其 1992 年一期的多篇文章都围绕塔荷蕾；Jane Dieulafoy, *L'Orient sous le voile*, t.I, Paris, Phébus, 1990; Yahya Arianpour, *Az Saba ta Nima*, t.I, p.130-134; M. L. Root, *Tahirih the Pure*, Los Angeles, Kalimat Press, 2000; J. S. Hatcher, A. Hemmat (dir.), *The Poetry of Tahirih*, Oxford, G. Ronald, 2002; S. Afaqi, «Tahirih in history», *Studies in the Bábí and Bahá'í Religions, Perspectives on Qurratu'l-'Ayn From East and West*, Los Angeles, Kalimat Press, 2004; A. Banani (dir.), *Tahirih, a Portrait in Poetry* 等。

53 参阅 Prince Ali Kadjar 上文引用著作，第 248 页。我们摘录他作品中的很多细节，因为他生前（他于 2011 年逝世）向我们坦言，他收集的都是第一手资料，即从他的家族中收集而来。

54 在这些竞争者中，有一位名叫莫勒卡拉（Molkara），他是穆罕默德沙与一个库尔德女人卡迪洁·贝格姆所生，他曾试图争取英国人的支持但没能达成所愿。他从 1853 年在英国人的保护下生活在巴格达。参阅 Prince Ali Kadjar 上文引用著作，第 263 页。

55 根据 Prince Ali Kadjar（上文引用著作，第 265 页）的记述，"米尔扎·塔吉随后被升至'阿塔贝格'的位置，这也是在伊朗仅次于沙王的最高职位"。

56 "米尔扎"在波斯语中的意思是"文人"。

57 坦志麦特（奥斯曼土耳其语的"重组"）指的是在 1839 至 1876 年间奥斯曼帝国的改革时期。然而，这些改革在当时并没有明显的收效，得等到 1920 年代凯末尔帕夏（阿塔图尔克）上台、帝制被推翻、哈里发被废以后，这些改革的成效才显露出来。

58 这位渊博的什叶派人士生活在 12 世纪。他最重要的著作《马吉马巴扬》（*Majma'-al-Bayán*）是对《古兰经》的评论专著。

59 参阅 Abbas Amanat 上文引用著作。

60 参阅下文。

61 参阅 Prince Ali Kadjar 上文引用著作，第 265—269 页，其中针对阿米尔·卡比尔的敌意十分明显，并揭露了他们极端暴力的手段。

62 巴哈欧拉（生于德黑兰，1817 年—卒于阿卡，1892 年）的宗教。对于这些历史情节，请参阅 Fereydun Vahman, *175 Years of Persecution: A History of the Babis and Baba'is of Iran*, Oneworld Publications, Royaume-Uni, 2019; Hippolyte Dreyfus, *Essai sur le Bahaïsme, son histoire, sa portée sociale*, Paris, Éd. Ernest Leroux, 1934。

63 为国王个人及王室的需要划拨了一笔专款。

64 帕默斯顿子爵亨利·坦普尔，曾是 1830 至 1865 年英国政治思想的启迪者。他的精妙思想包括："英国没有永恒的朋友，也没有永恒的敌人，只有永恒的利益。"

65 这一政策将在阿米尔·卡比尔被杀后被废止，因为毛拉们认为它有悖伊斯兰教。

66 参阅 Afsaneh Pourmazaheri, Esfandiar Esfandi, «Les Qâdjârs et l'Europe, quelle interaction? La société iranienne et la lorgnette européenne», *Revue Téhéran*, n° 79, juin 2012。

67 该大学后来变为德黑兰大学。其当初位于纳绥尔-霍斯鲁大街的校舍被完整保留，并用于容纳一所大型中学。最近几年，这座建筑被空置废弃，尽管一些依恋其卡扎尔时代建筑风格并希望对其施加保护的人士和团体大声疾呼，但它很可能终将坍为一堆瓦砾。

68 参阅前文第八章第 10 条注释，了解"齐米"。

69 据说俄国人曾提出让他在俄国避难，但他拒绝了。

70 参阅 Prince Ali Kadjar 上文引用著作，第 270 页："阿米尔·卡比尔的功劳无可否认，但他的粗暴作风令人们难以喜爱他所宣扬的美德。此外，他严厉表面之下的残忍天性很快就暴露无遗。他毫不留情地当面谴责所有人，尽管这些谴责是正当的，却也出于他的狂妄自负。米尔扎·塔吉汗自视从本质上高人一等。"

71 参阅本书作者 Yves Bomati et Houchang Nahavandi, *Les Grandes Figures de l'Iran*,

上文引用著作，第 289 页："阿米尔·卡比尔……的事例很好地揭示了一名怀有远见卓识的世俗思想家是如何被杀的，以及一个有权有势的少数派是如何为维护自己可怜的特权而拒绝进入现代化时代的。"

72 上文引用著作，第 277 页。

73 参阅上一节"十四年的停滞"。

74 关于巴哈伊教，请参考 Hippolyte Dreyfus, *Essai sur le baha'isme*, Paris, PUF, 1973; Mouhchat Sobhani Baha'i, *Enseignement pour un nouvel ordre mondial*, New York, 1973。

75 参阅上文"十四年的停滞"一节。

76 参阅 C. J. Hurewitz 上文引用著作，第 305—306 页；Abbas Amanat, *Pivot of the Universe: Nasir al-Din Shah Qajar and the Iranian Monarchy, 1831–1896*, Berkeley et Los Angeles, 1997, p.225-232；Medhi Heravi, 上文引用著作，从第 131 页开始。

77 参阅 Jacques Frémeaux, *La Question d'Orient*, Paris, Fayard, 2014, chap.3。

78 对于这一时期，请参考这些人士中的一位曾写下的机密公文，后由此人的后代 Iradj Amini 大使出版：Hadj Mirza Mohamad Khan Madjd-ol-Molk Sinaki, *Kachf-ol-Gharaéh ya Reisaleh-é-Madjdieh* (Clarification des mystères ou le Livre de Madjd-ol-Molk), Téhéran, Abi, 2013。

79 曾担任驻伦敦大使（1874—1889 年）和驻罗马大使（1899—1909 年）的马尔科姆汗是一位亚美尼亚裔的皈依什叶派的伊朗人。他在伊朗的现代化进程中扮演了重要角色，他秉持世俗司法应独立于教权的思想，随后支持立宪。波斯语的《法律报》在沙王的准许下于 1858 年开始每周发行，共出版了 52 期。马尔科姆汗同时创建了伊朗的第一个共济会（法拉穆什·哈内），然而四年后他在沙王的命令下被迫将其关闭（参阅 Sarah Mirdâmâdi, «La franc-maçonnerie iranienne après la Révolution et à l'époque actuelle: les racines d'un exil», *Revue Téhéran*, n° 101, avril 2014）。

80 参阅 Edward Granville Browne, *The Press and Poetry of Modern Persia*, Los Angeles, Kalimat Press, 1983, p.16-17。

81 参阅 *Journal de voyage en Europe (1873) du shâh de Perse*（由 Bernadette Salesse 从波斯语译为法语），Arles, Actes Sud, janvier 2000。

82 参阅 Prince Ali Kadjar, 上文引用著作，第 287 页。

83 今天，分布于众多国家的巴哈伊教宣称在伊朗拥有约八十万信徒，全世界信徒人数约四百万至八百万。它既没有公众礼拜也没有圣礼，并试图成为其他宗教的综合体，坚持一种偏向世界主义的言论。这一诞生于伊朗的宗教充满了波斯哲学家和诗人如鲁米、萨迪等人的思想特色。所有派别的穆斯林教会一直以来都视其为一种"被诅咒的邪教"，某种形式的弃教。伊朗伊斯兰革命之后，巴哈伊教被剥夺了民事和政治权利。

84 参阅 Hippolyte Dreyfus, *Essai sur le Bahaïsme, son histoire, sa portée sociale*, Paris, Librairie Ernest Leroux, 1934, p.7。

85 参阅 Tahar Ben Jelloun, *Le Terrorisme expliqué à nos enfants*, Paris, Seuil, 2016。

86 参阅 *Ruznāma-ye ḵāṭerāt-e Eʿtemād-al-Salṭana*, Téhéran, 2ᵉ éd., 1971.

87 参阅 Yves Bomati, «En quoi consistent les richesses de l'État iranien», *Le Figaro-Histoire*, n° 37, avril-mai 2018, p.62。

第二十一章
卡扎尔王朝的覆灭

1 伊朗政府得到的补偿是两万英镑，外加开采收益的 16%。

2 参阅 Prince Ali Kadjar 上文引用著作，第 299 页。参阅 Hirbohd Hedayat 的论题，*The Development of the Modern Iranian Nation-State: From Qajar Origins to Early Pahlavi Modernization*, 3 mai 2017, Blacksburg, Virginia, p.47 sq。

3 伊朗的首个首相头衔于 1906 年由宪法创立。在此以前，一直使用总理大臣（萨德雷·阿扎姆）这一称号。

4 参阅 R. P. Churchill, *The Anglo-Russian Convention of 1907*, Cedar Rapids, Iowa, 1939; F. Kazemzadeh, *Russia and Britain in Persia, 1864-1914*, New Haven, 1968, chap.7。

5 参阅 Prince Ali Kadjar，上文引用著作，第 311 页。

6 根据 Prince Ali Kadjar（第 312 页）的叙述，不该将炮轰议会的行为归在穆罕默德·阿里沙头上。利亚霍夫很可能自行组织了这一行动，而沙王只不过犯了"没有罢免他"的错误。这一说法没有任何资料的证实，并与沙王后来的所有声明相悖。

7 英国希望能够保护其在伊朗的核心经济利益，尤其因为英国此时正是英伊石油公司的主要控股人。对于 1920 年政变前这一时期的经济、政治和社会情况，请参阅 N. M. Asgari 上文引用著作，第 344—403 页，和我们的作品 *Mohammad Reza Pahlavi*，第 32—37 页。

8 伊朗政府在多年后被迫（通过一项特殊法律）返还这些款项。

9 Prince Ali Kadjar 讲述的事件，上文引用著作，第 319 页开始。

第二十二章
动荡的时代

1 生于 1888 年，卒于 1969 年 8 月 29 日。他创立了三份报纸：《伊斯兰的基础》（*Fondations de l'islam*）、《雷鸣》（*Ra'd*）、《闪电》（*Éclairage*），最后一份是在政府当局将他的第二份报纸查禁后创立的。

2 参阅"卡扎尔王朝的覆灭"一章。

3 伊朗与俄国的多次战争在 1826 至 1828 年间展开。

4 从 Soleyman Behboudi 的《回忆录》中摘取的片段，这部珍贵的日记在巴列维王朝统治期间从未出版，Téhéran, Tarhé Now, 1992。

5 在这一方面，他在最初步入"社会"生活时与叶尔孤白·莱伊斯和纳迪尔相似。

6 这位上校，也就是伊朗军队的第一位参谋长，他的笔记和文件都在日后由他的小儿子 Madjid Mirza 亲王汇总，用打字机录入，组成了有关礼萨生平的有趣资料档案。本章中的一些史实和逸闻也都从中而来。

7 他此前的第一次婚姻娶的是一位出身卑微的女子玛利亚姆，她在礼萨的第一个孩子——未来的哈姆丹萨尔塔内·巴列维公主出生后不久死去。

8 参阅 Nader Peymaï, *Reza Shah d'Alâcht à Johannesburg*, Los Angeles, USA, Ketab Co., 1990。

9 伊拉克一个边境城市。

10 对于所有细节，请参考我们的作品 *Mohammad Reza Pahlavi, le dernier shah* 中的"万王之王"一章。1 月 24 日，盖瓦姆辞职。

11 这条铁路总造价 1750 万英镑，对那个时代和伊朗来说是一笔巨款。

12 对于这一争端的细节，请参考 Yves Bomati 和 Houchang Nahavandi, *Mohammad Reza Pahlavi, le dernier shah*, Paris, Perrin, 2013, p.53 *sq*。

13 萨迪的陵墓也于 1952 年在设拉子重建，替代了原来古旧、简陋的建筑。

14 参阅上文，第十一章"伊朗的'文艺复兴'"。

15 英国在伊斯兰革命胜利和伊朗君主制结束前数月也曾如此行事。

16 他年轻时曾作为本地员工受雇于英国使馆。

17 摩萨台在 1951 年当选首相时曾下令对他的逮捕进行调查。但在档案中除了应该对他的营养和健康给予特殊关照的指示以外，没有查出任何记录。

18 他生于 1877 年 1 月 1 日，卒于 1942 年 11 月 26 日。

参考书目

综合性著作

Cyrus Alai, *Maps of Persia, 1477–1925*, Leiden-Boston, Brill, 2010.

Bahram Aryana, *Pour une éthique iranienne*, Paris, Conti-Fayolle, 1980.

Nour Mohamad Asgari, *Déracinements*, Stockholm, Arach, 2013 (en persan); *Mille ans de hauts et de bas*, Los Angeles, Ketab Co., 2014 (en persan).

Michael Axworthy, *The Sword of Persia: Nader Shah, from Tribal Warrior to Conquering Tyrant, Londres*, Tauris, 2006.

Siavash Bashiri, *Les Shahs-in-shahs d'Iran*, Levallois, Parang, 1990.

Roloff Beny, *La Perse, pont de Turquoise, Anvers*, Fonds Mercator/Hatier, 1975.

Yves Bomati et Houchang Nahavandi, *Les Grandes Figures de l'Iran*, Paris, Perrin, 2017.

Dion Cassius, *Histoire romaine*, livre 36–37.

Farzine Doustdar, *Lueurs d'espoir au début du XXIe siècle*, Luxembourg, Payam, 2000 (en persan).

Flavius Josèphe, *Antiquités…*, XVIII, IX (trad. Mathieu-Herrmann).

Hérodote, *Histoires*, 440 av. J.-C., traduction en persan Hadi Hédayati.

Histoire Auguste, traduction d'André Chastagnol, Paris, Robert Laffont, 1994.

Hassan Khoub-Nazar, *Histoire de Shiraz*, Téhéran, Sokhan, 1991.

Jacques Lacarrière, *En cheminant avec Hérodote*, Paris, Fayard/Pluriel, 2011.

René Maheu et Jean Boissel, *L'Iran, pérennité et renaissance d'un empire*, Paris, Jeune

Afrique, 1976.

Taghi Nasr, *Pérennité de l'Iran*, Téhéran, Keyhan, 1971.

Hasan Pirnia, A. Eghbal Ashtiani, *History of Persia* (Tarikh-i Iran), Téhéran, 2003.

Plutarque, *Vies des hommes illustres*, t. III: *Vie de Crassus*, trad. D. Richard, Paris, Didier, 1944.

Yves Porter, *Les Iraniens. Histoire d'un peuple*, Paris, Armand Colin, 2007.

Quinte-Curce, *Histoires d'Alexandre*.

Abdollah Razi, *Histoire complète de l'Iran*, Téhéran, Egbal, 1982.

Jean-Paul Roux, *Histoire de l'Iran et des Iraniens, des origines à nos jours*, Paris, Fayard, 2006.

Zabihollah Safa, *Anthologie de la poésie persane (XIe-XXe siècle)*, trad. G. Lazard, R. Lescot, H. Massé, Paris, NRF, Gallimard/Unesco, coll. «Connaissance de l'Orient», 1964.

Stanford J. Shaw, *History of the Ottoman Empire and Modern Turkey*, vol. 1: *Empire of the Gazis: The Rise and Decline of the Ottoman Empire 1280-1808*, Presses de l'université de Cambridge, 1976.

Suétone, Auguste, 13, 2.

Xénophon, *Cyropédie ou l'histoire de Cyrus*.

Abdul Hossein Zarine-Koub, *Histoire du peuple iranien*, t. I, Éd. Amir Kabir, 1364 (en persan).

埃兰人与雅利安人

Alina Ayvazian, «The Urartian Empire», *in* Daniel T. Potts (dir.), *A Companion to the Archaeology of the Ancient Near East*, Malden et Oxford, Blackwell Publishers, coll. «Blackwell companions to the ancient world», 2012.

A. D. H. Bivar, *The Age of the Parthians: The Ideas of Iran*, vol. 2, Londres et New York, I. B. Tauris & Co Ltd., en association avec le London Middle East Institute at SOAS et le British Museum, 2007.

Charles Burney, «Avant les Arméniens: les Ourartéens, guerriers et bâtisseurs», *in* Gérard Dédéyan (dir.), *Histoire du peuple arménien*, Toulouse, Privat, 2007, p. 67-99.

Georges Dumézil, *L'idéologie tripartite des Indo-Européens*, Bruxelles, Latomus, 1958.

— *Les Dieux des Indo-Européens*, Paris, PUF, 1952.

Roman Ghirshman, *L'Iran, des origines à l'Islam*, Paris, Albin Michel, 1976.

Roman Ghirshman, Vladimir Minorsky, Ramesh Sanghvi, *Persia, the Immortal Kingdom*, Londres, Orient Commerce Establishment, 1971.

Homa Katouzian, *The Persians: Ancient, Medieval, and Modern Iran*, New Haven et Londres, Yale University Press, 2009, p. 41.

Hassan Koub-Nazar, *Histoire de Shiraz*, Téhéran, Sokhan, 1991, chapitre II.

Iaroslav Lebedynsky, *Les Cimmériens: les premiers nomades des steppes européennes*, Paris, Errance, 2004.

— *Les Saces, les Scythes d'Asie*, Paris, Errance, 2006 (2e éd. 2009).

— *Scythes, Sarmates et Slaves*, Paris, L'Harmattan, 2009.

— *Les Mystères de la steppe*, Chamalières, Éd. Lemme, 2015.

Takayoshi Oshima, «the Babylonian God Marduk», *in* Gwendolyn Leick(dir.), *The Babylonian World*, New York, Routledge, 2007, p. 348–360.

Daniel T. Potts, *The Archaeology of Élam: Formation and Transformation of an Ancient Iranian State*, Cambridge, Cambridge University Press, coll. «Cambridge World Archaeology», 1999.

The Splendour of Iran, vol. I: *Ancient times*, Londres, Booth-Clibborn editions, 2001 (rééd. 2010).

Stefan Zawadski, *The Fall of Assyria and Median-Babylonian Relations in Light of the Nabopolassar Chronicle*, Poznań, Adam Mickiewicz University Press, 1988 - Delft, Eburon, 1988.

玛兹达教与琐罗亚斯德教

Abraham Hyacinthe Anquetil-Duperron, *Zend-Avesta, ouvrage de Zoroastre, contenant les idées théologiques, physiques et morales de ce législateur, les cérémonies du culte religieux qu'il a établi, et plusieurs traits importants relatifs à l'ancienne Histoire des Perses*, Paris, 1771.

Mary Boyce, «Anāhīd», *Encyclopædia Iranica*, I, New York, Routledge & Kegan Paul, 1983.

Paul du Breuil, *Le Zoroastrisme*, Paris, PUF, coll. «Que sais-je?», 1982.

Jacques Duchesne-Guillemin, *Zoroastre*, Paris, Maisonneuve et Larose, 1948; Paris, éd. Jacques Duchesne-Guillemin et Robert Laffont S.A., 1975.

Marius Fontane, *Les Iraniens. Zoroastre*, Paris, Éd. Alphonse Lemerre, 1881.

M.-C. de Harlez, *Des origines du zoroastrisme*, Paris, Imprimerie nationale, 1879.

Francis Clarisse Herrenschmidt, Jean Kellens, «La question du rituel: le mazdéisme ancien et achéménide/The Problem of the Ritual within Ancient and Achaemenidean Mazdaism», *Archives de sciences sociales des religions*, n° 85, 1994.

Joannès, «Marduk», *Dictionnaire de la civilisation mésopotamienne*, Paris, Robert Laffont, 2001, p. 494.

Khosro Khazai Pardis, *Les Gathas. Le livre sublime de Zarathoustra*, Paris, Albin Michel, 2011, p. 16.

David Stonach, *La Découverte du premier temple mède dans la région d'Ecbatane*, Hamadan, Iran, 1977.

Jean Varenne, *Zarathustra*, Paris, Seuil, 1966.

阿契美尼德、安息和萨珊王朝

Nour Mohamad Asgari, *Dar richeha…, Déracinements…*, Stockholm, Ârach, 2006.

Amir Medhi Badi, *Les Grecs et les Barbares*, Paris, Éd. Geuthner, 1990.

Djahanchahi Bérélian, *Histoire légendaire des rois de Perse*, Paris, Éditions Imago (diffusion PUF), 2001.

Pierre Briant, *Darius, les Perses et l'Empire*, Paris, Gallimard, 1992; *Alexandre Le Grand*, Paris, PUF, coll. «Que sais-je? » n° 622, 2012.

— «La prise de Babylone (539)», in *Histoire de l'Empire perse. De Cyrus à Alexandre*, Paris, Fayard.

Albert Champdor, *Cyrus*, Paris, Albin Michel, 1951 (traduit en persan par Hadi Hedayati).

John E. Curtis, *The Cyrus Cylinder and Ancient Persia*, texte introductif par Neil MacGregor et traduction du *Cyrus Cylinder* par Irving Kinkel, Exposition organisée au Chhatrapati Shivaji Maharaj Vastu Sangrahalaya, Mumbai, India, 20 décembre 2013-25 février 2014,

The trustees of British Museum, 2013.

John E. Curtis et Nigel Tallis (dir.), *Forgotten Empire: The World of Ancient Persia*, Londres, 2005.

Igor Mikhaïlovitch Diakonoff, *Les Arsacides*, traduit du russe en persan par Karim Kéchavarz, Téhéran, Payam, 1970.

Jean Grosjean, *Darius*, Paris, Gallimard, 1987.

Gérard Israël, *Cyrus le Grand, fondateur de l'empire perse*, Paris, Fayard, 1987.

Claude Kevers Pascalis, *Crésus*, préface Edgar Faure, Paris, Buchet/Chastel, 1986.

Anouchiravan Keyhanizadeh, *Chronologie de l'histoire de l'Iran*, Washington, Iran Times.

René Maheu et Jean Boissel, *L'Iran, pérennité et renaissance d'un empire*, Paris, Jeune Afrique, 1976.

Mohammad-Djavâd Mashkour, *Histoire politique des Sassanides*, Téhéran, Donyayé Kétab, 1987.

Gholam-Hossein Moghtader, *Les Guerres de sept cents ans entre l'Iran et Rome*, Téhéran, Éd. Chodjai Golestasneh, 1936.

Saïd Nafissi, *Histoire sociale de l'Iran, de la chute des Sassanides à celle des Omeyyades*, Téhéran, Presses de l'université de Téhéran, 1964, 16-18.

Christiane et Jean Palou, *La Perse antique*, Paris, PUF, coll. «Que sais-je?», 3ᵉ édition, 1978.

Ebrāhim Pourdāvoud, *Pourquoi les Iraniens furent battus par les Arabes*, Téhéran, Anahita, 1965.

Parvaneh Pourshariati, *Decline and Fall of the Sassanian Empire*, Londres, I. B. Taurus & Co Ltd, 2008.

Guy Rachet, *Le Soleil de la Perse*, Paris, La Table ronde, 1992.

D. Rochangar, *Cyrus le Grand et Mohammad, fils d'Abdollah* (en persan), San Francisco, Éditions Pars, 1990.

Édouard Will, *Histoire politique du monde hellénistique 323-30 av. J.-C.*, t. III, Paris, Seuil, coll. «Points Histoire», 2003.

伊斯兰教阿拉伯人侵前的多宗教伊朗

James Darmesteter, «Textes Pehlvis relatifs au judaïsme», *Revue des étudesjuives*, XVIII, 1889.

François Decret, *Mani et la tradition manichéenne*, Paris, Seuil, coll. «Points Sagesse», 1974, 2005, Paris.

Richard Foltz, *L'Iran, creuset des religions*, Laval, Presses de l'université Laval, coll. «Études iraniennes», 2007.

Fadiey Lovsky, *Antisémitisme et mystère d'Israël*, version mise à jour et élargie de l'édition de 1955, Paris, Albin Michel, édition électronique: ©Menahem Macina, 2013, chap. 11.

Nasseh Nategh, *Mani et son message*, Téhéran, Amir Kabir, 1978.

Henri-Charles Puech, *Sur le manichéisme et autres essais*, Paris, Flammarion, 1992.

— *Le Manichéisme. Son fondateur, sa doctrine*, Paris, Publications du musée Guimet, Civilisations du sud, SAEP, 1949.

Marco Polo, *Le Livre des merveilles*, trad. Louis-Georges Tin à partir de la version en ancien français établie par Guillaume Pauthier en 1865, Paris, Larousse, 2009.

Nahal Tajadod, *Les Porteurs de lumière. Péripéties de l'Église chrétienne de Perse IIIe–VIIe siècle*, présentation de Jean-Claude Carrière, Paris, Plon, 1993.

— *Mani, le Bouddha de lumière*, Paris, Cerf, 1991.

文明的冲突

Al-Khwârizmî, *Le Commencement de l'algèbre*, trad. Roshdi Rashed, Paris, Blanchard, coll. «Sciences dans l'histoire», 2007.

Nour Mohammad Asgari, *La Vie et l'Humanité, otages de l'idéologie* (en persan), Los angeles, Ketab Co., 2016.

Farid Od-din Attâr, *Le Cantique des oiseaux*, trad. Leili Anvar, Paris, Diane de Selliers, 2016.

Vladimir Bartol, *Alamut*, traduit du slovène par Claude Vincenot, Paris, Phébus, 1988.

Mohammad Ebrahim Bastani Parizi, *Yakoub Leyss*, Téhéran, Tchakameh, 4e éd.

Thierry Bianquis, Pierre Guichard, Mathieu Tillier (dir.), *Les Débuts du monde musulman (VIIe–Xe siècle). De Muhammad aux dynasties autonomes*, Paris, PUF, 2012.

C. E. Bosworth, *Les Dynasties musulmanes*, trad. Y. Thoraval, Arles, Actes Sud, coll. «Sindbad», 1996.

Marie Boyce, *The Manichaean Hymn-Cycles in Parthian*, Londres, Oxford University Press, 1954.

— «The Parthian Gosan and Iranian Minstrel Tradition», *Journal Royal Asiatic Society*, 1957, p. 10-45.

Henri Corbin, *Avicenne et le récit visionnaire*, Paris, Verdier, coll. «Islam spirituel», 1999.

Farhad Daftari, *Les ismaéliens. Histoire et traditions d'une communauté musulmane*, traduit de l'anglais par Zarien Rajan-Badouraly, Paris, Fayard, 2003.

James Darmesteter, *Le Mahdi, depuis les origines de l'islam jusqu'à nos jours*, Paris, Éd. Ernest Leroux, 1885, p. 43.

Abolghassem Endjavi-Shirazi, *Ferdowsi*, 3 vol., Téhéran, Elmi (en persan).

Eghbâl Farhat, *Zendegi-Nâmeh Abou Ali Sinâ* (biographie d'Avicenne), Téhéran, Bâstân, 2006.

Abou'l Kasim Firdousi, *Le Livre de Feridoun et de Minoutchehr, Rois de Perse d'après le Shah-Nameh*, préface et trad. Jules Mohl, 1876.

Eve Feuillebois, *L'Iran médiéval*, Paris, Les Belles Lettres, 2018.

Minou Foadi, *Influence de la science médicale iranienne dans le monde occidental*, Londres, Khoosh-HA, Society of Persan arts and letters, 2014.

Mohamad Ali Foroughi, *Introduction à une sélection du* Shahnaméh, Téhéran, Ministère de l'Éducation nationale, 1941.

Amélie-Marie Goichon, *La Philosophie d'Avicenne et son influence en Europe médiévale*, Paris, Maisonneuve, rééd. Librairie d'Amérique et d'Orient, 1971.

René Grousset, *Histoire des croisades et du royaume franc de Jérusalem*, 3 tomes, 1934-1936, Paris, Plon, 1934; rééd. Perrin, 1991.

— *L'Épopée des croisades*, Paris, Perrin, coll. «Tempus», 2002.

M. G. S. Hodgson, *The Order of Assassins*, La Hague, 1955.

Jafar Jamshidian, *The History of Ismailis, Assassin Hassan Sabbah*, en persan, publié aux États-Unis, sans nom d'éditeur, 2014.

Parviz N. Khanlari, *Introduction à l'histoire de Rostam et de Sohrab*, Téhéran, Amir Kabir, coll. «Chefs-d'œuvre de la littérature persane», 14ᵉ édition, 1975.

Gilbert Lazard, «Les origines de la poésie persane», *Cahiers de civilisation médiévale*, 14ᵉ année (n° 56), octobre-décembre 1971, p. 305-317.

Bernard Lewis, *Les Assassins. Terrorisme et politique dans l'islam médiéval*, traduit de l'anglais par Annick Pelissier, Paris, Berger-Levrault, coll «Stratégies», 1982.

Amin Maalouf, *Samarcande*, Paris, JC Lattès, 1988.

M. J. J. Marcel, *Égypte, depuis la conquête des Arabes jusqu'à la domination française*, Paris, Firmin Didot, 1848.

Mohammad-Djavâd Mashkour, *Histoire politique des Sassanides*, vol. 2, Téhéran, Donyayé Kétab, 1986.

Jules Mohl, *Le Livre des Rois par Abu'l Kassim Firdousi*, Paris, Imprimerie nationale, 1876.

William Muir, *The Caliphate, its Rise, Decline and Fall*, the Elibron Classics, chap. LIX-LXII.

Saïd Nafissi, *Pour-é-Sina. Sa vie, son œuvre, sa pensée et son temps*, Téhéran, Danéch, 3ᵉ édition, 1981.

Marco Polo, *Le Livre des merveilles*, trad. Louis-Georges Tin à partir de la version en ancien français établie par Guillaume Pauthier en 1865, Paris, Larousse, 2009.

Ebrāhim Pourdāvoud, *Pourquoi les Iraniens furent battus par les Arabes*, Téhéran, Anahita, 1965.

Parvaneh Pourshariati, *Decline and fall of the Sassanian Empire*, Londres, I. B. Taurus & Co Ltd, 2008.

Jean-Paul Roux, *Gengis Khan et l'Empire mongol*, Paris, Gallimard, coll. «Découvertes», 2002.

R. Scott Peoples, *Crusade of Kings*, Rockville, Maryland, Wildside Press LLC, 2008.

Janine et Dominique Sourdel, article «Bouyides», *Dictionnaire historique de l'Islam*, Paris, PUF, 2004.

Zabihollah Safâ, *Anthologie de la poésie persane*, Paris, Gallimard/Unesco, coll. «Connaissance de l'Orient», 2003 (1ʳᵉ édition 1964).

Fereidoun Sahebjam, *Le Vieux de la montagne*, Paris, Grasset, 1995.

Tabari, *La Chronique*, vol. II: *L'âge d'or des Abbassides*, Arles, Actes Sud, 2001.

Mohammad Taghi Bahar, Nalek-ol-Choara, *Histoire de l'évolution de la poésie persane (Sabk Chénassi)*, t. I, Téhéran, Parastoy.

Franz Toussaint, *Rubaiyat de Omar Khayyam*, traduits du persan, Paris, L'édition d'art Henri Piazza, 1924.

Ehsan Yarshater, «La renaissance iranienne et l'essor de la langue et de la littérature nationales», *in* La Commission internationale de l'histoire de l'humanité (éd.), *Histoire de l'humanité*, Paris, Unesco, 2008, p. 652–665.

萨非黄金时代

Bahram Afrassiabii, *L'Aigle de Kalât*, Téhéran, Sokhan, 6ᵉ édition, 2003.

Jean Aubin, «Shaykh Ibrâhim Zâhid Gilâni (1218?–1301) », *Turcica*, 21–23,1991, p. 39–53.

— *L'Avènement des Safavides reconsidéré (Études safavides III)*, Société d'histoire de l'Orient, coll. «Moyen-Orient et océan Indien, XVI-XIXᵉ s.», 5, Paris, 1988.

Michael Axworthy, *The Sword of Persia: Nader Shah, from Tribal Warrior to Conquering Tyrant*, Paris, Tauris, 2006.

Shahzad Bashir, «Shah Ismaïl and the Qizilbash: Cannibalism in the Religious History of Early Safavid Iran», *History of Religions*, 45, no. 3 (February 2006) : 234–256.

Père Bazin, *Lettres édifiantes et curieuses du père Bazin*, Téhéran, Association pour la sauvegarde du patrimoine, 1950.

Eugène Beaudoin, *Ispahan sous les grands shahs*, Paris, 1932.

Eskandar Beg Monshi, *The History of Shah 'Abbas the Great: Tārīk̲-e ʿālamārā yeʿAbbāsī*, trad. Roger M. Savory, 1986.

Iscandar Beg Munchi, *Tarikhé, Alam Arayé Abbassi*, Téhéran, 1950.

Yves Bomati et Houchang Nahavandi, *Shah Abbas, empereur de Perse, 1587–1629*, Paris, Perrin, 1998.

Reza Chabani, *Le Récit de Nader*, Téhéran, Bessat, 2ᵉ édition (en persan).

Aurélie Chabrier, *La Monarchie safavide et la modernité européenne (XVIᵉ–XVIIᵉ siècle)*,

Université Toulouse Le Mirail–Toulouse II, coll. «Histoire», 2013.

Morgan Edward Delmar, Charles Henry Coote, *Early Voyages and Travels to Russia and Persia by A. Jenkinson and other Englishmen, with some Account of the First Intercourse of the English with Russia and Central Asia by Way of the Caspian Sea*, 2 vol., Londres, Hakluyt Society, 1886.

Antonio de Gouvea, *Relation des grandes guerres et victoires obtenues par le roy de Perse Cha Abbas contre les empereurs de Turquie Mahomet et Achmet son fils*, Rouen, 1646 (traduit de la relation publiée en portugais à Lisbonne en 1611).

Basil Gray, *La Peinture persane*, Genève, Skira, coll. «Les trésors de l'Asie»,1991, rééd. 1995.

Hadi Hédayati, *Histoire de la dynastie Zend*, Téhéran, Université de Téhéran, 1953.

Robert Hillenbrand, *Studies in Medieval Islamic Architecture*, vol. 2, Pindar Press, 2006.

— *Islamic Architecture: Form, Function and Meaning*, Édimbourg, Edinburgh University Press, 2e edition, 2000.

Ahmad Kasravi, *Sheikh Safi et son origine*, Téhéran, 1928.

Laurence Lockhardt, *The Fall of the Safavid Dynasty and the Afghan Occupation of Persia*, Cambridge, Cambridge University Press, 1958.

Pierre Loti, «Vers Ispahan», in *Voyages*, troisième partie, Paris, Robert Laffont, coll. «Bouquins», 1991.

John Malcolm, *A History of Persia: From the Most Early Period to the Present Time*, 2 vol., Londres, 1815.

Rudi Matthee, «Persia in Crisis, Safavid Decline and the Fall of Ispahan», *International library of Iranian Studies*, 17, Londres, I. B. Tauris, 2011.

Assadullah Souren Melikian-Chirvani, *Le Chant du monde. L'art de l'Iran safavide 1501–1736*, Paris, Musée du Louvre, 2007.

Vladimir Minorsky, *Esquisse d'une histoire de Nader Chah*, Paris, Société des études iraniennes et d'art persan, 1934.

Mohammad Reza Moghtader, *The Persian Gardens, Echoes of Paradise*, New York, Washington, Mage Pub, 1998.

Matti Moosa, *Extremist Shiites. The Ghulat Sects*, New York, Syracuse University Press, 1988.

Adam Olearius, *Relation du voyage de Moscovie, Tartarie et de Perse, fait à l'occasion d'une ambassade envoyée au Grand-Duc de Moscovie et au Roy de Perse, par le Duc de Holstein, depuis l'an 1633, jusques en l'an 1639*, traduite de l'allemand du sieur Olearius,... par L.R.D.B. [le Résident de Brandebourg, Abraham de Wicquefort]. Deux lettres du sieur de Mandeslo au sujet de son voyage des Indes. Publication: Paris, G. Clouzier, 1656.

Raphaël du Mans, missionnaire en Perse au XVIIe siècle, traduit du latin par Francis Richard, 2 vol., Paris, L'Harmattan, coll. «Société d'histoire de l'Orient», 1995.

Francis Richard, *Splendeurs persanes. Manuscrits des XIIe au XVIIe siècle*, Paris, Bibliothèque nationale, 1997, n° 27.

Nicolas Sanson, *Estat present du royaume de Perse*, Paris, 1694, trad. John Savage: *The Present State of Persia: A Faithful Account of the Manners, Religion and Government of that People*, Londres, 1695.

Thierry Sarmant, *1715. La France et le monde*, «La chute d'Ispahan», Paris, Perrin, 2014.

Ghulam Sarwar, *History of Shah Isma'il Safawi*, Aligarth, Muslim University, 1939; New York, AMS Press, 1975.

Daryush Shayegan, *L'Âme poétique persane*, Paris, Albin Michel, 2017.

Mollâ Sadrâ Shirâzi, *Le Livre des pénétrations métaphysiques*, Paris, Verdier, 1998, traduction et édition par Henri Corbin.

Henri Stierlin, *Ispahan, image du paradis*, Genève, Éditions SIGMA, 1976.

Djavad Tabatabaï, *La Chute d'Ispahan*, Téhéran, Negah Moasser (en persan).

Baptiste Tavernier, *Les Six Voyages en Turquie et en Perse*, 2 vol., FM, Paris, La Découverte, 1981.

Gérard Tongas, *L'Ambassadeur Louis Deshayes de Courmenin (1600–1632). Les relations de la France avec l'Empire ottoman, le Danemark, la Suède, la Perse et la Russie*, Paris, Paul Geuthner, 1937.

Jean-Anne Vernay-Noury, *Enluminures en terre d'Islam: entre abstraction et figuration*, Paris, Bibliothèque nationale de France, 2011.

面对现代化挑战的伊朗卡扎尔王朝

Fereydoun Adamiat, *Amir Kabir et l'Iran*, Téhéran, Karazmi, 3ᵉ éd. (en persan).

Abbas Amanat, *Resurrection and Renewal. The Making of the Babi Movement 1844-1850*, chap. 7 «Qurrat al-'Ayn, The Remover of the Veil», Itaca, Cornell University Press, 1989.

— *Pivot of the Universe: Nasir al-Din Shah Qajar and the Iranian Monarchy, 1831-1896*, Berkeley et Los Angeles, 1997.

Iradj Amini, *Napoléon et la Perse*, préface de Jean Tulard, Paris, Éd. du Félin, 2013.

Harford Jones Brydges, *An Account of the Transactions of His Majesty's Mission to the Court of Persia in the Years 1807-11*, Londres, James Bohn, 1834.

Herbert Busse, *History of Persia under Qajar Rule* (trad. du *Farsnama-ye Naseri par* Hasan-e Fasat), Columbia University Press, 1972.

A. A. Chamin, *L'Iran à l'époque Qâdjâre*, 2ᵉ éd., Téhéran, Elmi, 1991.

Robert Curzon, *Armenia: A Year in Erzeroom and on the Frontiers of Russia, Turkey and Persia*, Londres, 1854.

Jane Dieulafoy, *L'Orient sous le voile*, t. I, Paris, Phébus, 1990.

Hippolyte Dreyfus, *Essai sur le baha'isme*, Paris, PUF, 1973.

Édouard Driault, *La Politique orientale de Napoléon*, Paris, Alcan, 1904.

Ange de Gardane, *Journal d'un voyage dans la Turquie d'Asie et la Perse fait en 1807-1808*, Paris, Lenormant & Marseille, Jean Mossy, 1809.

Cyrus Ghani, *Iran and the West*, Londres, New York, Kegan Paul International, 1987.

Prince Ali Kadjar, *Les Rois oubliés. L'épopée de la dynastie kadjare*, Éditions n° 1, Paris, 1992.

Firoozeh Kashani-Sabet, «Fragile Frontiers: The Diminishing Domains of Qajar Iran», *International Journal of Middle East Studies*, vol. 29, n° 2, mai 1997.

Laurence Kelly, *Diplomacy and Murder in Tehran: Alexander Griboyedov and Imperial Russia's Mission to the Shah of Persia*, Tauris Parke Paperbacks, 2006.

John Malcolm (sir), *The History of Persia from the Most Early Period to the Present Time*, Londres, John Murray, 1829.

Moïn-ol-din Méhrabi, *Ghorat-ol-Eyn, la poétesse libérale et nationale de l'Iran*, Köln

(Allemagne), Rouyech, 1989.

Medhi Momtahen-ol-Dowleh, *Souvenirs*, Téhéran, 2ᵉ édition.

Emineh Pakravan, *Agha Mohammad Ghadjar. Essai biographique*, Institut Franco-Iranien, 1953 (Nouvelles éditions Debresse, 1963).

Georges Redard, Fulvio Roiter, *La Perse (Iran)*, Bruxelles, Artis, 1969.

M. L. Root, *Tahirih the Pure*, Los Angeles, Kalimat Press, 2000.

Mohammad Hassan Tabelian, *L'Empire des roses. Chefs-d'œuvre de l'art persan du XIXᵉ siècle*, Préface, sous la direction de Gwenaëlle Fellinger avec la collaboration de Carol Guillaume, Gant, Éd. Snoeck, et Lens, Musée du Louvre-Lens, 2018.

Fereydun Vahman, *175 Years of Persecution: A History of the Babis and Baba'is of Iran*, Royaume-Uni, Oneworld Publications, 2019.

P. J. Vatikiotis, *L'Islam et l'État, au milieu du XIIIᵉ siècle*, Paris, Gallimard, coll. «Le Débat», 1992.

P. Mojtahed Zadeh, *Small Players of the Great Game. The settlement of Iran's Eastern Borderlands and the Creation of Afghanistan*, Londres, 2005.

Journal de voyage en Europe (1873) du Shâh de Perse, traduit du persan par Bernadette Salesse, Arles, Actes Sud, 2000.

动荡的时代

Siavach Bashiri, *Portrait d'un chef* (biographie de Reza Shah), Levallois, Parang, 1988.

Yves Bomati et Houchang Nahavandi, *Mohammad Reza Pahlavi*, Paris, Perrin, coll. «Tempus», 2019 (édition de poche actualisée de l'édition de 2015, *Mohammad Reza Pahlavi, le dernier shah*).

Hassanali Mehran, *Objectifs et politiques de la Banque centrale d'Iran*, Washington, Ibex, 2013.

Ahmad Motamedi, *Mémoires*, Los Angeles, Kolbeh Ketab, 2009.

Houchang Nahavandi, *Iran, le choc des ambitions*, Londres, Paris, Aquilion, 2006.

— *Trois événements et rois hommes d'État*, Los Angeles, Ketab & Co., 2009.

Nader Peymaï, *Reza Shah d'Alâcht à Johannesburg*, Los Angeles, Ketab & Co., 1990.

Iran, une histoire de 4000 ans de Yves BOMATI et Houchang NAHAVANDI
© Perrin, 2019
Simplified Chinese rights arranged through Dakai – L'agence

© 中南博集天卷文化传媒有限公司。本书版权受法律保护。未经版权利人许可，任何人不得以任何方式使用本书包括正文、插图、封面、版式等任何部分内容，违者将受到法律制裁。

著作权合同登记号：图字 18-2021-60

图书在版编目（CIP）数据

伊朗四千年 /（伊朗）霍昌·纳哈万迪
（Houchang Nahavandi），（法）伊夫·博马提
（Yves Bomati）著；安宁译 . -- 长沙：湖南文艺出版社，2021.7
书名原文：Iran, une histoire de 4000 ans
ISBN 978-7-5726-0212-2

Ⅰ.①伊… Ⅱ.①霍… ②伊… ③安… Ⅲ.①伊朗—历史 Ⅳ.① K373

中国版本图书馆 CIP 数据核字（2021）第 104098 号

上架建议：社科·历史

YILANG SIQIAN NIAN
伊朗四千年

作　　者：	[伊朗]霍昌·纳哈万迪　[法]伊夫·博马提
译　　者：	安　宁
出 版 人：	曾赛丰
责任编辑：	匡杨乐
监　　制：	吴文娟
策划编辑：	李甜甜　丝路帛书
特约编辑：	李甜甜
版权支持：	姚珊珊
营销编辑：	闵　婕　秦　声
封面设计：	棱角视觉
版式设计：	潘雪琴
内文排版：	百朗文化
出　　版：	湖南文艺出版社
	（长沙市雨花区东二环一段 508 号　邮编：410014）
网　　址：	www.hnwy.net
印　　刷：	北京天宇万达印刷有限公司
经　　销：	新华书店
开　　本：	680mm×955mm　1/16
字　　数：	337 千字
印　　张：	24.5
插　　页：	16
版　　次：	2021 年 7 月第 1 版
印　　次：	2021 年 7 月第 1 次印刷
书　　号：	ISBN 978-7-5726-0212-2
定　　价：	98.00 元

若有质量问题，请致电质量监督电话：010-59096394
团购电话：010-59320018